기갑전으로 본 한국전쟁

권주혁 지음

지식산업사

기갑전으로 본 한국전쟁

초판 제 1쇄 발행 2008. 6. 25.
초판 제 3쇄 발행 2010. 6. 12.

지은이   권 주 혁
펴낸이   김 경 희
펴낸곳   (주)지식산업사
　　　　　본사 ● 413-832, 경기도 파주시 교하읍 문발리 520-12
　　　　　　　　전화 (031) 955-4226~7 팩스 (031)955-4228
　　　　　서울사무소 ● 110-040, 서울시 종로구 통의동 35-18
　　　　　　　　전화 (02)734-1978 팩스 (02)720-7900
　　　　　한글문패 지식산업사
　　　　　영문문패 www.jisik.co.kr
　　　　　전자우편 jsp@jisik.co.kr
　　　　　등록번호 1-363
　　　　　등록날짜 1969. 5. 8.

책값은 뒤표지에 있습니다.

ISBN 978-89-423-3809-2 03900

이 책을 읽고 저자에게 문의하고자 하는 이는
지식산업사 전자우편으로 연락 바랍니다.

여호와여 나와 다투는 자와 다투시고
나와 싸우는 자와 싸우소서.
방패와 손 방패를 잡으시고 일어나 나를 도우소서.
(구약성경, 시편 35편 1~2절)

머리말

북한 공산군이 1950년 6월 25일(일요일) 새벽 4시, 북위 38도선이 지나는 한반도 전(全) 전선에 걸쳐 전격적으로 기습 남침을 시작한 이래 벌써 반세기가 지나갔다.

당시 한반도의 중간을 지나는 38도선 일대에 걸쳐 남하하던 북한군 각 부대의 선두에 서서 서울을 향하여 진군해 내려온 것이 바로 북한 육군의 제105전차여단과 각 사단이 보유하고 있던 소련제 T34 전차였다. 남침을 위해 소련이 원조한 T34 전차 200여 대와 SU 76 자주포 176대를 앞세운 북한군은 서울을 방어하던 국군 부대를 여유있게 유린하고 기습 3일 만에 수도 서울을 점령하였다. 그 뒤 연이어 벌어진 수원 남쪽의 오산 전투에서도 북한군 전차는 다시 한 번 위력을 발휘하여, 방어하던 미군 스미스부대를 전멸시키고 파죽지세로 남진하였다.

북한군 전차대는 충청남도 연기군 전의면에서, T34보다 화력과 장갑이 떨어지는 미군의 M24 사피(Cheffy) 전차대와 한국전쟁 처음으로 전차와 전차끼리 기갑전투를 벌여 미군 전차대를 격파하였다. 이에 사기가 오른 북한군 전차대는 계속 진격하여 미군 제24사단이 방어하던 대전을 점령한다. 그곳을 지키던 미 제24사단의 방어선을 무너뜨리고, 북한군 보병 사단의 선두에 서서 대전 시내로 돌입한 것도 적의 기갑부대였다.

이와 같이 6·25전쟁이 시작되자 전차를 선두로 한 북한군의 공격에 국군은 대처할 방법이 없었다. 전쟁 초기 국군 부대의 와해와 패배, 그리고 전 국토의 90%를 잃고 낙동강까지 쓰라린 철수를 하게 되는 주요 원인이 바로 적의 전차 때문이었다. 1950년 6월 29일부터 1953년 7월 27일 휴전이 될 때까지 3년 동안 유엔군은 제공권과 제해권을 완전히 장악했음에도, 전쟁 초기 기갑부대를 앞세우고 낙동강까지 내려오는 적을 막을 수 없었다.

낙동강 전선까지 밀고 내려간 북한군은 그때까지 파괴되지 않고 남아 있던 T34 전차를 앞세우고 8월 말에 마지막 총공세를 취하게 되나, 이즈음 부산에 도착한 미군 M26 퍼싱(Pershing) 전차로 말미암아 마산 서쪽 오곡리에서 북한군 전차부대의 진격이 저지된다. 또한, 같은 시점인 8월 말, 다부동에서 피아 합쳐 40여 대의 전차가 맞붙은 전차전에서 북한군 전차대가 전멸됨으로써 전차대를 앞세우고 다부동 지역의 국군 방어선을 돌파하려던 북한군의 계획은 수포로 돌아갔다. 다부동 전투에서 미군 전차대의 지원을 받은 국군 제1사단은 끝까지 진지를 고수함으로써 부산을 점령하려는 적의 결정적인 마지막 돌파 공세를 막아냈다. 오곡리 전투와 다부동 전투는 전차를 앞세우고 낙동강 전선을 돌파하려는 적의 주력부대를 괴멸시켜 적의 전의를 꺾었을 뿐 아니라 한국전쟁에서 유엔군이 기갑전의 주도권을 장악하게 되는 계기가 되었다는 점에서 중요한 의의가 있는 것이다.

인천상륙작전이 성공한 다음, 유엔군은 1950년 9월 22일을 기하여 낙동강 전선에서 반격을 개시하였으며 유엔군의 전차부대는 이 신속한 돌파와 전과확대 단계에서 선봉 구실을 수행하였다. 남침 초기 수도 서울을 점령한 적의 제105기갑사단(서울을 점령하자마자 여단에서 사단으로 승격됨)은 이때 완전히 괴멸되고 사단장은 북한군 군복을 벗어 던지고 도주해 버렸다. 그 뒤 아군이 38선을 넘어 북진을 시작했을 때에도 유엔군 전차대는 전군(全軍)에 선두에서 적도(敵都) 평양을 함락하고 연이어 북진하면서 전차 특유의 기동성을 발휘하여 큰 전과를 올렸다.

중공군이 유엔군 병력을 압도하는 대규모의 병력을 한국전선에 투입하는 바람에 유엔군이 후퇴할 때에도, 전차대는 기동력과 화력으로써 아군의 부족한 병력을 지원하여 전선이 붕괴되는 것을 막았고 다시 유엔군이 북진하는 데 큰 기여를 하였다.

1951년 6월부터 전선이 교착되면서(현재의 휴전선과 비슷한 선에서) 아군과 적군은 서로 대규모 공세를 억제하는 제한 전쟁의 양상으로 전투가 벌어졌다. 이것은 미국이 한국전쟁을 북한군의 침략에 대한 유엔의 경찰행위로 규정하며 대규모 병력을 투입해 결정적인 승리를 거두려 하기보다 전쟁을 국부적으로 제한하려고 하였고, 소련이나 중국 역시 더 이상의 전쟁 수행이 쉽지 않다고 판단했기 때문이었다. 따라서 교착된 전선을 따라 유엔군의 기갑부대는 기동력을 이용한 기갑부대 특유의 적진 돌파작전을 억제하고 보병의 전투를 지원하는 임무만을 수행하였다.

한국전쟁에서의 기갑전은 일반인에게는 물론이고 군인들에게도 그다지 알려지지 않았다. 한국전쟁 이전에 일부 미군 고문관들은 한반도의 지형은 산이 많고 논이 많으므로 대규모 전차전이 벌어질 만한 넓은 평야가 없어 전차전에 적합하지 않다고 생각했었다(동북아시아의 논에서 전차를 운용해 본 경험이 없는 미군은 전차가 논에 들어가면 논바닥에 빠져 나오지 못할 것으로 생각했으나 막상 한국전쟁에 투입되어 실전을 만나자 논에서도 아무 문제없이 기동하였다). 이것이 미국이 한국군에 전차를 한 대도 공급하지 않은 이유 가운데 하나였다. 이러한 미군 측의 부정적인 견해로 말미암아 국군은 초전의 실패와 낙동강까지의 후퇴를 강요당했던 것이다.

그러나 소련은 한반도 지형에서도 전차가 그 능력을 발휘할 것이라고 판단하고 북한군에게 대량의 전차를 공급하였다(미국은 한 국전쟁 초기 3개월이 지나자 한국 지형에서도 전차가 필요하다는 것을 인정하게 되었다). 우리나라 지형은 6월에서 8월까지 약 3개월의 우기를 제외한 9개월 동안은 전차 기동에 큰 제한을 받지 않는다. 지형 그 자체가 장애가 되는 것이 아니라 지형이 대전차 공격 수단과 결합되었을 때 비로소 실제로 전차의 장애물이 되는 것이다.

1939년 여름, 만주의 노몬한에서 벌어진 일본군과 소련군 사이의 전투에서 소련군 전차대는 일본 육군을 격파함으로써 일본으로 하여금 소련 영내를 공격하는 것을 단념하게 하였다. 특히, 제2차 세계대전 당시 소련군은 독일군을 격파할 때 전차의 덕을 톡톡히 보았던 전력(戰歷)을 갖고 있었던 것이다. 그러므로 소련은 한반도의 지형이 대부분 산악이지만 자신들의 기동전술 개념에 비추어 볼 때 기습적인 공격을 감행하기 위해서 전차는 필수적이라고 판단하였던 것이다.

이러한 관점에서 소련은 200대가 넘는 최신형 전차를 북한군에 주었고 이들 전차를 앞세우고 북한군이 남침할 때 전차 한 대 없었던 국군은 굉음을 내면서 굴러오는 무쇠덩어리 괴물에 심리적인 면에서도 압도당하여 거듭 후퇴하지 않을 수 없었다. 만약 그때 국군에게도 북한군이 보유한 전차의 절반이라도 있었다면, 아무리 북한군이 기습 공격을 했다 하더라도 그렇게 쉽사리 서울을 내어주지는 않았을 것이다.

제1차 세계대전에서 처음으로 유럽 전장에 나타난 전차는 그 뒤 전투에서 결정적인 역할을 수없이 하였다. 특히 소련의 경우, 제2차 세계대전 당시 스탈린그라드(현재는 볼고그라드)와 쿠르스크에서 결정적인 승리를 하였는데 그 주축이 된 것이 바로 T34 전차였다. 2000년 8월, 북극에 가까운 백해(白海)에서 승무원 118명을 태우고 침몰한 당시 최신예(1995년 취역) 러시아 핵 잠수함 쿠르스크호는 바로 독일과 소련과의 결정적인 전투가 벌어졌던 쿠르스크에서 이름을 따온 것이다. 1943년 7월, 모스크바 남쪽 500km 쿠르스크 지역에서의 전투는 사상 최대의 전차전(독일군 2,700대, 소련군 3,300대)으로서 1942년 10월, 북아프리카 사막에서 벌어졌던 미국·영연방 연합군과 추축국(樞軸國)인 독일·이탈리아 연합군 사이에 벌어졌던 엘알라메인 전차전, 그리고 1973년 제4차 중동전 당시 시나이 사막과 골란고원에서 벌어졌던 이스라엘군과 이집트군, 이스라엘과 시리아군 사이의 전차전보다 훨씬 큰 규모의 전차전이었다. 이 쿠르스크 전투에서 독일군이 패배함으로써 독일군은 동부전선에서 패망의 길을 걷게 된다.

이렇게 전차의 효용을 극도로 맛본 소련군은 북한군에게 전차를 공급해 주고 전차대원들을 소련으로 데려가 그 운용법을 훈련시켰던 것이다. 한국전쟁에서 전차전은 앞서 나온 쿠르스크나 엘알라메인 전차전과는 비교할 수 없을 정도로 작은 규모였으나, 3년의 전쟁 기간 동안 한반도 여러 곳에서 벌어졌다. 혈전을 벌이던 낙동강 전선에서 교착된 전선을 뚫으려고 마지막 남은 전차대를 대구(다부동)와 마산 방면으로 투입한 북한군은 처음으로 강력한 미군 M26 전차대를 만나 두 곳 모두에서 패한 뒤 경부도로와 경인가도에서도 미군 전차대에 패했다. 국군과 유엔군이 38선을 넘어 북진할 때도 이를 저지하려고 북한군 전차대가 전선 여러 곳에서 출현했으나 그때마다 미군 전차대에게 패하였다.

한편, 6·25가 일어날 때 전차는 한 대도 없고 장갑차만 39대(M8형 그레이하운드 27대, M3형 하프트랙 12대)를 보유하고 있던 우리 국군의 독립기갑연대는 북한군이 남침하자 전선을 향해서 용감하게 출동하였다. 그러나 적의 막강한 전차대와 그 화력에 제압당하여 다른 부대와 함께 후퇴하지 않을 수 없었다. 국군은 1951년 10월부터 휴전할 때까지 M36 전차로 9개의 독립 전차중대를 창설하여 전선에 투입하였으나 전선이 이미 교착된 상태이므로 기갑부대 고유의 기동돌파작전은 하지 못하고 제한적 기동을 하면서 아군 보병부대의 공격과 방어를 지원하는 임무만 수행하였다. 그러므로 이 책에 나오는 기갑전은 당시 전차를 운용한 미군과 북한군 기갑 부대의 전투를 중심으로 설명하였다.

전쟁 당시 국군의 독립기갑연대는 이름뿐이었으며 이름에 걸맞지 않게 전쟁 기간 전혀 전차를 보유하지 못했으므로, 국군과 북한군 또는 국군과 중공군(중공군도 전쟁 후반에 들어 대규모 T34 전차 대를 투입하였음) 기갑부대의 전차전은 일어나지 않았다. 비록 전차는 없었지만 국군의 육군 독립기갑연대는 전쟁 초기 얼마 되지 않는 장갑차를 가지고 북한군의 막강한 전차에 맞서다가 전멸하는 비운을 맛보아야 했다.

그러나 전쟁 기간 부대의 명예를 짊어지고 어떤 보병 부대에도 떨어지지 않는 무공을 세운 것이 육군 독립기갑연대이다. 그러므로 이 책에서는 국군 독립기갑연대의 창설부터 한국전쟁이 끝날 때까지 부대원이 싸운 전투에 대해서도 썼다. 또한 그동안 우리에게 거의 알려지지 않았던 우리 해병대 전차중대의 활약도 기술하였다. 한국전쟁 후반부에 우리 육군은 9개의 독립 전차 중대를 갖고 있었지만 제대로 된 전차가 아닌 M36 잭슨(Jackson) 전차(포탑 상부의 덮개가 없는)를 운용했던 것에 견주어 우리 해병대는 비록 1개 전차 중대였지만 M4 서먼(Sherman) 전차를 운용하였던 것이다. 우리 육군과 해병대는 1952년 말에 중고등학생들을 모집하여 소년전차병들로 구성된 전차부대도 창설하였는데 이런 내용은 아직도 국민들에게 잘 알려지지 않았으므로 이들 어린 청소년들의 나라사랑과 활약에 대해서도 책의 후반부에 적었다.

책의 두께를 줄이기 위해 우리가 일반적으로 알고 있는 내용은 빼고 기갑전에 직접 관련된 것만 쓰려고 했으나 주위 전황을 전혀 배제하고 기갑전만 쓰다 보니 살은 전혀 없고 뼈만 앙상한 것 같아 주위 상황은 최소한으로 압축하여 기술하려고 하였다. 이 책은 기갑부대를 중심으로 쓴 것이므로 기갑부대의 활약을 많이 기술하였다. 이것이 우리 육군의 다른 병과나 해군, 공군, 해병대 그리고 유엔군의 다른 병과 역할과 공적을 무시하는 것은 절대 아니며 우리에게 거의 알려지지 않은 기갑부대의 전투와 활약에 확대경을 대고 자세하게 쓴 것일 뿐이다.

책이 나오기까지 도와주신 한국전쟁의 영웅인 백선엽 장군(육군 대장 예편)과 최용호 국방부 전사연구관(육군 중령 예편), 독립기갑연대 창설부터 기갑연대와 함께 젊음을 보낸 안용현 중령(예편), 서원순 중령(예편), 한인수 기갑여단장(준장 예편)에게 감사드린다. 특히 안용현 중령이 집필한 《육군 독립기갑연대사》는 저자에게 큰 도움이 되었으니, 이 책의 독립기갑연대의 활약에 관한 항목은 많은 부분을 그 책에서 인용하였다. 또한 최용호 박사가 집필한 《6·25 전쟁의 실패 사례와 교훈》 역시 많은 도움이 되었다. 이선호(李善浩) 박사(해병 대령 예편)를 포함하여 한국전쟁 당시 해병대 전차부대 승무원으로서 서부 전선 전투에 참전하였던 정영섭(鄭永燮) 씨, 해병대 소년전차병 제1기 오산근(吳山根) 씨, 노석조(盧錫祚) 씨(해병 준위 예편)에게도 감사한다. 이들은 반세기가 훨씬 지난 과거의 실제 전투 상황을 세밀하게 증언하여 주었다. 여러 자료를 보내준 친구 유용종(劉瑢鍾) 씨에게도 감사한다. 또한 미국 측 자료를 제공한 주한 미8군 사령관 캠벨(Lt. Gen Charles Campbell) 중장과 전사연구관 밀러(Ron Miller) 씨, 소렐스(Lt. Col William Sorrells Jr.) 중령, 그리고 미국에서 자료를 구해 보내준 저자의 오랜 친구 칼챙(Dr. Karl Chiang) 박사에게 감사한다(애석하게도 칼챙 박사는 2007년 고인이 되셨다). 뉴질랜드 육군 기갑부대 출신인 친구론 그리토렉스(Ron Greatorex) 씨에게도 감사한다. 그는 한국전쟁에 참전한 영국제 센추리온 전차에 대한 그의 경험을 저자에게 설명하여 주었다. 이 분들의 도움으로 시간이 흘러 역사 속에 묻혀버릴 뻔했던 귀중한 기억과 기록 자료의 일부가 이 책을 통해 후세에 전해지게 됨은 저자에게는 큰 보람이다.

이 책에 나오는 모든 사진(전쟁 당시의 사진을 제외한)은 저자가 전쟁터를 찾아다니며 촬영한 것이나, 장진호 등 북한 지역의 전쟁터는 촬영하지 못해 싣지 못한 것은 유감이다. 언젠가 북한의 공산 독재 체제가 무너지고 우리나라가 자유 민주국가로서 통일이 되었을 때, 북한 지역 전쟁터 곳곳을 찾아가서 이 책의 개정판을 반드시 내고 싶다. 다른 분들이 이미 만들어 놓은 벽 위에 벽돌 한 장을 더 쌓아 놓은 이 역사의 작은 기록이 한국전쟁 초기, 적의 기습 남침에 우리가 당한 치욕을 다시는 되풀이 하지 않도록 우리 국민과 군(軍)을 일깨워주는 데 조그만 구실을 한다면 저자로서는 더 이상 바랄 것이 없겠다.

저자는 역사학자도 아니고 직업군인도 아니며 군대 경력이라야 1970년대 강원도 전방에서 3년 동안 사병으로서 의무 복무한 것이 전부다. 그 이후, 남태평양의 솔로몬 군도에 있는 우리나라 회사에서 나무를 심는 일과 목재 무역 업무에 30년 이상 종사하고 있는 민간인이다. 따라서 남태평양이나 목재 관계에 대해서는 누구 앞에서나 부끄럽지 않게 내놓을 수 있는 지식을 갖고 있다고 자부하고 있지만 저자에게 군사 분야는 어디까지나 전공부문이 아니다. 그러므로 저자의 얕은 군사 지식 때문에 내용 가운데 피상적이거나 정확하지 못한 부분이 있다면 독자들의 양해를 구하고 싶으며, 이 책의 내용에 대해 독자들의 건설적인 비판과 조언을 부탁드린다.

공산침략에 맞서 피로써 자유민주주의를 지킨 우리 대한민국 국군과 미국을 비롯한 자유우방군(국제연합군), 특히 적과 아군의 구별을 흐리게 하는 혼탁한 이 시대에 육군 기갑부대, 해병 전차 부대의 끝없는 발전과 조국 대한민국에 대한 바위 같은 애국충정을 기원하며 두서없는 머리말을 마무리한다.

2008년 6월, 6·25를 상기하며
남태평양 솔로몬 군도의 과달카날 섬 해안에서

권주혁 씀

차 례

18

1. 6·25 남침 이전

(1) 일본 패망과 미군, 소련군의 한반도 진주

제2차 세계대전 당시, 연합국의 전략은 유럽전선 우선이었다. 미국과 영국을 주축으로 한 연합국은 독일군의 위협을 일본군의 위협보다 더 크게 여겼으므로, 태평양에서는 어느 정도 수세의 태도를 취하다가 유럽전선에서 독일군과 이탈리아군을 격파한 뒤 태평양에 전력을 집중하기로 한 것이다.

이 전략에 따라 독일의 항복을 받기 위해 유럽전선에 전력을 집중하던 연합국은 히틀러가 1945년 4월 30일 베를린의 지하벙커에서 자살한 뒤 독일이 5월 7일 연합국에 항복하자, 유럽전선에 있던 영국군까지 태평양전선으로 투입하여 패망을 눈앞에 둔 일본군을 공격하였다.

미국은 1945년 말 예정으로 일본 본토(큐슈)에 실시할 '올림픽작전'으로 이름붙인 대규모 상륙작전을 준비하는 한편 원자폭탄을 개발함으로써 수많은 인명 손실이 예상되는 올림픽 작전 대신 원자폭탄을 사용하기로 결정하였다. 이 계획에 따라 1945년 8월 6일과 9일에 히로시마(廣島)와 나가사키(長崎)에 각각 원자폭탄이 투하되자 일본국왕 쇼와 텐노는 그 다음 날인 8월 10일, 항복의사를 표시하고 8월 15일을 기해 연합국에 무조건 항복하였고, 이로써 우리나라는 일제의 35년에 걸친 식민 지배에서 벗어날 수 있었다.

1945년 2월, 소련 흑해의 얄타에서는 연합국 수뇌 회담이 열렸다. 이 회담에 참석한 미국의 루스벨트, 영국의 처칠, 소련의 스탈린은 제2차 세계대전이 끝나면 한반도에서 일본군을 무장 해제시키기 위해 미군과 소련군이 한반도에 진주하고, 그 뒤 한반도에서 선거를 통해 독립국가가 탄생되도록 한다는 것을 합의하였다.

1945년 8월 6일 히로시마에 원자탄이 투하된 직후, 일본의 패색이 결정적으로 보이자, 원자탄의 위력을 확인한 소련은 이틀 뒤인 8월 8일 서둘러 일본에 선전포고를 하였다. 또한 동시에 소련 극동군은 전차부대를 앞세우고 만주의 일본 관동군을 공격하여 이미 중화기를 남방 전선으로 보내 껍데기만 남은 일본군 84,000명을 사살하고 60만 명을 포로로 잡아 시베리아로 끌고 갔다.

한편 미군은 육군 제24군 군단장 하지(John Hodge) 중장 휘하 제7사단이 9월 8일, 인천에 상륙하였다. 이보다 약 한 달 앞서, 육군이 만주를 점령함과 동시에 소련 공군은 북한의 나진과 청진 일대를 폭격하고, 1945년 8월 11일 밤부터 소련 육군 제25군 군단장 치스챠코프(Ivan Chistiakov) 중장 휘하의 병력 4만 명이 청진항과 내륙을 통해 들어와, 미국과 소련 사이에 합의한 대로 북위 38도선 이북 지역에 주둔하였다.

소련은 한반도를 평화적으로 통일시키려는 노력보다는 소련군에서 복무한 김일성과 북한 출신으로서 소련군 복무 경험이 있는 자들을 지원하여 이들이 북한에 소련의 꼭두각시(괴뢰) 정권을 수립한 뒤, 이를 기반으로 한반도 전체를 공산화(적화)하려는 계획을 추진하였다. 김일성 정권은 1945년 말까지 자기들의 이념에 거슬리는 민족주의자들이나 공산당에 반대하는 자들을 숙청하여 반대 세력을 제거하고 공산당이 일당독재를 함으로써 소련 군사고문단을 만족시켰다.

　반면 남한에서는 수많은 정당이 난립하여 큰 혼란을 겪는 소용
돌이 속에 미 군정 당국은 한반도에서 미소 공동 신탁통치가 끝
난 뒤 유엔 감시 아래 선거를 치름으로써 한반도에 유일한 합법
정부를 수립하고 외국군이 철수하는 것을 추진하였다. 그러나 소
련은 1946년과 1947년에 걸쳐 이를 반대함으로써 한반도에 선거
를 통한 유일 합법정부가 탄생하는 것을 방해하였다(당시 한반도
인구는 3천만 명이었고 남북한 인구비는 2:1로 선거를 한다면 남한 정부
가 주도권을 쥘 것이 명백하게 예상되었으므로). 이에 유엔은 1948년
5월 한반도에서 총선거를 실시하려고 하였으나, 소련은 '유엔 한
국 임시위원단'(UNTCOK)이 북한에 들어오는 것을 막음으로써 남
한에서만 최초의 민주적인 선거가 치러졌다.

　이에 따라 1948년 8월 15일, 이승만이 초대 대통령으로 취임하
였고 자유민주주의 국가인 '대한민국' 정부가 수립되었다. 그해 12
월 제3차 유엔 총회는 대한민국 정부가 한국 국민의 공정하고 정
당한 선거에 따라 수립된 한반도에서 정통성을 지니는 유일한 합
법 정부라는 것을 확인하였다. 반면 이북에서는 김일성을 주석으
로 한 '조선민주주의인민공화국'이란 이름의 공산 정권이 정식으
로 등장하였다.

　이렇게 한반도에 이념이 다른 두 개의 정권이 들어서자 미국과
소련은 남북한에 양국의 군사고문단만 남기고 소련군은 1948년
말까지, 그리고 미군은 1949년 6월 29일까지 모두 한반도에서 철
수하였다. 당시 한반도에 대한 미국의 군사정책은 남한에 치안 유
지에 필요한 방어형 군대만 마련해두는 것이었으므로, 남한에 주
둔하던 4년 동안 미군은 한국군을 거의 육성하지 않았다. 1945년
9월 남한에 진주할 때 가져온 미군의 주력 전차인 M4 셔먼 전차
를 1949년 6월 말 한반도에서 철수 할 때 한 대도 남김없이 도로
가지고 떠났을 정도로 미군은 한국군에 장비를 거의 주지 않았고,

아울러 육군의 경우 대대 규모 이상의 훈련도 시키지 않았다.

이에 견주어 소련의 북한에 대한 군사정책은 북한군이 순식간에 남한을 무력으로 점령할 수 있도록 북한 군사력을 공격형으로 만드는 것이었다. 그리하여 소련군은 그들이 북한에 주둔하는 동안 북한 육군에게 사단 규모의 훈련을 마무리해 완벽한 전투부대로 훈련시켰다. 거기에 더해 전차, 자주포, 전투기 등을 대규모로 무상 지원함으로써, 훈련이 잘되고 장비가 좋은 북한군이 한반도 남쪽에 수립된 대한민국을 언제든지 순식간에 점령할 수 있도록 준비시켰다.

이런 군사적인 우위를 점하고 있는 상황에서 6·25 사변이 일어나기 전인 1949년 3월 5일, 김일성과 박헌영은 소련의 모스크바를 비밀리에 방문하여 대한민국을 공격하여 점령하는 것에 대해 스탈린과 상의하고 그의 지시를 받았다. 이 자리에서 스탈린은 "북한이 남한에 대해 군사적으로 절대적 우위를 확보하지 못한 상태에서 공격해서는 안 된다"고 강조하는 한편, 북한이 남한을 공격한 뒤 미군이 개입할 가능성에 대해 걱정하였다. 당시 소련의 능력으로는 결코 미국을 당해 낼 수 없다는 것을 잘 알고 있던 스탈린은, 미국의 개입을 두려워하였던 것이다.

이에 대해 김일성은 기습 공격으로 순식간에 남한 전체를 점령하면 미군은 개입 준비를 할 시간이 없어 방관할 수밖에 없다고 스탈린과 그의 참모들을 설득하였다. 또한, 김일성은 모스크바 방문 기간인 3월 17일, '조소(朝蘇) 비밀군사협정'과 '조소 경제문화협정'을 체결하고 3월 18일에는 소련의 지원 아래 '조중(朝中) 상호방위조약'을 체결하였다.

1949년 6월 말, 미군이 한국에서 완전히 철수하자 스탈린은 김일성의 요청을 들어주며 남침 계획에도 깊숙히 간여하는 한편 김일성에게 모택동을 찾아가 의견을 물어보고 협조 요청과 함께 지원을 받으라고 지시하였다. 이에 따라 모택동을 찾아간 북한 대표 김일(金一)이 모택동과 주은래에게 김일성과 스탈린 사이에 합의된 '한반도 무력통일안'을 설명하자 모택동은 긍정적인 반응을 보였고, 북한이 남한을 공격하게 되더라도 이것은 어디까지나 같은 민족 사이의 내전이므로 미국이 개입하지 않을 것이라고 말하였다. 이렇게 모택동의 도움을 받아 김일은 중국 방문 기간에, 당시 중공군에 소속되어있던 한인(韓人)사단을 북한군으로 배속시키는 문제도 마무리 지었다. 이로써 한반도의 무력 적화통일을 위한 3개국(북한, 소련, 중국) 협력 체제가 만들어진 것이다.

1949년 12월에는 '중소 우호동맹' 및 '상호원조조약'이 체결되어 극동 지역에서 북한, 소련, 중국은 공고한 동맹 관계를 맺게 되었다. 이어서 1950년 3월 30일, 김일성과 박헌영은 다시 모스크바를 방문하여 4월 25일까지 머물면서 스탈린을 세 번이나 만나 남침 계획을 협의하고 그에게 전쟁 지침을 내려 받았다.

1949년 말에 거대한 중국대륙이 공산당 수중에 들어가는 것을 본 김일성은 더욱 고무되어 남침 야욕을 불태우고 있었던 것이다. 그 당시 동부 유럽과 아시아 북부를 가로지르는 광활한 대륙을 가진 소련은 1949년에 원자폭탄을 보유하게 되어 핵무기 분야에서 미국과 동등한 초강대국이 되었고, 아시아 대륙의 큰 부분을 차지하고 있는 중국은 1949년 말에 이미 공산화된 상황이었다. 또 아시아 동북부에 마치 거대한 동물의 조그만 꼬리처럼 달려있는 한반도에서조차 그 북부 절반이 이미 공산화한 형편이었다. 그러므로 소련이나 중국 공산당 지도자들의 처지에서 본다면 아직도 자유 민주 진영으로 남아있는 한반도의 남쪽 부분은 지구의 어느 곳보다도 쉽게 점령하여 공산화 할 수 있는 곳으로 보였을 것이다.

스탈린으로부터 전쟁 지침을 받아 북한에 돌아온 김일성은 북한군 총참모장 강건(姜健)에게 즉각 선제타격 작전에 바탕을 둔 남침 계획을 수립하도록 지시하였다. 이에 따라 강건은 소련 군사고문단장 바실리에프(A.M.Vasilliev) 원수와 함께 5월 29일까지 남침 계획을 완성하고 이를 스탈린에게 보고하였다. 바실리에프는 제2차 세계대전 당시 소련의 영웅 칭호를 받은 장군으로서, 1948년 말까지 소련군 주력이 북한에서 철수한 뒤 남겨놓은 3,000여 명이나 되는 대규모 소련군 고문관들을 활용하여 북한군의 남침 세부 작전 계획을 만들어 준 것이다. 스탈린에게 보고된 이 남침계획서를 스탈린과 김일성이 협의 검토하는 과정에서 남침일은 6월 25일로 정해졌다.

그 당시 남한에 있던 미 군사고문단은 로버트(William L. Roberts) 준장을 단장으로 한 472명으로서 대규모 소련 군사고문단 병력과 좋은 대조가 된다. 주한 미 군사고문단은 무초 주한 미국대사 밑에 있었고, 고문단이 수집한 군사정보는 직접 워싱턴으로 보고되었으며 그 사본은 도쿄의 극동 미군 사령부에 보내졌다.

(2) 남북한의 군사력

1) 북한군(인민군)

소련군이 북한에 진주하면서, 1945년 9월에 북한에는 국경경비대가 발족되었다. 이 국경경비대는 창설 당시 병력이 1만 8천 명으로서 그 대부분이 일제 때 만주에서 활동하던 여러 항일유격단체나 공산 게릴라에 몸을 담고 있던 사람들이었다. 이 국경경비대는 북한에 진주한 소련군을 도와 공산주의 이념을 북한에 심는데 일조하였으며 6·25가 일어나기 바로 전 국경경비대 산하에는 5개의 여단(제1·제2·제3·제5·제7여단)이 있어서 그 병력은 이미 5만 명을 넘었다. 이 가운데 특히 제1·제3·제7여단은 훈련이 잘 되었고 장비도 현대식으로 갖추어 38도선 바로 이북에 배치되었고, 제 2여단은 만주와 소련 국경에, 그리고 제5여단은 평양에 배치되었다. 당시 38도선에 배치된 이 국경경비대의 제1여단은 병력이 5천 명, 제3여단과 제7여단은 병력이 각각 4천 명으로서 제1여단은 개성, 제7여단은 서해안에서 해주까지, 제3여단은 해주에서 철원에 걸쳐 배치되었다.

당시 이들 여단의 구성은 제1·제3·제7여단의 경우 6개 내지 7개의 대대로 편성되었으며, 1개 대대는 3개의 소총 중대로 편성되어 기본 소화기와 기관총·박격포·대전차총(북한군은 이를 반탱크총으로 부른다) 등으로 무장하였다. 제2여단의 경우는 총원 2,600명으로서 7개의 대대로 구성되었고 평양 방위를 맡은 제5여단은 3천 명의 병력으로 주로 평양 인근의 철도 경비를 맡았다. 북한 육군은 국경경비대와 별도로 10개 사단(이 가운데 8개 사단은 병력 11,000명의 정규 사단이며 2개 사단은 사단 표준의 절반 정도 병력과 장비를 갖고 있었음)과 1개 기갑여단(제105여단) 말고도 여러 개의 기갑부대, 독립정찰부대를 갖고 있었다.

북한군 사단에는 중국대륙에서 일본군과 싸우던 중공군 부대에 소속되었었거나, 소련군 부대에 소속되어 일본군과 전투를 벌인 경험자가 약 3분의 1을 차지하였다. 특히, 제1사단은 소련군 출신의 장교가 많았고 1개 연대는 전(前) 중공군 연대였고 다른 연대에도 중공군 출신이 많이 들어가 있었다. 북한군 사단 가운데 최강의 전력을 자랑한 제3사단은 중공군 출신이 소수였으나 장교의 대부분은 소련에서 귀환한 자들이었다. 제4사단에도 소련군 출신 장교가 많았으며 1개 연대는 전 중공군 연대였다(제3·제4사단은 남침 때 주공부대였음). 제5사단은 전 중공군 제164사단이었고 제6사단은 전 중공군 제166사단이었다. 제7사단은 전 중공군 제139·제140·제141·제156사단에 편입되어 있던 한국인 1만2천 명을 모아

1950년 4월, 원산에서 창설되었으며 남침 직후에 제12사단으로 개칭되었다. 이 부대들은 진주한 소련군으로부터 소련식 표준 훈련을 받아 소련식 전술을 바탕으로 한결 강한 전투부대가 되어 있었다. 1948년 말, 소련군이 북한에서 떠난 이후에도 약 3천 명의 소련 군사고문단이 남아 북한군을 소부대(중대 단위)까지 감독하면서 성장을 도와주고 있었다.

오늘날, 러시아·중국·북한 등 공산국가의 육군 사단은 미군이나 국군 사단보다 사단 편제상 병력이 훨씬 적다. 그러나 6·25 사변이 일어날 때 북한군 사단 병력은 11,000명으로서 국군 사단의 병력보다 많았다. 북한군 사단의 조직 편성 자체는 국군과 거의 비슷하여 사단은 3개의 보병 연대와 1개 포병 연대·독립 자주포 대대로 구성되었고, 연대는 3개 대대로 구성되었으며, 사단 직할부대로서 의무·전차·공병·통신·대전차·수송부대를 갖고 있었다. 이 책은 기갑전에 관한 것이 주요 내용이나 주변 상황을 설명하기 위해 독자들이 이미 알고 있는 내용이지만 언급하였다.

북한 인민군은 국군과 비교할 수 없는 기갑전력과 병력을 갖고 있었음에도 이를 지원하기 위해 국군에 견주어 막강한 공군력도 준비하였다. 6·25 사변이 일어나기 전, 북한군은 전투기 40대, 공격기 및 정찰기 80대, 훈련기 60대 등 모두 180여 대의 각종 항공기를 보유함으로써 남침하는 지상군을 지원하기 위한 준비를 끝내고 있었다. 그러나 해군의 경우는 국군보다 크게 우월하지 않아 남한의 후방에 게릴라나 특공대를 상륙시키기에 필요한 정도의 소규모 해군력만을 갖고 있었다. 북한군은 남한의 빈약한 해군 전력으로는 북한군이 남한 후방에 투입하는 특공대를 막지 못할 것이라고 판단하고 있었던 것이다.

1950년 6월 중순까지 이미 북한군은 38도선에 탄약과 식량 등 군수품을 모아놓고 병력과 장비를 전개하는 작업을 완료하였다.

이들은 보유하고 있는 모든 포를 남쪽을 향해 조준하고 전차부대와 자주포부대 역시 38도선에서 남침 명령만을 기다리고 있었다. 특히 38선에 대기하고 있는 북한군 병력의 절반 이상과 기갑부대의 거의 전부를 개성과 철원 사이에 배치하였다. 이는 남침 명령이 떨어지는 대로 의정부 방면으로 밀고 내려가 서울을 단시간에 점령하려는 작전 계획에 따른 것이었다.

의정부 선을 통해 서울을 점령하는 것은 북한군 제1사단이 맡고, 옹진반도 북쪽에 배치된 제6사단과 제203전차연대는 제1사단이 서울과 평양을 잇는 옛 도로를 따라 남침할 때 이를 지원하는 임무를 맡았다. 또한 서울과 원산을 잇는 도로를 사이에 두고 서쪽으로는 제4사단, 동쪽으로는 제3사단이 배치되어 이 두 개 사단에도 역시 각각 제107전차연대와 제109전차연대가 배속되었다.

제3사단의 동쪽에는 제2사단과 제7사단이 배치되어 각각 춘천과 홍천을 점령하는 임무를 받았다. 제2사단의 경우는 춘천을 점령하는 대로 서울 방면으로 남침하여 서울을 동북부에서 압박할 계획이었다. 제2사단과 제7사단은 북한군이 남침할 경우, 춘천을 방어하기 위해 국군 부대가 북상하는 것을 저지하는 동시에 포위, 섬멸하는 임무도 갖고 있었다. 이 작전에는 국군이 춘천에서 후퇴하는 경우 그 앞을 차단하여 국군을 포위하는 작전도 물론 포함되었다. 그야말로 북한군은 주도면밀한 작전 계획을 세워 남침 준비를 완료한 것이다.

한편 태백산맥 동부 지역에서는 제5사단이 동해안을 따라 내려가며 주문진과 강릉을 점령하는 임무를 맡았고, 제5사단을 지원하기 위해 북한군의 여러 특공대와 게릴라 부대가 동해안에 상륙하여 국군의 후방을 교란하는 임무를 맡았다.

이렇게 38도선 전역에서 전격적으로 남침하여 서울을 점령하고 남한을 단기간에 적화하려는 북한군 전략의 기본은 3가지(기습작전, 속도전, 기갑부대 활용) 승리 원칙을 갖고 있었다. 김일성을 비롯한 북한군 지도부는 북한군의 이러한 전격(電擊)작전으로 자유세계나 유엔이 북한군의 남침에 대한 어떤 조치를 취할 시간과 여유도 주지 않고 순식간에 한반도를 적화할 수 있다고 확신하고 있었다. 특히 그들은 북한군이 보유한 전차부대가 승리의 열쇠를 쥐고 있다고 믿었다.

6·25 사변이 일어나기 전, 국군과 인민군은 38도선을 사이에 두고 총격전을 벌이곤 하였다. 그러나 이들 교전에서 북한군은 전차를 한 번도 노출시키거나 사용한 적이 없다. 그 이유는 6·25 남침 때 대규모 전차부대를 전면에 세우고 남침함으로써 대전차 무기가 없는 국군에게 더 큰 충격을 주고 사기를 떨어뜨리기 위해서였다. T34 전차부대가 일단 국군 진지를 돌파하여 통과한 다음에는, 압도적인 규모의 북한군 보병부대가 이미 T34 전차 때문에 혼이 나가있는 국군 부대를 힘들이지 않고 소탕해 전쟁은 북한이 계획한 대로 쉽게 끝날 것이라고 북한군 지휘부는 믿어 의심치 않았고, 그들의 믿음은 대전을 함락할 때까지 계속되었다.

2) 국군

미군이 진주한 이후 1946년 1월 15일, 경기도 양주군 노해면 구리묵동(현재 태릉 육군사관학교 자리)에서 225명의 병력(제1연대 A중대)으로 창설된 '남조선 국방경비대'가 국군의 모체였다. 그러나 북한군이 중공군과 소련군에서 일본군과 전투를 치른 경험이 있는 한인들을 모아서 인민군에 편입한 것과는 달리, 국군의 초기 형태인 국방경비대는 전투 유경험자를 거의 받아들일 수 없었으므로 그 인원이 처음보다 늘기는 했으나 1947년 1월까지 5천 명에 지나지 않았다.

하지만 4월에는 1만 명, 7월에는 1만 5천 명으로 늘었고 1948

년 8월, 대한민국 정부가 수립되면서 대한민국 국군으로 공식 출범하였다. 미군 철수가 임박해오자 이때부터 병력면에서 국군의 성장은 비교적 빨라 1949년 3월에는 6만 명으로 늘어났다. 여기에 경찰 병력과 해군을 포함하면 전체 인원은 115,000명으로 늘어나게 되나, 보병으로 훈련받은 것은 5만 명뿐이었다.

미군이 한국에서 철수한 뒤에는 소수의 미 군사고문단(KMAG; Korean Military Advisory Group)만이 남아 주한 미국대사의 휘하에 들어갔다. 그러므로 당시 국군이 필요로 한 장비는 주한 미국대사관을 거쳐 미국 국무부의 허가를 받아야만 했고, 그 허가는 군사적인 필요성보다는 정치적으로 결정되곤 하였다. 미 국무부는 만약 국군에게 전차와 항공기를 공급해주면 국군이 이를 이용하여 북한을 공격해 한반도를 통일하려는 시도를 할 지 모른다는 우려 때문에 소량의 방어무기만을 공급하였다. 그러므로 당시 국군은 현대적인 전차, 항공기, 중(重)박격포, 무반동총, 성능 좋은 대전차포, 대전차지뢰, 중(中)포, 전투함정 등을 갖출 수 없었다.

이러한 정치적인 이유로 당시 국군은 전투기나 전투함정은 물론 육군에는 전차, 자주포가 한 대도 없었고 미제 M1 소총과 칼빈 소총, 일제 99식 소총, 60mm(사거리 2.3km)와 81mm(사거리 4.5km) 소형 박격포, 2.36인치 바주카포, 37mm와 57mm 대전차포, 75mm 곡사포(105mm 곡사포는 소량)만을 보유하였다. 이 가운데 2.35인치 바주카포는 약 1천900문을 보유하고 있었으나 이는 제2차 세계대전 초기의 대전차 무기로서 북한군의 T34 전차에는 효과적일 수 없었고, 더군다나 이를 사용할 병사들의 훈련 또한 제대로 되어있지 않았다. 미군은 M1 소총조차 충분히 공급하지 않아 국군은 일본군이 남기고 간 38식 소총과 99식 소총을 많이 사용하였다.

이런 열악한 상황을 알게 된 미 군사고문단(당시 482명) 가운데 일부가 만약 북한군이 남침해 온다면 이런 장비를 보유한 국군은 북한군을 저지할 수 없을 것이라고 상관에게 보고하였으나, 미 군사고문단장은 전혀 관심을 보이지 않았다. 병력, 훈련 정도, 개인화기, 공용화기, 야포, 항공기, 함정 등 각 부문에서 남북의 차이는 비교 할 수 없을 정도로 컸다.

공군은, 북한이 앞서 나온 대로 전투기를 다량 보유한 데 견주어, 국군은 L4,L5 연락기와 T6 훈련기 모두 합쳐 30여 대의 항공기만을 갖고 있었다. 특히 기갑 분야에서 남북의 차이는 심각하였다. 6·25가 일어날 때 국군은 M8 그레이하운드(Grey Hound) 장갑차(타이어 6개 달린) 27대와 M3 반궤도 장갑차(앞은 타이어, 뒤는 무한궤도) 12대, 모두 39대만 보유하였는데 이들은 주전투 차량이 아니고 각각 정찰과 병력 수송 용도에 사용되는 장갑차들이었다. M8 장갑차의 경우, 1945년 미군(육군 제7사단)이 남한에 진주할 때 가져온 것으로서 미군이 철수하면서 이 가운데 일부를 국군에 이양한 것이다(일부는 별도의 선박 편으로 들어와 국군에 양도되었음). 이 장갑차는 제2차 세계대전 당시 연합국에서 사용하였는데 '그레이하운드'라는 이름은 영국군이 붙인 것이다. 한편, 미군이 진주할 때 가져온 M4 서면(Sherman) 전차는 한국에서 떠날 때 한국군에 단 한 대도 이양하지 않고 모두 가지고 갔다(이 서면 전차의 명칭도 영국군이 붙였다).

만약 그때 미군이 이들 전차를 국군에게 이양해주고 떠났다면 6·25 기습 남침 때 국군이 일방적으로 당하지만은 않았을 것이다. 6·25 당일, 국군(육군)은 8개의 전투 사단과 지원부대를 포함하여 전체 병력 98,000명(이 가운데 전투 병력은 65,000명)을 보유하고 있었다. 병력의 대부분은 8개의 전투 사단 곧, 제1·제2·제3·제5·제6·제7·제8사단 그리고 수도사단에 소속되어 있었다. 이들 8개 사단은 편제상으로는 1만 명으로 책정되었으나 실제 편제에서 병력

을 모두 채운 사단은 하나도 없었다. 제1·제6·제7, 그리고 수도사
단만이 병력의 거의를 채웠을 뿐 나머지 사단들은 편제상 병력의
70%인 7천 명 정도만을 갖고 있었다.

8개의 사단 가운데 4개 사단(제1·제6·제7·제8사단)만이 38도선에
배치되어 북한군과 대치하였고, 나머지 4개 사단은 후방에 배치되
어 좌익 게릴라 소탕 작전에 참여하고 있었다. 38도선을 따라 전
선을 맡은 4개 사단 가운데 제1사단은 서해안에서 의정부 회랑까
지, 의정부 회랑은 제7사단, 춘천 지역은 제6사단, 태백산맥을 넘
어 동해안 지역은 제8사단이 맡았다. 이 밖에 수도사단 소속인 제
17연대가 제1사단의 서쪽인 옹진반도 방어에 배치되었다.

후방 4개 사단 가운데 수도사단은 서울 지역에 배치되고 제2사
단은 대전, 제3사단은 대구, 제5사단은 광주에 배치되었다. 특히
후방에 배치된 사단은 개인 무기가 부족하여 일본군이 남기고 간
99식 소총을 사용하였다. 국군의 배치는 국내에 있는 수많은 남로
당원들과 간첩들, 그리고 국군에 들어와 있는 좌익 군인들을 통해
자세한 내용이 거의 모두 북한군에 전해졌으나, 반대로 북한군에
는 국군에 동조하는 첩자가 많지 않아 국군은 북한군의 배치나
이동에 대한 자세한 정보를 입수하지 못하였다.

북한군에는 병력 5만 명인 보안부대가 내부의 보안을 유지하였
고 이와 별도로 비밀경찰인 사상(思想)경비대는 민간인을 철저하게
감시하였다. 이러한 보안 태세와 주민자체의 상호감시 조직이 그
물처럼 촘촘히 짜여 있어 북한 측의 정보가 남한에 전해지는 것
은 쉽지 않았다. 이 때문에 국군은 마지막 순간까지 북한군의 능
력이나 공격 준비 상황을 정확하게 알아내지 못하였다. 한쪽이 철
저한 준비를 하고 있었던 것과 달리 한쪽은 완전히 무방비 상태
에 놓여 있었다. 이것이 6·25 바로 전의 남북한 상황이었다.

2. 국군 독립기갑연대

(1) 기갑연대의 모체

1948년 1월 1일, 경기도 수색(水色)에 주둔하고 있던 제1여단 안에 2개의 수색중대가 새로이 만들어졌다. 이렇게 만들어진 제1, 제2중대는 같은 해 7월 4일, 수색에서 서울 용산구 서빙고로 이동하여 7월 10일, 조선경비대 총사령부 잠정특별부대 사령부 예하 수색대로 이름이 바뀌었다. 이것이 우리 국군 독립기갑연대의 모체였다. 곧이어 부대는 경기도 부평(富平; 김포 방면)으로 이동하였다. 중대는 장갑중대로 이름이 바뀌고 중대장으로 박창록(朴昌錄) 대위에 이어 강필원(姜泌遠) 대위가 부임하였다. 대원 가운데는 소대장인 박도경(朴道璟) 소위처럼 일본군 전차학교 출신도 있었다.

이때 장비는 미군이 사용하다가 넘겨 준 M3 반궤도 장갑차 7대, 지프차 5대(7.62mm LMG경기관총 탑재), 트럭 3대, 81mm 박격포 2문, 구경 12.7mm(Caliber 50 = 구경 0.5인치) M2 브라우닝 중기관총(HMG) 40정, 구경 7.62mm(Cal 30 = 0.3인치) 경기관총(LMG) 10정이었으며 개인장비는 일본군이 남기고 간 구경 7.7mm 99식 소총이었다.

훈련 교육은 교범이 제대로 없어 미군 고문관의 구두 교육에 따랐으며 화기 교육은 미군의 M1 소총 몇 정을 얻어와 LMG 경기관총 등과 함께 분해 결합을 했다. 박격포는 사병 가운데 몇 명만 사격술, 탄약 취급 요령을 배웠고 소총 사격은 실제로 하지 않고 시범을 보이는 것으로 대체하였다. 이들 미군 무기들은 현재 기준으로 보면 고물이지만 당시로서는 그래도 신형이었다.

이들 무기 가운데 장갑차 위에 장착된 구경 M2 공랭식 중기관총은, 미국 육군이 제1차 세계대전이 끝난 뒤인 1920년대에 개발하여 실전배치한 이후 오늘날까지 사용되고 있는 우수한 기관총이다. 무기 설계가 브라우닝(John M. Browning)이 설계한 무게 38kg의 이 총은 최대사거리 6.8km, 유효사거리 1.6km로서 분당 550발(100발 탄창 무게 16kg)이 발사된다. 사격의 정확성과 견고한 실용성 때문에 대공(對空)사격용으로도 사용되며, 놀랍게도 처음 생산된 뒤 80년이 넘도록 제2차 세계대전·한국전쟁·베트남전쟁·아프가니스탄전쟁·이라크전쟁 등 수많은 전쟁터에서 육해공군용으로 사용되었고, 아직도 미군을 비롯한 여러 나라 군대에서 사용하고 있다. 현재는 미국 메인(Maine) 주의 사코(Saco)사에서 생산하여 미군에 납품하고 있다. 국군 독립기갑연대의 M3, M8 장갑차에 장착된 기관총도 이 M2 중기관총이었고 한국전쟁 당시 사용된 미군의 모든 전차 포탑과 장갑차에 장착된 기관총도 이 기관총이었다. 미군은 이를 휘프티(Fifty)라고 부르며 우리 군에서는 오공(50)이라고 부른다. 그러므로 이 책에 나오는 전차전 내용 가운데 전차 포탑에 장착된 기관총이라 하면 이 기관총을 가리키는 것이다.

한편 미군의 M2 중기관총에 대응하여 러시아에는 같은 0.5인치 구경의 중기관총 '두스카'(Dushka; DShk)가 있다. 이 대공(對空) 기관총의 이름은 기관총을 설계한 무기 설계가 데그티아레프(Degtyarev)와 시파긴(Shpagin)의 이름을 합쳐 붙인 것이다. 이 기관총 역시 제2차 세계대전 때부터 오늘날까지 러시아군에서 사용하고 있다. 한국전쟁 당시 브라우닝 M2 기관총이 각종 미제 전차와 장갑차

포탑에 장착되었던 것과 달리 러시아제 두스카 기관총은 소련제 (러시아제) T34 전차에 거의 장착되지 않았다. 그러나 T34에 이어서 나온 T54, T62를 비롯한 최근 러시아제 전차 포탑에는 이 기관총이 장착된 것을 쉽게 볼 수 있다.

(2) 첫 전투

1948년 4월 3일 새벽, 남로당 제주도 총책 김달삼(金達三)과 인민해방군 사령관 이덕구(李德九) 등은 제주도 주둔 제9연대의 세포책으로 잠입한 좌익분자 문상길(文相吉) 중위를 사주하여 제주도 일원에서 조직적으로 무장폭동을 일으켰다. 이는 그 다음 달 10일 남한에서만 시행될 예정이던 선거(5·10 총선거)를 방해하고자 남로당이 계획하고 지령한 것이다.

폭도들은 태평양 전쟁 당시 제주도 방위를 맡았던 일본군 제58군 소속 수만 명이 연합군에게 항복하고 철수할 때 제주도 남부 해안 동굴 등에 숨기고 간 무기의 일부를 찾아내고 육지에서 몰래 반입한 무기로 무장하였다. 태평양전쟁 말기 일본 본토가 마리아나 제도에서 날아오는 미군 B29 폭격기의 공습 아래 들어가자 1945년 4월 15일, 일본군 대본영은 본토 방위를 위해 외곽 방어선인 제주도에 제58군 사령부를 설치하고 '결7호 작전'을 준비하고 있었던 것이다(2003년 9월부터 6개월에 걸쳐 방영된 TV 인기 드라마 〈대장금〉의 마지막 장면에 나오는 동굴은 일본군이 제주도 남쪽 해안에 만들어 놓은 수많은 동굴 가운데 한 곳이다).

공산 좌익분자들은 새벽 2시, 도내에서 제주시 경찰서를 포함한 14개 경찰지서를 일제히 습격하여 경찰관들을 살해하고, 경찰서 무기고를 습격하는 동시에 관공서 건물을 파괴하고 양민을 납치

충혼묘지(제주도 어리목)

살해하였는데, 그 목적은 앞서 언급한 대로 5월 10일 총선거를 저지하고 제주도를 무력으로 공산화하려는 것이었다. 해방 당시 인구 15만 명이던 제주도는 해방이 되자 일본과 중국으로 갔던 동포들이 귀환하여 폭동 당시 섬의 인구는 30만 명으로 늘어나 있었다. 폭도를 진압하기 위해 국군은 유재흥(劉載興) 대령이 지휘하는 전투사령부를 설치하였으나 제주도가 안정을 되찾는 것은 다음 해(1949년) 5월에야 가능했으며, 이 동안 국군은 제9연대장 박진경(朴珍景) 대령을 비롯하여 119명의 전사자를 내는 피해를 입었다.

1947년 여름에 제주도에 주둔한 제9연대 연대장이었던 이치업 대령은, 연대 본부중대장인 문상길 중위가 미리 독약을 타놓은 국을 점심 식사 때 모르고 먹었으나 1주일 동안 입원한 다음 구사일생으로 살아난 적이 있었다. 그러나 문 중위는 포기하지 않고 1948년 6월 18일 밤, 박진경 대령의 숙소로 난입하여 M1 소총으로 연대장을 살해하였다. 뒷날, 문 중위는 군사재판에 회부되어 사형선고를 받고 경기도 수색에서 총살되었다. 처형 당시 그는 사형수에게 주어지는 최후 진술의 순간에, 이치업 대령 독살에 실패해 북한의 국가 영웅이 되지 못한 것이 유감이라고 말하였다. 국군의 진압작전으로 무고한 양민의 희생이 뒤따른 것은 무척이나 가슴 아픈 일이나, 이 사건의 시작은 공산주의들로부터 비롯된 것임을 우리 국민은 분명히 알아야 한다.

제주도 공산폭동을 진압하기 위해 제주도로 출동 명령을 받은 박승훈(朴勝薰) 연대장이 지휘하는 제14연대 소속의 1개 대대가 여수항에서 출발 준비를 하고 있던 1948년 10월 19일 저녁 8시, 제14연대에 들어가 있던 좌익분자인 김지회(金智會) 중위(대전차포 중대장)와 연대의 40명 남짓한 남로당원 가운데 한 명으로서 연대 인사계이던 지창수(池昌洙) 상사는 대대원들이 모인 앞에서 연설을 하였다. "지금 경찰이 우리에게 쳐들어오고 있다. 우리는 동족상잔의 제주도 출동을 반대한다. 미 제국주의 앞잡이인 장교들을 모조리 죽여라!"고 선동하면서 이에 반대하는 부사관 3명을 그 자리에서 사살하고 뒤이어 제1대대장 김일영(金日永) 대위를 비롯한 20여 명을 사살하였다. 이에 순천(順天)에 있던 2개 중대도 호응하여 경찰서를 습격하였고, 반란군에 합세한 지방 공산당원들은 20일 새벽부터 민가를 습격하여 우익 인사들을 학살하며 경찰서를 습격하는 등 사건 발생 1주일도 안되어 민, 관 3,400여 명을 살상하고 이재민 9,800여 명을 발생시켰다.

군에서는 10월 21일, 송호성(宋虎聲) 준장을 전투사령관으로 임명하고 2개 여단 외에 해군함정을 투입하여 반란군이 바다로 탈출하는 것을 봉쇄하고, 10월 27일 강필원 대위가 지휘하는 수색중대(장갑중대)가 장갑차를 앞세우고 여수 시내로 진입하여 반란군을 소탕하면서 사태는 진정되기 시작하였다(장갑중대가 시내에 진입하기 전 이미 국군 보병부대가 여수 시내에 진입하였음).

그러나 반란군들은 여수 남쪽 돌산(突山) 방향으로 도주하면서 방화하여 중앙동과 교동을 비롯한 그 일대 2천여 호의 가옥이 불에 타 파괴되었다. 송호성 준장은 육사 2기생으로서 본명이 '송호'였으나 조선경비대 초대 사령관이 되면서 호랑이의 목소리를 뜻하는 '호성'으로 개명하였다. 그는 공산주의 사상을 갖고 있었으며 6·25 사변이 일어나자 결국 월북하였다(하지만 육사 2기생들은 그가 납치되었다고 주장하고 있다).

14연대가 여수항에서 반란을 일으켰다는 소식이 10월 20일 아침에 수색중대에 전해지면서 갑작스런 비상나팔 소리와 동시에 즉시 출동하라는 명령이 떨어졌다. 명령을 받은 강필원 대위는 신속하게 부평의 주둔지에서 M3 반궤도 장갑차 4대와 고무 타이어 바퀴 6개(양쪽에 3개씩)를 붙인 M8 그레이하운드 장갑차 6대, 그리고 LMG 경기관총을 설치한 지프차 여러 대를 이끌고 용산역으로 달려가 열차에 실었다. 병사들은 소총과 함께 아군끼리의 식별을 위해 흰 띠 두 장씩을 지급받아 한 장은 철모에, 한 장은 왼팔에 매고 출동하였다. 당시 병사들의 식사는 주먹밥이었다. 장갑중대를 실은 열차는 쉬지 않고 달려서 이날 오후 4시 지리산 기슭인 구례(求禮) 마을에 도착하였다. 강 대위는 박도경 소위와 함께 해지기 전에 장갑부대를 이끌고 순천 시내로 들어갔고, 장귀섭(張龜燮) 중위의 장갑차들은 여수로 갔다.

장갑차와 외부와의 신호는 수신호로 했고 차내에는 엔진에서 나오는 소음이 심하여 말소리을 알아듣기 어려우므로 장갑차의 차장(포탑에 위치)이 발로 장갑차의 아랫부분에 앉아서 운전하는 운전병에게 전달했다. 곧, 전진 때는 운전병의 허리를, 왼쪽으로 가라는 신호는 왼쪽 옆구리를, 오른쪽으로 가라는 신호는 오른쪽 옆구리를, 정지하라는 신호는 양쪽 어깨를 발로 꽉 누르는데 이는 평소에 훈련받은 것이었다. 원시적으로 보이는 이 신호방법은 국군뿐만 아니라 제2차 세계대전과 한국전쟁 당시 미군 전차부대 승무원들도 곧잘 애용하던 방법이었다. 전차 승무원들은 무전기가 붙어 있는 이어폰을 사용하지만 엔진의 소음에 더해 전투 때에는 전차포의 천둥 같은 큰 소음과 기관총 등 각종 소화기가 내는 소음 때문에 잘 들리지 않는 경우가 많으므로 미군 전차병들도 이 방법을 사용했던 것이다. 영국제 전차인 센추리온과 영국식 편제로 구성된 뉴질랜드 전차대도 전차 안팎의 소음 때문에 전차병들 사이에 교신이 힘든 경우에는 이런 방법을 사용하였다고 한다.

그 당시 반군은 국군 진압부대에 밀려 시 외곽으로 물러났으나 시내 곳곳에서 총성이 요란하게 들리고 있었다. 시내에는 시체가 여기저기 널려 있었는데 부녀자들 시체가 있는 곳에 '경찰 가족'이라고 쓰인 푯말도 있었다. 좌익 민간인들도 반란군을 돕고 있었는데 이 가운데는 여학생들도 있었다. 장갑중대원들이 몸빼를 입고 무리지어 다니는 여학생을 세우고 수색했더니 몸빼 속에서 개머리판이 잘린 칼빈 소총이 나와 머리카락이 곤두서는 것을 느낀 적도 있다고 한다.

당시 진압군으로 출동한 국군 보병부대 병사들은 소총과 기관총 그리고 박격포로만 무장하고 있었고, 우리 국군에는 다른 특별한 무기가 없다고들 생각하고 있었다. 그런데 M3 반궤도 장갑차가 시끄럽고 둔탁한 소음을 내며 달려오고, 믿음직한 장갑중대원들이 지프차 위에 장착한 0.3인치 경기관총을 잡고 사격자세를 취한 채 주위를 노려보며 시내로 질주해 들어오자 놀라는 한편 우리가 반드시 이길 것이라는 믿음이 생겨 사기가 크게 올랐다.

순천에서 여수로 가는 길은 큰길이었고 여수에 가까워지면 도로 양쪽은 병풍을 친 듯 높은 능선이 이어져 있었다. 이곳에서 반란군들은 국군 병력이 그 속으로 들어오기만을 기다리며 매복하고 있었다. 장갑중대도 매복을 염려하여 수색임무를 띤 척후병을 지프차로 먼저 보냈고, 이들은 반란군의 공격을 받아 전사하였으나 결국 국군은 반란군을 제압하고 여수 시내로 진입하였다.

10월 21일 아침, 강 대위가 지휘하는 주력은 여수 시내로 진입하고, 박도경 소위가 지휘하는 장갑차는 김종갑(金鍾甲) 부연대장과 임충식(任忠植) 대대장이 지휘하는 보병 2개 대대의 선두에서 고흥(高興)으로 향했다. 박 소위의 장갑차가 벌교(伐橋)부근 면사무소에 접근하자 그곳에 운집한 군중들은 인공기를 흔들면서 장갑중대의 장갑차들을 열렬하게 맞이하였다. 반란군들은 곧 북한군 기계화부대가 자기들을 지원하러 온다고 민중에게 선전하였으므로 군중은 갑자기 나타난 장갑차 대열을 보고 인민군이 벌써 남한을 점령하고 그곳까지 내려온 줄 알았던 것이다. 장갑차가 국군인 것을 알고서 군중은 놀라고 그 안에 끼어있던 반군과 공산당 첩자들은 국군 장갑차를 향해 사격을 함으로써 장갑차 포탑 위에 상체를 내놓고 있던 병사들이 살상 당하였다.

장갑중대가 반란군이 점령한 경찰지서 건물로 돌진하자, 경찰서를 장악하여 그곳에 근무하던 경찰관을 묶어 놓고 회의를 하던 반란군들은 즉시 도주해 버렸다. 당시 여수와 순천에서는 경찰지서마다 팔이 묶인 채 총살당한 경찰관과 우익 인사의 시체가 수십 구씩 있었다. 그날 오후 3시 무렵, 박 소위의 장갑차들은 고흥 읍내에 진입하여 냇가에서 반군들에게 인민재판을 받고 있던 지역 유지와 경찰관 가족들을 극적으로 구하기도 하였다.

한편 장귀섭 중위가 이끄는 장갑차들은 여수로 진입하라는 명령을 받고 출발하였음에도 명령에 불복하여 전진을 멈추었다. 장 중위는 제14연대의 반란 주모자 김지회 중위와 일본군 소년항공병학교 동기생으로서 이들은 은밀하게 서로 내통하고 있었던 것이다. 장갑중대에도 이를테면 공산당의 첩자가 들어와 있었던 것이다. 장 중위는 대한민국과 전우를 속였다. 그는 반란군이 있는 방향으로 사격도 하지 않았고 반란군에게 사격을 하려는 부하들을 제지하기도 하면서, 전투에서 용감하게 싸우다 부상당한 것으로 가장하기 위하여 권총으로 자기의 왼팔을 쏘아 자해 행위를 하였다. 이렇게 이적 행위를 한 자가 대한민국을 위하여 용감하게 싸우다 다친 것으로 인정되어 장갑중대 출동대원 전부가 1계급 특진될 때 대위로 승진하기도 하였으나, 끝내는 병원에서 행방을 감추어 버렸다. 그는 작전교육관으로 있으면서 38선 이남 전체 지도와 각 도별 지도를 수집, 정리하고 있었다. 이를 본 후배 박 소위가 "우리가 훈련하는 데는 서울 부근 지도나 있으면 되지 남한 전체 지도가 무슨 필요가 있습니까. 필요하면 상부에 신청하면 되지 않습니까?"라고 말했더니 "언젠가 필요할 때가 있을 것이다"는 의미심장한 대답을 한 적이 있는데, 필요한 때라는 것이 여순반란사건과 같은 상황을 미리 준비하고 있었던 것이라고 볼 수밖에 없다. 내부의 적은 외부의 적보다 훨씬 더 위험하다.

여수·순천 반란사건 때 수많은 애국시민이 공산당에게 살해되었는데, 이 가운데는 여수 애양원 교회에서 목회를 하던 손양원 목사의 중학생 아들 두 명(손동인, 손동신)도 포함되어 있다. 국군 독립기갑연대의 장갑차들이 반란 부대를 진압하고 여수 시내로 돌입한 날 손 목사의 두 아들은 목사 아들이라는 이유로 1948년 10월 21일, 좌익 반란군에게 끌려가 순천 경찰서 뒤뜰에서 피살된 것이다. 좌익공산분자가 큰아들 손동인을 죽이기 전에 마지막 할 말이 없느냐고 묻자, 손동인은 이들에게 "회개하고 예수 믿어 구원 받으라"는 말과 함께 눈을 가린 채로 유언 대신 찬송가(제545장) '하늘가는 밝은 길이 내 앞에 있으니…' 3절까지를 모두 부르고 총에 맞아 죽었고 이어서 동생 손동신도 사살되었다. 손 목사는 두 아들을 살해한 자를 그리스도의 사랑을 실천하기 위해 자기 아들로 받아 들였고, 이 손 목사의 양자가 낳은 아들은 후일 목사가 되었다. 수도 서울이 탈환되던 날인 1950년 9월 28일, 그때까지도 탈환되지 않은 여수의 한 과수원에서 손 목사는 공산당원의 총탄에 맞아 순교하였다. 뒷날 손 목사에게는 '사랑의 원자탄'이라는 별명이 붙여졌다. 하나님께서는 손양원 목사를 사도 바울처럼 기독교 사상 가장 위대한 순교자 가운데 한 사람으로 만들고자 공산당을 이용했던 것이라고 저자는 믿고 있다.

한편, 육군에서는 여순반란사건을 계기로 1950년 6월까지 4차에 걸쳐 숙군 작업을 감행하여 장교 126명, 사병 1,170명을 숙군하였다. 그러나 이 숙군 작업에는 억울한 장병도 적지 않게 포함되어 있었다. 인면수피의 공산당원들은 평소 자기와 사이가 나빴던 자를 끌어들였는가 하면, 술자리를 같이했던 친구나 동기생의 명단을 올리는 것은 물론 봉급수령용으로 경리과에 맡겨둔 도장을 본인도 모르게 공산당원 가입증에 찍어버려 곤욕을 치른 이가 적지 않았다. 더욱 가관인 것은 이승만 대통령에게 보고된 육군의 좌익분자 명단에 백선엽(白善燁) 대령 등 애국군인들의 이름이 많이 올라가 있었고 이들이 공산당과 접선한 사실에 대한 거짓 증거와 그럴듯한 계보까지 첨부되어 있었다. 예리한 이 대통령은 한눈에 경찰 간부가 만든 그 보고서가 거짓이라는 것을 알고 어이없어하며, '이 보고서는 충성을 가장한 반역행위'라고 주위 사람들을 질타하는 것과 아울러 그 자리에서 불태워버렸다.

어쨌든 뼈를 깎는 숙군 작업을 했기에 한국전쟁 초기 무초(John J. Muccio) 주한 미국 대사가 이승만 대통령에게 "어느 나라 군대이든 수도가 위기에 처하면 집단 항복이 있게 마련인데 한 건도 없다는 것은 한국의 장래가 밝다는 것을 뜻합니다"라고 말한 것처럼 한국전쟁 동안 군내(軍內)에는 좌익분자로 말미암은 동요가 전혀 없었던 것이다.

역설적으로 여순반란사건이 한국전쟁 기간 국군을 크게 도와 준

기갑연대 창설지(왼쪽). 오른쪽 사진은 창설기념비를 확대한 것.

것이다. 만약 여순반란사건이 일어나지 않고 북한군의 기습 남침을 받았다면, 외부로는 압도적인 적에게 당하고 내부로는 좌익 반란군에게 대한민국 국군이 순식간에 박살날 뻔 하였다. 여순반란사건을 빌미로 군내의 공산분자를 거세한 뒤 국군은, 북한군에 견주어 월등히 적은 병력과 장비를 갖고서도 하나로 뭉쳐 자유 우방군과 함께 공산 침략을 막아내고 자유민주주의 국가인 대한민국을 지켰던 것이다.

(3) 한남동의 독립기갑연대

미 군정 아래에서 군대도 아닌 남조선 국방경비대로 발족하였지만 질적, 양적으로 발전하여 2년 6개월이 지난 1948년 7월에는 5개 여단 15개 연대로 성장, 군(軍)의 형태를 갖추게 되었다. 1948년 8월 15일, 대한민국 정부가 수립되면서 국방경비대는 대한민국 국군으로 새로이 발돋움했다. 곧, 미 군정당국의 행정권 이양에 따라 남조선 과도정부의 조선 경비대(당시 불리던 명칭임)는 1948년 9

월 1일 '잠정적으로' 대한민국 국군에 편입되고 9월 5일에는 육군
으로 명명되었다. 이처럼 잠정적이라고 쓴 이유는 당시 국군조직
법이 마련되지 않았기 때문이었다. 그 뒤 1948년 11월 30일 국군
조직법이 법률 제9호(제1장 총칙, 제2조 국군은 육군과 해군으로 조직
한다)로 발령되면서 정식으로 육군이 되었다.

 이에 앞서 김포에 주둔했던 수색대는 여순 반란을 진압하고 약
한 달이 지난 1948년 11월 25일 서울 용산구 한남동(현재 단국대학
교 맞은편, 미군 군속 숙소인 한남빌리지)으로 이동하였고 동시에 수
색단(장갑차 22대)으로 승격되어 초대단장에 이용문(李龍文) 소령이
임명되었다. 수색단은 이해 12월 5일에는 기갑단(機甲團), 이어서
같은 달 10일에는 '육군 독립기갑연대'로 승격되어 초대 연대장에
는 중령으로 승진한 이용문이 유임되었다. 한남동 부대 자리에는
연대 병력과 장비를 수용할 만한 충분한 시설이 있었고, 연대 편
성이 급속하게 진행되어 그 뒤 1년 동안에 제1기갑대대가 창설되
고 그 안에는 3개 중대가 편성되었다. 당시 지휘관을 비롯한 중대
병력과 장비는 다음과 같다.

> 제1기갑대대장; 강태민(姜泰敏) 소령
> 제1중대장; 박길용(朴吉龍) 대위
> 제2중대장; 박도경(朴道璟) 대위
> 제3중대장; 정세진(丁世鎭) 대위
>
> 중대 병력;
> 장교 5명, 사병 168명(1개 소대는 장교 1명, 사병 47명)
> 중대 장비 및 화기;
> M8 그레이 하운드 장갑차 12대(후일 27대로 증가)
> M3 반궤도 장갑차 1대(후일 12대로 증가)

2.5톤 트럭 5대

3/4톤 트럭 1대

지프차 25대

·37mm포 12문(M8 장갑차에 탑재)

12.7mm(0.5인치) 중기관총 13정

7.62mm(0.3인치) 경기관총 42정

81mm 박격포 1문

2.36인치 로켓포 1문

1949년 6월 20일, 연대는 수도경비사령부로 편입되었다가 11월 15일에 수도경비사령부로부터 배속이 해제되어 육군본부 직할이 되었다. 뒷날 이용문 준장은 1953년 6월 24일, 지리산 공비토벌 작전 중 탑승기가 추락하여 전사하였다(전사 뒤 소장에 추서됨).

이용문 연대장에 이어 1949년 7월 30일, 유흥수 중령이 연대장이 되었으며 유흥수 연대장은 기갑연대장으로서 6·25를 맞았다. 유흥수 연대장은 일제시대 일본군에서 기병 장교로 근무한 경력이 있었다. 그는 노란색을 무척 좋아해 장갑차와 연대장 지프차에는 노란 깃발을 달고 다녔다. 그러므로 경축 행사 때는 그야말로 서울 시내가 노란색 물결을 이루어 서울 시민에게 더없는 친근감을 주었다. 우리나라 공군 조종사들이 한국전쟁 때 빨간 마후라를 목에 걸고 출격한 것에서 빨간 마후라(머플러)가 전투조종사의 심벌로 굳어진 것처럼 기갑부대원들도 노란 마후라를 목에 감고 다녔다. 한의학과 침술에도 조예가 깊었던 유 연대장은 뒷날 준장으로 예편하였고 1992년 8월 17일 세상을 떠났다.

(4) 기병 대대

　제1기갑대대가 독립기갑연대 안에 창설되고 나서 1949년 4월에는 기병(騎兵) 대대가 창설되어 제2기병대대로 불리고 대대는 2개 중대로 구성되었다. 군마(軍馬)는 320필이었는데 일본군이 사용하던 것과, 군마 수집반이 전국을 돌며 구해온 것이었다. 이 가운데는 서울 신설동 경마장에서 경주마로 쓰던 것도 있었으며, 일본군이 농촌에 있는 학교나 금융조합에 대여(군마의 예비역 격으로 일제는 대여한 말의 점호까지 할 정도로 철저하게 관리하였다)해 주었던 것을 수집해온 것도 있었다. 이 밖에 기병대대원으로 임명된 초급장교들이 자기들이 사회에서 사용하던 말 15필을 갖고 들어오기도 했다.

　본래 기병은 예로부터 전술적 운용 면에서 집중적인 타격, 습격, 추격, 수색, 적의 아군 진지 돌파를 저지하기 위해 만든 병과로서 보병 다음으로 역사가 깊은 병과였다. 몽고의 칭기즈칸이 동서양에 걸친 대 제국을 건설할 수 있었던 것도 말이 있었기 때문이며, 프랑스의 나폴레옹이 유럽의 대부분을 제압할 수 있었던 것도 탁월한 기병 전술의 운용에 힘입었던 것이다. 미군의 경우, 19세기까지도 말 100필로 중대를, 300필로 대대를, 900필로 연대를 편성했으며, 유럽의 경우는 2~4개 여단과 포병으로 편성된 기병사단 2~3개를 가진 기병 군단도 있었다. 20세기에 들어서면서 시작된 러일전쟁에서두 양군의 기병대는 만주에서 격돌한 적이 있다.

　제2차 세계대전 당시인 1939년 9월, 독일군이 폴란드를 침공할 때 폴란드 기병대는 독일 기갑부대를 무모하게 공격하다가 전멸하였다. 그리고 1941년 11월 17일, 독일군이 모스크바 가까이 전진해오자 소련군은 중앙아시아에 주둔하고 있던 제44기병사단(주로 몽고인으로 구성됨) 소속 2개 연대의 기병대를 모스크바 전선에 투입하여 독일 기갑부대를 막으려고 하였다. 그러나 이 기병대는 공격다운 공격도 제대로 못해보고 독일 육군 제107보병사단의 화력 앞에서 오히려 2천 필의 말과 병사가 완전히 괴멸되었다. 이것이 전사에 나타난 기병대의 마지막 대규모 전투였다. 그 이후부터는 포병, 항공기, 지뢰 그리고 내연기관의 발달로 기병대는 전차와 장갑차에게 그 구실을 물려주게 되었다. 그럼에도 국토의 70퍼센트가 산지(山地)인 우리나라에서는 수색, 전과확대 등은 물론 60mm 박격포나 이에 버금가는 물품을 싣고도 60도 경사를 오르내릴 수 있는 말의 기동력 곧, 기병대의 활용도를 높이 평가하고 국군 창설 초기에 기병 대대를 만들었던 것이다.

나는 1992년 말부터 약 3년 동안 남아메리카 칠레 남부에 있는 목재 공장의 책임을 맡은 적이 있었다. 그때 국경일을 맞아 칠레 육군의 기병대가 말 등에 기관총, 박격포, 무반동총 등을 얹어서 라우타로(Lautaro) 시내를 행진하는 것을 서너 번 보았다. 안데스 산맥을 국경선으로 하는 칠레는 전투기와 헬리콥터 등 현대적인 무기를 보유하고 있음에도, 산악 지역에서 효율적으로 작전에 사용할 수 있는 기병대를 아직도 큰 규모로 운용하고 있는 것이다.

이런 이유로 초대 이용문 연대장은 기병대 창설에 전력을 기울였고, 여기에 당시 우리나라에서는 말에 관한 한 자타가 공인하는 전문지식을 갖춘 젊은이들이 기병대 창설의 기간(基幹)이 됨으로써 짧은 기간에 기반을 닦을 수 있었다. 그러나 6·25사변이 시작되고 2개월도 안되어 기병대는 지리멸렬해 버리고, 대전에서 기병대가 해산한 뒤에는 한 필의 말도 없이 보병이 되어 싸웠다.

기병대대는 오늘날의 서울 강남에서 훈련을 하였다. 한남동 부대를 출발해 한강을 30분 동안 헤엄쳐 건너서(말은 수영을 잘함) 당시 임야와 논밭뿐이던 강남 들녘에서 훈련을 했던 것이다. 일본군이 쓰던 말은 일본어 구령에 익숙해 우리말 구령에 대한 음향 순

치 훈련을 기초부터 다시 시키느라고 많은 시간과 노력이 들었다
고 한다.

(5) 도보 대대

독립기갑연대 안에 기갑 대대, 기병 대대가 창설되고 뒤이어 도
보(徒步) 대대와 군견(軍犬) 중대가 1949년 12월에 창설되었다. 도
보 대대는 제3도보대대로 명명되었다. 당시 장갑차가 먼저 들어오
면 장갑 대대를 증편하고 말이 먼저 들어오면 기병 대대를 증편하
려고 했으나, 미국에서 장갑차도 추가로 오지 않고 말도 더 이상
구할 수가 없어 도보 대대를 창설하게 된 것이다.

연대라는 이름에 걸맞게 휘하에 3개 대대를 두어야 하는데, 연
대가 갖고 있는 장비는 1개 기갑 대대와 1개 기병 대대에 맞는
것이므로 할 수 없이 보병 대대를 창설하여 그 이름을 제3도보대
대로 명한 것이다. 대대 안에는 군견중대가 있어 군견 장교가 7명,
그리고 셰퍼드가 몇 마리 있었으나 중대 규모에 걸맞지 않게 작은
규모였다. 말이 독립기갑연대이지 실제로 기갑에 해당하는 것은 1
개 대대 밖에 없었고 그나마 기갑부대라는 이름에 걸맞는 전차는
한 대도 없었으므로, 그 당시 독립기갑연대의 실제 전력(戰力)은
수색대 또는 정찰대 1개 대대에 해당하는 초라한 것이었다.

(6) 친위대로서의 기갑연대

우리나라는 고려 때부터 조선에 이르기까지 내금위(內禁衛), 친위
대(親衛隊), 시위대(侍衛隊), 친군(親軍)으로 하여금 왕성(王城)을 경호

케 하는 한편 임금의 행차를 호위(호종)토록 하였다. 그러다가 1948년 8월 15일, 대한민국 정부가 수립되면서부터는 대통령 및 귀빈을 경호하는 친위대 구실을 기갑연대에서 담당하였다. 곧, 대통령이 참가하는 주요 행사에서 대통령 호위, 국군 최고 지휘관들의 지방 시찰이나 방한하는 외국사절단 호위 등에 장갑차가 의전 및 경호를 위해 출동하였다. 이승만 대통령과의 회담을 위해 1949년 8월 6일 장개석 자유중국(대만) 총통이 진해에 쌍발기를 타고 도착했을 때도, 기갑연대의 M8 장갑차 2대가 용산역에서 기차에 실려 진해로 내려가 회담이 끝나 장 총통이 떠나는 날까지 해군통제부 정문을 경비하기도 하였다.

기갑연대 창설 때 부사관(하사관)과 고참 기간병은 거의가 각 연대에서 충당되었으나, 연대가 확장기에 접어든 1949년 6월 무렵부터는 서북청년단원(西北靑年團員)들이 신병(新兵)으로 대거 입대하였다. 이들 대부분은 평안남북도 출신으로서, 해방 뒤 북한의 공산당 학정이 싫어 월남해 주로 공비토벌에 가담하고 있다가 기갑연대가 창설되자 입대한 것이다. 당시 입대한 이들의 총인원은 밝혀진 것이 없으나 대략 500~600명을 웃돌았다. 월남 청년들로 구성된 서북청년단은 주된 목적이 공산당을 때려잡는 것으로서 자기들끼리 수개월 동안 합숙 훈련하며 사상 무장을 했다. 이들 가운데 적지 않은 인원이 독립기갑연대에 입대한 것이다. 당시 이들이 부른 '서북청년단가'의 가사는 다음과 같다.

> 우리는 서북청년단
> 조국을 지키는 용사로다.
> 나-가 나-가
> 38선 넘어 매국노 쳐부수자

(7) 개성 출동

일본이 항복한 뒤 일본군의 무장해제라는 정치적 목적에 따라 지도 위에 일직선으로 표시한 38도선은 지형을 따라 구분해 놓은 경계선이 아니다. 그러므로 이 선을 경계로 대치하고 있던 국군과 북한군 사이에는 필연적으로 서로 유리한 고지를 점령하여 방어진지를 구축하려는 상호 충돌이 벌어질 수밖에 없었다. 특히, 북한군은 6·25 이전부터 침략 근성을 보이며 노골적으로 38도선에서 각종 도발을 자행하였다. 38도선 이남에 있던 황해도 연백(延白)의 백천(白川; 또는 배천)에 1개 대대 병력으로 침공(1949년 5월 3일, 7월 25일), 1개 중대 병력으로 옹진반도 부근 침공(1949년 5월 21일, 8월 4일),

의정부 부근 침공(1949년 6월 12일), 1개 대대 병력으로 춘천지구를 침공(1949년 8월 6일)하는 등 1949년 한 해에만 874회나 도발한 것이 그 내용이다.

미군이 1949년 6월에 한국에서 철수하자 7월부터 북한 인민군은 38선 전역에 걸쳐 도발 행위를 가중시키고 그 공세는 더욱 격화되었다. 이와는 별도로 북한은 1948년 11월 중순부터 1950년 초까지 10차에 걸쳐 월북한 공비 가운데 2,400명에게 유격훈련을 시켜 남한에 내려 보냈다. 당시 북한의 목적은 남침 준비의 일환으로 우리의 경비 상황과 전력을 시험하는 한편, 남한 사회에 불안을 조성하여 민심을 동요시키려는 데 있었다.

1949년에 38선 주위에서 수없이 많은 도발을 일삼던 북한군은 1950년 초가 되면서 갑자기 움직임을 멈추었다. 그러나 곧 전차와 병력 및 보급품을 실은 북한군 차량이 38선 전역(한반도의 서쪽 끝에서 동쪽 끝까지)에 걸쳐 계속 38선으로 내려오고 있다는 풍문(후에 사실임이 밝혀짐)이 돌면서 신문에 '2월 위기설', '3월 위기설'이

소련제 76mm 곡사포

난무하여 38선 접경에 사는 주민들은 불안에 떨게 되었고, 특히 개성과 그 서쪽에 살고 있는 주민들의 불안감이 더욱 심하였다. 왜냐하면 개성은 서울과 가깝고 도로 여건이 좋기 때문에 만일 적이 공격해 온다면 서울을 빼앗기 위해서 이곳으로 공격해 올 것이라 예상되었기 때문이다.

그런데다 38선에서 불과 몇 킬로미터밖에 떨어지지 않은 배천(온천지대)은 1949년 5월 17일, 인민군 1개 대대가 기습해 들어와 5일 동안 동네를 불태우며 애국 인사들을 학살하고 납치해 가는 일이 벌어졌었다. 북한군은 농가의 소까지 약탈해 갔으며, 배천 주위의 곡창지대인 연백평야로 흐르는 물줄기를 북쪽에서 끊어버려 벼농사를 못 짓도록 하였다. 이에 남한 측이 물을 다시 보내 달라고 요구하자 북한은 물을 보낼 테니 일 년에 쌀 5천 톤을 보내라고 요구하여 이를 수락하였으나, 북한은 이어서 '연백평야 농민들이 쌀 한 말씩을 메고 평양에 와서 김일성 수령님께 봉납하라!'고 억지를 써서 남한에서는 거부할 수밖에 없었다.

앞서 나온 대로 6·25 이전 38선 전역에서 북한군이 도발을 자

소련제 76mm 평사포

　행할 때마다 국군도 이에 맞서 싸웠으나 적에게 완전한 응징을 하지 못했다. 당시 국군 사단이 15문을 보유하고 있던 미제 M3형 105mm 곡사포는 제2차 세계대전 당시 미 육군 보병 연대에서 사용하던 것으로서 유효사거리 6,525미터였다. 이에 견주어 북한군이 보유한 소련제 122mm 곡사포는 유효사거리 11,710m, 76mm 평사포는 13,090m, 76mm 자주포(SU 76)는 11,260m였다. 북한군 사단은 122mm 12문, 76mm 48문 말고도 120mm 대(大)구경 박격포 18문을 비롯해 국군 사단에 견주어 압도적인 수량의 야포와 박격포를 보유하였다. 38도선에서 일어난 수많은 충돌사건 때마다 북한군의 포병이 국군 포병의 사정거리 밖에서 유유히 사격을 할 수 있었던 비결이 바로 여기에 있는 것이다. 화력을 비교할 때는 통상 분당(分當) 발사 탄수를 기준으로 한다. 6·25 남침 당시 북한군 사단과 국군 사단의 분당 발사 탄수를 비교할 때 북한군과 국군은 무려 10대 1이었다.

　북한군의 T34 전차가 38선으로 이동하는 것을 본 개성 지역 주민들이 국군은 왜 전차를 이곳에 배치하지 않느냐고 불안해하자, 육군에서는 기갑연대의 장갑차 일부를 이곳에 배치하기로 결정하였다. 그러므로 북한군이 남침하기 50일 전인 1950년 5월 4일, 박도경 대위가 지휘하는 제1기갑대대의 제2장갑중대는 황해도 개성

(開城) 방면으로 출동하여 사단장 백선엽 대령이 지휘하는 제1사단의 12연대에 배속되었다. 장갑차는 전차에 견주어 전투력이 훨씬 떨어지는 장비이지만 군사 지식이 없는 일반 주민들은 구별을 제대로 못해 박도경 대위의 중대(M8 장갑차 9대, M3 장갑차 1대, 지프차 25대)가 개성 시내에 들어오는 것을 보고 우리도 전차가 있다고 생각, 기갑연대를 환영하고 안도하며 그동안 동요했던 민심이 안정을 찾았다. 장갑차 전체 크기 사진을 신문에 실으면 타이어 바퀴가 보여 전차가 아닌 줄 알게 되므로 당시 신문에는 장갑차 포탑 부분 사진만 신문에 실었다. 포탑 사진만 실으면 언뜻 보기에는 전차처럼 보이므로 일반 국민들에게 우리도 북한군이 가진 전차에 대항할 수 있는 전차를 보유하고 있다는 자신감과 안도감을 줄 수 있기 때문이었다.

박도경 대위는 예성강(禮成江)을 경계로 동쪽(개성방면)은 제1소대, 서쪽에는 제2소대, 그리고 제3소대는 예비대로서 연안(延安)에 위치한 제12연대본부에 배치하였다. 고려인삼으로 유명한 개성은

개성 시내로 들어가는 독립기갑연대의 지프차와 장갑차.

원래 조용한 곳이었으나 38선이 설정된 뒤에는 갑자기 소란한 도시로 변했다.

이 지역에서는 1949년 7월에 북한군 1개 사단이 시내를 포위한 것을 국군 제1사단이 반격하여 수일에 걸쳐 격전이 계속되었다. 우리에게 '육탄(肉彈) 10용사의 전투'로 알려진 이 전투에서 10명의 국군 용사는, 81mm 박격포탄을 가슴에 안고서 개성 북쪽 2킬로미터에 있는 송악산(松岳山) 정상의 적 토치카에 돌입함으로써 모두 장렬하게 전사하고 적을 격퇴하였다.

장갑중대가 개성에 파견되어 있던 1950년 6월 11일, 북한은 갑자기 '오늘 10시 요현으로 조통(朝統) 요원 3명을 남한에 특파한다'고 일방적으로 통보해 왔다. 사실 이들의 임무는 한국 정부와 외국 관측통들을 혼란케 만드는 것이었다. 북한은 이에 그치지 않고 더 큰 기만작전을 폈다. 곧, 6월 13일에 '앞서 보낸 특사 3명의 구명(救命)을 위해 무력행사도 불사한다'고 위협하는 척 하면서 '조만식 선생(평양에 구금된 민족지도자)과 김용삼, 이주하(남한에 구금된 남로당 공작책임자)와 맞바꾸자'고 제의해 왔다. 이에 이승만 대통령은 조만식 선생을 구하려는 일념에서 6월 16일, '1주일 내에 바꾸자'고 응답하였는데 북한은 동문서답 격으로 6월 19일, '남북한 통일정부 수립을 위한 국회대표회의를 평양이나 서울에서 열자'고 하였다. 여기에 대해 이 대통령은 6월 24일, '요현에서 교환하자'고 회신하였다. 이에 북한은 6월 25일 새벽, 38선 전 전선에 걸친 기습 남침으로 응답을 대신하였다. 한편으로는 같은 민족을 살상하기 위한 전쟁 준비를 완료해놓고서 한편으로는 '민족끼리의 단합'을 외치는 위장 평화공세를 기가 막히게 잘 연출한 북한의 기만 전략에 남한은 멋들어지게 속아 넘어간 것이다.

개성으로 출동하였던 장갑중대는 6·25가 일어나기 3일 전인 6월 22일, 복귀하라는 명령을 받고 6월 23일 밤 서울 한남동에 있는 연대로 복귀하였다. 그리고 이튿날 토요일에는 외출, 외박을 나갔고 그 다음 날인 6월 25일(일요일) 새벽, 비상나팔 소리에 잠을 깨어 연대 연병장 국기게양대 앞에 집합한 기갑연대 장병들은 이날 새벽, 38선 전역에서 남쪽의 동족을 향하여 북한군이 포를 쏘아대며 전차부대를 앞세우고 남침을 하고 있다는 소식을 듣고 출동 준비에 들어갔다. 만약 장갑중대가 이틀만 더 개성에 주둔하고 있었다면 전성호(全盛鎬) 연대장이 지휘하는 제12연대의 작전에 기여했거나 북한군의 압도적인 전력에 밀려 제12연대와 함께 퇴로가 막힌 채 분산되었을지도 모른다.

3. 폭풍 전야

(1) 북한군

평양의 명승지 모란봉(牡丹峰) 극장에서는 1950년 5월 17일, 북한 수뇌들이 평화통일촉진회의라는 이름으로 남침 회의를 했고, 그 다음 달인 6월 11일 북한 민족보위성(국방부)은 여단장급 이상의 지휘관을 모아놓고 작전국장 김광협(金光俠) 소장이 다음과 같이 발표하였다.

> 1) 훈련의 종합 검토를 위해 육해공군 합동 기동력 연습을 실시한다.
> 2) 훈련 기간은 2주 예정이다.
> 3) 이 훈련은 가족, 특히 부인에게도 알리지 말라.

북한군이 38선에 전개한 것은 1950년 5월 중순부터 6월 23일 사이였다. 이때 북한군의 남침작전 명령(소련어)을 한국어로 번역한 북한군 제2군단 공병부장 주영복(朱榮福)은 후일 국군에 귀순하여 이렇게 회고하였다.

"우리 군단 요원들은 6월 12일 15대의 트럭에 나누어 타고 평양에서 화천(華川)으로 내려오면서 서울은 이틀이면 점령할 수 있다더군, 8.15 해방일에는 서울에서 열병식을 하게 된다던데….라는 등의 이야기를 나누었다.”

마침내 북한군 각 사단이 38선에 전개 완료할 무렵인 1950년 6월 22일 오후 2시, 전투 명령 제1호가 발령되었다. 북한군 제4사단 전투 명령의 경우, ‘아군(북한군)의 공격 정면에는 적(국군)의 제7보사 제1보련(보병 제7사단 제1연대를 말함)이 방어하고 있다. 공격 준비는 1950년 6월 22일까지 완료한다(이하 생략)’라는 내용을 담고 있었다.

북한군은 38선에서 부산까지의 거리를 480km로 잡고 하루 평균 10km를 남침하여 8월 13일(50일 이내)까지 남한 전체를 점령, 해방 5주년을 부산에서 맞으려고 공격 일정을 다음과 같이 만들었다. 공격의 선두에는 물론 북한 육군의 자랑인 기갑부대가 있었다.

■ 북한군 남침일정
제1차 작전; 6월 29일까지 서울 - 홍천 - 강릉선 점령
제2차 작전; 7월 6일까지 평택 - 충주 - 울진선 점령
제3차 작전; 7월 20일까지 전주 - 대전 - 문경 - 영덕선 점령
제4차 작전; 8월 13일까지 대구 - 부산 점령

이처럼 북한이 고도의 치밀한 작전 계획을 수립할 수 있었던 배경에는 소련이 있었다. 1948년 12월, 모스크바에서 북한·중공·소련의 군사 대표가 모여 남침을 모의한 것을 비롯하여, 앞서 나온 것처럼 북한군은 수도 서울을 제1차적 전략 목표로 삼아 한강 이북에서 국군 주력을 포위 섬멸함으로써 그 뒤 부산까지 일격에 밀고 내려가 전격적으로 전쟁을 종료할 것을 계획하였다. 그러므로 서울을 점령하기 위해 기갑부대의 접근이 가장 양호하고, 서울에 이르는 최단 거리인 철원 - 포천 - 의정부를 연결하는 접근로를 주

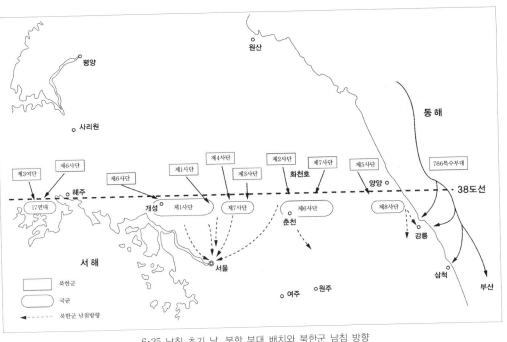

6·25 남침 초기 남, 북한 부대 배치와 북한군 남침 방향

공(主攻) 방향으로 택하였던 것이다.

남침을 위한 북한군의 병력 이동과 부대 전개는 6월 10일부터 23일 사이에 완료되었으며 북한군 각 사단의 남침을 위한 배치 상황은 다음과 같다.

1) 동부 전선;
   제5사단은 양양, 제7사단은 양구, 제2사단은 화천 방면에 배치
2) 중부 전선;
   제3사단은 운천, 제4사단은 연천 방면에 이동 배치
3) 서부 전선;
   제1사단은 구화리, 제6사단은 계북(개성 근처)에 이동 배치

한편 이와 별도로 북한군의 공격 주축인 기갑부대의 배치 상황을 보면, 제203전차연대는 구화리—적성 방면으로 진출하는 보병

소련제 122mm 곡사포 앞에 선 필자

제1사단을 지원하며, 제105기갑여단의 주력은 중부 지역에 배치하여 제107전차연대는 보병 제4사단을, 제109전차연대는 제3사단을 각각 지원하도록 계획되었다.

남침 당시 북한군의 규모는 병력 20만 명(국군의 2배), 소련에서 받은 T34 전차 242대(국군은 전차는 한 대도 없고 단지 수색, 정찰용으로서 전차에 견주어 전투력이 떨어지는 장갑차 39대 보유), SU 76 자주포 176대(국군은 없음), 122mm 곡사포 172문(국군은 M3 105mm 곡사포 91문), 전투기를 포함한 항공기 211대(국군은 전투기 없이 24대)로서 국군보다 월등한 우위에 있었다. 북한군의 전력은 국군과는 비교할 수 없을 정도로 강하였고 모든 면에서 국군을 압도하였다. 국군의 장비와 병력이 북한군에 견주어 너무나 열세인 것 이외에도 부대훈련 수준 역시 큰 차이가 있었다. 육군의 경우, 북한군은 남침 이전에 이미 2개 군단 편제(제1군단, 제2군단)를 가졌고, 실전에 가까운 몇 차례의 사단 규모 훈련과 육해공군 합동훈련까지 치른 수준이었다. 그러나 국군은 북한군 남침 당시 군단 편제를 갖추지 못하였으며, 겨우 중대 규모의 훈련을 끝내고 대대 규모 훈련을 막 시작한 수준이었으므로 말단 병사로부터 지휘관까지 우리 국군의 수준은 북한군에 견주어 초라했던 것이다.

더구나 북한군에는 중공군 소속으로 중일전쟁에 참여하여 실전을 오랫동안 경험한 노련한 지휘관과 병사들이 많았던 것과 달리 국군에는 실전 경험을 해본 장병이 거의 없었다. 북한군은 남침을 위해 전차·전투기·각종 포 등을 소련으로부터, 전투 경험이 있는 중공군 2개 사단(조선족으로 구성됨)을 송두리째 중국으로부터 받았다. 북한군은 1949년 7월에 만주에서 청진으로 이동해온 중공군 제164사단을 북한 인민군 제5사단[사단장 김창덕(金昌德) 소장]으로, 같은 시기에 만주에서 신의주로 이동해온 중공군 제166사단은 제6사단[사단장 방호산(方虎山) 소장]으로 각각 편입하였다.

또한 1950년 5월 초에는 중공군 독립 제15사단과 기타 부대에 흩어져 있던 한인 병사 1만 명을 규합하여 사단장 전우(全宇) 소장의 지휘 아래 북한군 제7사단으로 개편하였다(제7사단은 뒷날 제12사단으로 개칭되었음). 이 가운데 특히 중공군 제166사단은 1942년에 일본 관동군에서 도망한 한국인들을 모아 편성한 사단으로서 항일전을 경험한 사단이다. 전투 경험이 풍부한 이 3개 사단은 한국전쟁 초기 북한군에서 큰 활약을 하였다.

이처럼 북한군의 남침 계획은 북한 정권이 수립되기 전부터 이미 치밀하게 계획되고 준비되었으며, 이 과정에서 소련과 중국은 무기와 병력을 적극적으로 지원하였다. 만약, 소련과 중국의 이러한 지원이 없었더라면 북한군의 남침은 불가능했을 것이다.

(2) 북한군 기갑부대

북한은 군 창설 초창기부터 기갑부대를 중요시하였으며 1946년 7월 평양에서 열린 인민군 창설 제1차 회의에서 3개 간부훈련소와 1개의 장갑부대 창설을 결정하였다. 그리고 1947년 5월 17일을 기하여 3개 간부 훈련소를 3개 보병 사단으로 확장하는 동시에 새로 전차 연대(제115전차연대)를 창설하였다. 이 전차 연대는 당시 소련군 1개 전차 사단이 주둔하고 있던 평양 사동리에 위치하였으며, 1947년 말부터는 주요 도시의 고등학교에서 체격 좋고 유능한 학생 400여 명을 선발 입대시켜 소련군의 지도 아래 전차병으로 육성하였다. 이 밖에 과거 소련군에서 근무했던 고려인(주로 중앙아시아 출신) 전차병들을 대거 편입하여 입대시켰다. 이들은 우리말을 제대로 하지 못하여 소련어로 다른 전차병들과 이야기해야 할 정도였다. 피탄 면적을 줄이기 위해 전통적으로 소련의 전차는 미국, 독일, 영국의 전차보다 높이가 약 30~50cm 정도 낮게 만들어졌고, 따라서 키가 작은 군인을 전차병으로 차출하였는데 고려인의 경우는 소련인보다 키가 작아서 많은 고려인 젊은이들이 전차병으로 차출되어 독일군과 싸웠던 것이다.

1948년 초, 소련은 북한에 주둔하고 있던 전차 사단의 연대들 가운데 1개 전차 연대를 북한군 기갑부대 창설 교육을 위해 잔류시키고 나머지 부대는 소련으로 돌아갔다. 남아 있던 연대장 뿌들 중령 이하 300명의 소련군 전차부대 요원들은 북한군을 훈련시킨 뒤, 북한군이 단독으로 전차를 운용할 수 있게 되자 1948년 12월 초, 전차 연대의 전차 60대와 그에 딸린 장비를 북한군에 넘기고 소련으로 돌아갔다. 소련군 철수 당시 제115전차연대는 2개 전차 대대와 자주포 대대·공병 중대·정찰 중대·운수 중대·수리 중대 등으로 편성되었고, 보병 제2사단의 제4연대장으로 있던 유경수(柳京

소련제 45mm 대전차포

洙) 중좌(중령)가 연대장이 되었다.

　그는 소련군 전차부대 대위 출신으로서 독일과의 전쟁에 참전한 경력을 갖고 있었다. 이 제115전차연대는 그 뒤 제105전차여단으로 확장되어 120여 대의 전차로 3개의 전차 연대와 1개의 기계화 연대를 편성하고 8월부터는 야외 기동훈련에 주력하였다. 제105기갑여단의 경우, 3개의 연대(제107·제109·제203연대)는 각각 3개 대대로, 각 대대는 3개 중대로 구성되었으며 85mm 주포를 가진 120대의 T34 전차 120대를 보유하였다(1개 연대에 40대씩). 그 밖에 제206기계화보병연대는 자체의 포병 대대·중(重)박격포 대대·대전차 대대를 갖고 있었고, 제308장갑포병대대는 16대의 SU 76 자주포, 제849대전차연대는 45mm 대전차포로 무장하고 있었다. 이와 같이 제105기갑여단과 보병 사단에 속한 전차까지 합하면 150대의 전차가 남침 전야 38선 이북에서 남침 명령이 떨어지기만을 기다리고 있었던 것이다.

　그 밖에 교도대가 보유하고 있던 전차까지 합치면 북한군은 240여 대의 전차를 보유하고 있었다. T34 전차 말고도 북한군은 76mm 곡사포를 장착한 SU 76 자주포 176대도 보유하고 있었다.

이 자주포는 포탑이 있으므로 현재 국군이 보유하고 있는 155mm 자주포(포탑이 없음)와는 겉모양이 확연하게 다르다. 이 자주포는 제2차 세계대전 당시인 1942년 말 독일군과의 전투에 처음 투입되었고 전쟁이 끝난 뒤에는 포탄 운반용 차로 사용되기도 하였으나 중국과 북한에 군사원조 품목으로 보내졌다. SU 76 자주포는 전차가 아님에도 포탑이 있었으므로 6·25 전쟁 초기에는 많은 국군 장병이 이를 전차로 잘못 식별하곤 하였다.

남침 2개월 전인 1950년 4월에 이르러 제105전차여단은 전차뿐 아니라 76.2mm 자주포(SU 76) 154대, 사이드카 560대, 트럭 380대 등의 장비와 병력 8,800명의 규모를 갖추게 되었다(구체적 예하부대 편성은 뒤에 설명하였음). 남침의 선두에 서서 3일 만에 한 나라의 수도를 점령해버린 제105전차여단은 서울을 점령한 뒤 김일성으로부터 그 공을 인정받아 사단으로 승격한다.

북한군(그네들은 '조선 인민군'이라고 부른다)은 소련의 적극적인 군사원조에 힘입어 1948년 2월 8일 공식적으로 창설되었다. 그 뒤 1948년 12월 중순, 소련의 수도 모스크바에서는 북한군의 확장과 운용을 위한 회의가 열려 남한 침공에 필요한 각종 군사 문제를 본격적으로 토의하였다. 북한군 남침의 뒷면에는 이렇게 세계 적화를 노린 소련의 야욕과 김일성의 한반도 적화 야욕이 함께 깔려 있었던 것이다. 이 모스크바 회의에는 당시의 소련 국방부 장관인 불가닌(Nikolay Bulganin)을 의장으로 소련, 중국, 북한 측 군사 대표들이 참석하였다. 불가닌은 이 회의에서 북한군 편성의 기본 방침은 기계화에 중점을 두며 신형 전차를 장비해야 한다고 주장하였다.

이에 따라 약 500대의 전차를 공급하여 2개 기갑 사단을 편성함으로써 북한군의 중추로 만들 것과, 18개월 이내에 어떠한 일이 있더라도 북한의 군사력을 남한 침략에 충분하게끔 육성하기 위하여 특별 군사사절단을 그 기간 동안 북한에 파견할 것 등이 결정되었다. 소련은 제2차 세계대전 때 독일과의 전쟁에서 전차부대의 활약에 따른 전과가 컸기 때문에 지상전에서 기갑부대의 비중을 중시하고 있었다. 여기에 비해 미국은 새로운 대(對)전차 병기의 발전이 전차를 대처할 수 있다고 판단하는 한편 전후의 급격한 감군 계획으로 16개 기갑 사단을 1개로 축소하였다. 소련이 '위대한 애국전쟁'이라고 부르는 제2차 세계대전 말 보병 사단이 105개인 데 비추어 기갑과 기계화 사단은 65개로서 사단 수로만 놓고 보면 전체 육군의 3분의 1을 넘었다. 이러한 소련군의 군사이론은 그들의 위성국인 북한군 편성에도 영향을 미쳤던 것이다.

1949년 1월 평양에 도착한 소련군 사절단 40여 명은 대부분이 기갑 분야의 전문가였다. 스티코프(Terenity Fomich Stikov) 대장을 수반으로 하는 사절단은 장군 5명, 대령 12명, 중령과 대위 20여 명으로 구성되었으며, 장군 5명 가운데 자카로프(Zhakharov)를 제외한 4명은 모두 기갑 전문가였으므로 그때부터 북한 기갑부대는 급격히 확장되기 시작하였다.

1948년 12월 3일, 북한은 소련으로부터 전차 60대·자주포 30대·사이드카 60대를 인계받아 기갑 장비를 증강하였고, 1949년 8월에 사이드카 300대·트럭 200여 대·소련제 지프차(GAZ−67) 100여 대가 반입되었다. 소련군은 제2차 세계대전 당시 독일군으로부터 노획한 다량의 사이드카, 통신기, 군복 등을 북한군에 주었으므로 북한군이 남침할 때 타고 내려온 사이드카 가운데는 독일제 BMW 사이드카도 많이 있었다. 그러므로 북한군은 사이드카를 운용하는 제12오토바이정찰연대(병력 2천 명)를 독립 연대로 편성하였다. 소련은 1950년 초에 전차 100대, 자주포 60대, 트럭 150대, 각종 탄약을 전차 부속품 및 유류와 함께 북한에 공급하였다. 전차와 장비의 공급과 훈련은 원산에서 쿠바노프 중장과 키트코프 장군이 지휘하였고, 크리크프 장군과 코트레프 장군은 연료 공급을 담당하였다.

당시 소련 군사사절단은 자기들이 세운 북한의 기갑부대를 무력남침의 주력부대로 육성하고 해군, 공군에 이르기까지 북한군 전체의 원활한 기동을 위하여 소요되는 연료문제 해결을 서둘렀다. 당시 소련은 태평양 연안 지역에 정유공장과 유류저장소가 없었고 블라디보스톡 군수기지에도 연료가 고갈되었다. 이러한 문제 때문에 소련은 원산에 연간 10만 톤 규모의 정유 공장을 건설하였으나 수요량을 충족할 수 없어 천길호(天吉湖) 근처에 추가 정유 공장을 건설하였다. 이 공장에서는 주로 그 일대에 많은 역청탄을 액화하여 정유하였으며 연간 생산량 12만 5천 톤을 목표로 하였다.

소련으로부터 속속 장비가 들어오면서 기갑부대의 규모가 확장되어 1949년 5월 16일, 제115전차연대는 제105전차여단으로 개편되었으며 제107·제109·제203 3개 전차 연대, 제208교도연대, 제206기계화보병연대 등이 예속 부대로 창설되었다. 북한 기갑부대는 처음에는 보안을 위하여 북한 지역 동북부에 위치하고 있었다. 그러나 1949년 10월에는 제109전차연대가 황해도 남천 38선 부근으로 이동하였고 제203전차연대는 강원도 철원으로 이동하였다.

소련 군사사절단은 1949년 늦가을부터 각 사단과 특수부대를 대상으로 전투 훈련을 실시하였다. 이는 그들이 파견 약 1년을 경과하면서 육성해 놓은 북한군의 능력을 시험 평가하려는 목적 아래 실시되었다. 첫 단계는 각 부대별로 전투 훈련을 실시하였고, 다음 단계로 민족보위성(국방부)의 전투훈련국이 만든 작전 계획에 따라 합동훈련을 실시하였는데, 제105전차여단은 전군에서 가장 우수한 부대로 표창을 받았다.

6·25 남침을 앞두고 소련 군사사절단의 감독 아래 북한군은 마지막으로 1950년 2월 합동기동훈련을 실시하였다. 2개 보병사단과

1개 기계화 연대, 그리고 제105기갑여단이 참가한 이 훈련은 적 전선 돌파 뒤의 신속한 전과확대 상황을 만들기 위해 실시하였는데, 특히 기갑부대의 가장 큰 장애물인 하천 도하 시험이 포함되어 있었다. 이 최종 훈련을 참관하고 감독한 소련 군사사절단은 훈련을 통하여 제105기갑여단은 도하작전 6시간 안에 우리나라를 흐르고 있는 평균 폭의 하천을 충분히 건널 수 있다고 결론지었다. 이제 그들에게는 실전, 곧 남침만이 남아 있었다.

1950년 5월 1일(일요일), 평양에서는 메이데이(국제 노동자의 날) 행사가 열렸다. 그러나 예년과는 달리 북한군이 보유한 전차, 야포, 차량 등 중무장 장비들이 평양 시가지를 누비며 군사퍼레이드를 하였다. 육중한 T34 전차들이 평양 시내의 전찻길을 누비며 좌우로 회전하여 전차 선로가 비틀어져 찢어질 정도였다. 이날 평양 시민 앞에 선보인 북한군 중장비들은 그 길로 바로 38선으로 내려가 6·25 남침에 투입되었다.

남침 직전의 북한 제105여단의 편성과 규모는 여단 예하부대로서 제107·제109·제203 3개 전차 연대와 제208교도연대, 2,500명 병력의 제206기계화보병연대, 자주포 대대(자주포 154대), 제303기동정찰대(사이드카 560대), 제506통신대대, 공병 대대, 수송 대대, 기타 여단 소속의 수리소와 의무대 등으로 구성되었다. 1개 전차 연대의 규모는 T34 전차 39대로 편성되었다(3개 대대가 각 대대마다 13대의 전차를 보유하며 각 대대는 3개 중대로 구성됨).

(3) 국군

남한의 국방력은 미국의 〈웨드마이어 보고서〉가 나오면서부터 뒤틀리기 시작했다. 〈웨드마이어 보고서〉란 1947년 9월 웨드마이

1949년 10월 11일, 기갑연대에 인계될 M8 장갑차가 인천부두에 하역되고 있다

어 장군이 트루먼 미 대통령으로부터 '남한 방어상 병력 배치의 필요성 여부'에 대한 검토를 명받고 남한을 방문한 뒤 귀국하여 '미국에게 한국은 거의 군사적 가치가 없는 나라'라고 보고한 문 서였다. 미국은 이때부터 남한을 소외하기 시작했다. 이것이 공식 적으로 표면으로 드러난 것이 미 국무장관 애치슨(Dean Acheson) 이 1950년 1월 12일, 워싱턴의 내셔널 프레스 클럽에서 발표한 이 른바 '애치슨 라인'의 선언이다.

이 선언에는 극동 아시아에서 미국의 방위를 위해 필요한 지역 에 우리나라와 대만이 빠져 있었다. 당시 일본에 주둔하고 있던 미군 장교들은 애치슨이 발표한 성명 내용을 듣고 공산군이 힘을 얻어 곧 한국이나 인도차이나 반도를 공격할 가능성이 있다고 걱 정하였다. 1949년 초 마셜(George Marshall) 장관에 이어 국무장관 이 된 애치슨은 미국이 한국에 무기 원조를 하면 한국은 그 무기 로 북한을 공격할 것이라고 걱정하며 한국에 대한 군사원조를 거 의 하지 않았다.

우리나라와 국제 정세를 내려다보는 혜안을 가졌던 이승만 대통령은 이러한 일련의 움직임에 위기감을 느끼고 1949년 8월(미군은 1949년 6월에 고문단 일부만 남기고 남한에서 완전 철수하였음), 트루먼 대통령에게 "소련의 사주를 받는 북한의 군사력은 강력하다. 우리의 탄약 전투 예비량은 이틀 치 뿐이다. 구형 M3 105mm 곡사포를 신형으로 교체해 달라"고 요구하였으나 트루먼 대통령은 부정적으로 에둘러 대답하였다. 당시 한국군이 보유하고 있던 105mm 곡사포는 미군이 제2차 세계대전 당시 사용한 것 가운데 가장 성능이 나쁜 것만을 골라 보내준 것으로서 포신 안에 조우선이 마모되어 없어진 상태였다.

이미 소련이 북한에 다량의 전차와 자주포를 공급한 사실을 알고 있는 우리 정부에서는 비밀정보원이 촬영해온 T34 전차의 사진을 준비하여 1949년 10월, 신성모(申性模) 국방부 장관이 미 군사고문단장인 로버트(William .L. Roberts) 준장에게 "북한군은 소련이 세계에 자랑하는 T34 전차를 200여 대나 보유하고 있으니 이를 상대하려면 3개 전차 대대에 상당하는 193대의 M26 전차가 필요하다"며 미국이 이를 공급해 줄 것을 요청하였으나, 미 군사고문단장은 "한국은 산악 지형이고 도로와 교량이 원시적이어서 기갑전에 부적합하다. 그리고 전쟁이 일어난다면 나의 군대(미군)가 공산군의 공격을 저지할 것이다"라며 우리 측의 요구를 거절하고 한 대의 전차도 공급해 주지 않았다. 뿐만 아니라 로버트 준장은 북한군의 전력을 아주 낮게 평가하고 있었다. 그러므로 공산군이 남침할 때 국군은 전차가 한 대도 없었고 장갑차는 M3 반궤도차 12대, M8 장갑차 27대 뿐이었다. 항공기의 경우도 마찬가지였다. 우리 정부는 미군이 제2차 세계대전에서 사용하던 F51 무스탕 전투기 100대를 공급해 달라고 요구했으나 이것 역시 허사였다. 1949년 12월, 당시 한국군의 전력을 두고 미 군사고문단 맥도널드 중령이 "한국군은 미국 독립전쟁 당시인 1775년 때의 미군과 비슷한 수준이다"라고 평가할 정도였다.

이런 가운데서도 제대로 상황을 파악하지 못한 일부 국군 고위층 인사는 "명령만 떨어지면 점심은 평양에서 먹고, 저녁은 신의주에서 먹겠다"고 호언장담함으로써 6·25는 남침이 아니라 북침이라고 주장하는 북한 측에 좋은 빌미를 제공하는 언행을 하기도 했다. 이승만 대통령이 이끄는 남한의 관공서나 거리에는 미국 대통령의 초상화나 사진이 걸린 적이 없었다. 그러나 해방 이후부터 한국전쟁을 겪는 동안 북한의 관공서나 거리, 광장에는 김일성과 스탈린의 초상화나 사진이 나란히 걸려 있었다. 이것은 북한 정권이 소련의 꼭두각시 정권이라는 것을 스스로 말하는 것이었다. 북한이 사실상 소련의 꼭두각시 정권이었으므로 이승만 대통령은 북한 정권을 괴뢰정권으로 규정하였던 것이다.

6·25가 일어나기 3개월 전인 3월부터 북한은 38선 후방 5km 안의 주민들을 후방으로 소개하기 시작하였다. 이와 함께 38선으로 홍수와 같이 밀려 내려오는 군수물자, 기갑부대(전차부대)의 집결 등 전쟁 발발의 징후가 국군에 포착되었다. 따라서 1949년 말부터 '북한군의 남침이 임박하다'는 풍문은 현실로 다가왔고 1950년 5월 10일, 신성모 국방부 장관은 북한군이 38도선에 병력을 집중시키고 있다는 성명을 발표하며 국가가 위기에 직면해 있는 것을 군부와 국민에게 알렸다.

그러나 그 당시 육군 본부에서는 이러한 사정은 아랑곳하지 않고, 그해 4월 10일 35세의 나이로 제4대 육군 총참모장(지금의 참모총장)에 임명된 채병덕(蔡秉德) 소장(제2대 육군 총참모장도 지냈음)은 4월 22일 인사에 이어 1950년 6월 10일에는 건군 이후 최대의 인사를 단행하였다(국군의 채병덕 총참모장과 대등한 북한군의 총참모장 남일 중장도 소련군 대위 출신으로서 당시 36세였다. 당시 남북한 모두, 사단장급을 포함한 군의 주요지휘관들은 거의 30대였다). 곧, 38선에 배치된 4개 사단장을 포함한 5개 사단장과 육군 작전의 중추인 작전교육국장을 포함한 2개 국장을 교체한 것이다. 이로써 육군은 4월과 6월의 인사로 육군본부의 두 국장(정보국장, 군수국장)만을 제외하고 육군 본부의 전체 참모와 사단장 모두를 교체한 것이다. 따라서 육군은 전체 지휘부 인사이동 뒤 불과 15일 만에 전쟁을 맞은 것이다.

또한 엎친 데 덮친 격으로 화기에서도 큰 문제에 직면하였다. 각 사단이 보유하고 있는 공용화기의 15~20%와 보유 차량 1,566대 가운데 대부분을 경기도 부평 또는 각 지구에 후송시켜 수리하고 있었던 것이다. 그러므로 전쟁이 발발했을 때는 적을 보고도 응사할 기관총과 박격포가 부족했고, 병력과 탄약을 수송할 차량 또한 태부족이어서 민간 차량을 징발하려고 동분서주해야 하는 사태가 벌어졌다.

더욱 사태를 절망적으로 만든 것은 북한군의 기습 남침 하루 전인 6월 24일(토요일), 전군에 비상령을 해제하여 장병들의 3분의 2가 외출이나 외박, 휴가로 각 부대를 벗어난 데 있었다. 이날 밤 채병덕 육군 참모총장 이하 전방과 후방의 사단장(서울 근교는 연대장도 참석) 및 육군본부의 고급 참모 대부분과, 미 군사 고문단 요원 등이 서울 용산구 삼각지에 있는 육군 장교구락부에서 열린 개관식 연회에 참석하여 댄스파티를 하며 술을 마셨다. 밤 10시, 파티가 끝나고 많은 장교들은 당시 서울에서 가장 멋진 유흥장소 가운데 하나인 영등포의 미군 클럽을 포함한 다른 술집으로 가서 2차, 3차의 회식을 갖기도 했다. 전 전선에 걸쳐 북한군이 기습 남침을 개시하기 바로 몇 시간 전에 남한에서는 이렇게 한심한 상황이 벌어지고 있었던 것이다. 그래서 다음날 새벽 적이 전차를 앞세우고 남침했을 때는 국군 전체가 비어있는 상태였고, 6월 26일 아침까지 군 고위급들이 술에 취해 비몽사몽 정신을 차리지 못하고 있었다. 이러한 상황은 육군 독립기갑연대도 예외는 아니었다(6월 23일 개성에서 서울 한남동 부대로 귀대하여, 6월 24일 부대원 거의가 외출이나 외박을 나갔으며 유흥수 연대장은 6월 24일 밤 친구의 집들이 술자리에서 만취한 상태였음).

적에 대한 병력과 장비의 압도적인 열세, 대학생과 초등학생을 비교하는 것처럼 보이는 훈련 수준, 실전을 경험한 장병의 숫자가 적보다 지극히 적은 점, 이러한 상태에서 강력한 적이 기습적으로 침공해올 가능성을 부르짖으면서도 남한의 정치지도자와 국군 지휘부는 북한의 남침에 대비해 군사 대비 태세를 강구하는 것에 소홀하였다. 그 결과 전쟁을 눈앞에 두고 대규모로 부대 지휘관들을 교체하며 부대를 이동시키고, 비상경계령을 해제함으로써 대부분의 장병을 외출·외박·휴가로 내보냈으며, 또한 적의 대규모 기습을 불과 몇 시간 앞두고 장교구락부의 준공식에서 국군 수뇌부가 술판을 벌이고 놀아났으니, 이런 상황에서 대한민국이 망하지 않은 것은 어떤 각도에서 보더라도 기적이라고 밖에 할 수 없다.

앞서 언급했듯이 전쟁을 바로 앞두고 국군 지휘부가 취한 3가지 조치는 국가와 민족 모두에게 커다란 부담을 안기고야 말았다. 6월 25일 새벽 4시 30분 무렵, 육군본부의 상황장교로부터 전화를 받은 이치업 대령은 곧장 집에서 육군본부로 달려갔다. 이 대령은 기독교인으로서 술과 담배를 하지 않아 그 전날 파티에 참석치 않았으므로, 북한군 기습 남침의 전화를 받자마자 새벽 5시 이전에 육군본부에 도착할 수 있었던 것이다. 그는 그 시각에 육군본부에 있었던 유일한 대령으로서 최고 선임자였으므로 옹진반도에 주둔한 보병 제17연대 백인엽 대령으로부터 급한 상황보고를 받고 즉각적인 조치를 취할 수 있었다.

6·25 남침을 약 1주일 앞둔 6월 17일, 덜레스(John Foster

Dulles) 미 국무장관의 특사가 일본을 방문한 뒤 우리나라에 도착하자 우리 정부는 덜레스 특사를 38선으로 안내하고 북한군이 수시로 분쟁을 일으키고 있는 38선의 상황을 보여주었다. 이튿날인 6월 18일, 장로교인인 그는 종교의 자유를 찾아 월남한 이북 사람들이 많이 다니는 서울의 영락교회에서 주일예배를 드렸다. 그는 6월 19일, 한국 국회에서 '미국은 물심양면으로 한국을 원조하겠다'는 요지의 연설을 하였으나, 한국에 전쟁 위기가 없는 것으로 잘못 판단하고 6월 22일 도쿄에서 맥아더를 만났을 때 '극동 정세에 관해 낙관한다'는 견해를 표명하였다. 그 뒤 우리나라 정부에서는 38선을 돌아보고 있는 덜레스 특사의 사진을 안팎에 홍보함으로서 북한 측에 이만큼 미국이 우리에게 관심을 갖고 있으니 함부로 남침하지 말라는 경고성 메시지를 보냈다. 그러나 북한은 이 사진을 '6·25 북침 전 38선을 돌아보며 국군에게 북침 지시를 하는 덜레스'라는 제목을 붙여 6·25가 북침이라는 주장과 함께 거짓 증거사진으로 활용하고 있다.

4. 북한군의 기습남침

(1) 기갑연대의 출동

육군본부에서 전군비상령(全軍非常令)을 내린 시각은 새벽 5시 30분(일설에는 7시)이었다. 유흥수 연대장은 전날 최영희(崔榮喜) 제15연대장과 함께 친구네 집들이에 참석하여 만취된 상태에서 아침에 연대로부터 통보를 받고 부대로 달려갔다. 앞서 설명한대로 기갑연대 장병들은 전날 대부분이 오랜만에 외출, 외박을 나간 상태였으므로 각 내무반에는 불침번을 설 인원조차 없을 정도로 텅텅 비어 있었다. 연대장의 지시에 따라 나팔수 정내성 일병이 연병장에 나가 비상나팔을 불자 1개 중대에서 약 10명씩 연병장에 집합했다. 외출이나 외박 나간 장병들도 "군인들은 즉시 귀대하라"는 가두방송을 듣고 급히 민간인 차량을 타고서 부대로 속속 돌아오고 있었으므로, 연대 정문 앞은 민간 차량들로 북새통을 이루었다. 시내에서 군인들이 급히 뛰어가는 것을 본 민간 차량 운전수들이 군인들에게 부대 위치를 물어서 태워주었던 것이다. 귀대한 운전병들은 장병들이 복귀하는 대로 출동할 수 있게 장갑차, 지프 할 것 없이 한 명의 운전병이 몇 대씩이나 정문 앞 도로에 끌고 나가 정렬시키고 있었다.

한강 동쪽에서는 검은 동체의 비행기가 저공비행을 하는 것이 보였고 곧이어 기관총 소리와 폭음이 들렸다. 이 비행기들은 북한 공군의 야크 전투기로서 남침하는 북한 지상군을 근접항공지원하고 서울 시민에게 전쟁의 공포감을 주기 위해 서울 상공에 나타났던 것이다. 유 연대장은 육군본부에서 두 번이나 달려온 연락장교와 만났는데 이때 받은 작전 명령은 다음과 같다.

1) 기갑연대는 전선의 제1사단(개성), 제7사단(의정부), 제6사단(춘천), 제8사단(강릉)에 각각 장갑차 1개 소대씩을 배속하고 1개 소대로써 김포반도의 한강 도하점을 경계토록 하라.

2) 기병 대대는 퇴계원으로 출동시켜 제6, 제7사단 사이의 간격을 보전(補塡)토록 하라.

육본이 독립기갑연대를 각 사단에 분할 배속한 의도는, 장갑차의 경우 장착된 37mm포로 전선에 배치된 보병부대를 화력지원하는 것보다도 장갑차에 장치된 장거리용 무전기(SCR-506)를 활용하여 전선 상황을 신속히 파악하여 육군본부에 보고토록 하는 데 있었다. 당시 장갑차에는 SCR-506, SCR-508, SCR-694 등의 무전기가 장착되어 있었는데 SCR-506무전기는 130~170km, SCR-508 무전기는 80~130km의 통달 거리를 갖고 있었다. 이는 평시에 강릉에서 서울의 연대본부까지 육성이 잘 들릴 정도의 성능이었다. 그 당시 이러한 장거리용 무전기는 일반 보병부대에는 없고 기갑연대 장갑차에만 있었으며 남산에는 기갑연대의 통신소가 있어 무전 보고를 청취 가능했기 때문이었다. 그리고 기병대를 퇴계원에 보낸 것은 제6, 제7 두 사단 사이의 벌어진 간격으로 적의 침투가 예상되었으므로 이를 경계하기 위함이었다.

유 연대장은 즉시 각급 지휘관을 소집하여 "오늘 미명을 기해 북한 괴뢰군이 38선 전(全)전선의 아군 진지를 공격하여 현재 교전 중이다"라고 상황을 설명한 뒤 "당장 병력과 말을 완전무장 시켜 연병장에 집합하라"고 지시하고 육군본부의 명령대로 출동하였다.

(2) 적 기갑부대, 전선을 유린하다

6월 25일(일요일) 새벽, 대마도 해협을 통과하던 태풍 '엘시'의 영향을 받아 38선 일대에는 비가 주룩주룩 내리고 있었다. 그러나 38선으로부터 겨우 40km 남쪽에 있는 서울 시민들은 잠시 뒤 나타날 전쟁의 잔학성을 전혀 느끼지 못하고 단잠에 빠져 있었다. 새벽 4시, 갑자기 북한군의 야포 600문과 박격포 약 1천 문이 남쪽을 향해 맹렬하게 불을 뿜어대기 시작하였다. 사격은 4시에 서쪽의 옹진반도에서 시작하여 점차 동쪽으로 옮겨갔으며 동해안에서는 5시 무렵에 시작되었다. 30분 동안의 공격 준비 사격에 이어, 포병의 지원 포격 아래 기갑부대의 전차와 자주포를 선봉으로 38선을 따라 전(全)전선에 걸쳐 기습 남침을 감행한 북한군은 물밀듯이 남쪽으로 밀고 내려왔다.

서부 전선에서는 중공군(팔로군) 연대장 출신인 군단장 김웅(金雄) 중장 휘하의 북한군 제1군단 예하 4개 사단(제1·제3·제4·제6사단)과 제105전차여단이 서울을 향하여 동두천, 포천, 의정부 축선을 주공으로 하고, 아울러 중동부 전선에서는 중공군(팔로군) 출신인 35세의 군단장 김광협 중장이 지휘하는 북한군 제2군단 예하 3개 사단(제2·제5·제12사단)과 특수 유격부대들이 물밀듯이 38도선을 넘어 춘천과 동해안을 향해 남침을 시작하였다. 이에 38선 진지를 방어하고 있던 국군 부대는 전차에 밀려 돌파되었고, 산을 타고 배후로 진출해온 보병에게 포위되어 철수하기 시작하였으나 적의 전차와 자주포에 많은 피해를 입었다. 일요일이라 많은 병사들이

북한군 전차를 향해 2.36인치 바주카포를 발사하는 6사단 병사의 동상과 춘천 지구 전적기념관

외출, 외박을 나간 것을 이용해 적은 최대의 기습효과를 노려 일요일을 남침일로 잡은 것이다. 이는 태평양 전쟁을 일으킨 일본이 평화적인 제스처를 쓰는 한편, 1941년 12월 7일(하와이 현지 시간, 일요일) 이른 아침 일본 해군 기동함대로써 긴장을 풀고 있던 하와이 진주만의 미국 태평양 함대를 불시에 기습한 것과 같은 전술 방침이었다.

이렇게 전차를 선두로 한 적의 공격에 방어 무기가 없는 국군은 대처할 방책이 없었다. 남침 초기, 국군의 무기력한 패배와 낙동강까지의 수치스럽고 쓰라린 철수는 그 주요 원인이 바로 적의 전차에 있었던 것이다.

6월 25일 아침, 새벽부터 내리던 비가 그쳤으므로 당시 150만 서울 시민들은 일요일을 맞아 집에서 휴식을 취하기도 하고, 교외로 놀러나가거나 연인들은 극장서 시간을 보내고 기독교인들은 주일예배에 참석하러 교회에 갔다. 오전 7시 라디오 방송에서 "북한군이 전 전선에 걸쳐서 공격해 오고 있으나 국군이 잘 싸우며 이를 격퇴하고 있다"고 전하자, 시민들은 이미 그전에 북한군이 자주 38선에서 국군에게 총격을 한 사건들이 있었으므로 이번에도 그 정도일 것으로 생각하고 라디오 방송을 믿고 안심하였다. 그러나 "휴가나 외출 나온 장병은 즉시 부대에 귀대하라"는 가두방송을 듣고 군인들이 급히 전차나 차량 편으로 각자의 부대로 달려가는 것을 보고 큰 난리가 났다고 걱정스럽게 생각하는 시민도 많았다. 이날 낮 12시 무렵에는 북한 공군의 소련제 야크 전투기 4대가 서울 상공에 나타나 용산역, 서울 공작창 등에 폭탄을 투하하고 기총소사를 가해 서울 시민은 더욱 불안에 떨게 되었다.

서부 전선에서는, 32세의 소련군 중위 출신 최광(崔光) 소장이 지휘하는 인민군 제1사단의 선봉에 선 제203전차연대가 정면에 있는 국군 제1사단의 제13연대를 개전 당일 격파하고 임진강을 도하한 뒤 국군의 제2방어선을 뚫고 내려왔다. 이에 사단장 백선엽 대령(30세, 만주군 중위 출신)이 이끄는 제1사단은 6월 26일 제3방어선(위전리 - 신기리 - 두미산)으로 후퇴하지 않을 수 없었다.

북한은 선제 타격 작전으로 기습 남침의 성공이 확실시되자 6월 25일 11시 무렵, 평양 라디오 방송을 통해 "인민군(북한군)은 국군이 북침을 해왔기 때문에 자위조치로서 반격을 가하여 정의의 전쟁을 시작했다"는 표현으로 남한에 실질적인 선전포고를 하였다. 이어서 그날 오후 1시 35분의 방송에서는 "국군이 서해안 옹진반도를 공격함으로써 북한의 반격이라는 중대한 결과를 가져왔다"고 발표하였다. 북한은 '남한이 먼저 북침하였기 때문에 이를 격퇴하기 위해 북한이 반격하였다'는 거짓 선전 방송을 되풀이 하였고, 인민군 내부에서도 상층 지휘부 극소수를 제외한 일반 병사들은 '국군이 기습적인 북침을 하였으므로 이를 격퇴하라'는 명령을 그대로 믿을 수밖에 없었다.

한편 인민군에 밀린 국군 제1사단은 27일까지 제3방어선에서

6월 25일 아침에 장충단을 넘어 의정부 방면으로 출동하는 국군 기갑연대의 M8 장갑차들.

선방하였으나 6월 28일, 서울이 함락되자 행주산성 부근에서 한강을 건너 철수하였다. 인민군 제105기갑여단의 주력이 투입된 중부전선에서 북한군의 침공은 더욱 신속하여 6월 26일에는 의정부를 점령하였다. 적절한 대전차 무기를 갖고 있지 못했고(엄밀하게 말하자면 2.36인치 대전차 바주카포 1,900문이 국군에 있었으나 대부분의 부대에서 사용법을 제대로 교육시키지 않아 사용을 하지 못했다), 춘천을 방어하던 김종오(金鐘五) 대령이 지휘하는 국군 제6사단의 경우만 훈련을 제대로 받아(김 사단장이 6월 10일 부임하기 전에 이미, 전임 사단장의 노력으로 훈련이 되어 있었음) 춘천 시내에 들어온 인민군 선두부대를 2.36인치 바주카포와 57mm 대전차포로 공격하여 SU 76 자주포 7대를 파괴하였다. 김종오 사단장은 일본군 소위 출신으로서 당시 29세였다.

제6사단은 북한군의 공격 개시 6일 전이었던 6월 19일에 생포한 북한군 포로의 진술과, 사단 자체의 정찰대가 확인한 정보에 따라 수일 안에 북한군의 전면 남침이나 국지전이 있을 것으로 판단하였다. 따라서 6월 24일(토요일) 0시에 비상경계령을 해제하고 장병들에게 외출, 외박을 준 다른 사단들과는 달리 사단 자체의 경계령을 내려 장병들의 외출과 외박을 통제하고 전투태세를 강화해 조만간 일어날 전투에 대비하였다. 그 결과, 제6사단 전면인 춘

북한군 제2사단이 전멸한 소양2교 부근

천 지역으로 남침해온 북한군 제2사단에 괴멸적인 타격을 가할 수 있었다. 이청송 소장이 지휘하는 북한군 제2사단의 대병력이 오늘날의 소양2교 앞에서 전멸했던 것이다. 오늘날, 매년 열리는 춘천 마라톤은 바로 이 지점을 통과하고 있다.

이렇게 춘천에서 국군 제6사단이 용전분투하였으므로 '춘천과 홍천 지역을 점령하고, 이어서 수원 방향으로 우회하여 서울을 방어하는 서부 전선의 국군 주력 부대를 포위, 격멸한다'는 북한군의 초기 남침 계획에 차질이 발생하였다. 따라서 국군은 한강 방어선의 형성과 차후 낙동강 방어선까지 이어지는 지연전의 토대를 마련하게 되었다. 그러나 유비무환(有備無患) 태세에 있었던 국군 제6사단을 제외한 다른 대부분의 국군 부대는 전투태세와 훈련이 제대로 되지 않았으므로 적 전차에 도저히 대적할 수 없었다. 당시 국군의 가용 전투력을 대대로 환산하면 모두 61개 대대였으나 이 가운데 11개 대대만이 38선상에 배치되었고, 이조차 비상령 해

오늘날의 축석고개와 축석고개 전적비(포병대)

제로 말미암아 병력의 3분의 1 내지 절반이 휴가나 외출, 외박 등
으로 근무 위치에 없는 상태였다. 이렇게 전투력 면에서 북한군과
비교조차 할 수 없이 열세한 상태에 있던 국군 부대는 급한 대로
육탄 특공대를 조직해서 수류탄과 화염병을 가지고 용감하게 적
전차에 대항하였으나 이들의 희생에도 결과는 그다지 효과적이지
못했다.

(3) 축석고개 전투

거대한 파도에 휩쓸리듯이 전선이 붕괴되자 육군본부에서는 수
도경비사령부 소속 제3연대를 의정부 북부 송우리에 급파해 병력
을 증강하는 한편, 대전에 있던 제2사단을 의정부 방면으로 급히
이동하도록 명령을 내렸다. 송우리에서는 포천에서 남하하는 북한
군 전차부대를 맞아 포병학교에서 급파된 57mm 대전차 포대가
적 전차를 향해 사격을 하였으나, 적의 사이드카부대에만 피해를

주었을 뿐 전차에는 피해를 주지 못하였다. 오히려 적 전차가 아군 진지를 돌파함으로써 제3연대는 많은 피해를 입고 도로를 따라 후퇴하기 시작하였다. 한편, 축석령에서 반격하기로 되어있던 제2사단은 공격 준비 시간까지 겨우 1개 대대만 도착하여 축석령 일대에 급히 방어진지를 편성하였고, 당시 김풍익 소령이 지휘하던 포병학교 교도대대는 M3 105mm 야포대를 금오리에 파견하였다.

그리하여 김 소령의 대대는 6월 25일 밤 12시에 금오리에 도착, 제2사단을 화력으로 지원하기 위해 포대를 설치하였다. 송우리를 쉽게 점령한 북한군 전차대는 6월 26일 새벽, 의정부와 포천 사이에 있는 축석령(祝石嶺; 현재는 축석고개라고 부름)으로 남하하였다. 현재 축석령에 세워진 의정부 지구 전투 기념비와 그 맞은편 김풍익 전투 기념비 사이의 언덕길을 내려오는 북한군을 향해 금오리에 위치한 김소령의 105mm 야포대는 포신이 벌겋게 달아오르도록 쉴 새 없이 포사격을 하였다. 그러나 별 효과는 없었다.

이곳에서 적 전차를 저지하지 못하면 의정부는 고사하고 수도 서울의 함락이 시간문제라고 판단한 김 소령은 적 전차를 파괴할 수 있는 것은 오직 포병의 직접조준사격 뿐이라고 판단하였고, 포대장인 장세풍 대위를 비롯한 결사대 6명과 함께 포 1문을 손수 운반해 축석령이 잘 보이는 고개 밑으로 1.6km를 이동하여 직접 조준사격 준비를 하였다. 때마침 지축을 울리는 굉음과 함께 축석령 고갯길을 돌아 내려오는 적 전차를 발견한

축석고개에 세워진 현충탑

북한군 T34 전차가 아군 105mm포에 맞아 파괴된 곳

김 소령과 대원들은 적 전차가 100m 앞까지 다가오는 것을 기다리다가 사격하여 선두 전차를 파괴하였다. 곧이어 제2탄을 발사하려는 순간 북한군의 제2호 전차가 김 소령을 향해 사격하여 김 소령과 장세풍 대위를 비롯한 결사대원들은 그 자리에서 장렬하게 전사하였다. 이때 그의 나이 29세였다. 충남 당진 출신으로 선린상고를 졸업한 김 소령은 수도 서울의 관문인 축석령을 기필코 지켜야 한다는 책임감으로, 괴물 같은 적 전차에 놀란 아군 진지에 소동이 일어나고 혼비백산하는 가운데에도 결사대를 조직하여 적의 선두 전차를 격파하였다. 김풍익 소령이 발사한 야포에 맞아 부서진 적 전차는 6·25가 일어나고 아군 야포에 파괴된 첫 전차로 추정된다. 짧은 시간이나마 김 소령의 희생은 적의 진격을 지연시켜 아군의 후방 진지 방어준비에 도움을 주었고 국군 포병의 투혼이 되었다.

(4) 육탄 공격

6·25를 앞두고 전선의 분위기가 심상치 않게 돌아가고 있는 것을 감지한 육군본부의 일부 요원들은 "남쪽지역 후방에 배치되어 있던 3개 사단(제2사단, 제3사단, 제5사단)을 긴급히 의정부 정면으로 이동시켜야 한다. 동두천 - 포천 - 의정부 접근로는 예로부터 북에서 침공해 올 때 중요한 공격로였다"고 주장하였으나 미 군사고문단은 "북쪽을 공연히 자극하는 결과가 된다"며 이 의견을 받아들이지 않았다. 그러나 일부 육군본부 요원들의 예상대로 인민군은 서울을 빼앗기 위한 주공(主攻) 방향을 의정부 - 서울 축선에 두고, 122mm 곡사포의 지원 아래 86대의 T34 전차(2개의 전차 연대)와 SU 76 자주포 62대를 앞세우고 중부 전선에 배치된 제3·제4사단이 서울 점령의 주력으로서 물밀듯이 내려오고 있었다(여기에 더해 군단 예비대로서 제13보병사단이 따르고 있었음).

의정부 접근로는 한국 지형에서는 보기 드물게 폭이 500∼1,000m나 되어 전차가 횡대로 산개하여 기동할 수 있었고 임진강과 같은 자연 장애물이 없었다. 그러므로 북한군의 주력은 이 접근로를 따라서 서울을 향하였다. 이러한 적의 파상공격에 맞서 당시 29세였던 일본군 대위 출신 유재흥(劉載興) 준장이 지휘하는 국군 제7보병사단은, 예하 제1연대를 38선 경계에 배치하고 포천에 제9연대, 동두천에 제1연대를 배치하고 있었다. 그나마 병력의 3분의 2가 외출이나 외박, 휴가 등으로 빠지는 바람에 1개 연대는 이름뿐, 실제로 연대의 병력은 고작 1개 대대에 지나지 않아 제7사단의 가용병력은 4,500명에 불과하였다. 이에 견주어 제7사단 전면에 투입된 북한군은 제105전차여단을 포함하여 32,000명으로서 국군의 7배였고(막강한 전차를 제외하고서도) 일반 화력은 18배나 되었다[전쟁 직전, 대구에 주둔하던 육군 제3사단장 유승열 대령(60세)은 일본군 대령 출신으로 유재흥 준장의 부친이다).

　제7사단의 임무는 한강 이남에 배치되었던 후방부대가 반격을 위해 도착할 때까지 의정부 부근을 확보하는 일이었다. 이런 긴박한 상황에서 박용실(朴容實) 대위의 제3장갑중대는 의정부 방면으로 출동하라는 명령을 받고 6월 25일 오전 8시 한남동 부대를 출발하였다. 서울을 벗어나자 이미 피난민들이 길을 메우며 내려오고 있었는데, 이들은 북쪽으로 올라가는 국군의 장갑차를 보고서 손을 흔들며 "제발 이겨만 달라"고 소리쳤다. 장갑차 승무원들은 피난민들에게 손을 흔들어 답했으나 분한 마음을 억제하지 못하고 눈물을 흘리는 병사도 있었고, 출동하면서 받은 비상용 건빵을 피난민들에 던져주는 병사도 있었다. 중대는 의정부에 있는 제7사단 사령부로부터 '축석령으로 나가 적 전차를 막으라'는 지시를 받아, 박 대위는 1개 소대를 이끌고(1개 소대는 동두천으로 출동함) 축석령으로 달려갔다. 가는 도중에 적의 전차대가 이미 축석령을 넘어 의정부를 향해 내려오고 있다는 연락을 받고 장갑차는 가로수 옆으로 숨어 전차가 가까이 다가오기를 기다렸다.

　일본군 전차학교 출신인 박 대위는 아군 M8 장갑차의 37mm포를 가지고서는 두꺼운 장갑에 85mm포를 장착한 T34 탱크와 상대가 되지 않음을 알면서도 전진해 오고 있는 적의 선두 전차를 향해 첫 발을 발사하였다. 그러나 그 포탄(철갑탄)은 빗나가 버렸고, 제2탄부터는 적의 탱크에 제법 명중하였으나 T34 전차의 두꺼운 철갑에 장갑차의 37mm 포탄은 펑펑 튀어나갔다. 오히려 적 전차가 성난 맹수처럼 굉음을 내면서 언덕을 달려 내려오는 바람에 박 대위는 장갑차를 돌려 의정부로 철수하였다. 이때 박 대위는 고문관으로 국군 제7사단에 파견 나와 있던 미군 대위 한 명의 장렬한 전사를 목격하였다. 그는 후일 이 장면을 다음과 같이 증언하였다.

　"의정부 북동쪽 2km에 있는 금오리(金梧里)의 제9연대 본부가

서울 탈환시 국군이 노획한 북한군의 SU 76 자주포.

적의 포화에 불타고 있을 때 57mm 대전차포를 끌고 온 미군 대위가 적 전차를 향해 사격하여 명중시켰으나 전차는 그대로 전진해 왔다. 그는 대전차포를 적이 사용하지 못하도록 하려고 (포탄 발사에 필요한) 공이를 빼서 들고 나오다 적 전차에서 발사한 기관총탄을 맞고 쓰러졌다. 나는 미군이 전사하는 것을 처음 보았으며 느끼는 바가 많았다."

이날 아침 기갑연대의 비상연락을 받고 평시에도 자주 하는 비상훈련인줄 알고 한남동 부대에 급히 달려간 뒤 의정부로 출동한 박 대위는, 출동하면서 이날의 비상호출은 훈련이 아니라 실전인 것을 알게 되었다. 이런 줄 알았으면 그날 아침 신당동 셋집을 떠날 때 부인과 한 살 된 딸에게 인사라도 하고 나올 것을 하고 후회하였지만 때는 늦었다. 그것이 박 대위로서는 사랑하는 부인과 딸과의 영원한 이별이 되었다.

박 대위가 의정부로 적 전차 20여 대가 들어오는 것을 보면서 의정부 시내를 흐르는 백석천(白石川)을 건너 서울 방향으로 빠져 나오려고 할 때, 아군 공병대는 국군 장갑차를 적의 전차로 오인

오늘날의 백석천 모습

하고 다리 밑에 장치한 폭약을 터트려 다리를 폭파해 버렸다. 다리가 부서지는 바람에 백석천을 건너지 못한 장갑차는 뒤따라 나타난 적의 전차가 쏜 포탄에 맞아 공중분해 되다시피 부서져 파괴되어 버렸고 포탄에 맞기 전에 탈출한 승무원들은 하수도에 뛰어내려 몸을 피한 뒤 이미 백석천을 건넌 장갑차(탄약 운반용)에 타거나 다른 차량 편을 이용하여 박 대위와 함께 미아리 고개까지 후퇴하였다.

미아리 고개에 기갑연대 유 연대장이 나타나 "적 전차를 파괴할 특공대 20명만 나오라!"고 비장하게 말하였고 이 말에 40여 명이 자원하였다. 연대장은 특공대원들에게 화랑담배 한 개비씩을 주며 마지막 인사를 나누었고, 이들은 눈물을 삼키며 담배를 피운 뒤 81mm 박격포탄(순발신관에서 안전핀을 빼면 손으로 폭파가 가능함)을 들고 달려오는 적 전차 밑으로 들어가 자폭하였다.

기갑연대 장병들 이외에도 수많은 보병 병사들이 적 전차를 향해 자신을 희생하면서 육탄 공격을 감행하였다. 이런 희생적인 공격으로 적 전차 3대가 파괴되었으나 전차에 달려들던 육탄 용사

100여 명이 적의 총탄을 맞고 전사하였다. 어떤 보병 중대장은 달려오는 적 전차에 기어 올라가 포탑 뚜껑을 열고 수류탄을 집어넣었으나 다른 전차로부터 사격을 받고 자신도 장렬하게 전사하였다. 적 전차에는 85mm 주포 말고도 기관총 2정이 붙어 있어 서로 엄호해 주며, 뒤따르는 적의 보병도 있기 때문에 달려오는 전차에 보병이 접근하여 공격하는 것이 이론처럼 쉽지는 않았다.

앞에 나온 육탄 용사 100여 명은 이날 미아리 전선에서 희생된 숫자이고, 전 전선에 걸쳐 적 전차에 육탄 공격이 감행되어 수많은 장병이 제 몸을 희생하는 비극이 벌어졌다. 국군 병사들은 용감하게 육탄 돌격을 감행하였으나 그 결과는 우리가 어릴 때 초등학교 교과서에서 배운 것(국군이 맨주먹으로 화염병을 들고 적의 탱크를 많이 파괴한 것으로 기술되어 있음)보다 전과가 크지 않았다. 나중에 언급하겠지만 남침 때 내려온 적의 전차는 거의가 미군 항공기와 미군 전차포의 공격으로 부서졌다. 생명을 초개처럼 버리고 혈투를 벌인 용사들의 가슴 뭉클한 희생에도 불구하고 국군의 육탄 공격으로 부서진 전차는 그리 많지 않았다. 그러므로 적 전차들은 국군의 육탄 공격을 받을 때만 잠시 전진을 멈추었다가 다시 밀고 내려왔던 것이다. 당시 괴물처럼 생긴 적 전차가 굉음을 내면서 달려오고 있을 때 여기에 굴하지 않고 육탄 공격을 감행한 우리 국군 용사들의 그 용기, 그리고 순수한 애국·애족의 마음이 우리 국민 가슴 속에 영원히 이어졌으면 한다.

의정부 방면 전투의 상황이 시간이 갈수록 악화되자 이승만 대통령의 지시에 따라 6월 26일 오전 10시, 신성모 국방부 장관은 이범석 전 국방부 장관 등 군 원로들을 국방부 회의실로 소집해 작전 지도 방안을 논의하였다. 이 자리에서 군 원로들은 의정부와 서울을 포기하고 전방 부대를 한강 이남으로 후퇴시키는 한편, 후방에 있는 부대들을 한강 이남에 합류시켜 한강 이남의 방어선에서 결전할 것을 주장했으나 신 장관과 채병덕 참모총장의 서울 고수론을 꺾지 못했다. 영국 상선회사의 선장 출신으로서 당시 59세였던 신성모 국방부 장관은 국무총리 서리를 겸직하고 있었다. 그리고 키 190cm, 몸무게 120kg의 거구인 채 참모총장은 명석한 두뇌와 과감한 실천력을 가진 유능한 지휘관이었으나 35세의 젊은 장군으로서 대부대를 지휘해본 경험이 없었다. 그러므로 북한군이 남침하자 그는 오로지 서울 방어에만 급급하여 대국을 내려다보는 융통성 있는 작전을 구사할 수 없었다. 6월 26일 오후 6시, 북한군은 의정부를 완전히 점령하였다.

여기서 짚고 넘어가야 할 것이 있다. 국군 지휘부는 북한군이 200대가 넘는 전차를 보유하고 공군과 포병도 국군에 견주어 압도적으로 우세하다는 것을 이미 알고 있었다. 그러나 이러한 상황을 개탄만 할 뿐 대책을 마련하지 않았다. 미국이 우리의 요구대로 전차나 대전차 무기를 공급해 주지 않았다 하더라도 적의 전차가 공격해올 예상 공격로에 대전차 호(함정)를 만들거나 대전차 장애물을 설치하는 것은 우리 힘으로도 충분히 할 수 있는 것이었다. 그러나 국군 수뇌부는 진지 강화나 방어를 위한 준비는 물론 대전차 호를 구축하라는 명령도 하지 않았으며, 대전차 전투의 연구나 훈련(춘천지구의 제6사단만 예외)은 물론 장비개발 등의 노력을 게을리 한 것이다.

(5) 미아리고개

의정부를 잃은 국군은 10km 남쪽으로 후퇴하여 수도 서울을 방어하고자 서울 부근에 있던 7개 연대(제1·3·5·9·16·22·25연대)를 창동(倉洞)－미아리 선에 배치하고 북한군의 진격을 저지하려고 하였다. 일본군 대령 출신인 당시 59세의 제5사단장 이응준 소장은 '미아리지구 전투사령관'을 겸임하고 미아리, 회기동 지역에서 27일 오후까지 방어진지를 편성하고, 철수하는 병력을 수습하여 서울 방어를 위한 마지막 작전을 시도하였다. 의정부–창동 축선을 따라 내려오는 북한군은 전차부대(제105전차여단)를 앞세운 2개 사단(제3·제4사단)이었는데, 이와 맞선 아군은 낙오병까지 합쳐 겨우 3,000명에 불과하였고 장비는 구형 105mm 곡사포 6문, 57mm 대전차포 8문이 고작이었다. 여기에 통신마저 두절되었다. 극히 열세의 병력, 빈약하다 못해 초라한 수준의 장비, 낮은 훈련 수준, 여기에 6월 27일 서울에서 육군본부가 철수하면서 그나마 갖고 있던 통신시설까지 파괴했으므로 미아리 고개의 방어부대 사이에는 통신부재 상황까지 더해진 것이다.

국군이 서울을 방어하려고 미아리에서 창동을 연결하는 선에서 격전을 벌이자 서울 애국부인회는 미아리 고개 밑 돈암동에 대형 가마솥 100여 개를 걸어 놓고 밥을 지어 손수 창동, 미아리에서 싸우는 장병들에게 주먹밥을 만들어 날랐다. 이와 같이 북한군의 침략을 받자 남한의 온 국민은 일제히 궐기하여 국난에 대처하였다.

적이 미아리 가까이 내려오면서 서울 시내 동대문 근처에 적의 포탄이 떨어지기 시작하였다. 그리고 얼마 뒤에는 한남동에 있는 기갑연대 자리에도 적의 포탄이 떨어지기 시작하였다. 이러자 그동안 목소리를 낮추고 있던 좌익분자들이 마치 자기들 세상이 온 것처럼 설치기 시작하였다. 이들은 시민들에게 불안감을 조성하려고 서울 시내 곳곳에 불을 질렀다. 이미 서울 시내에 잠입해 있던 북한군의 편의대(군복을 입지 않고 민간복을 착용한 군대)도 때맞추어 후방 지역을 교란하면서 국군의 사기를 떨어뜨리고 있었다.

이날 오후 7시, 폭우가 쏟아지는 가운데 적은 전차대를 앞세우고 정면공격을 하였으나 105mm 야포, 박격포, 대전차포를 총동원한 국군의 완강한 저항에 부딪혀 선두 전차를 잃고 공격을 중지하였다. 그러나 북한군은 밤 12시가 되자 이번에도 전차대를 앞세우고 제2차 공격을 시작하였다. 국군은 적 전차에 육탄 공격을 감행하며 저항하였으나 안타깝게도 허사였다. 적은 야음을 틈타 2대의 전차와 소대 병력을 은밀하게 서울 동북쪽 홍릉에 있는 오늘날 국립산림과학원 부근 길도 제대로 없고 작은 관목만이 자라고 있는 지역으로 우회 전진케 하여, 6월 28일 새벽 2시 무렵 서울 시내에 침투시켰다. 결국 적 전차 2대가 미아리 고개를 통과하고 말았다. 국군의 결사 방어도 헛되이 마침내 서울 최후의 방어선인 미아리 고개가 6월 28일 새벽 1시, 인민군 제105전차여단의 전차에 돌파된 것이다.

서울 시내에 돌입한 북한군 T34 전차

제105전차여단의 뒤를 이어, 북한군 제1군단의 주력인 제3, 제4사단 병력이 미아리 고개를 넘어 서울 시내로 진입하기 시작하였다.

'한 많은 미아리 고개', 이날 새벽 억수 같은 장대비가 미아리 고개에 쏟아지고 있었다. 당시 인구 150만 명이던 서울 시내에는 수도를 지키는 병력이 없었다. 그러므로 무한궤도에 흙이 잔뜩 묻은 인민군 전차 2대는 거칠 것 없이 종횡무진으로 굉음과 함께 시내 곳곳을 돌아다니며 전차포를 쏘아댔다.

인민군 전차가 이른 새벽, 서울 종로 거리를 달리고 있는 모습을 본 시민들은 혼이 나갔고, 이 소식이 28일 새벽 1시 45분 무렵

육군본부 작전국장 강문봉 대령을 거쳐 채병덕 참모총장에게 보고
되자 채 총장은 공병감 최창식(崔昌植) 대령에게 한강교를 폭파하
라고 지시하였다. 한편, 북한군 전차가 서울 시내에 들어왔다는 소
식이 미아리 방어선을 지키는 국군 부대에도 전달되자 국군은 수
도 서울을 빼앗겼다는 절망감에 사로잡혔다. 따라서 적 보병 부대
가 공격하자 부대의 건재가 무너져, 분산된 채 각각 진지를 떠나
남쪽으로 철수하기 시작하였다. 국군 지휘부가 조금만 침착했었다
면 별 것 아닌 전차 2대를 제압할 수도 있었는데, 그저 인민군 전
차가 서울 시내에 나타났다는 소식만으로 방어선에 배치된 전부대
의 사기가 내려 앉아 순식간에 미아리 방어선이 무너지기 시작한
것이다.

　여기에 더해, 28일 오전 서울 시내 동대문 부근의 방어선이 돌
파된 것과 한강교가 폭파되었다는 것을 알게 된 서울 방위 국군
부대는 앞을 다투어 한강변으로 달려갔다. 뗏목과 나룻배를 이용
하거나 헤엄을 쳐서 한강을 건너갔으므로 국군 부대는 장비의 대
부분을 한강 이북에 내버리고 거의 알몸으로 한강 남쪽 둑에 도착
하였다.

　북한군 제105전차여단의 제107연대 제1대대장 김영(金榮) 소좌
가 지휘하는 선두 전차들은 6월 28일 새벽, 파죽지세로 미아리 고
개를 넘어 서울 시내로 들어와 동대문을 거쳐 광화문으로 진입,
이날 오전 중앙청에 인공기를 게양하였다. 김영 소좌는 일제 시대
삿뽀로 제국대학 농학과에 다니다 해방이 되어 평양에서 인민군에
입대하였다. 그 뒤 북한군에 기갑부대가 창설될 때, 그는 대위로서
다른 장교 한 명과 함께 소련의 스탈린그라드(현재는 볼고그라드)
기갑학교에 파견되어 1년 동안 위탁교육을 받았고 소련 고등군사
반 과정을 수료하였다(그는 뒷날 낙동강 전선에서 국군에 귀순하여 현
재 서울 우이동에서 살고 있다).

1971년 여름, 6·25 사변을 주제로 만든 영화 〈증언(證言)〉이 우리나라 전역에서 상영되었다. 이 영화는 북한군 전차대가 38선을 넘어 남침하는 장면으로 시작하여 서울 시내를 점령하는 장면도 나온다. 물론 영화제작사에서 북한군 T34 전차를 구할 방법이 없어, 육군 당국의 협조를 받아 당시로서는 우리 육군이 보유하던 전차 가운데 가장 신형이었던 미제 M48 전차가 영화 속에서 T34 노릇을 하였다.

서울 시내에 돌입한 북한군 선두 부대의 전차대와 보병은 6월 28일 오전 11시 30분 서울 시청 앞에 모여 서울 점령식을 열었다. 포천-의정부 축선을 따라 내려온 북한군 인민군 제3사단과 제105 기갑여단, 그리고 동두천-의정부 축선을 따라 내려온 제4사단은 이날 오후 서울을 완전히 점령하고 소탕작전을 시작하며 그들이 말하는 반동분자(대한민국 공무원·우익인사·자본가·지주·군인·경찰 등)를 검거하는 한편, 한강 도하 준비에 착수하였다.

이날, 북한군 전차 3대는 서대문 형무소에 들어가 형무소 문을 열었고 다른 북한군도 마포형무소를 비롯한 각 경찰서에 들어가 정치범은 물론이고 일반 죄수까지 모조리 석방시켰다. 이들은 죄수들을 인민의 영웅으로 치켜세우면서 북한군을 환영하는 선봉에 내세웠고, 공산주의자의 입장에서 본 반동분자와 반민족주의자들의 색출에 앞장 세웠다. 또한 북한은 당시 사회상이었던 이승엽을 즉시 서울시 인민위원장(시장)에 임명하고 체계적인 군정 체제를 구축하였다. 이런 공산 학정 아래서 9월 28일 서울이 수복되기 전까지 90일 동안 북한군은 30만 명의 노무자와 10만 명의 병력을 차출하여 부역을 시키거나 낙동강 전선으로 보냈다.

단 두 대의 전차가 미아리 고개를 넘어 서울 시내에 침투하여 일으킨 쇼크와 한강교의 성급한 폭파로 말미암아 7개 연대의 병력이 순식간에 붕괴되었다는 것은 여기서 분명히 짚고 넘어가야 한

오늘날의 현리 전경

다. 이는 1951년 5월 강원도 현리에서도 어김없이 재현되었다. 국군 제3군단이 중공군에게 포위되어 군단이 보유한 모든 장비, 유류, 탄약, 식량을 유기한 상태로 도주했던 것이다. 이것은 한국전쟁 기간 동안 국군이 받은 가장 큰 불명예 가운데 하나였다. 그때도 소수의 중공군이 근처 고지 길목을 점령하였을 뿐인데, 당황하고 낙담하여 한 개의 군단(제3사단·제9사단)이 순식간에 허물어져 장교들은 계급장을 떼어내고 사병 차림을 하거나, 군복을 벗고 민간인 차림으로 도주하는 추태를 보였다.

그때 지휘관들이 조금만 더 침착하게 상황을 판단하여 중공군 고지들에 추가 병력이 보강되기 전 재빨리 고지 하나마다 1개 대대씩만 차출해서 공격하게 했어도, 탄약도 부족한 소총과 기관총만으로 고지 정상을 점령하고 있는 소수의 중공군을 쉽게 제압해 현대 전쟁사에 유례를 찾아보기 어려울 정도로 창피스러운 패배는 당하지 않았을 것이다.

언젠가 한국전쟁의 영웅인 백선엽 대장이 "한국군은 승리자의 자리에 섰을 때는 아주 용감하지만 전세가 불리해지면 쉽게 포기하고 무너져 버린다"는 말을 한 것이 기억난다. 한국전쟁 3년 동안 군의 지휘관으로서 수없는 전투를 겪으면서 얻은 경험과 교훈에서 나온 군(軍) 원로의 충고라고 생각한다.

(6) 김포 비행장

6월 25일, 정오 무렵에는 인민군 공군의 야크기들이 김포 비행장 상공에 나타나 공습함으로써, 비행장의 연료탱크가 불타고 활주로 근처에 있던 비행기 여러 대도 파괴되었다. 한편 개성 방면에 있던 제1사단의 제12연대는 퇴로가 막혀 김포반도 서쪽 끝에 있는 통진(通津)에 상륙하였다. 이 지점은 오늘날 영종도의 인천국제공항에서 보면 바로 북쪽이다. 6월 26일, 육군본부에서는 적이 김포반도에 상륙할 경우 노량진이 위협을 받게 될 것을 염려하여 김포반도에 눈을 돌렸다. 실상, 인민군 제1사단과 제6사단은 옹진반도와 개성을 점령한 뒤 시흥-안양을 돌파하여 경부(京釜) 국도를 차단하려고 하였다.

이에 사태의 심각성을 파악한 육군본부는 김포지구 전투사령부를 설치하고, 사령관에 남산정보학교 교장이던 계인주(桂仁珠) 대령을 임명하여 기갑연대 산하의 장갑차 1개 중대, 기병 1개 중대, 도보(보병) 1개 중대를 즉시 출동시켰다. 기병 중대는 말을 끌고 김포반도 끝, 강화도 맞은편에 배치되었지만 말들이 적의 포격에 놀라 이리저리 뛰어 다니는 바람에 계획한 전술을 쓸 수 없었고 보병마저도 피해를 입었다. 오후 4시부터 적은 한강을 건너기 위한 적당한 장소를 찾고자 조그만 어선 3척을 타고 정찰을 시작하였고, 한강을 건너 조강리(祖江里)에 상륙하려는 것을 장갑차 중대의 곽응철(郭應哲) 소위가 발견하고 즉시 M8 장갑차의 37mm포와 기관총으로 사격을 가하여 어선들을 격침시켜버리자 적은 도하를 포기하였다.

그러나 적은 6월 27일 밤, 어둠을 틈타 강화도와 김포반도 북쪽에 상륙하여 이틀날 새벽에 공세로 펼쳤다. 이에 국군은 장갑차까지 가세해 사격을 하였으나 역부족으로 김포반도를 적에게 내어주고 결국 김포 비행장으로 철수하였다. 장갑차 중대가 김포 비행장에 도착했을 때 병사들은 라디오에서 북한 아나운서가 "여기는 서울입니다"라고 연이어 말하는 것을 듣고 사기가 내려앉았다. 김포 비행장을 목표로 적의 공격이 계속되었으므로, 적에게 밀려 김포 비행장 근처에 있던 소규모의 국군은 부평(富平) – 소사(素砂) 선으로 후퇴하였다.

6월 29일 오후 5시, 국군은 후퇴하기 전 김포 비행장을 탈환하고자 장갑 제2중대 소속 2개 소대의 장갑차를 앞세우고 활주로 돌파를 시도하였으나 적의 사격을 받아 보병이 많은 희생자를 내면서 전진을 못하였고, 제2소대장 김정운(金貞雲) 소위의 장갑차는 활주로 건너편 건물 속에 숨어 사격하고 있는 적에게 37mm 포사격을 가했으나 오히려 북한군이 쏜 반탱크총에 맞아 장갑차가 파괴되는 바람에 김 소위와 승무원 거의가 전사하였다. 한국전쟁 기간 내내 총신이 긴 소련제 반탱크총은 위력을 발휘해 국군과 유엔군의 탱크와 장갑차에 적지 않은 피해를 주었다. 결국 김포 비행장 탈환 시도는 실패로 끝났다.

이때, 김포방면 방어를 책임진 계인주 대령은 소식도 없이 전선에서 사라져버렸다. 6월 30일, 그는 군인으로서 그리고 사령관으로서 직무를 유기하고 비겁하게 가족과 함께 부산에서 배를 타고 피신하려다 체포되었다. 이러한 행위로 그는 군법회의에서 사형선고를 받았으나 미군의 도움으로 살아난 뒤 인천상륙작전 때 미군 클라크 대위와 함께 첩보전에 참가하였고, 1953년 3월 20일 예편하였다.

(7) 한강 방어선의 혈전

6월 28일 새벽 1시, 인민군 전차대가 미아리 고개를 넘어 서울 시내에 들어오기 시작하자 육군 수뇌부는 상황을 잘못 판단해 대부분의 국군 부대와 장비가 한강 이북에 있음에도 당시 한강에 놓인 인도교 2개(한강대교, 광진교), 기차 철교 3개(경부선 복선, 경인상행선, 경인하행선)를 폭파하라는 지시를 내리고, 채병덕 참모총장은 전방 부대의 지휘를 김백일 참모부장에게 맡긴 채 자신은 용산의 육군본부를 떠나 시흥으로 향했다. 이에 따라 새벽 2시 30분에는 한강대교와 철교 3개, 그리고 새벽 4시에는 광진교를 육군 공병대가 폭파하였다. 당시 한강 인도교 위에 있던 수많은 차량과 피난민 약 800명은 다리가 폭파되면서 희생되었다. 서울 도심지 용산과 노량진을 잇는 한강은 폭 700~1,500m, 깊이 3m로서 만약 국군이 질서정연하게 병력과 장비를 도하시킨 뒤 이곳을 자연방어선으로 이용하였다면 북한군의 남진이 쉽지 않았을 것이다.

서울에 들어온 북한군은 한강 북쪽의 도하점(한강 이북의 국군이 후퇴하지 못하도록)을 봉쇄하고 6월 28일 밤부터 한강 도하를 모색하였다. 소련군 대위 출신의 이영호(李英鎬) 소장이 지휘하는 인민군 제3사단은 용산에서, 당시 36세의 중공군 출신 이권무(李權武) 소장이 지휘하는 제4사단은 한강 인도교 부근에서, 방호산 소장의 제6사단은 수색에서, 그리고 32세의 소련군 중위 출신 최광 소장이 지휘하는 제1사단은 제3·제4사단의 뒤를 이어서 한강을 건널 준비를 하고 있었다.

북한 인민군은 남침할 때 임진강, 한강, 금강, 낙동강의 다리는 국군이 파괴할 것으로 예상하고 이 4개의 강을 건너기 위해 필요한 도하 자재 4개 조를 소련에 요청했으나 소련은 한 조만 공급해 전차가 한강을 도하하는 데는 자재가 부족하였으므로 문제에 봉착

하였다. 그러나 곧 철교 두 개가 완전히 파괴되지 않은 것을 발견
하고(기차 철교 두 개는 폭약이 제대로 터지지 않아 완전히 무너지지 않
았음), 7월 1일 새벽 4시 경부선 철교를 은밀하게 복구하고 철도
레일 위에 두꺼운 제재목을 깔아서 전차 4대를 도하시켰다. 이어
서 열차 편으로 전차 13대와 병력을 도하시키고 7월 3일에는 영
등포까지 진출함으로써 한강 방어선은 붕괴되기 시작하였다.

한편 한강 이북에서 오도 가도 못하게 된 국군은 중부 전선(의
정부 방면) 병력은 광나루, 뚝섬, 한남동, 서빙고, 마포의 나루터를
거쳐서 그리고 서부 전선 병력(문산 방면)은 행주(幸州)와 이산포(二
山浦)의 나루터를 거쳐 무기도 없이 거의 맨몸으로 나룻배와 뗏목
을 타거나 수영으로 한강을 건넜다. 후퇴하는 국군을 따라 많은
시민들도 급히 한강을 헤엄쳐 건너다 적지 않은 국군 병사와 시민
이 익사하였다.

육군은 한강선(漢江線)을 방어하고자 6월 28일 오후 2시, 시흥
(始興)에 전투사령부를 설치하고 사령관에 김홍일(金弘壹) 소장을
임명하였다. 이에 김 소장은 한강 방어부대인 수도사단과 제7사단
을 지휘하여 적의 도하를 저지하면서 싸웠으나, 적 전차 4대가 7
월 3일 새벽 4시 수리된 한강 철교를 넘어 영등포로 돌진해 들어
옴에 따라 안양으로 철수하였다. 한편 기갑연대의 장갑차들은 서
울을 빼앗기던 6월 28일 아침부터 29일까지 노량진에서 한강 건
너편, 곧 적이 들어왔다고 생각되는 지점(삼각지, 용산)을 향해 사격
을 하거나 노량진 지역에 적이 상륙했는지를 정찰하며 노량진 수
도국과 노량진역, 사육신묘 근처에서 적과 전투를 벌이기도 하였
다. 기갑연대가 창설되면서 주둔하기 시작하였던 한남동 주둔지는
이미 적이 점령하여 그 시설을 사용하고 있었다. 기갑연대 소속이
지만 장갑차 없이 말만 가지고 있거나, 장갑차도 말도 없이 보병
으로만 구성된 기병대대와 도보대대 장병들은 신사동, 반포, 청담

동, 대방동 등에서 이미 한강을 건너온 적과 교전을 벌였다. 국군 전투사령부는 신사동 방면에서 적 제3사단이 전진해오자 육군 제3사단(혼성 사단)을 판교리(板橋里)로 급히 이동시켜 적의 수원 점령을 저지하도록 하였다.

서울을 적에게 빼앗긴 대한민국 정부는 6월 30일 채병덕 총참모장을 해임하고 미국 참모대학에 유학하고 있던 정일권 준장을 그날 소장으로 진급시켜 신임 총참모장에 임명하였다. 이에 채병덕 소장은 허울뿐인 '영남지구 전투사령관직'을 맡았다. 그는 1950년 7월 27일, 하동지구 전투에서 적의 매복에 걸려 전사하였다.

북한군의 전면 남침이 외신을 통하여 알려지자 1950년 6월 25일 오후 2시(미국 동부 시간), 뉴욕의 유엔본부에서는 안전보장이사회가 급히 소집되었다. 이때 우리나라의 장면(張勉) 주미 대사가 참석하여 위급한 상황을 설명하고 도움을 호소하였다. 이날 열린 안전보장이사회는 소련 대표가 불참한 가운데 참석자(9개국) 전원이 북한의 무력 침략을 확인하고 '북한군은 유엔 헌장을 위반한 적대행위를 중지하고 38선 이북으로 복귀할 것'을 요구하는 한편 이를 시행하기 위한 유엔 회원국의 협조를 결의하였다.

당시 소련은, 1949년 말 중국대륙이 공산화되자 즉시 중국을 유엔에 가입시키고, 대신 자유중국(대만)을 안전보장 이사회 상임이사국에서 축출하자고 요구하였다. 그러나 미국을 비롯한 서방 측이 거부하자 소련은 안전보장이사회 참석을 거부하고 있었다. 만약 안전보장이사회의 상임이사국인 소련이 회의에 참석하여 미국의 제안에 거부권을 행사하였더라면 유엔군은 우리나라를 도우러 올 수 없었을 것이고, 아마 우리나라는 공산화되어 인권(人權)이 없는 공산당의 학정 아래서 신음하고 있을 것이다. 저자는 이것을 전능하신 하나님의 크신 은혜라고 믿는다.

이어서 6월 27일(미국 시간) 열린 두 번째 유엔 안전보장이사회는 표결을 거쳐 북한의 행동이 유엔 헌장을 위반한 침략행위라고 규정하는 동시에 국제 경찰로서 유엔군의 파병을 만장일치로 결의하였다. 이때 미국의 오스틴(Warren Austin) 유엔 대사는 유엔 회원국에 병력 파견을 호소하였다. 유엔 헌장이나 국제 규범을 무시하고 다른 나라를 침략하는 국가에 대해서는 유엔회원국들이 단결하여, 필요하면 군대를 파견함으로써 국제사회의 질서와 정의를 회복하는 것이 유엔의 집단안보 정신의 기본이다. 이렇게 한반도에서 유엔이 만들어진 뒤 처음으로 유엔의 이름으로 침략자를 응징하는 사례가 일어난 것이다.

1950년 1월에 있었던 에치슨 선언(한국을 미국의 태평양 방위선에서 제외)에서 나타났듯이 북한군이 남침을 하기 전까지 미국 정부는 한반도를 중요하게 생각하지 않았으므로 미국의 한반도 정책은 불확실한 요소가 많았다. 그러나 북한군이 기습 남침으로 남한을 침략하자 미국 정부는 그때까지의 소극적인 한반도 정책에서 신속하게 탈피해 한반도에서 공산 침략군을 격퇴하려는 정책을 확실하게 채택하였다. 미국의 트루먼 대통령은 북한군의 전면 남침을 소련이 미국의 반응을 시험하는 것으로 여겼으므로, 만약 이번의 침략을 그대로 두면 전 세계를 적화(赤化)하려는 공산당의 마수(魔手)는 우선 아시아 전역에 미치게 되고 드디어는 제3차 세계대전을 유발할 것으로 판단하여 한국을 군사적으로 지켜야겠다는 판단을 한 것이다.

6월 27일의 두 번째 결의에 이어서 7월 7일 열린 안전보장이사회에서 유엔군 사령부 설치를 결의, 유엔 역사상 처음으로 유엔군 사령부가 창설되었고 유엔군 사령관의 임명은 미국 대통령에 위임되었다. 따라서 트루먼 미국 대통령은 당시 일본에 주둔하고 있던 미 극동군 사령관 맥아더 원수를 초대 유엔군 사령관으로 임명하였다. 이리하여 미 극동군 사령부가 우리나라를 지원하는 모든 유엔군을 통합 지휘하게 되었다. 그 일환으로 일본에 있던 미 제8군이 대구로 이동하여 7월 13일부터 임무를 수행하게 되었다. 한편, 이와는 별도로 6월 26일 오전 11시(미국 시간), 백악관에서 열린 안보회의는 미국 해, 공군의 참전을 결정하였으나 지상군의 참전 결정은 맥아더 원수에게 일임하였다. 이에 맥아더는 전투 상황과 한국군의 방어 상태를 직접 확인하기 위해 6월 29일 오전 10시, 전용기인 4발 엔진 프로펠러 수송기인 C54 바탄(Bataan)호를 타고 F51 무스탕 전투기 4대의 호위를 받으며 일본의 하네다 공항을 출발하였다. 맥아더의 전용기에는 휘하의 공군 사령관인 스트렛메이어(George E. Stratemeyer) 장군과 미국인 신문기자 4명이 동승하였다. 스트렛메이어 장군은 2차 대전 동안 맥아더의 공군 사령관으로서 활약한 유명한 케니(George Kenney) 장군의 후임이다. 맥아더는 자신이 직접 전선을 보아야 한다며 위험을 무릅쓰고 수원 비행장에 내린 뒤 마중 나온 이승만 대통령과 무초 대사를 만나고 곧 비행장 근처에 있는 초등학교 건물에 들어가 처어치(John Church) 준장의 상황 보고를 받았다.

미 극동군 사령부 군수참모부 차장이었던 처어치 장군은 북한군이 남침하자 '한국전쟁 조사반장'으로서 6월 27일 이미 수원에 도착하여 '극동사령부 전방지휘소 연락반'(Advance Command & Liaison Group in Korea)을 설치하고 있었다. 그는 북한군의 공격에 한국군이 맥없이 무너지고 있으며 상황은 절망적이라고 보고하였고, 맥아더는 전선을 직접 살펴보겠다며 곧바로 검은색 쓰리쿼터(3/4톤)를 타고 후퇴하는 국군과 피난민으로 가득 찬 좁은 도로를 비집고 달려 영등포에 있던 동양맥주 공장 인근 언덕에 올라갔다. 그곳에서 화염이 일고 있는 서울 시내를 보며 20분 동안 한강 쪽에서 벌어지고 있던 전투 상황을 파악, 이날 다시 도쿄로 돌아가는 길에 우선 일본에 있는 미 육해공군을 투입하려는 생각을 하며 전략을 구상하였다.

그때 맥아더는 북한군 배
후에 상륙하는 작전을 구상
하였으며, 작전 암호는 블
루하트(Bluehearts)라고 임시
로 정하였다. 이날 한강 방
어선을 시찰하던 맥아더는
34세의 일본군 소령 출신
이종찬 대령이 지휘하는 국
군 제3사단 예하 제18연대

서울 양화대교 부근 인공폭포 옆에 있는 한강 방어
백골부대 전적비

(백골부대)의 제1대대, 제3중대가 지키고 있는 영등포 지역의 최전
선 참호(현재 영등포구 양화동 인공폭포 공원 인근의 언덕)를 돌아보며,
한국군 병사인 신동수(辛東秀) 일병에게 왜 후퇴를 하지 않느냐고
물었다. 이에 당시 스무 살인 신 일병(2004년 현재 76세)이 "상관의
명령이 있을 때까지 이곳을 사수하겠다"는 대답을 하였고, 맥아더
장군은 한국군의 전력은 적을 막기에 역부족이나 한국군의 군기가
아직 무너지지 않았음을 느꼈다(2003년 10월 1일, 서울 영등포구에 있
는 양화교 근처에서는 '한강 방어 백골부대 전적비'가 제막되었고 이때
신동수씨도 현장에 나와서 그의 중대원 7명만이 살아남은 지난날의 혈전
을 회상하였다. 그는 한강 방어 전투에서 왼쪽 다리에 총상을 입었으나
살아남아 현재 충청북도 충주시 앙성면에 살고 있다).

한강 방어선을 둘러본 맥아더는 해·공군만이 아니라 지상군 투
입이 필수적이라는 판단 아래 6월 30일 새벽 3시(미국 현지 시간;
한국 시간 6월 29일 오후 1시) 트루먼 대통령에게 지상군 투입을 건
의하였고 두 시간 만에 대통령의 즉각 승인을 받아 미 육군 병력
이 한국전에 투입되게 되었다.

국군은 38선에서부터 한강 이북까지의 전투에서 너무도 심한 손

한국전쟁의 영웅 백선엽 장군과 저자

실을 보았다. 적 전차 몇 대가 서울 시내에 들어오는 것에 놀라 상황 판단을 침착하게 하지 못하고 당황한 나머지 한강 다리를 너무 일찍 끊는 바람에, 국군의 주력 5개 사단(제2·제3·제5·제7·수도사단)이 보유하고 있던 야포, 차량, 박격포와 기관총 등 공용화기를 한강 이북에 고스란히 버려야했다. 그리고 병력도 9만 8천 명에서 2만 2천 명 정도로 급감했다. 예를 들면 의정부 방면을 방위하던 제7사단의 경우 사단 병력 9,700명 가운데 1,200명만이 한강을 건넜고 이들이 갖고나온 장비는 기관총 4정 뿐이었다.

이런 황당한 상황에서도 국군 지휘관과 장병들은 6일 동안 한강 방어전을 벌임으로써 유엔군이 참전할 수 있는 시간을 벌었고, 전쟁 초기 분산되었던 전투부대를 재편성하는 데 크게 기여하였다. 백선엽 사단장이 지휘하는 제1사단의 경우는 사단 병력이 9천7백 명에서 5천 명으로 줄었으나, 야포 이외의 운반 가능한 무기는 전부 가지고 김포 비행장 부근에서 한강을 건넜다. 당시 30세로서, 나이에 걸맞지 않게 침착하고 용맹하게 제1사단을 지휘한 백선엽

대령은, 1953년 1월에 국군 최초로 대장으로 승진하였다. 조국의
운명이 걸린 한강 방어전에서 기갑연대 장병들도 목숨을 아끼지
않고 아군의 지연전을 돕는 데 일익을 담당하였다.

참고로, 한강 다리를 너무 일찍 폭파한 책임을 물어 일본 육사
출신(56기) 육군본부 공병감 최창식 대령은 1950년 9월 21일에 열
린 군법회의 판결에 따라 부산에서 사형되었다. 그러나 1964년 10
월 23일 열린 군법회의에서 군인으로서 상관의 명령에 따라 한강
교를 폭파한 것이 인정되어 무죄가 선언되었다.

5. 미군 참전

(1) 껍데기만 남은 미군

제2차 세계대전 당시 미군은 1,200만 명의 병력이 있었으나 전쟁이 끝나자 대부분 제대를 함으로써 급격히 감소하여 1,200만명 가운데 3분의 2를 차지하던 육군 병력은 6·25가 일어나던 1950년 여름에는 59만 2천 명 수준으로 떨어졌다. 태평양과 대서양의 거대한 전선에 걸쳐 전투를 치르던 초대규모의 부대가 불과 몇 년 만에 단지 껍데기만 유지할 뿐 실상은 알맹이가 없는 부대가 된 것이다. 또한 그동안 육군에 속해 있던 폭격기와 전투기들은 다량이 폐기되었고, 남아 있던 것조차도 모두 1947년 미 의회의 결정에 따라 공군이 독립하면서 공군 소속으로 넘어가 버렸다.

당시 병력 59만 명의 미 육군은 11개 사단과 9개의 독립 전투 연대로 구성되어 대부분이 유럽에 배치되었다. 소련을 중심으로 한 바르샤바조약군(1955년도 창설)에 맞서 미국과 서방을 중심으로 결성한 북대서양조약군(나토)의 일원으로 미 육군의 대부분이 독일(당시 서독)에 주둔하였던 것이다. 유럽에 배치된 미 육군은 조직 편제에 따른 병력과 장비를 보유하고 있었지만 그 밖의 지역에 배치된 부대는 그렇지 못했다. 미군 연대는 3개의 대대로 이루어져야 하나 대부분의 연대가 2개 대대만으로 구성되었고, 장비 또한 제2차 세계대전 당시 사용하던 것 그대로였다. 그러나 병력과 장비의 부족이 문제가 아니라 더 큰 문제는 흐트러진 기강과 사기에 있었다. 원자폭탄이 투하된 뒤 일본이 항복하고 전쟁이 끝나자, 이제 전쟁은 육군이 재래식으로 하는 것이 아니라 핵폭탄 한 방으로 한다는 개념이 팽배해져 미 육군의 사기와 기강은 땅에 떨어졌던 것이다.

그러므로 제2차 세계대전이 끝나고 평화 무드에 젖어 이런 상태로 축소되어 버린 미 육군은 군인의 임무가 싸우는 것이라는 것조차도 잊고 있는 분위기였다. 6·25가 일어나기 전 일본 본토에는 극동 미 육군의 주력인 제8군 휘하의 육군 4개 사단이 주둔하였고 오키나와에는 제29독립전투연대, 하와이에는 제5독립전투연대가 주둔하고 있었다. 그러나 앞서 나온 대로 평화 분위기 속에서 일본에 주둔하고 있는 미군은 군기가 제대로 서있지 않았고 병력과 장비도 정상 수준의 70% 정도 밖에 되지 않았다. 박격포, 기관총, 무반동총 등 기본 장비조차 부족하였고 3.5인치 바주카포 등 대전차화기는 아예 없었다. 또한 일본의 좁은 도로와 약한 교량을 고려하여 미군은 일본에 주둔하고 있는 육군 부대에 M4나 M26 같은 무거운 전차는 보내지 않고 대신 가벼운 M24 전차를 배치하였으므로 전차의 효과적인 지상군 지원을 기대할 수 없었다.

이런 육군의 규모와 분위기와는 달리 새로 독립된 공군은 이보다 나았다. 폭격기로 원자폭탄을 일본에 투하하고 난 뒤부터 소련에 핵 공격을 가할 수 있는 것은 공군뿐이라는 분위기에서, 제2차 세계대전이 끝나고 수많은 폭격기와 전투기, 수송기를 폐기하였음에도 공군의 존재는 각광을 받고 있었다. 또한 8·15 이후, 6·25가 일어나기까지 5년 동안 미국 육군은 특별한 무기를 개발한 것이 거의 없었지만 공군의 경우는 새로운 기종이 개발되고 프로펠러 항공기에서 제트기로 변하는 중요한 전환기를 맞고 있었다. 제2차 세계대전 때 명성을 날리던 B29 폭격기 말고도 B29를 발전시킨 B50 폭격기와 역사상 가장 큰 폭격기인 B36 피스메이커(Peace Maker), B45 중형 폭격기 등 수많은 전투용 항공기가 새로 등장하였다. 이 가운데 B36은 프로펠러가 6개(한쪽 날개에 3개씩)로서 거대한 B29조차 이 옆에 서면 조그만 장난감으로 보이게 하는 초대형 폭격기이다. 이 폭격기는 미국 본토에서 발진하여 대서양을 건너 독일을 폭격하고 다시 미국 본토로 돌아오는 구상을 할 정도로 엄청난 항속거리를 가지고 있었다. 그러나 독일이 항복한 뒤에 개발이 완료됨으로써 실전에는 한 번도 투입되지 않았다.

6·25가 일어날 즈음에도 미 공군의 주력 전투기는 제2차 세계대전 당시 활약하였던 F47 선더볼트, F51 무스탕, F6F 헬캣 등이었으나, 처음으로 제트 전투기인 F80 슈팅스타가 등장하였고 이어서 F84 선더제트와 F86 세이버가 나왔다. 그러나 이렇게 제트전투기 시대가 열렸지만 그 생산 대수는 많지 않았으므로(물론 미국 공군은 이미 축소된 미국 육군보다는 나은 상태였으나) 육군의 지상 작전을 충분히 지원해줄 수 있는 규모는 되지 못하였다. 여기에 더해 당시는 육군과 공군의 연락 체계가 제대로 되어있지 않았다. 특히 극동 공군의 주력인 제5공군(9개 비행단으로 편성된 1,172대 가운데 350대만 작전기)은 그 주력(18개 편대)이 방공 전투기(대부분이 F80 제트전투기)로서 소련에 대비하기 위하여 주로 일본 북방에 배치되어 있었다.

해군의 경우도 육군과 비슷한 상태였다. 제2차 세계대전 당시 인류역사상 최대의 함대를 보유하였던 미국 해군은 전쟁이 끝나자 수많은 항공모함, 전함, 순양함, 구축함 및 보조함들을 퇴역시켰다. 그러므로 6·25가 일어났을 때 극동 지역에 배치되어 있던 미 해군의 규모는 항공모함 한 척, 서너 척의 순양함과 구축함뿐이었다. 해군 항공대의 경우는 공군과 비슷하여 그때까지 항공모함의 함재기로 사용하던 F4U 콜세어나 F6F 헬캣 전투기를 신형기인 F2H 밴쉬(Banshee)와 F9F 팬더(Panther) 제트기로 교체하였다. 또한 대형 프로펠러기인 스카이레이더(Skyraider) 전폭기가 도입되어 지상 공격력을 높였다. 이렇게 6·25 가 일어날 당시 미군의 규모는 우리가 일반적으로 생각한 것보다 상당히 허약한 상태였으며 육해공군 가운데 해군만이 그런대로 육, 공군에 견주어 사기도 높았고 전쟁을 치를 수 있는 제대로 된 훈련도 받고 있는 상태였다.

마지막으로 해병대를 보면, 제2차 세계대전이 끝날 때 미 해병대는 병력 50만 명을 보유하였으나 전쟁이 끝난 뒤 계속 감축하여 6·25가 일어날 때는 75,000명(2개의 전투 사단)의 병력을 갖고 있었다. 육군과 마찬가지로 해병대의 병력도 대폭 감축되었으나 육군의 경우 병력 감축과 함께 훈련도 형식적으로 하는 상태였던 것과 달리 해병대는 비록 병력은 감축되었으나 훈련은 제2차 세계대전 당시와 변한 것이 없었을 정도로 강도 높은 해병대 특유의 훈련을 계속함으로써 언제라도 전투에 투입될 수 있는 높은 사기를 유지하고 있었다. 육군이 군인의 사명을 잊고 있었던 것과 달리 해병대는 군인의 임무가 싸우는 것이라는 것을 잊지 않고 있었다. 6·25가 일어나기 전 태평양 전역에 걸쳐서 미 해병대 1개 사단(제1 해병사단)만이 미 본토 캘리포니아에 주둔하고 있었다.

(2) 유엔군 참전

7월 4일 아침, 북한군이 전차를 앞세우고 영등포를 점령하자 한강 방어 전투를 지휘하던 시흥지구 전투사령부가 수원을 거쳐 평택으로 후퇴하였으므로, 다른 국군 부대와 함께 기갑연대도 안양에서 경부 국도를 따라 대전으로 철수하였다. 이날, 수송기 편으로

사흘 전인 7월 1일 일본에서 부산에 도착한 미 제24사단의 선발
부대가 오산 북방에 투입되었다.

후퇴하는 과정에서 기갑연대 소속의 장갑차와 말, 그리고 병사
들이 유엔군 공군기(미국, 호주, 남아공)의 공격을 받아 인원과 장비
의 손실을 보았다. 유엔군 조종사들은 후퇴하는 국군을 남진해 내
려오는 인민군으로 착각하였던 것이다. 전황이 계속 악화되자 트
루먼 대통령은 6·25 남침 5일 뒤 미국 공군에게 남침하는 공산군
에 대한 공격과 38선 이북 지역은 군사 목표에 한해서만 폭격을
허락하였다. 유엔군 공군기의 오인 사격으로 기갑연대의 박길용(朴
吉龍) 대위가 기관총탄에 맞아 그 자리에서 숨졌다. 미 극동군 사
령부에서 '한강 이북은 적 지역이므로 폭격하라'고 명령한 바 있
는데 출격한 유엔 공군기들은 한반도의 지형에 익숙하지 않아 금
강(錦江)을 한강으로 착각하고 아군을 폭격했던 것이다.

군인이나 피난민들은 이 항공기들을 오랫동안 '쌕쌕이' 또는 '호
주기'라고 불렀으며, 비록 우군기에 참변을 당하면서도 원망의 눈
초리로 보는 것이 아니라 희망의 웃음을 지었다. 유엔 공군기들이
날아올 때마다 국군은 우군기가 왔다고 좋아서 밖에 나가 손을 흔
들다가 당했고, 혹시나 적기가 아닐까 살피러 나갔다가 오폭에 희
생당했다. 무수한 피난민과 군인이 희생되었으며 그 가운데는 중
상을 입은 제17연대장 백인엽(白仁燁) 대령, 제13연대장 김익렬(金
益烈) 대령도 끼어 있었다. 이에 육군본부와 처치 미 전방연락장교
단장은 아군기의 오폭을 미 극동군 사령부에 항의하여 7월 4일 2
개의 전술항공통제반이 대전에 설치되고, 오폭을 막기 위해 국군
에게 5일부터는 광목천으로 우군 표시를 하도록 지시했다.

유엔군 참전이 결정되고 6월 30일 새벽 5시 트루먼 대통령이
미국 지상군 투입을 승인하자 7월 1일, 일본으로부터 미군의 선발
부대 406명이 수송기 편으로 부산의 수영 비행장에 도착하였다.

임진각에 있는 미육군 참전기념비

당시 일본에는 미 제8군 휘하의 4개 미 육군 보병 사단(제7사단, 제24사단, 제25사단, 제1기병사단)이 주둔하고 있었으나 평화시이므로 제24사단과 제25사단은 1개 사단(3개 연대로 구성)의 실제 전력이 2개 연대 수준이었고 제7사단과 제1기병사단은 그 이하 수준이었다. 수영 비행장에 도착한 이 부대는 스미스(Brad Smith) 중령이 지휘하는 특수임무부대로서, 부산에 도착하는 즉시 트럭 편으로 오산 북쪽으로 이동하여 죽미령(竹美嶺)에 방어진지를 구축하고 남진해 오는 북한군을 기다리고 있었다. 스미스부대는 국제연합이 창설되고 나서 국제 경찰 임무를 띠고 출동한 첫 부대이다. 스미스 부대에 이어 미 제 24사단 1개 대대가 평택에, 그리고 1개 대대는 안성으로 진출하였다.

제2차 세계대전이 끝나고 5년이 지난 뒤라 전투 경험이 있는 군인들은 거의 제대하고, 신병으로 구성된 미군은 평화 시기라 훈련도 제대로 받지 않았다. 그러나 이들은 제2차 대전 승전국 병사의 기분을 그대로 가지고 북한군을 약소 후진국의 군대로 얕잡아 보았다. 태평양에서는 막강한 일본군을, 유럽에서는 유럽 최강의 독일군을 상대로 한 싸움에서 승리의 주역이 되었던 미군은 그 영광스러운 기억만을 가지고 북한의 군대는 미군의 군복만 보아도 도망칠 것이라고 생각하였다. 그러나 잠시 뒤에 스미스부대원들이 오산에서 만난 실전(實戰)은 이들의 생각과 전혀 달랐다. 국군처럼 미군도 전쟁 초기 북한군에게 맥없이 무너졌다.

당시 일본 주둔 미군이 한국으로 이동할 때 미군 수송기와 수송선을 주로 사용했으나, 일본 상선들이 병력과 군수품을 부산에 운반해 오기도 해 전쟁이 계속되면서 하역 인부들도 타고 와서 인천, 원산, 흥남 등의 부두에서 일했다. 또한 1950년 10월, 원산을 비롯한 여러 항구 앞바다에 공산군이 설치해 놓은 수천 발의 기뢰를 제거하는 데는 일본 보안대(자위대)의 소해정들이 투입되기도 하였다. 그러므로 연합군 이사회의 일원으로서 일본 도쿄에 주재하던 소련군 키스렌코(A.P. Kislenko) 소장은 이 문제에 대해 일본 정부에 항의하기도 했다. 미군이 유엔군의 일원으로서 한국전에 참전한 데 뒤이어 영국, 호주, 캐나다, 프랑스 등 16개국의 군대가 한국전에 참전하기 시작하였다.

(3) 후퇴하는 기갑연대

국군은 6월 30일(발령은 7월 1일), 육군 총참모장이 채병덕 소장에서 정일권(丁一權) 준장(임명된 그날 소장으로 진급)으로 바뀌었고, 한강선을 방어하던 국군은 7월 4일 무렵 평택에 집결하고 있었다. 7월 5일, 국군은 시흥 전투사령부를 모체로 제1군단이 창설되어 그 예하에 수도사단, 제1사단, 제2사단을 두고 김홍일 소장이 군단장이 되었다. 이어서 7월 15일에는 제2군단(제6·제8사단)이 창설되어 육군은 건군 이래 처음으로 군단 편제를 갖게 되었다. 이에 따라 모든 전선에서 북한군의 남침을 저지하기 위해 미군은 경부 국도를 맡고 그 동쪽은 국군이 맡았다(김홍일 소장은 중국에서 귀주(貴州) 육군강무학교를 나와 중국군 소장으로 중국 국민당군 제19사단장 대리 및 광복군 참모장을 역임하였다).

김 소장의 지시에 따라 유흥수 기갑연대장은 영등포에서 수원으로 내려가는 길목에 소나무를 잘라 도로가에 전차 장애물을 설치하고 있다가, 길옆에 세워둔 장갑차에 좌익분자가 수류탄을 집어넣어 내부를 전부 폭파시키는 일이 일어났다. 이런 혼란 속에서도 길가에 있는 소나무를 잘라 도로를 봉쇄하였으나 남진하는 T34에게 이런 가벼운 목재류는 장애물이 될 수 없었다. 당시 국군은 소련제 전차의 돌파 능력을 과소평가한 것이다.

국군 부대가 후퇴하면서 수원을 통과할 때 공병감 최창식 대령은 적의 남침 속도를 조금이라도 지연시키려고 공병 장교 박원준(朴原俊) 중위에게 수원의 북문(北門)을 파괴하도록 명령하였다. 이에 박 중위가 북문에 폭파장치를 하고 있을 때 마침 이곳을 지난던 혼성 수도사단장 이종찬(李鍾贊) 대령이 이를 목격하고 "북문 파괴는 우리에게 전술적으로 도움이 되지 않으며 귀중한 민족의 사적만 파괴하게 된다"며 중지하라고 설득하여 이 계획은 취소되고 대신 대전차지뢰 20여 개를 설치하여 2대의 적 T34 전차를 파괴하였다.

기갑연대의 주력은 차량으로, 기병대대는 승마로 후퇴하며 오산 북쪽에 있는 죽미령에 도착하였을 때 인민군 T34 전차대는 국군 기갑부대의 후미를 따라 죽미령에 접근하고 있었다. 국군 기갑연대의 후미와 인민군 전차대 선두의 거리는 불과 2~3km였으므로 T34의 사격권 안에 있었으나 날씨가 흐려 제한된 시계(視界) 때문에 적은 국군을 발견하지 못하였다. 이때 기갑연대의 병사들은 처음으로 미군이 진지를 구축하고 있는 것을 보았다.

전쟁 초기 위장을 하고 후퇴 중인 국군 기갑연대의 M3 반궤도 장갑차(천안 부근)

　당시 기갑연대 병력은 대부분이 일본군의 99식 소총으로 무장하
고 있었다. 미군의 M1(탄창 8발)이나 칼빈 소총(탄창 15발, 30발)은
연발식이나 99식 소총(탄창 5발)은 연발 사격이 안 되어 방아쇠를
당기기 전 노리쇠를 후퇴, 전진시켜야만 했다. 이와 달리 북한군
보병은 거의 대부분이 총알 71발이 들어가는 둥근 탄창이나 35발
이 들어가는 막대기형 탄창을 총열 밑에 붙인 '페페스카(PPSh－
41)' 소련제 기관단총으로 무장하였다. 시파긴(Shpagin)이 설계한
두 모델 가운데, 둥근 탄창이 붙은 모델은 총의 무게 3.56kg으로
서 언뜻 보면 1930년대 시카고의 갱단이 들고 있던 톰슨 기관단
총과 비슷하게 생겼고 북한군은 이 모델을 주로 사용하였다. 사격
할 때의 독특한 총소리 때문에 미군은 이 기관단총을 버프건(Burp
gun)이라고 불렀고 국군은 따발총이라고 불렀다. 구경 0.3인치
(7.62mm) 탄환을 사용하는 이 총은 근거리에서는 효능이 있으나
원거리에서는 국군이나 유엔군에 피해를 주지 못했다.
　또 기병대대는 후퇴 도중 말이 도망가 버리거나 유엔 공군기의
오폭에 맞아 죽는 일이 일어났다. 김촌성(金村成) 대위의 경우, 유

엔기의 공습을 피해 다리 밑에 들어가자 "사람도 살기 힘든 판에 말을 끌고 들어 온다"며 이미 가득 찬 피난민들로부터 큰 불평을 듣기도 하였다. 수원에서는 미군기의 오인 사격으로 말 50~60마리가 쓰러졌다. 그러므로 이기용(李基鎔) 대위의 기마 제5중대에 속해 있던 강춘산(姜春山) 상사의 경우, 부상 입은 자기 말이 너무 불쌍해 고통을 없애주려고 권총으로 쏴 죽이고 후퇴하였다.

한편, 북한군은 7월 5일, 전선사령부를 설치하고 사령관에 김책(金策)을 임명, 제3차 작전(7월 7일부터 7월 20일까지 금강－대전－문경－영덕 선 점령)을 발동하고 계속 압력을 가해왔다. 이즈음 기갑연대는 안양에서부터 경부 국도를 따라 대전으로 철수했다. 천안에서부터는 비가 억수같이 쏟아져 좁은 국도를 따라 후퇴하는 국군 부대는 길을 메운 피난민, 말, 자동차와 섞여 이동 속도가 점점 떨어졌다. 피난민들이나 군인들이나 모두 말없이 무거운 발길을 남쪽으로 옮기고 있을 따름이었다. 이런 가운데 지휘 체계도 제대로 서지 못해 병력은 자연 소모되어 갔다. 연대가 대전에 이르러 '대구로 직행하라'는 지시를 받고 김천(金泉)에 도착하였을 때, 이들은 미군 부대에 포위되어 포로로 잡혔다. 당시 미군은 국군과 북한군을 잘 분별하지 못했기 때문이다. 물론 김천에 있는 육군 전방지휘소에서 최석(崔錫) 대령을 급파하여 사태는 해결되었다.

(4) T34 전차에 대패한 오산(죽미령) 전투

앞서 본 대로 북한군의 기습 남침 보고를 받은 미국 정부는 이 문제를 국제연합에 상정하여 유엔총회에서 유엔군의 파견을 승인받았고, 상임이사국 가운데 하나인 소련의 불참으로 유엔군은 즉각 한국에 파견될 수 있었다. 그러나 트루먼 미국 대통령은 미국

공군과 해군의 투입만으로 남
진해 내려오는 북한군을 저지
할 수 있다고 판단하여 처음에
는 공군과 해군만을 투입하는
것을 결정하였으나(6월 27일), 서
울을 북한군에게 빼앗기고 한
국군이 와해되는 상태에 이르
자 지상군의 투입 없이는 북한
군의 남침을 저지 할 수 없다
고 판단하였다. 이에 6월 30
일, 트루먼 대통령은 맥아더가
요청한 지상군 투입을 승인한
다고 통보하였다. 이 지시에
따라 맥아더 장군은 즉각 일본

유엔군이 한국전쟁에서 첫 전투를 치른 죽
미령에 세워진 초전기념비

에 주둔하던 제8군 산하 제24보병사단에 출동 명령을 내렸다.

사단 주력부대의 해상 수송에 앞서 우선 북한군의 남진을 최대
한으로 지연시킬 목적으로 딘(William Dean) 소장이 지휘하는 제
24사단 예하 제21연대, 제1대대장 스미스 중령은 증강된 보병 2개
중대 규모의 병력을 급히 편성하였다. 일본에 주둔하고 있던 미
제8군 산하 4개 사단 가운데 제24사단은 큐슈에 주둔하고 있었고
나머지 사단은 혼슈와 홋카이도에 주둔하고 있었으므로, 한국에
가장 가까운 곳에 주둔하면서 사단 편제의 65퍼센트 정도 전력이
라도 가지고 있었던 제24사단에 우선적으로 파견 명령이 내려진
것이다.

스미스기동부대(Task Force Smith)라고 명명된 이 부대는 제24사
단 예하 제21연대에서 차출된 2개 보병 중대에 중(重)박격포 2개
소대, 제52야전포병대대의 A포대, 4.2인치 박격포 2개 소대, 75mm

무반동총 1개 소대 등 병력 540명과 6문의 105mm 포, 2.36인치 바주카포 6문, 75mm 무반동총, 4.2인치 박격포 등을 가지고, 7월 1일 오후 2시 C54 수송기 편으로 부산 수영 비행장에 내렸다.

도착 즉시 이들은 북상하여, 7월 2일 오전 8시 대전에 다다라 처치 장군으로부터 '가능한 북쪽으로 진출해 북한군을 저지하라'는 명령을 받고 7월 4일, 오산 북방 3.5km에 있는 죽미령 고개 능선에 배치되어 급히 진지를 구축하였다. 이튿날인 7월 5일 새벽, 참호에서 잠을 자고 있던 미군 병사들은 멀리서 들려오는 전차의 캐터필러 진동음을 듣고 잠을 깼다. 비가 내려 시계가 좋지 않았으나 오전 7시 무렵에는 날씨가 좋아져 수원까지 볼 수 있었고, 30분쯤 뒤에는 33대의 T34 전차를 앞세우고 북한군 보병이 도로를 따라 남하하는 것을 발견했다. 이 북한군 전차부대는 제105기갑여단의 제107기갑연대 소속이었으며 7월 3일 한강을 도하한 뒤 경부 도로를 따라 북한군 제4사단의 선두에서 남진하고 있었다.

오산 전투에서 스미스부대에 대한 북한군의 공격은 2개의 제대(梯隊)로 나누어 이루어졌다. 이 가운데 제1제대는 33대로 구성된 전차부대였으며 이들은 전위 전차 8대와 그 뒤를 따라 25대로 구성된 주력 전차부대가 연이어 미군 방어선을 향해 돌진하였다. 이 제1제대에 이어 제2제대는 차량화 보병으로서 제1제대보다 약 1시간 늦게 후속 공격하였다. 제2제대의 보병은 모두 차량을 타고 있었고 전차 3대의 엄호를 받고 있었다.

스미스부대의 첫 포탄은 북한군 제1제대의 전위 전차가 미군 진지의 1.8km 전방에 나타났을 때 발사되었다. 그러나 북한군 전차부대는 일반 인마(人馬) 살상용인 '고폭탄(high explosive)'을 사용하는 미군의 105mm 야포와 무반동포 등 각종 화기의 집중 사격에도 피해를 입지 않고 진지의 중앙을 향하여 돌진해 왔다. 이 가운데 선두에 선 두 대의 T34 전차가 미군 방어선을 돌파하고 들어오자 미군은 105mm포에 대전차용 장갑파괴포탄(Anti Tank Shell)을 넣어 발사하였다. 이 '대전차 고폭탄'이 선두 전차 두 대에 명중하자 전차는 그 자리에서 파괴되어 주저앉아 버렸다. 그러나 스미스기동부대가 일본에서 출발할 때 가져온 대전차 장갑파괴포탄은 모두 6발 밖에 없었으므로 미군은 북한군 전차 파괴에 유효한 더 이상의 공격을 할 수 없었다. 그러므로 이후 미군은 죽미령 방어선을 돌파하는 북한군 전차부대에 전차를 파괴하는 용도로는 적합하지 않은 '고폭탄'만을 사용하였다.

북한군 전차부대가 미군의 저항을 제압하며 미군 진지 중앙을 돌파해 스미스부대의 후방 포대 지역을 통과할 때, 미군은 105mm 야포의 영점사격으로 북한군 전차 2대의 뒷부분을 가격하여 파괴했다. 이렇게 북한군 전차부대는 죽미령 전투에서 모두 4대의 전차를 잃었지만, 나머지 전차들은 거의 피해를 받지 않고 미군 진지를 향해 85mm 전차포를 발사함으로써 미군의 105mm 포 2문을 부수고 미군이 보유하고 있던 모든 보병용 차량을 파괴하였다.

1시간에 걸친 북한군 전차부대의 공격을 받고 스미스부대는 이미 방어력을 완전히 잃어버렸다. 북한군 전차들은 미군의 사격에 아랑곳하지 않고 참호에 들어가 있는 미군을 향하여 전차포로 응사만 하였을 뿐, 멈춤 없이 진지 중앙을 돌파한 뒤 계속 남쪽으로 돌진한 것이다.

죽미령의 스미스부대 참전 기념비

제1제대에 속한 북한군 전차부대는 그때까지도 죽미령 고개에 남아 있는 미군을 소탕하는 것은 뒤에 따라오는 제2제대에 맡기고, 죽미령을 넘어 오산읍을 향해 디젤엔진의 굉음을 높이며 유유하게 남진을 계속하였다.

이렇게 북한군 제107전차연대가 죽미령을 유린하고 지나가자 잇달아 전차 3대를 앞세운 북한군 제4사단의 2개 연대가 차량을 타고서 죽미령으로 밀고 내려왔다. 제2제대가 죽미령 고개에 도착하여 미군의 사격을 받자 전차 3대는 미군 진지 200m 앞까지 전진한 뒤 맹렬한 사격을 퍼부었다. 차량화 보병을 엄호하는 적 전차 3대가 미군 진지를 공격할 때 미군은 이들 전차에 별다른 피해를 주지 못하였다. 스미스부대가 갖추고 있던 2.36인치 바주카포와 75mm 무반동총은 T34 전차를 파괴하는 데 효과가 없었다. 한편 북한군 제2제대의 선두 차량들에 타고 있던 보병 약 일천 명은 신속히 하차하여 미군 진지를 향해 산개대형으로 전진하면서 공격을 가하였다. 그러나 종대 중앙 뒤쪽 차량에 탑승하고 있는 보병들은 내리지 않은 상태로 전투 경과를 보며 대기하고 있었다. 미군은 수적으로도 극히 압도된 상태에서 측면으로 우회하여 공격을 하는 북한군 보병을 막지 못하였다.

특히 강도 높은 훈련을 받지 못해 해이해진 군기 때문에, 적의 공격으로 미군들은 당황하고 갑작스런 큰 혼란에 빠져 모든 중화기를 버리고 후퇴를 시작하였다. 너무 허둥지둥 후퇴하다보니 일부 부상자마저도 버려두고 후퇴할 정도였다. 스미스부대 전체 인원의 3분의 2는 남쪽으로 20km 이상을 후퇴하여 평택에 배치된 미 제34연대 방어 지역에 도착하였으나 나머지 병력은 전사 또는 부상당한 상태로 북한군에게 사살되거나 포로가 되었다. 이렇게 스미스부대는 북한군의 진격을 9시간 동안 지연시켰으나 결국 저지하지 못하고 와해되었고, 제105전차사단(서울 점령 뒤 사단으로 승격됨) 예하 제107연대, 제1대대장 김영 소좌가 지휘하는 전차대는 평택 방면으로 계속 남하할 수 있었다.

이처럼 오산(죽미령) 전투에서 보이듯 북한군의 전술은 여러 가지 면에서 소련군 기갑부대의 추격전술 교범을 따르고 있었다. 전차를 선두로 뒤를 이어 차량화 보병이 따른다는 기본적인 전술을 비롯하여 다음과 같은 두 가지 점에서 비슷하였다.

첫째, 소련군 기갑사단은 추격, 공격 때 전방 파견대를 운용한다. 그 규모는 전체 병력의 3분의 1에 해당되며 기갑 사단인 경우 1개 기갑 연대가 본대의 선두에서 전진한다. 오산 전투 당시에 북한은 약 30대의 전차 가운데 약 3분의 1에 해당하는 8대의 전차를 주력 전차대의 선두에서 전진시켰다.

둘째, 소련군 차량화 보병은 추격 때 만나는 적 저항에 대해 일부 보병만이 하차하여 공격한다. 대부분의 보병은 가능한 한 최후까지 그대로 탑승한 채 대기한다. 오산 전투 당시의 북한군 보병도 마찬가지였다.

6월 27일에 결정된 미 공군과 해군의 투입 승인에 따라 미 공군은 이미 6월 29일부터 제트전투기를 포함, 약 350대의 항공기를 한반도에 투입하고 있었으나 오산 전투에서는 날씨가 나빠 단 한 대의 항공기도 스미스부대를 지원할 수 없었다. 미 공군은 당시 제공권을 완전히 장악하고 있었음에도 날씨가 나빠, 일시에 나타난 30대 이상의 북한군 전차에 아무런 공격도 할 수 없었다. 이 사실은 현대전에서 항공력의 한계를 나타낸 좋은 예이다. 만약 날씨가 좋았더라면 수원 방면에서 일렬종대로 내려오는 북한군 기갑부대는 미군 전투기 편대의 반복 공습을 받아 수원과 죽미령 사이에서 괴멸되었을 것이다. 오늘날 전천후 제트전투기는 한국전쟁 당시보다 훨씬 성능이 좋고 막강한 무장을 자랑하지만 악천후에 대해서는 아직도 근본적인 해결책이 없다.

죽미령 전투는 미군이 한국전에 참전하고 나서 미군과 북한군 사이에 벌어진 최초의 전투였다. 이 전투에서 북한군은 미군을 완전히 패주시킴으로써 첫 승리를 거두었다. 스미스부대의 패인은 다음과 같이 분석된다.

첫째, 방어하는 미군의 병력이 공격해오는 북한군에 견주어 너무 적었다.

둘째, 전차부대를 앞세운 북한군에 맞설 전차나 대전차 무기(대전차지뢰 등)가 없었다.

셋째, 평화 시기였으므로 병사들의 훈련이 제대로 되지 않았고 군기가 엄정하지 않았다.

넷째, 정신교육이 제대로 되지 않았다.

북한군의 경우, 남한을 해방시킨다는 그럴싸한 목적을 병사들에게 철저하게 정신교육 시켰지만, 미군의 경우는 왜 그들이 한국에 와서 싸워야 하는지 정신 교육이 전혀 되어있지 않았다.

다섯째, 날씨가 나빠 미군의 강점인 항공 지원이 전혀 없었다.

죽미령에서 결정적인 승리를 얻은 북한군은, 제2차 세계대전 때 막강한 일본군과 독일군을 이겨 전승국이 되었던 미군에게 승리하자 사기가 충천하였다. 소련이 제공한 최신 장비로 무장한 북한군은 치밀하게 전쟁 준비를 하였으므로 그들의 군사훈련과 정신 무장은 전투 준비 태세를 소홀히 한 미군보다 훨씬 높았다. 그러나 미군은 북한군을 후진국의 허약한 군대로 얕보며 미군이 왔다는 소리만 듣거나 또는 그림자만 보아도 북한군이 도망갈 것이라고 오만하게 판단하고 있었으므로 첫 전투에 패배한 뒤 미군의 사기는 땅에 떨어지고 말았다.

북한군은 남침 이후 7월 4일까지는 국군을 상대로 전투를 하였으나 오산 전투가 벌어진 7월 5일부터는 미 지상군과 처음으로 교전을 하였다. 그러므로 전투의 성질은 7월 4일 이전의 남북 대결로부터 7월 5일부터는 한미 연합군과 북한군 사이의 대결로 확대되었고 유엔군 사령부가 구성된 7월 7일 부터는 자유 진영과 공산 진영의 대결로 바뀌었다.

생존하여 후퇴한 스미스부대의 병력은 천안 근처에 배치된 미 제24사단의 제21연대, 제34연대와 합류하여 7월 9일까지 천안 방어전에 참가하였다. 7월 8일, 북한군은 T34 전차대로 미 제34연대의 전면을 밀고 들어가면서 양 측면으로 기습 공격해 미 제34연대를 간단하게 격파하였다. 이 전투에서 미 제34연대장인 마틴 (Robert Martin) 대령은 연대장 취임 하루 만에 직접 2.36인치 바주카포를 들고 북한군 전차를 공격하다가 북한군의 사격을 받고 전사하였다. 살아남은 미 제34연대 병력은 후퇴하여 같은 미 제24사단 소속인 제19연대와 제21연대에 흡수되었고 북한군에 밀린 미군은 이제 방어선을 공주와 금강으로 이동하여 후퇴하지 않을 수 없었다(스미스 중령은 1975년 방한하여 우리 정부로부터 태극무공훈장을 받았으며 1987년에도 방한하여 죽미령 격전지를 방문하였다. 한국전쟁이 끝난 뒤 장군으로 승진한 스미스 중령은 2004년 5월 23일, 미국 애리조나 주에서 88세를 일기로 조용히 세상을 떠났다).

이렇게 미 제24사단이 대전 방어를 위해 우리나라에 상륙하여 처음으로 조직적인 연결 방어선을 구성하고 있을 때, 부산 부두에는 일본으로부터 미 제25사단의 본대가 도착하고 있었다. 7월 5일, 부산에 도착한 제25사단 선발 부대의 뒤를 이어 사단의 각 예하 부대는 도착하는 대로 대구 방면으로 급히 이동하였다.

(5) 국군 장갑차에 파괴된 T34 전차

최현(崔賢) 소장이 지휘하는 인민군 제2사단은 춘천과 이천에서 국군에게 얻어맞고 비틀거리면서 7월 6일 진천 북쪽 중산리에 나타났다. 이 사단은 인민군이 대전을 포위할 때(대전은 그 뒤 7월 20일 적에게 점령됨) 국군 후방을 차단할 임무를 띠고 있었기 때문에 진천-청주 점령을 서둘러야 했다. 같은 날, 김석원(金錫源) 준장이 지휘하는 국군 수도사단은 진천으로 달려왔다. 김 준장은 3일 전에 사단장으로 부임하였으며 진천으로 가는 길에 청년들이 피난하는 것을 보고 "내가 수도 사단장이 된 김석원이다. 젊은이들은 지금 생명을 바쳐야 하거늘 어디로 가는 것인가? 공산당 놈들에게 쫓기어 바다 속에라도 뛰어들 작정이냐. 우리의 형제자매와 노부, 노모는 어떻게 할 것이냐? 가자! 내가 앞장설 테니"라고 포효하자 많은 청년들이 수도사단에 들어와 총을 잡고 전선에 나섰다.

그러나 7월 8일, 진천은 전차를 앞세우고 돌입한 적의 손에 떨어졌다. 진천 외곽 잣고개에서 김석원 준장은 그때 장갑차 2대와 지프차 2대를 이끌고 그곳으로 달려온 기갑연대의 박용실(朴容實) 대위에게 진천으로 가서 사격을 하고 오라는 명령을 내렸다. 김 준장은 전차처럼 생긴 장갑차가 전선에 나타나면 아군 병사들의 사기가 오를 것을 의도한 것 같다. 이에 박 대위는 진천으로 달려갔고, 길가에서는 후퇴하던 국군 병사들이 장갑차를 보고 만세를 외쳤다. 그러나 진천을 향해 돌진하다 운전병이 적탄에 맞자 박 대위는 직접 운전대를 잡았다. 진천 입구에 다다랐을 때, 다리 건너편에 적 전차들이 보이자 박 대위는 선두 전차를 향해 37mm 포로 사격하여 적 전차 캐터필러를 파괴하고 전차병 3명을 죽였다. 이튿날 아침 파괴된 적 전차에 접근하여 속을 들여다보니 벨벳천과 담배가 가득하였다. 당시 벨벳천은 여자의 고급 치마저고

리 감으로 서울에서 약탈한 것
이었다.

육군 독립기갑연대는 7월 9
일에 감행한 진천 공격과 진
천과 청주 사이에 있는 미호
천(美湖川) 전투에 참가했으나
결국 이 지역을 적에게 내주
고 말았다(박용실 대위는 그 뒤
설악산, 월비산 전투를 겪었으며
1952년 4월, 공비토벌 작전 때

진천 전투 전적비

대대장으로 참가해 중상을 입고 1960년 12월 31일 대령 승진과 함께 상
이 예편하였다). 박용실 대위는 6월 25일 포천의 축석령 전투에서
M8 장갑차의 37mm포로 인민군의 T34 전차에 첫 사격을 하였으
나 오히려 인민군 전차의 반격을 받아 뜻을 이루지 못했고, 연이
어 의정부의 백석천 전투에서도 T34의 85mm포에 당했으나 결국
진천에서 T34를 부수고야 말았다. 박 대위의 이 무용담은 기갑연
대에 알려져 그 뒤의 전투에서 기갑연대 장병들의 투혼을 불사르
는 촉매가 되었다.

(6) T34 전차와 M24 전차의 첫 대결

당시 인민군의 공격 전술은 주도로를 따라 전차를 앞세운 강력
한 정면 공격으로 국군이 이 공격에 정신을 팔고 있을 때, 산악을
통과하는 보병부대로 하여금 국군의 측면이나 후면을 포위하여 기
습 공격으로 적을 섬멸하는 것이었다. 오산, 평택을 점령한 북한군
은 조치원을 향해 제3사단의 제203전차연대를 선봉으로 삼아 남

미군의 M24 사피 경전차

진을 하였다. 미 보병 제24사단장 딘 소장은 북한군을 저지하고자 제21연대의 제3대대를 전의 남방 3.5km 능선에 배치하였다. 이 부대는 부산에 도착하자 즉시 북상하여 7월 7일에 충청남도 연기군 전의면에 배치된 것이다. 7월 9일, 미군 공군기들은 북한군 T34 전차 11대가 전의 북방에 출현한 것을 발견하고 이를 공격하여 이 가운데 5대를 파괴하였다.

그러나 북한군은 전진을 계속하여 전의에 대한 공격 준비를 마치고 7월 10일 오전, 공격을 시작한 북한군은 미군의 저항을 만나자 그들의 공격 전술에 따라 보병을 우회 전진시켰다. 북한군 보병이 미군의 통신시설을 파괴하고 미군의 보급로를 차단하며 전의 지역의 미군을 신속하게 포위하자, 미군은 부상자를 후송할 수도 보급을 받을 수도 없는 상황에 놓여 제3대대는 대대 인원의 60%와 보유 장비의 90%를 잃었다. 미군은 한국전쟁에 투입되고 처음 보는 이국의 문화와 환경에 접하게 되었다. 이 가운데에는 인분비료의 냄새도 있다. 당시 아시아에서도 가장 가난한 나라 가운데 하나였던 우리나라는 밭농사를 지을 때 인분을 비료로 사용하고

한국전쟁 당시 첫 전차전이 벌어졌던 전의 평야의 오늘날 모습

있었으므로, 야산과 논밭에서 벌어지는 전투에 참가한 미군들은 겹겹이 쌓여 진한 냄새를 풍기는 인분에 고개를 흔들었다.

이날 전의 전투에 처음으로 미군 전차부대가 투입되었다. 당시 일본 주둔 미군 보병사단은 각각 1개 전차 중대를 보유하고 있었다. 일본 시골길의 교량은 대부분 작아서 미군의 중(重)전차가 통과할 때 그 무게를 지탱할 수 없었으므로, 미군은 무게가 가벼운 M24 사피 경전차를 일본에 배치하고 있었다. 그러므로 사단이 일본에서 한국으로 파견될 때 전차 중대도 동시에 상륙하여 미 제21보병연대를 지원토록 한 것이다. 미 제24사단 전차 중대(제78전차대대 A중대)의 M24 전차 14대는 7월 4일 수송선 편으로 부산에 상륙하자마자 전선으로 이동하여 7월 10일 아침에 이렇게 전의에서 한국전 처음으로 기갑 전투를 벌인 것이다. 무게 18.4톤에 75mm포를 장착한 이들 M24 전차는 무게가 가벼우므로 시속 54km의 빠른 속도로 기동이 가능하다.

M24 전차대는 전의에 도착하는 즉시 방어선에 배치되어 북한군의 선봉에 서서 내려오는 T34 전차를 전차로써 저지하였다. T34

와 정면 대결을 벌인 M24는 75mm 포탄 서너 발을 T34를 향해 발사하여 명중시켰으나 무게 32톤인 T34 전차의 두꺼운 장갑과 경사진 설계 때문에 미군 전차포탄은 북한군 전차를 명중시키고도 튕겨나갔다. 미군 M24 포탄 서너 발을 맞고서도 끄떡없는 T34가 85mm 주포로 미군 M24를 조준하고 포탄을 날리자 M24는 한 방에 파괴되고 말았다(M24를 단 한 발의 포탄으로 파괴한 이 포탄은 철갑탄으로 추측된다).

T34는 통상 85mm 포탄 55발을 전차에 싣고 다니는데, 50발은 인마(人馬)살상용 일반 포탄이나 5발은 전차파괴용 철갑포탄이다. 이날의 전투에서 미군은 M24 전차 2대를 잃고 T34 한 대만을 파괴할 수 있었다. 이것이 한국전쟁에서 잃은 첫 번째 미군 전차이다. 그러나 이튿날인 7월 11일 전투에서 미군은 북한군의 야포와 반탱크총 및 육탄 공격으로 5대의 M24를 더 잃어, 사기가 떨어져 방어진지를 버리고 후퇴하지 않을 수 없었다.

미군은 소련제 반탱크총에 코끼리총 또는 물소(Buffalo)총이라는 별명을 붙였다. 반탱크총은 이 전투에서 위력을 보여 0.51인치 총알은 미군 M24 전차의 얇은 철판장갑(두께 12.5~37.5mm)을 뚫고 들어가 전차병들을 살상하였다. 이때부터, M24는 T34가 나타나거나 북한군의 야포가 발견되면 즉시 이들의 사거리에서 후퇴하는 바람에 M24를 의지해서 전투하던 보병도 사기를 잃고 M24를 따라 후퇴하는 경우가 많이 일어났다. 반대로 처음으로 만난 미군 전차부대와의 접전에서 쉽게 승리한 북한군 전차부대는 그들의 남진 작전에 미군의 전차가 별로 위협적인 무기가 될 수 없다고 판단하게 되었고 북한군 전차대의 사기는 크게 올랐다.

이렇게 한국전에 첫 투입된 미군 M24 전차 14대는 강력한 북한군 T34 전차와 보병에 의해 8월 2일까지 거의 모두 부서져 버렸다. 북한군은 8월 초부터 M24보다 강력한 화력과 철갑을 가진

전의 격전지 개미고개에 세워진 전투기념비

미군의 M4, M26, M46 전차가 낙동강 전선에 등장하여 T34 전차가 큰 피해를 입고서야 미군 전차를 두렵게 여기게 되었다.

미군은 초기(1950년 7월)에 M24 전차를 일본에서 한국에 보낼 때 일본에서 보유하고 있던 장갑차들도 함께 보냈다. 곧 M8 장갑차, M20 장갑차(M8에서 37mm포를 떼어내고 다용도용으로 개조), M15 장갑차(M3에 37mm포와 2정의 0.5인치 기관총을 장착함), M16(M3 위에 회전 포탑을 설치하고 4정의 0.5인치 기관총을 장착함), M19 대공 기관총 장갑차(M24에서 75mm 포탑을 제거하고 대신 2문의 40mm포를 설치함)를 한국 전선에 투입하였으나 이들 장비는 별로 유용하게 사용되지 못하였다. M16 대공 기관총 장갑차나 M19 대공 자주포는 전쟁 초기 이미 북한 공군이 미 공군에 제압당하여 전선에 나타나지 못했으므로 원래 용도로는 사용할 필요가 거의 없었고, M8과 M15는 화력과 방어력이 너무 미약하여 초기에 정찰용으로 사용하려던 목적을 이루지 못해 헌병업무나 비행장 경계, 포로수용소 경계에 사용하였다. 그러므로 M15는 곧 전선에서 모습을 감추었고,

M16과 M19는 한국전쟁 기간 내내 줄곧 사용되었으나 화력을 이용하여 보병 전투를 지원할 때 투입되었다. 오늘날 전의에서 조치원으로 가는 고개 위에는 전의 전투를 기념하는 조그만 기념비가 서 있다.

(7) 기병 중대의 유구(維鳩) 섬멸전

박익균(朴翊均) 중위가 지휘하는 기병 제6중대는 7월 6일, 조치원 동쪽의 변전소 부근에서 연대 주력과 합류하여 7일 아침에 대전 비행장 부근에 집결하였다. 8일 늦은 밤, 장철부(張哲夫) 기병대대장은 박 중대장을 불러 "내일 아침 공주로 이동하여 미 제34연대장의 작전지휘를 받으라"고 명령하였다. 이에 중대는 9일 오후 공주에 도착하여 제34연대장에게 신고하였다. 박 대위는 공주를 기점으로 예산—청양의 삼각 지역을 수색 정찰하여 적정을 수집, 보고하라는 임무를 받고 10일부터 임무 지역에 대한 수색·정찰을 시작하였다.

이 무렵 상황은 아군에게 극히 불리하게 전개되고 있었다. 적의 제3차 작전에서 중요한 목표는 7월 20일까지 대전을 점령하는 것이었다. 당시 대전은 13만 명의 인구를 가진 한국 6대 도시의 하나로서 전술적으로는 영, 호남으로 갈라지는 교통의 요충지였다. 아군이 대전을 방어하기 위해서는, 폭이 2~300m이고 건너기가 쉽지 않은 금강의 확보가 중요하였다. 이제까지 미 제24사단은 참전한 지 불과 8~9일에 지나지 않았음에도 제34연대장 마틴 대령을 포함하여 1,500명을 잃는 등 상황은 극도로 악화되었고 마침내 천연의 장애물인 금강을 배경으로 방어선을 펴게 되었다. 당시 맥아더 원수가 "북한 인민군은 세계 어느 나라 군대보다 강하다"고 말한 것은 올바른 평가였다. 이제 육군 독립기갑연대의 제2기병대대는 미군 작전지역에서 적(제4사단)의 침투를 탐색하기 위해 공주 북방, 곧 미군 전선의 앞에 나섰던 것이다.

박익균 중위의 지시에 따라 7월 11일 오전 7시, 조돈철(趙敦鐵) 소위와 최문호(崔文鎬) 소위는 각자의 소대원들을 데리고 말 100필, 60mm 박격포 4문, 중기관총 2정, 경기관총 4정으로 무장하고 공주를 떠나 예산으로 출발하였다. 유구 남쪽 4km에 있는 산정리에 이르니 다리 밑에 민간인 시체 2구가 있었다. 이를 보고 있을 때 주민들이 달려와 "국군이 죽이고 갔다"고 하면서 조 소위의 소대원들을 곱지 않은 눈으로 바라보았다. 그래서 시체를 조사해보니 인민군의 따발총탄이 박혀 있었으며, 좀 더 알아 본 바 인민군이 국군 지프차를 타고 와서 살해했던 것이다.

조 소위는 적이 이 근처에 있을 것으로 판단하고 말에서 내려 도보로 전진하였다. 이때 국군이 전진해 오는 것을 보고 유구를 점령한 북한군 제6사단 유격대는 농민으로 가장하여 논에서 김을 매는 척 했지만 정체가 탄로나 30명이 사살되거나 포로가 되었다. 조 소위는 멀리서 지프차가 오는 것을 보고 매복했다가 사격하여 차에 타고 있던 인민군 4명을 사살하고 1명을 생포하였다. 지프차의 범퍼에는 KMAG(미 군사고문단)이란 글자가 선명하였다. 북한군이 미군에게서 빼앗은 이 지프차에는 양담배와 미군 탄약이 그대로 있었다. 북한군은 이 지프차를 타고 다니면서 그들이 말하는 소위 반동분자들을 사살했던 것이다. 그러니 국군 지프차(미군이나 국군은 같은 모양의 미국제 지프차를 사용하였으므로)에 탄 병사들이 총을 쏴 민간인을 죽이는 것을 본 주민들은 국군이 양민들을 살해한 것으로 오해했던 것이다.

그러다 주민 한명이 "지금 인민군이 유구에서 우체국장과 의용소방대장을 인민재판에서 죽이고 초등학교 교정에서 환영식을 열고 있다"고 제보함에 따라 2개 소대는 초등학교가 내려다보이는 능선에 기관총을 거치하고 사격 준비를 하였다. 초등학교 교정에서 적 2개 중대 병력이 모여 환호성을 올리고 있을 때 2개 소대는 학교 담장까지 접근하여 일제히 사격을 퍼부었다. 조 소위와 최 소위의 소대는 1시간 남짓 계속된 전투에서 적 사살 100명, 부상 50명, 포로 6명, 총기류 70정과 스리쿼터 트럭 1대를 노획하는 전과를 올렸다. 의용소방대 망루에는 인민재판에서 사형 언도를 받고 목이 잘려 죽은 경찰관들의 시체가 주렁주렁 거꾸로 매달린 채 있었다. 그러므로 부대는 이들 시체를 내려서 묻어 주었다. 국군이 유구에 들어왔다는 소식을 듣고 근처에 피신해 있던 유구 지서장이 돌아왔으므로 그에게 치안을 부탁하고 부대는 예산으로 이동하였다. 그러나 국군 부대가 철수하고 얼마 지나지 않아 다시 유구에 들어온 북한군은, 주민들이 국방군(그들은 국군을 국방군이라고 불렀다)에게 정보를 주어 많은 북한군이 초등학교 교정에서 죽었다며 주민들을 살해하였다. 인민군은 '총알도 아깝다'며 주민 오홍근 씨 등 80명을 죽창으로 찔러 죽였다고 한다.

한편, 기병 중대는 7월 12일 예산을 출발하여 금강 북안에 도착하였으나, 연락병으로부터 '13일 새벽 4시까지 부여로 철수하지 않으면 금강 이북의 부대는 적으로 간주하여 무차별 폭격을 한다'는 연락을 받고, 13일 아침 부여에 도착하여 다시 공주로 갔다. 중대는 삼교리(三橋里) 동북쪽 1.8km 우금(牛禁)고개(공주에서 10km 남쪽의 이인으로 갈 때 넘어가는 고개) 남쪽에 본부를 두고 우금고개 서쪽 고지에 경계 병력을 배치하였다.

14일 오후 3시, 공주 서남쪽 15km에 위치한 삼교리 근처의 도로를 따라 105mm 곡사포를 설치한 미 제63야전포병대대가 북한군 400명의 기습을 받았다. 북한군은 A포대를 유린한 뒤 B포대로 공격 방향을 돌렸다. 인근 미군 부대 근처에서 총성이 심해 큰 혼란이 일어났다고 판단한 기병중대의 박 중위는 즉시 부대를 끌고 삼교리로 향했다. 이들이 도착했을 때 적은 B포대를 기습하는 중이었으므로 기병중대는 후방으로 들어와 북한군을 격퇴하였다. 겨우 1시간 반 동안의 전투에서 제63야전포병대대는 근무 중대를 제외하고는 전멸되었다. 11명의 장교를 포함 136명이 전사 또는 실종되고 105mm 곡사포 10문과 차량 86대도 부서지거나 모두 빼앗겼다. 기병대대가 적을 격퇴하는 동안 B포대는 포에서 공이와 조준기를 떼어내 적이 사용하지 못 하도록 해놓고 후퇴하였다.

독립기갑연대는 7월 18일 대전에 집결하였으나 7월 20일, 대전은 끝내 적의 수중에 들어가고 말았다. 대전 방어에 실패한 미 제24사단은 사단장 딘 소장이 적에게 포로로 잡히고 연대장 1명 전사, 1명 부상, 대대장 3명 전사, 부상 2명, 실종 2명을 포함하여 1,150명(전사 48명, 부상 228명, 실종 824명)의 막대한 손실을 입었다. 이러한 고급장교의 인원 손실은 미국이 1860년대 남북전쟁 이래 한 전투에서 입은 가장 큰 규모의 손실이었다. 이외에도 사단 보유 차량의 65%와 2개 포대를 제외한 모든 포대를 잃었다. 북한군을 후진국의 군대로 얕잡아 보았던 미군은 싸울 의욕을 잃었고 공포에 싸였다.

한편, 대전이 적의 손에 함락되기 한 주 전인 7월 14일, 일본 도쿄에 있는 다이이치 호텔의 옥상에서는 미 육군참모총장 콜린스(Lawton Collins) 대장이 역사상 처음으로 만들어진 유엔사령부 깃발을 당시 연합국 극동 사령관인 맥아더 장군에게 전달하는 의식이 거행되었다. 이제 유엔의 결의에 따라 한반도에서 대한민국을 도와 침략군을 격퇴하려는 16개국 자유우방의 군대가 유엔의 깃발 아래 본격적으로 한국전에 개입하게 된 것이다. 이에 따라 7월 15일, 우리 정부는 국군과 유엔군이 단일 지휘 아래 효과적으로 작전을 수행할 수 있도록 국군의 작전지휘권(작전통제권)을 유엔군 사령관에게 이양하였다. 그러므로 이승만 대통령으로부터 작전지휘권 이양에 관한 서류를 받은 맥아더 원수의 지휘 아래 유엔군은 효과적이고 통일된 체계로 공산군과 싸울 수 있게 되었다.

(8) T34 전차에 돌파된 대전

오산의 죽미령 고개에서 스미스부대가 북한군 전차부대에게 붕괴된 7월 5일, 미 제24사단의 제34연대 소속 2개 대대는 오산 남쪽의 평택과 안성에 투입되었다. 이틀 뒤인 7월 7일에는 스미스부대의 본대인 미 제21연대가 부산으로부터 북상하여 전의에 배치되었다. 당시 일본 주둔 미군은 평화 시기의 감축 편성으로 말미암아 각 보병 연대는 3개 대대가 아니고 2개 대대로 구성되어 병력의 열세를 면치 못하였고, 뿐만 아니라 대전차 병기를 보유하고 있지 않았다. 그러므로 오산전투에서 스미스부대처럼 기갑부대를 선두에 세우고 밀어닥치는 북한군을 저지할 수가 없었다.

북한군은 전의를 7월 10일, 조치원을 7월 12일에 점령하고 이어서 미군이 처음으로 조직적으로 연결 방어선을 설치한 공주를 점령하였으며 7월 13일 밤, 뗏목과 거룻배를 타고서 빗속에 은밀하게 금강을 건너 미군 야전포대를 기습하여 전멸시킨 뒤 16일에는 대전에 육박하였다. 그러나 7월 10일의 전의 전투를 전후하여 미 공군의 지원이 활발해졌다. 7월 7일부터 10일까지 평택, 전의, 천안 근교의 전투에서 북한군은 미군의 공중 공격을 받아 기갑부대와 많은 장비의 손실을 보았다. 7월 10일 늦은 오후, 미 공군 F80 슈팅스타 전투기는 흐린 날씨 속에 평택 상공을 날아가다가 평택 북방에 꼬리를 물고 늘어선 전차와 차량들을 발견하였다. 이 보고를 받자 미 제5공군은 쓸 수 있는 모든 항공기를 동원하여 공중폭격을 가해 전차 38대, 자주포 9대, 트럭 117대를 파괴하였다.

이 보고가 과장되었다 하더라도 북한군이 타격을 받은 것만은 틀림없는 사실이다. 왜냐하면 그 이후 북한군의 기갑력은 크게 약화되었고 따라서 남진 속도도 떨어졌다. 그러므로 이 공중폭격 이후, 금강으로 접근하던 북한군은 낮에는 과수원이나 건물 속에 위장하고 숨어있거나 장비와 보급품을 터널 속에 감추기도 하였고, 이후 북한군 기갑부대는 주간보다는 주로 야간이나 새벽 미명에 공격을 실시하게 되었다.

금강 방어선이 완전히 붕괴되자, 7월 15일 대전으로 사단 병력을 철수시킨 미 제24사단장 딘 소장은 '북한군의 대전 공격작전은 북한군 제4사단이 대전의 서쪽과 서남쪽에서, 북한군 제3사단은 북쪽과 동북쪽에서 공격을 하는 한편 북한군 제2사단은 옥천, 영동 부근에서 미 제24사단의 보급로를 차단하여 대전을 포위할 것'이라고 판단하였다. 또한 딘 소장은 '북한군의 공격 방법은 종래와 마찬가지로 먼저 전차를 선두에 세워 미군의 방어선을 돌파하며 미군을 교란시킴과 동시에, 보병과 포병으로 정면을 견제하면서 그 사이에 양 날개로 포위할 것이다. 또 공격 시기는 북한군 전차가 금강을 건넌 다음 날 7월 19일 무렵일 것'이라고 판단하고 있었다.

그러나 청주를 점령하며 내려오느라고 제2사단의 진출이 늦어지자 북한군은 딘 소장의 예상대로 제3, 제4사단만으로 대전에 대한 공격을 개시하였다. 이 두 개의 사단은 이미 미군 항공기의 공격을 받아 다량의 장비와 탄약 그리고 심각한 병력 손실을 입었다. 그러나 전쟁의 주도권을 가지고 가속을 붙이던 중이었으므로, 이들 북한군 2개 사단은 장비와 병력을 보충해야 함에도 대전 공격 계획을 변경하지 않고 몰아붙였다.

원래 7월 3일, 대전에 제24사단 사령부를 설치하였던 딘 소장은, 대전 북방의 금강 선에서 북한군을 저지하려던 계획이 수포로 돌아가자 대전을 북한군에게 넘겨주고 대전 남쪽으로 후퇴하려는 계획을 가지고 있었으나, 당시 제8군 사령관인 워커(Walton Johnnie Walker) 중장으로부터 대전을 사수하라는 명령을 받고 작전을 변경하였다. 워커 중장은 제2차 세계대전 당시 유럽 전선에서 미 제3군을 지휘하여 독일군을 수없이 격파한 맹장(猛將) 패튼(George Patton) 장군 아래에서 전차부대 지휘관을 지낸 적이 있었다. 워커 장군으로서는 대전에서 북한군을 저지하며 낙동강 방어선 구축에 필요한 시간을 벌어야 했으므로 딘 소장에게 대전 사수를 명령한 것이다.

이렇게 북한군에게 계속 밀리던 국군과 미군의 7월 15일 주저항선은 동해안의 영덕에서 안동, 상주, 대전을 거쳐 서해안의 군산에 이르는 선이었고, 여기서 공산군을 저지하려고 하였다. 당시 한국에 파견된 미군 지상군은 제24사단의 2개 연대(제21연대, 제34연대)와 제25사단의 2개 연대(제24연대, 제27연대)였으나 T34를 막아낼 전차부대나 야포부대가 거의 없는 상태였다. 앞에서 본 대로 제24사단은 한국에 가까운 큐슈에 주둔하고 있었고, 그 뒤를 이어 한국에 도착한 제25사단은 오사카에 주둔하고 있었으므로, 미국으로서는 지리적으로 한국에 가장 가까운 곳에 있고 또 사단 병력이 편제의 3분의 2라도 채운 이 두 개 사단을 우선적으로 한국에 파견한 것이다(홋카이도의 제7사단과 혼슈 간도 지방의 제1기병사단은 병력이 편제의 3분의 2에 훨씬 못 미치는 상태였다).

제25사단의 제27연대는 7월 4일 오전 6시 오사카에서 열차 편으로 후쿠오카에 도착하자마자 트럭 편으로 사세보 항에 도착한 뒤 일본 민간 선박 2척에 나누어 타고 7월 5일 이른 아침에 부산에 도착했다(당시 제27연대장이었던 마이켈리스(Mike Michaelis) 대령은 뒷날 대장으로 승진하여 주한 미군 사령관으로 우리나라에 돌아와 수년 동안 근무하였다).

7월 18일에는 미 제1기병사단이 포항에 상륙하여 이미 부산을 거쳐 대구 방면에 배치된 미 제25사단을 따라 북상하고 있었다. 미국은 북한 인민군을 후진국의 군대라고 우습게 여기고 소수의 미군 병력을 한국에 파견하면 쉽게 인민군을 격파할 수 있을 것으로 여겼으므로, 미 극동군 사령부는 6·25가 일어나자 일본에 주둔하던 4개의 미군 보병 사단 가운데 1개 사단은 일본 방위를 위해 일본에 놓아둔 채 3개 사단만을 한국에 보내는 계획을 갖고 있었다. 한국에 파견된 3개 사단 가운데 2개 사단으로 북한군의 남진을 저지하고 1개 사단으로는 반격을 가한다는 미군의 원래 작전 계획은 곧 잘못된 것임이 드러났다. 미군 3개 사단이 투입되었지만 예상보다 북한군이 워낙 강해 전황은 계속 악화되었고, 결국 일본에 남아 있던 1개 사단과 미국 본토의 추가 부대를 한국전에 투입하게 되었다.

한편, 대전을 공격하려는 북한군 제107전차연대는 북한군 제4사단을, 그리고 제203전차연대는 북한군 제3사단을 지원하였다. 위장된 엄체호를 구축하여 보병부대의 금강 도하 작전을 화력지원하는 임무를 수행하던 북한군 기갑부대는, 금강의 철교가 수리된 7월 19일 오후에 비로소 금강을 건너기 시작하였다. 제107전차연대의 지원을 받은 제4사단은 주력인 제16, 제18연대가 논산을 거쳐 대전으로 우회하였으며, 제5연대는 금강을 건넌 1개 전차 중대의 지원을 받아 공주에서 유성 방면으로 접근하였다.

금산으로 멀리 우회한 북한군 일부 보병이 대전에서 10km 남쪽 지점의 금산 가도에 이어 옥천 가도를 각각 차단함으로써 대전을 방어하고 있던 미 제24사단에 대한 실질적인 포위를 완성한 7월 19일 아침, 북한 공군 야크기 6대가 대전 상공에 나타나 영동철교와 대전 비행장 일대를 폭격하였다. 이어서 다음 날인 7월 20일

새벽 3시부터 유성 방면에서 북한군 제4사단 제5연대의 공격이
시작되었다. 북한군 제5연대는 전차를 앞세우고 새벽 미명에 대전
에 돌입하여 대전 비행장을 비롯한 대전 시내를 당일로 함락시켰다.

 미 제24사단은 북한군의 전차부대를 저지하기 위해 미국 본토에
서 새로 도착한 3.5인치 로켓포를 대전 전투에서 처음으로 사용하
였다. 이 대전차화기는 미군이 제2차 세계대전 때 사용한 2.36인
치 로켓포보다 훨씬 우수한 성능을 갖고 있었다. 미군은 이 병기
를 제2차 세계대전이 끝난 뒤부터 개발하였으나 포탄이 부적합하
여 실전에는 배치하지 않다가, 극동군 사령부의 긴급 요청에 따라
7월 10일 사용법을 교육할 교관과 함께 대전에 실어 보냈다. 이에
따라 미 제24사단은 7월 12일, 예하 부대에 이를 지급하고 교육을
실시하였으나 급박한 상황에서 교육이 제대로 이루어지지 않았다.

 대전 시내에 돌입한 30대 이상의 T34 전차들은 북한군 보병의
방어 없이 전차부대만 진입하였으므로 대전 시내를 꽝음을 내며
이리저리 질주하고 다녔다. 보병이 함께 하지 않은 이들 T34들을
3.5인치 로켓포로 쉽게 파괴할 수 있었으나, 이미 T34 전차의 위
력을 맛본 미군은 겁에 질려 엄폐물 속에 몸을 숨기고 바로 앞에
지나가는 T34 전차를 공격하지 못하였다. 이에 사단장 딘 소장이
직접 이 3.5인치 바주카포(로켓포)를 어깨에 메고 북한군 전차를
향해 사격하였다. 사단장이 말단 병사가 해야 할 임무를 수행할
정도로 T34 전차의 육중한 꽝음 앞에서 미군은 지휘 체계가 무너
지고 큰 혼란에 빠져 있었다.

 3.5인치 로켓포로 미군은 대전 시가전에서 T34 전차 8대를 파
괴하였고 미군 항공기가 대전 인근에서 5대를 추가로 파괴하였으
나, 피해에 개의치 않고 북한군은 과감한 공격을 펼쳐 대전을 포
위하고 미군을 큰 혼란에 빠트렸다. 8대의 전차로 구성된 북한군
선두 전차대는 전차와 전차 사이 거리 45m를 유지하면서 꽝음과

함께 전속력으로 미군 진지를 유린하며 다녔다. 엄폐물을 이용하여 미군의 여러 바주카포 팀이 T34가 가까이 다가오기를 기다려 사격 준비를 하였으나, T34 전차병들이 먼저 미군을 발견하고 전차의 기관총으로 사격하여 미군 바주카포 팀들은 기관총탄에 모두 사살되었다. 이에 미군은 60mm와 81mm 박격포로 북한군 T34를 공격하였으나 높은 포물선을 그리며 떨어지는 이들 박격포탄은 북한군 전차에 거의 피해를 주지 못하고 T34의 전진을 저지하지 못하였다. T34 전차대는 미군 박격포탄에 이미 면역이 된 것처럼 사납게 날뛰며 미군 진지를 유린하였다. 미군의 지휘소와 의료소가 있는 학교 건물에 다다른 T34 전차대는 건물을 향하여 소방펌프로 물을 퍼붓듯이 맹렬한 사격을 가하였다. T34의 길고 검은 포신에서 포탄이 나갈 때마다 반동으로 전차는 뒤로 뒤뚱거렸다. 그와 동시에 은폐물 뒤에 머리를 처박고 있는 미군들 위로 T34의 직사포탄에 벽돌 등 부서진 건물 잔해들이 자욱한 먼지와 함께 떨어져 내렸다.

절망적인 상황이라고 판단한 딘 소장은 드디어 사단에 후퇴를 명령하였다. 주요 탈출로는 이미 북한군이 길목을 막고 있었으므로 미군은 부대별로 분산하여 탈출을 시도하였다. 대전에서 남쪽으로 내려가는 도로는 이미 큰 혼란에 빠져 무질서하게 후퇴하고 있는 미 제24사단의 병력과 차량으로 뒤엉켰다. 오합지졸이 된 상태로 후퇴하고 있는 미군 병력과 차량들 위로 북한군의 박격포탄과 야포탄이 떨어지는 한편, 대전의 북쪽과 동쪽에서 북한군의 T34 전차들이 나타나 후퇴하는 미군을 향해 사정없이 85mm 전차포를 퍼부어 미군은 큰 피해를 입으며 공포 속에서 탈출하였다.

제24사단이 이렇게 처절하게 후퇴하는 장면을 직접 목격한 제25사단 소속의 테리(Addison Terry) 소위(후일 소령으로 예편)는 그의 저서 《부산방어전(The Battle for Pusan)》에서 "적의 포탄이 낙하하는 가운데 미군이 처절하게 탈출하는 것을 보며 공포를 느꼈다"고 기술하고 있다. 탈출하는 미군을 추격한 T34 전차 8대가 대전에서 남쪽으로 내려가는 도로를 따라 고속으로 달리면서, 패주하고 있는 미군의 후미를 강타하였다.

이들 전차대로 말미암아 미군이 완전히 전멸되려는 순간 상공에 호주 공군 F51 무스탕 전투기 1개 편대(4대)가 폭음과 함께 나타났다. 조종사들은 미군이 위험에 빠져 있는 것을 발견하고 즉시 급강하하여 선두 전차 4대를 향해 0.5인치 기관총탄을 퍼부었으나 T34에 거의 피해를 입히지는 못했다. 전투기들은 다시 한 번 상공을 선회한 뒤 내려오면서 이번에는 로켓탄을 발사하였다. 이 로켓탄 공격으로, 전차 한 대는 지근탄에 맞아 무한궤도가 벗겨지고 한 대는 명중탄을 맞고 그 자리에서 화염에 휩싸였다. 이러자 2대의 전차는 도로 양쪽으로 숨어 들어가고 나머지 4대는 방향을 바꿔 다시 대전 쪽으로 도주하기 시작하였다. 그러나 전투기들은 이들 전차를 놓치지 않고 다시 반복 공격하여 대전으로 돌아가는 전차 4대를 모두 로켓탄으로 파괴해버렸다. 호주기들이 돌아가자 도로 양쪽에 숨었던 T34 전차 2대가 시동을 걸고 육중하게 다시 도로에 올라섰고, 이 순간을 기다렸던 미군들은 무반동포로 사격하여 전차의 무한궤도를 파괴해 운행불능으로 만든 뒤 계속 후퇴하였다.

만약 호주기가 나타나지 않아 전차 8대가 패주하는 미군을 뒤에서 압박하였다면 미군은 다음 방어선을 만들 여유도 없어 공산군은 대구까지 쉽게 밀고 내려갈 뻔하였다. 이렇게 대전 전투에서 미 제24사단은 결정적인 타격을 입어 거의 붕괴되었다. 본대와 떨어진 딘 소장은 보문산에 은신하였다가 농가에 들어가 농민의 도움으로 탈출을 시도하였으나, 좌익사상을 가진 이웃 농부의 신고로 북한군의 포로가 되는 수모를 겪었다. 한국전쟁이 시작되고 북

샌프란시스코 메모리얼 국립묘지의 딘 소장 묘지(왼쪽)와 보문산의 대전지구 전적비

한군은 처음으로 미군 장군을 포로로 잡아 이를 안팎으로 크게 선전하였다(그 뒤 딘 소장은 북한군 포로수용소에서 3년을 보내고 휴전협정이 이루어짐에 따라 양측 포로 교환 때 석방되었다. 딘 소장이 석방되었을 때 미국 의회는 대전에서 북한군을 저지하기 위해 생명을 돌보지 않고 임무에 충실하였던 그에게 의회명예훈장을 수여하였다. 이 훈장은 미군 최고의 훈장으로 전투에서 생명의 위험을 무릅쓰고 임무 이상의 공훈을 세운 군인에게 대통령이 수여한다. 대부분의 수훈자는 전사 뒤에 받으며 생존하여 받는 경우는 적다. 수훈자의 자녀는 본인이 원하면 미 육군사관학교에 무시험으로 입학할 수 있는 특권이 있다. 한국전쟁에서 딘 소장을 비롯한 131명이 명예훈장을 받았다. 이 가운데 38명은 살아서 받았고 나머지 93명은 전사한 뒤 받았다. 군별로는 육군이 78명, 해병대 41명, 해·공군 12명으로서 육군의 경우, 수훈자의 사진은 서울 용산구에 있는 미 제8군 사령부 건물의 2층 브리핑룸 입구에 걸려 있다).

대전 전투에서는 북한군 제5연대의 선두에 있었던 제107전차연대의 1개 중대가 대전 시내에 가장 먼저 돌입한 것으로 판단된다. 북한군에게는 이 전차 중대가 큰 공을 세운 것이다. 나머지 북한

미8군 사령부 브리핑룸 입구의 미 육군 의화명예훈장 수훈자 명단과 사진

군 제107전차연대의 나머지 주력은 북한군 제4사단의 제16, 제18 보병연대와 함께 7월 20일 오전에 논산 도로를 거쳐 대전 시내에 돌입하였다. 북한군 제203전차연대는 7월 20일 오후에야 북한군 보병 제3사단과 함께 유성 도로를 따라 제4사단에 이어 대전에 들어왔다.

북한군에게 완패한 미 제24사단 병사들은 제24사단에 이어 한국에 배치되어 대전 근교에 막 도착한 제25사단 병사들에게 북한군이 가진 T34 전차와 북한군의 강한 전투력을 이야기하였고, 막 도착한 제25사단 병사들은 마주치기도 전에 벌써 북한군에 대한 공포에 휩싸였다.

(9) 국군 기갑연대의 묘지 청송

앞서 나왔듯이 육군 독립기갑연대는 7월 18일 대전에 집결하였다가 옥천(沃川), 영천, 김천을 거쳐 대구에 집결하였다. 여기서 연대는 7월 22일 육본 명령(작전명령 제57호)에 따라 동해안에서 차례차례 철수하고 있던 제3사단에 배속되어 영천, 군위, 의성, 안동을 거쳐 청송(靑松)으로 진출하였다. 당시 전황은 동쪽은 제3사단이 영덕(盈德)에서, 서쪽에서는 제8사단이 안동에서 혈전을 벌이고 있었다. 더군다나 적이 이 사이(영덕─안동까지 55km)에 악명 높은 게릴라 제766부대(오진우가 지휘하는 연대 규모)와 1개 연대를 태백산 방향으로 투입해 남진하고 있는데도 청송 지역은 무방비 상태였으므로, 기갑연대가 투입된 것이다. 당시 제766유격대는 이미 청송 일대로 진출하고 있었다.

7월 5일에는 미 제24사단에 이어 미 제25사단에 출동 명령이 내려졌고 아울러 이날부터 미 해군으로 하여금 한국의 동·서해안

오늘날의 청송읍 전경

을 봉쇄토록 하였다. 또한 이틀 뒤인 7일에는 한국전쟁을 통합 지휘할 유엔군 총사령관에 맥아더 원수를 임명하니 유엔이 창설되고 나서 처음 있는 일이었다. 이에 맥아더 미 극동군 총사령관은 7월 13일 유엔군 지상군 사령관에 미 제8군 사령관인 워커 중장을 임명하고, 7월 15일 이승만 대통령은 국군 작전지휘권의 이양에 관한 서한을 맥아더 원수에게 보냈다.

한편 김일성은 제4차 작전(부산 점령)을 앞두고 수안보에 나타나 "큰 도로를 따라 정면으로만 적을 밀고 나갈 것이 아니라 대담하게 산을 타고 적의 옆과 뒤로 우회하여 포위 섬멸하면서, 숨 돌릴 사이도 주지 않는 맹추격으로써 진격 속도를 높이라"고 독전하였다. 북한군의 공격 전술은 전차부대와 이를 따르는 보병이 전면을 공격하는 동안, 양쪽 날개로 대규모의 보병이나 차량화 보병을 투입하여 측면이나 후방에 나타나 아군을 포위, 섬멸하는 작전이었다. 이 '측방 기동에 의한 후방 차단 작전'은 남침 이후부터 낙동강 전선에 이르기까지 아군의 병력이 부족한 상황에서 큰 전과를 올렸으나, 낙동강 방어선에서 아군 부대 사이의 간격이 없어지자 북한군의 이 전술은 더 이상 효과를 볼 수 없었다.

대신 아군의 견고한 방어선에 걸려 북한군의 병력과 장비의 손실은 나날이 심각한 상태로 악화되고 있었다. 북한군은 위장술에 뛰어난 능력을 보였다. 그들은 병력뿐만 아니고 중장비까지도 아군이 전혀 눈치 채지 못하도록 은밀하게 이동시켜 공격이 필요한 시기와 지점에서 기습으로 나오곤 하였다. 특히 방호산 소장(본명 李天富)의 북한군 제6사단은 김포반도와 영등포를 점령한 뒤 국군과 유엔군 병력이 제대로 배치되지 않았던 서해안과 남해안 지역으로 7월 초부터 은밀하게 진출하였다가, 7월 말 갑자기 부산의 서쪽 관문인 마산 방면에 출현하여 7월 31일에는 진주를 점령함으로써, 마산에서 45km 동쪽에 있는 부산을 위협하고 낙동강 방어선의 존립에 결정적인 영향을 주기도 하였다. 북한군 제6사단의 서·남해안 측방 기동은 한국전쟁 기간 동안 북한군이 펼친 가장 효과적인 '측방 기동에 의한 후방 차단 작전'이었다(방호산 소장은 이 작전의 지휘 공로를 인정받아 군단장을 거쳐 1953년 초 인민군 육군 대학 총장이 되었으나 1954년에 숙청당하였다).

　대구 방면에서 내려오는 적을 막는데 정신이 팔려있던 국군과 유엔군에게 북한군 방호산 소장의 제6사단이 마산 방면에 나타난 것은 큰 충격이었다. 이제 북한군 제6사단이 남해안을 따라 50km 만 밀고 가서 부산을 점령하는 날이면 전쟁은 공산군의 승리로 끝 나는 것이었다. 큰 충격을 받은 미 제8군 사령관 워커 중장은 즉 시 상주 지역에 배치되어 있던 미 제25사단을 마산으로 신속하게 이동 배치하여 한국전쟁에서 아군이 처했던 가장 위험한 순간을 넘겼다. 사단장 킨(Kean) 소장이 지휘하는 미 제25사단은 부산에 도착하자마자 상주와 의성 방면에 배치되었고, 마산 방면이 위험 에 처하자 사단 전체가 36시간 동안 240km를 이동하여 8월3일 저녁까지 마산에 도착하였다. 미 제25사단은 상주에서 왜관까지는 도보로 행군하고 왜관에서 마산까지는 철도를 이용하였다. 당시 남한에서 준동하는 좌익 빨치산은 끊임없이 철도를 파괴하면서 아 군의 후방을 괴롭혔으나, 유엔군 공군과 우리나라의 경찰, 경비대 대의 헌신적인 노력으로 미 제25사단은 철도를 무사히 이용할 수 있었다. 미 제25사단은 이러한 신속한 기동으로 적을 저지함으로 써 위기에 처한 부산을 구하고 부산은 우리나라를 구했던 것이다.

　마산 서부에 배치된 미 제25사단은 공격해오는 북한군을 기다리 지 않고 진지에서 나와 공세로 전환하였다. 8월 7일 아침 일찍 공 세를 시작한 미군은 진주와 사천을 향해 도로를 따라 진격하였지 만, 산악 지역에 매복한 북한군에게 여러 번에 걸쳐 습격을 당하 고 여기에 살인적인 무더위까지 겹쳐 진격은 부진하였다. 그러던 가운데 8월 12일 새벽에 봉암리(鳳岩里)와 진동리에 배치된 미군 포병 3개 대대가, 전차대를 앞세운 북한군 제13연대 보병의 습격을 받아 200명이 전사하고 보유하고 있던 다수의 야포와 차량이 파괴되는 비운을 맞기도 하였다.

이런 손실을 입으면서도 미 제25사단은 북한군의 공격을 격퇴하고 마산을 방어함으로써 부산 서쪽의 위협을 감소시켰다. 미군은 포병대가 전멸한 '봉암리, 진동리 전투'도 부산 방어전(Battle for Pusan)에서 가장 중요한 전투 가운데 하나로 포함시키고 있다. 7월 초 한국에 처음 도착하였을 때 군기가 빠져 있던 미군은 계속 북한군에 당하면서 정신을 차리기 시작했고 전투 경험을 쌓으면서, 8월 중순이 되자 제2차 세계대전 당시 막강한 독일군과 일본군을 격파하던 위용이 서서히 살아나기 시작하였다.

7월 22일, 독립기갑연대는 대구에서 출발하여 청송군 진보(眞寶)로 향하였다. 대구에서 진보로 이동할 때 기병대대는 안동까지 열차로 수송되고 그곳에서 진보까지는 말을 타고 이동하였다. 안동

해병대 진동리지구 전첩비

오늘날의 진보읍 전경

에서 진보까지 가는 길은, 요즈음 국도 포장이 잘 되어 있음에도 산과 언덕을 지나는 꾸불꾸불한 도로 때문에 거리에 비추어 시간이 많이 걸린다. 더군다나 전쟁 당시에는 제대로 된 길이 없어 비좁은 산악 비포장도로를 따라 부대는 힘들게 이동해야만 했다.

한편 장갑대대 박도경 제2중대장의 경우 보은-왜관-의성에 도착하여 휴식을 한 뒤 청송을 거쳐 진보로 갔고, 박용실 제3중대장의 경우는 보은-안동-진보로 진출하였다. 연대가 진보에 도착한 것은 7월 25일이며 총병력은 550명으로서 지휘관은 연대장 유흥수 대령, 제1장갑대대장 박무열 소령, 제2기병대대장 장철부 소령(8월 4일부터 박익균 중위가 대리), 제3도보대대장 박도경 대위였다. 그리고 연대의 무장은 M8 장갑차 4대, M3 반궤도 장갑차 1대, 그리고 말 200여 필이었다.

유흥수 연대장은 본대에 한발 앞서 진보로 나가 진보초등학교에 연대 지휘소를 설치하였다. 이곳에서 유 연대장은 '영양(英陽)쪽에서 인민군 1개 연대가 진보를 향해 남하하고 있고 청송 뒤에 있는 이전동(梨田洞)에는 청송을 두 번이나 습격한 제766부대 1,400명이 준동하고 있다'는 정보를 들었다. 당시 독립기갑연대는 피 배속부대인 동쪽(영덕)의 제3사단과는 50km나 떨어졌고, 서쪽의 안동에 있는 제1군단과는 유무선이 단절된 상태였다. 그러므로 27일, 유 연대장은 연대를 진보-월전리(月田里) 사이에 배치하고, 영덕을 방 어하는 제3사단과의 연계를 위해 박용실 장갑중대장에게 "경찰 1 개 소대를 통합 지휘하여 제3사단과 연계하라"고 명령하였다.

영덕은 동해안 남부 지역 요충지로서 연일(延日) 비행장이 있는 포항에서 30km 북방에 있다. 당시의 연일 비행장은 한반도에 출 격하는 유엔군 항공기의 전개 기지로 사용되고 있었고 포항은 부 산에 이어 유엔군의 병력과 보급품이 도착하는 항구였다. 그러므 로 이 지역을 적에게 빼앗긴다면 전세는 아군에게 크게 불리하게 될 것이므로, 아군은 이 지역 방어에도 심혈을 기울이며 혼신을 다한 공방전을 계속하였다. 피아간 끈질긴 공방전 끝에, 동해안 축 선을 따라서 남진하던 북한군 제5사단은 7월 17일 야간 전투에서 국군 제3사단을 격파하고 영덕을 점령하였다. 그러나 유엔군 공군 과 해군의 지원을 받은 국군 제3사단은 반격을 개시하여 8월 2일 영덕을 탈환함으로써 동해안을 따라 내려가 부산을 점령하려던 북 한군의 계획은 결국 저지되었다. 이에 약 40%의 전력을 잃은 북 한군 제5사단은 영덕 북쪽의 산간 계곡으로 도주하여 숨어버렸다.

유 연대장의 명령에 따라 박용실 중대장은 다음 날 오전 일찍 진보를 출발하려고 준비하다가 갑자기 나타난 미 공군 2개 편대의 오폭으로 경찰 20여 명을 잃었다. 그러나 부대는 37mm 포탄을 보급 받은 뒤 오전 7시 장갑차 1대를 앞세우고 진보를 출발, 12km쯤 전진하였으나 곧 복귀하라는 명령을 받고 진보로 복귀하 다 인민군의 사격을 받아 박용실 대위가 중상을 입었다. 박용실 대위에 이어 장철부 기병대대장 휘하의 신(申) 중위가 1개 소대를 이끌고 아침에 영덕을 향해 출발하였다. 신 중위는 도로 북쪽의 능선을 타고 영덕 인근 10km까지 진출하여 도중에 만난 인민군

30명을 사살했으나 곧 반격해온 적에게 밀려 본대로 철수하였다.

박 대위와 신 중위가 시도한 연계작전 실패에 이어 부대대장 이붕직(李鵬稙) 대위가 지휘하는 제3도보대대가 29일 오전 10시 진보에서 출발하였다. 대대가 저녁 늦게 황장(黃腸)고개를 넘어 30일 아침 영덕으로 향하다 진보로 내려오는 북한군 부대와 마주쳐 적의 차량과 우마차를 포함해 일부 적병을 사살하였으나, 적의 주력을 막지 못하고 본대로 복귀하였다.

3차에 걸쳐 시도한 연계작전이 실패하자 유 연대장은 적의 대공세가 임박했음을 직감하고 대책을 세우다가, 적 사단 지휘소가 진보 동쪽 15km의 화매동(花梅洞)에 있다는 정보를 경찰대대를 통해 얻었다. 이에 조돈철 중위가 특공대 1개 분대를 이끌고 31일 새벽 5시, 화매동에 있는 적 사단 지휘소를 습격해 큰 피해를 주었다. 그러나 연대는 오른쪽 영덕에 있는 제3사단, 왼쪽 안동에 있는 수도사단·제8사단과 전혀 연락이 닿질 않아 탄약과 식량이 부족하였으므로, 유 연대장은 다시 연계를 시도하였다. 8월 1일부터 작전보좌관 최춘호(崔春昊) 소위, 도보대대장 박도경 대위, 연대 정보주임 길전식(吉典植) 중위를 계속 연계작전에 투입하였으나 모두 실패하였다.

최 소위는 1개 분대를 이끌고 진보 동남쪽 7km에 있는 신촌까지 진출하였으나 이곳에 집결한 적을 보고 철수하여 복귀하였다. 박도경 대위도 영덕을 향해 야간에 들판을 횡단하다가 인민군의 대부대가 지나간 흔적을 보고 곧 적의 후속부대가 내려올 것으로 판단해 연대로 복귀하였다. 길 중위는 8월 1일, 부하 9명과 함께 주왕산(周王山)을 넘어 영덕으로 향하다 이튿날 신안(新安)에 적이 집결하는 것을 보았다. 적은 영덕의 제3사단을 공격하려고 많은 수의 대구경 포와 병력을 신안에 집결시키고 있었던 것이다. 영덕까지는 불과 9km밖에 남지 않았지만 계곡과 능선마다 적으로 가득 차 있어 돌파구를 찾기가 쉽지 않았다. 몇 번이나 시도했으나 실패하고 청송으로 이동하였다. 이미 연대본부가 진보에서 청송으로 이동했기 때문이다.

한편, 대전을 함락시키고 남진하던 인민군 전차부대의 선봉인 김영 소좌의 제107전차연대의 제1대대는 7월 21일 충북 영동군 구운리까지 진격하였고, 김영 소좌는 그동안 마음속에 가졌던 공산주의 체제에 대한 혐오감과 염증 때문에 무전 소대 요원 30여 명을 이끌고 육군 제1사단 제15연대에 투항하였다(그는 뒷날, 한국군 첩보부대에서 큰 활약을 하였다).

6. 부산 방어전

(1) 낙동강 전선의 북한군 기갑부대

금강을 넘어 대전을 점령하고 계속 남진하던 북한군에게는 또 다른 천연 장애물인 낙동강이 앞을 가로막고 있었다. 대전 전투는 절박한 상황에 처한 미 제8군 사령관 워커 장군에게 조금의 시간이라도 벌어주었다. 워커 장군은 일본을 떠나 7월 18일 포항에 도착한 제1기병사단(1st Cavalry Div)을 낙동강 북쪽인 대구 방어선에 투입하였고, 제25보병사단을 남해안의 마산 서쪽 방어선에 투입, 이 두 사단을 7월 25일까지 최전선에 배치하였다. 이때 그동안의 전투로 지쳐 있던 제24사단은 이 두 사단 사이 방어선을 담당하고, 제1기병사단의 북쪽인 대구 북부는 한국군 사단들이 방어하고 있었다. 당시 북한군은 한반도의 90%를 점령하였고, 대한민국의 영토는 한반도 동남부의 동서 폭 100km, 남북 길이 140km밖에 남아 있지 않았다. 곧, 동해안의 포항에서 남해안의 진동리에 이르는 선이었다.

이처럼, 1950년 7월 말의 상황은 동해안 지역, 동해내륙 지역, 대구·창녕·영산·마산 지역 등 240km에 걸쳐 있는 곳 가운데 어느 한 곳이라도 적이 돌파하여 부산까지 밀고 내려가면 이는 곧 대한민국의 패망을 의미하는 극한 상황이었다. 이제 우리나라의 운명은 이 240km를 지키느냐 못 지키느냐에 달려 있었다. 그러므로 이 상황을 잘 알고 있는 북한군 지휘부도 부산을 마지막 목표로 모든 부대를 독려하며 총공세를 펴고 있었다. 7월 29일, 워커 중장은 "더 이상의 후퇴는 없다. 부산을 지켜내기 위해서 이 방어선 (낙동강)을 사수해야 한다"고 다짐하고 낙동강 교두보 형성을 위해 8월 1일부로 국군과 유엔군을 낙동강 방어선으로 철수하도록 명령하였다.

이에 아군(국군과 유엔군)은 왜관 다리를 포함한 낙동강의 모든 교량을 파괴하고 8월 4일까지는 아군 부대끼리 서로 연결된 방어진지를 형성하게 되었다. 6·25 남침 이후부터 이때까지 인민군의 전술은 정면 공격보다는 측면이나 후방으로 우회 포위하여 적을 공격하는 것이었다. 이러한 전술은 북한군이 아군보다 수적으로 우세하고 아군의 방어선이 연결되어있지 않았던 7월 말까지는 효과가 있었으나, 아군이 부산 교두보로 철수하여 상호 연결된 방어진지를 형성한 뒤에는 먹혀들지 않았다. 따라서 북한군은 낙동강을 건너 부산을 점령하기 위해서 정면 공격으로 아군의 방어선을 돌파하려고 하였다. 그러나 북한군이 시간을 지체하는 동안 국군과 유엔군도 전열을 정비하고 방어선을 새로 형성하였으므로 돌파는 쉽지 않았고, 전쟁의 주도권은 서서히 국군과 유엔군으로 넘어오고 있었다.

낙동강 선에 도달할 때까지 북한군은 잃은 전차에 대한 보충을 한 번도 받지 못했다. 따라서 낙동강에 북한군 주력이 도착하였을 때 그들이 보유한 전차는 70여 대에 지나지 않아 제105전차사단의 전투력은 남침 초기에 견주어 이미 절반 이하로 떨어져 있었다. 낙동강 선에 도착한 이 전차대는 마지막 목표인 부산 점령을 위하여 낙동강을 도하하려고 하였으나, 강을 건너기 전에 공습에 따른 피해가 늘어나 인민군의 제1차 공세(8월 공세) 때 제105전차

사단이 보유한 전차는 40대가 채 안 되었다.

하지만 8월 20일 무렵 북한군은 약 20대의 전차를 제105전차사단에 보충하였다. 6·25 남침 이후, 한반도 적화를 위한 작전이 계획대로 진행되지 않자 소련은 북한군에 급히 80대의 전차를 추가로 원조하였고, 이 80대의 전차로 북한군은 8월 말에 제16, 제17 전차여단을 편성하여 전선에 투입하였다. 각 여단은 40대의 전차를 보유, 이를 2개 대대로 편성하였는데 각 대대는 4개 중대를 두었다. 곧 중대 당 5대의 전차를 보유한 것인데 이는 미군의 전차소대가 보유한 전차 수와 같고, 이 두 개의 여단이 갖고 있던 전차 80대는 미군 1개 전차 대대가 보유하고 있는 전차 수(60~80대)와 비슷했다.

이 80대의 전차가 야간에 철도를 이용하여 9월 초 낙동강 선에 도착하였으나, 아군은 이미 북한군 전차에 대항하기 위해 T34보다 더 강력한 M26이나 M46 전차 그리고 각종 대전차 화기를 갖추어 북한군은 아군 방어선 돌파가 쉽지 않았다. 낙동강에 도착한 북한군 2개 전차여단은 북한군의 9월 공세 때 포항과 왜관 사이에서 공격해온 인민군 제1군단(제16전차여단)과 합천 방면에서 공격해온 인민군 제2군단(제17전차여단)에 배속되어 낙동강 방어선 돌파를 시도하였으나 국군과 미군의 완강한 저항에 막혀 모두 실패하였다.

한편 유엔군은 최악의 시나리오에 대비해 부산 주변을 방어할 수 있는 예비 진지 구축을 구상하였다. 이에 따라 미 제8군 공병참모인 데이빗슨(Garrison Davidson) 준장은 마산-밀양-울산을 잇는 90km의 최후 방어선을 구축하였으며 미군은 그의 이름을 따 이를 '데이빗슨 선(線)'이라고 불렀다. 만약 유엔군이 북한군에 밀려 데이빗슨 선으로 철수하게 되었다면 실제로 반격 작전은 비현실적인 것이 되고 유엔군이 한국에서 철수했어야 하는 긴박하고 위험한 지경에 직면하였을 것이다. 그러나 아군은 결국, 낙동강 전선에서 적을 저지하고 드디어 반격을 펼치게 되었다.

(2) 미군 신형 전차대의 등장

남해안을 따라 진격하던 북한군 제6사단은 미 제8군 산하 제25 보병사단이 방어하는 남해안에 전차를 앞세우고 집요한 공격을 퍼부었다. 북한군의 판단으로는 부산을 점령하고자 한국군과 미군을 격파하며 대구에서 부산까지 150km를 내려가는 것보다, 신병들로 꾸려져 이제 막 한국에 도착한 미 제25사단의 방어선을 돌파하여 마산에서 부산까지 남해안을 따라 45km를 전진해 가는 것이 더 쉬운 작전이었다.

미군은 일본에 M24 경전차를 주로 배치하였으므로, 한국전쟁이 일어나자 즉시 이들을 한국에 보냈으나 이 경전차들은 T34 전차의 적수가 되지 못하였다. 미국은 일본에 M24 경전차 말고도 소수의 M26 퍼싱 전차와 M4 서먼 전차도 배치하였으나, 이들은 전투에 투입할 수 있는 상태가 아니었다. 미군은 원래 전차 모델에 별칭을 붙이지 않았다. 예를 들면 M4 서먼 전차의 경우 그냥 M4 전차라고 불렀는데, 서먼이라는 이름은 영국군이 제2차 세계대전 당시 붙인 것이다. 그러나 M26부터 미군은 이름을 붙이기 시작하였다. 곧 제1차 세계대전 당시 활약한 미 육군 '퍼싱' 장군의 이름을 전차에 붙인 것이다.

M26 전차는 제2차 세계대전 당시 독일군의 전설적인 타이거 전차에 대항하기 위해 미국이 특별히 설계하여 만든 전차로서, 장갑이 두꺼워 T34보다 훨씬 무게가 많이 나가 42톤에 달했고, 주포도 90mm로서 T34의 85mm포보다 더욱 파괴력이 강하였다. 제2차 세계대전이 끝나기 몇 달 전에 실전에 투입된 M26 전차는 그 뒤 냉

전시대 미군의 주력 전차인 패튼 계열 전차(M46, M47, M48, M60) 설계의 기본이 되었을 정도로 뛰어난 성능을 가진 전차였다. M26 은 제2차 세계대전에서 독일이 항복하기 두 달 전인 1945년 3월 유럽 전선에 300대가 투입되어 첫 선을 보였다. 당시 미 제1군 산 하 제9기갑사단의 M26 전차대는 1945년 3월 7일, 후일 영화로도 유명해진 레마겐의 철교(Bridge at Remagen)를 점령하였다. 그 뒤 1945년 5월, 오키나와 전투에서 일본군 47mm 대전차포에 미군 M4 전차가 쉽게 피해를 입게 되자 오키나와에도 투입되었다. 오 키나와 전투에서 뛰어난 효능을 보인 M26을 미군은 일본 본토 상 륙전에 투입할 계획이었으나 원자폭탄 투하로 일본이 조기에 항복 하자 이 계획을 포기한 바 있다. 미 해병대의 경우, 1945년 5월 처음으로 M26을 도입하여 오키나와에서 사용하였으나 1949년 말 까지 불과 102대만을 보유하고 있었다.

미군은 90mm 전차포를 장착한 M26 퍼싱 전차 3대를 도쿄에 있는 정비 창고에서 발견하여 7월 중순까지 엔진을 급히 수리한 뒤 한국에 보냈다. 정품 팬벨트가 없어 일반 팬벨트를 사용하였으 므로 엔진을 가동하면 곧 엔진이 열을 받아 사용할 수 없었으나, 시간을 줄이기 위해 일단 전차를 수송선으로 한국에 보내는 동안 미국에서 팬벨트를 구해 직접 한국에 보낸다는 계획 아래 부산에 전차 3대가 수송선 편으로 도착하였다.

부산에서 팬벨트가 도착하기를 기다리고 있었으나 북한군 제6사 단이 진주를 향하여 공세를 취하자, 7월 28일 이들 3대의 전차는 미 제19연대를 지원하기 위해 기차에 실려 진주로 보내졌다. 진주 역에서 팬벨트의 도착을 기다리는 동안 진주는 7월 31일 북한군 에게 점령되었다. 미군은 후퇴를 시작하였고, 전차 지휘관인 파울 러(Sam Fowler) 중위는 전차 3대를 모두 구하기 위해 전차 운반용 대형 트레일러를 상부에 요청하였으나 7월 31일까지 트레일러는

M4 전차

현장에 도착하지 않았다. 그동안 북한군 정찰대는 이들 3대의 전차를 육탄으로 공격하였고 이 전투에서 파울러 중위는 부상을 입었으나 북한군을 격퇴하여 전차는 무사하였다. 무리해서 전차 엔진을 가동, 동쪽으로 움직였으나 곧 다리가 부서진 하천을 만났고 엔진이 불량한 전차는 하천 바닥을 지날 수가 없었다. 이에 전차가 북한군 손에 들어가는 것을 막기 위해 전차병들은 전차에서 내려 전차를 파괴하려고 했지만, 이때 북한군 보병들이 나타나 미군 전차병들은 사살되고 일부는 포로로 잡혔다. 전차 한 대는 북한군의 공격으로부터 탈출하였으나 곧 엔진 과열(팬벨트 때문에)로 움직일 수가 없어 인근에 버려질 수밖에 없었다. 미군은 이렇게 T34 전차를 막기 위해 급하게 투입한 M26 전차 3대를 모두 북한군에게 빼앗겨 버렸다.

미 해병대가 M26 전차 3대를 잃은 날, M4 서먼 전차가 한국전쟁 처음으로 부산에 도착하였다. 이 전차들은 부산 부두에 하역되자마자 제89전차대대 소속으로 전선에 보내졌고, 배치 다음 날부터 전투에 투입되었다. 그러나 M4 전차의 경우, 평소 정비가 제대로 되어있지 않았으므로 조금 달리면 엔진 과열로 연기가 나는 등 여러 가지 기계적인 문제가 발생하여 M4 전차의 등장을 보고 크게 마음을 놓았던 미군들을 실망시켰다. T34가 85mm 포탄 55발을 전차에 싣는 데 견주어 M4는 76mm 포탄 72발을 실었다.

8월 1일, 워싱턴 주에 주둔하고 있던 미 보병 제2사단이 일본을 거쳐 부산에 도착하기 시작하였고 8월 2일에는 6천 5백 명의 병력으로 구성된 미 해병 제1여단이 부산에 상륙하였다. 이 해병 여단은 자체에 M26 퍼싱 전차들을 갖고 있기에, 제107전차연대를 앞세우고 부산을 향하여 남해안을 따라 전진해오던 북한군 제6사단의 공격을 격퇴하게 된다.

북한군은 6월 25일 기습 남침하면서 5주 동안 줄기차게 공격으로 나와 남한의 거의 전부를 점령하였으나 전투 유경험자를 포함하여 많은 인명 손실을 입고 있었다. 그럼에도 북한군은 장비와 무기가 우세하였고 군기가 엄정하게 살아있는 것은 물론 전의(戰意)가 충만한 상태였기에, 미군이 계속 한국에 상륙하고 있음에도 전투의 주도권을 그들이 잡고 있었다. 그러나 한국전쟁이 시작되고 계속 후퇴만 하던 한국군이 낙동강 북부에 참호를 파고 들어가 끈질기게 저항하고, 미군도 이제는 제정신이 들어 진지하게 전쟁에 임하고 있었으므로 북한군으로서는 부산 점령을 앞두고 마지막 단계에서 고전을 하게 된 것이다. 이즈음 미 지상군과 항공기의 교신 방법은 효과적으로 개선되어, 지상군이 적진을 포착해서 통보하면 즉시 항공기가 날아와 지상군의 유도에 따라 정확하게 적진을 강타하기 시작하였다.

또한 부산 부두에는 병력과 군수품을 실은 수송선이 매일 입항하고 있었다. 당시 부산은 도시 전체가 미군 군수품 창고로 변하였다고 해도 지나친 말이 아닐 만큼 도시 곳곳에 미군의 군수품이 들어차 있었다. 미군은 한국전쟁에 참전해 1개월 남짓 전투를 치르며 장교로부터 말단 병사에 이르기까지 이제는 자기들이 왜 한국에 오게 되었는가를 알게 되었고, 실전 경험으로 차츰 자신감을 되찾아 군인다운 군인으로 변하였다. 이제는 더 이상 평화 분위기에 젖어 군인의 본분을 망각한 채 쉽게 적에게 항복하거나 패주하는 군인이 없어졌다. 여기에는 북한군의 포로에 대한 잔인한 처우가 아이러니컬하게도 미군이 전의(戰意)를 불태우게 도와주었다. 미군은 두 손이 뒤로 묶여 사살되었거나 고문을 당하고 불에 타 죽은 전우의 처참한 시신을 보고 북한군에 대한 증오를 느끼게 되었고, 한국에 도착해서 이 이야기를 고참병에게 전해들은 미군 신병들은 스스로 정신을 바짝 차리고 전투에 임하였다.

한편 북한군의 기습 남침을 소련의 사주에 따른 양동작전이라고 믿고 있던 일부 미군 지휘관들은, 남침의 목적이 일단 미군의 전력을 한반도에 집중시킨 뒤 소련이 주공격 목표로 삼은 서부 유럽을 공격하기 위한 것이라고 판단하였다. 그러므로 남침이 시작되고 일 개월 만에 일본에 주둔하고 있던 4개의 미 육군 사단 모두가 한국전에 투입되자, 일부 미군 지휘관은 서부 유럽에 대한 소련의 공격이 임박하였다며 우려하였다.

6월 25일 기습 남침 이후, 기습과 속도전을 내세운 북한군에게 T34 전차대는 승리의 원동력이자 열쇠였다. 그러나 이들 T34 전차의 대부분이 38도선에서 낙동강까지 내려오는 동안 미군기의 폭격과 3.5인치 바주카포에 파괴되어 한국전 초기에 T34가 만든 신화는 이때쯤 되어서는 시들해지기 시작하였다.

8월 7일, 3개의 미 육군 전차대대가 부산에 도착하였다. 그 이전까지 우리나라에서 작전 중이던 미 육군 전차대대는 미 제25사단에 배속되어 마산 방어선에 배치된 제89전차대대(M4 전차 3개 중대와 M26 전차 1개 중대) 뿐이었다. 새로 도착한 이들 3개 전차대대 가운데 신형 전차인 M46 패튼(Patton)으로 무장한 제6전차대대

낙동강 전선의 미 해병 M26 전차

는 미 제8군 예비대로, M4와 M26으로 무장한 제70전차대대는 미 제1기병사단에, M26으로 무장한 제73전차대대는 미 제25사단에 배속되었다. 이들 각 전차대대는 부산 도착 즉시 대구, 경주, 울산 방면으로 급파되었다. 이들 3개 전차대대에 이어 8월 16일 부산에 도착한 제72전차대대(M4, M26 보유)는 도착 즉시, 이미 사단 선발대가 2주 전에 부산에 도착한 미 제2사단에 배속되었다(미 제2사단 병력은 7월 31일부터 8월 19일까지 부산에 도착하였다). 이 가운데 제73전차대대의 C중대는 다부동 지역의 미 제27연대에 배속되어 8월 21일 밤, 다부동 골짜기에서 T34 전차대와 대규모 전차전을 치러 결정적인 승리를 거둠으로써 풍전등화의 대구를 구하는데 큰 공을 세웠다.

이처럼 76mm포를 가진 M4 전차와 90mm포를 가진 M26, M46 전차가 부산에 도착하자 이미 아군은 300여 대의 전차를 갖게 되었으므로 한국전에 투입된 미군은 이제 이들 전차가 T34를 저지할 것이라는 확신과 자신감을 갖게 되었다. M26 전차는 M4보다 철갑이 두꺼워 더 무거우나 M4와 견주어 운전이 쉬웠다. 그리고 패튼 계열의 첫 전차인 M46은 제2차 세계대전이 끝난 뒤 생산되어 1949년에 실전 배치된, 당시 미군으로서는 최신예의 전차(무게

43.6톤, 시속 48km, 장갑 두께 76~105mm)였다. M46에 이어 M47, M48, M60 등 미군의 새로운 전차 모델이 잇달아 개발되었는데, 이들은 모두 패튼 계열이었다. 곧 M46 전차는 패튼 계열 전차의 첫 번째 모델인 것이다.

이때 북한군은 보급선이 길어져 최전선의 부대에게 보내는 병력과 보급품을 실은 트럭이 미 공군, 해군, 해병대 소속 전투기의 폭격과 사격을 받아 제대로 보급이 이루어질 수가 없었다. 그러나 북한군은 미군을 바다에 밀어 넣기 위해 그때까지도 전쟁의 주도권을 가지고 날카로운 공격을 가하고 있었다. 1940년 5월, 프랑스를 공격한 독일군이 프랑스 북부 항구인 덩케르크(Dunkirk)에서 프랑스군과 영국군을 포위하여, 프랑스군과 영국군 34만 명이 모든 장비를 해안에 놓아둔 채 간신히 선박 편으로 탈출한 적이 있었다. 그러므로 당시 미국의 언론은 부산에서 덩케르크의 실패가 재연될지도 모른다고 우려하였다.

그러나 불독이라는 별명에 걸맞게 증원 병력이 도착할 때까지 낙동강 전선을 끈질기게 방어한 워커 중장에게는 낙동강에서의 호기가 찾아오고 있었다. 결국 국군과 미군은 부산 방어선을 82일에 걸쳐 사수하고 반격의 기반을 마련하였다.

(3) 구수동의 패배

동해안의 영덕은 제3사단이 8월 2일 장악했으나, 영덕의 서쪽에서 안동(安東)을 방어하고 있던 수도사단과 제8사단은, 북한군 제2군단 김무정(金武亭) 중장 지휘 아래 있던 북한군 제12사단에게 안동을 빼앗기고 낙동강 남안으로 밀려나 급히 새 진지를 꾸리고 있었다. 최인두(崔仁斗) 소장이 지휘하는 적 제12사단은 8월 1일의

안동 전투에서 아군 2개 사단을 물리친 전공으로 김일성으로부터
'안동 사단'이라는 칭호를 받을 정도로 북한군 안에서는 정예 사
단으로 이름을 날리고 있었다. 그리고 그의 상관인 김무정 중장은
중일전쟁 당시 이른바 팔로군으로 참전하였으므로 실제 전투 경험
이 아주 풍부하였다.

 기갑연대 정면의 적이 671m 높이의 비봉산(飛鳳山) 오른쪽으로
우회하고 있다는 보고를 받은 유 연대장은, 적이 진보―청송 사이
를 공격하려는 것으로 판단하고 전영은(全永恩) 소령의 제3도보대
대와 이원춘(李元春) 소위의 연대 본부중대를 비봉산 북쪽에 배치
하였다. 한편 제1장갑대대와 제2기병대대를 진보 남쪽으로 철수시
키면서 강원 경찰대대장 김인호(金麟鎬) 총경에게 비봉산을 방어할
것을 지시하였다. 그러나 적이 비봉산을 공격하자마자 경찰대대는
무질서하게 밀려 내려왔다. 유 연대장은 김 총경을 질책한 뒤 도
보대대, 연대 본부중대, 수습된 경찰 병력 100명을 비봉산으로 급
파하여 간신히 위기를 넘겼다. 이때 연대 지휘소는 청송, 장갑대대
와 기병대대 지휘소는 목계, 경찰대대 지휘소는 비봉산 남쪽 5km
옹점동에 위치하고 있었다.

 당시 기갑연대의 전투 대형이 8km에 이르렀으므로, 경찰 병력
을 포함하여 800명밖에 되지 않는 연대 병력을 이 기나긴 전선에
배치하여 적의 압력에 따라 수시로 이동하며 방어한다는 것은 쉬
운 일이 아니었다. 그러므로 병력을 고지 밑에 집결시켜 놓고도
명령대로 고지에 배치했다고 거짓으로 보고하는 예가 허다했다.
이러한 예하 지휘관들의 거짓 보고는 비단 기갑연대뿐만 아니라
후퇴하는 수도사단에서도 비일비재하여 사단장이 제대로 된 지휘
를 할 수 없을 정도였다.

 8월 4일 새벽 1시, 연대는 적 제12사단의 기습을 받았다. 적 부
대의 일부는 주저항선으로, 또한 일부는 비봉산 남쪽의 8부 능선

을 타고 제3도보대대와 강원 경찰 제5대대의 간격을 뚫고 목계에 자리한 제1장갑대대와 제2기병대대의 지휘소를 기습하였다. 적은 대한민국 경찰 복장으로 잠입하여 지휘소 경계병을 칼로 찔러 죽인 다음, 통신선을 절단하고 담배골 농가에 있던 기병대대 지휘소를 포위하고 집안으로 들이 닥쳤다. 이때 제2기병대대장인 장철부 소령은 권총으로 적병 수 명을 사살하였으나 곧 적탄을 맞고 쓰러졌다. 부관인 윤기병(尹耆炳) 중위마저 대대장을 부축하려다 적탄에 맞아 전사하자 연락병인 안 하사가 장 소령을 업으려고 하였다. 장 소령은 "나를 여기서 죽게 놔두고 빨리 빠져나가 대대의 위치를 알려라. 그리고 이 권총을 가지고 가서 내가 전사했다고 하여라"고 말한 뒤 숨을 거두었다.

이날 새벽 적은 제2기병대대의 후퇴로까지 차단하였으므로, 대대는 장 소령을 포함한 많은 장병이 전사하고 대대가 보유하고 있던 60mm, 81mm 박격포와 기관총 모두를 적에게 빼앗겼다. 본명이 김병원(金秉元)인 장 소령은 일제 때 일본 중앙대학교 재학 중에 학병으로 끌려가 중국에서 탈출에 성공, 이범석(李範奭) 장군의 특별 배려로 중국 광동성(廣東省) 광주(廣州)에 있던 황포(黃浦)군관학교 기병과를 나왔다. 해방 뒤 1947년에 귀국하여 육사 제5기로 임관되고, 동교 교관과 중대장으로 재직 중에 기병대대장으로 부임하였다. 학병 출신들이 대부분 일본군에 복무하다가 해방이 되면서 국군에 입대해 빠른 속도로 진급한 데 비추어, 장 소령은 일본군에서 탈출한 뒤 일본군을 상대로 독립투쟁을 전개한 남다른 애국심과 고결한 인품을 지녔으므로, 육사 후배 가운데 장 소령을 흠모하고 존경하는 사람들이 많았다. 장 소령은 전사 뒤 한 계급 추서되어 육군 중령으로 국립묘지에 잠들어 있다.

장 소령의 제2기병대대가 적의 기습을 받던 때, 거실 지역에 배치되어 있던 장갑대대 지휘소도 적에게 포위된 상태에서 기습을 받아 장갑대대장 대리인 박도경 대위는 송강(松江)을 건너 청송으로 탈출하였고, 연대 주력의 예하 지휘부는 마비되고 말았다. 적에게 돌파된 기갑연대의 주력인 장갑 및 기병대대는 적의 포위망을 뚫고 목계 서쪽 5km에 있는 놋골로 탈출할 수밖에 없었다. 이날 길안(吉安)에 있던 수도사단 사령부도 적의 기습을 받고 의성 방면으로 철수하였다. 경계를 제대로 하지 않고 방심하고 있다가 소수의 적병에게 사단 사령부도 큰 타격을 받고 철수한 것이다.

비극은 이것으로 끝나지 않았다. 북한군이 8월 5일부터 부산을 향해 낙동강 전 전선에서 공세를 시작하자, 이날 새벽 수도사단 예하 제18연대가 적에게 돌파되어 구수동(九水洞) 일대로 진지를 이동하였고, 기갑연대는 구수동 동쪽 1.5km에 있는 송산으로 철수해 방어진지를 구축하였으나 곧 적에게 완전히 포위되었다. 이때 송산에 있던 기갑연대의 장갑차는 M3 반궤도 장갑차 1대, M8 장갑차 3대 뿐이었다. 포위된 상태에서 연대의 중요 서류를 M3 반궤도 장갑차에 실어 탈출 하루 전에 미리 출발시켰으나, 고개에서 적이 매설한 지뢰에 폭파당해 모두 빼앗기고 말았다.

기갑연대의 유 연대장과 제18연대의 임충식(任忠植) 연대장은 돌파 작전을 숙의한 끝에, 김석원 사단장에게 포위된 상황과 길안 쪽으로의 돌파 계획을 보고하였다. 임충식 연대장이 예하 제2대대를 이끌고 돌파를 시도하였으나 실패하고, 한신(韓信) 부연대장이 자원하였으나 이 역시 실패하였다. 그러자 기갑연대는 남아있는 장갑차 3대로 돌파를 시도하였다. 곽응철 소위가 지휘하는 이 장갑차 3대가 양곡재(길안과 구수동 사이)에 나타나자 적은 전차로 오인, "전차다!"라고 소리치며 비켜섰다. 이때 장갑차의 37mm포로 사격하면서 곽 소위의 장갑차는 포위망을 돌파하여 의성까지 질주한 뒤 김석원 사단장에게 두 연대의 위급한 상황을 보고하였으나, 나머지 두 대는 적의 사격을 받고 돌파를 단념하고 구수동으로 돌아갔다.

5일 저녁, 적의 박격포탄이 떨어지는 밀도가 좁혀지면서 유, 임 두 연대장은 밤 11시 30분을 기해 포위망을 돌파하기로 결정하고, 신호탄에 따라 곡사포와 차량을 같은 시각에 폭파하기로 하였다. 그러나 제18연대가 15분이나 먼저 폭파함으로써 탈출 기도가 적에게 노출되었을 뿐만 아니라, 화염이 구수동 일대를 대낮같이 밝혀 고지들을 점령하고 있던 적은 양 연대의 동태를 손바닥처럼 내려다보면서 집중 사격을 퍼부었다. 한쪽이 무너지니까 대열은 걷잡을 수 없었다. 기갑연대는 신호탄이 솟아오르면 불을 지르려고 연대의 전 차량 27대를 일렬종대로 세워놓고 기다리다가 폭파는 고사하고 철수 대열도 제대로 갖추지 못한 채 서둘러 무질서한 죽음의 탈출을 시작하였으며, 피를 흘리며 거동을 제대로 할 수 없던 부상 병사들은 포로가 되기 전에 전사했을 것으로 짐작된다. 탈출하는 병사들은 산속에서 방향 감각을 잃고 아군끼리 사격하는 불상사가 비일비재하였다. 칠흑 같은 밤에 능선을 타고 탈출하던 병사가 50m 절벽 아래로 떨어지기도 했으며, 적의 포로가 되거나 총도 버리고 맨몸으로 탈출하는 병사도 많았다.

두 연대의 암구호는 이미 적도 알고 있어 먼저 대답하는 자가 사살되는 경우도 속출하였다. 청송(구수동)에서의 포위망 탈출은 비참하기 그지없었다. 이 무렵 군사지도가 제대로 보급되지 않았으므로 제18연대 제3대대장인 정승화(鄭昇和) 소령(후일 육군참모총장)은 지도도 없이 병력을 인솔하여 탈출하였다. 지도가 없었으므로 현지 주민들의 안내에 힘입은 바 컸으나 대다수의 주민들은 국군을 북한군으로 오인하고 안내하던 도중에 도망감으로써 산중에서 헤매다가 10여 일 뒤에 복귀하는 병사들도 있었다. 기갑연대가 의성에 집결한 것은 8월 6일 밤 12시였다.

이제 명예로운 육군 독립기갑연대 또는 번개부대는 구수동 전투

이후부터 장갑차도 기병도 없는 이름뿐인 '제1기갑연대'가 되었으며, 완전한 보병 연대로 편성되었다. 기갑연대가 보유하고 있는 장갑차는 곽 소위가 8월 5일 포위망을 돌파할 때 몰고 나온 한 대를 포함하여 2대 밖에 없었다. 6·25 사변이 일어나기 전 연대가 보유했던 장갑차 39대(27대의 M8, 12대의 M3) 가운데 37대를 잃은 것이다. 군마는 이미 진보 전투 때 남아 있던 150필을 모두 대구 목장에 보냈으므로 한 필도 없었다. 그러므로 이때부터 기갑연대의 각 대대를 말할 때는 보병 편성과 같이 제1, 제2, 제3대대로 기술하게 된다. 물론 뒷날 전차부대가 창설되면서 대부분의 기갑연대 출신 장병들은 기갑 장병으로 편제되었고, 또한 기마헌병대가 창설되면서 기마헌병대의 기간이 되었다.

(4) 도평동 기습작전

8월 6일 밤 의성에 집결하여 휴식하고 있던 기갑연대에게 김홍일 제1군단장으로부터 '의성 동남쪽 20km에 있는 구산동(九山洞)으로 이동하여 도평동(道坪洞) 부근에 출현한 적을 저지하라'는 명령을 받았다. 이에 따라 기갑연대는 다음 날 구산동에 진출하였다.

당시 전선을 보면, 8월 9일에 적은 낙동강(洛東江)을 도하하여 서부에서는 북한군 제1군단이 진주-현풍-다부동 선, 북부에서는 북한군 제2군단이 의성 북쪽-기계(杞溪)-영덕 선에 남하해 있었다. 아군은 낙동강 방어선을 형성하였으나 적은 이미 천연 장애물인 낙동강을 넘어섰다. 김일성은 그해 광복절 행사를 부산에서 할 계획이었으나 북한군의 진격이 계획보다 늦어지자, 8월 15일까지 대구는 꼭 점령해야 한다고 각 군단장을 다그쳤다. 한편 아군 수도사단장은 8월 7일 날짜로 김석원 준장에서 백인엽 대령으로 교체되었다.

8월 9일, 유 연대장은 도평동이 내려다보이는 서쪽 능선에 적보다 먼저 올라가 361m의 능선을 점령하고 제3대대를 매복시켰다. 안동, 청송, 구수동 전투에서 승리한 적 제12사단 포병대는 승리감에 도취되어 경계를 제대로 하지 않고 도로를 따라 내려오다가, 8월 10일 밤 기갑연대 제3대대의 매복에 걸려 전멸되었다. 기갑연대로서는 모처럼 설욕전을 펼쳤다. 이날 기습에서 적 포탄 운반차 8대를 파괴하고, 자주포·박격포·직사포·다량의 포탄·소·말 등을 노획하였다. 그러나 이런 전과에도 5일 전에 일어난 청송 전투 패배의 책임을 물어 8월 13일 유 연대장을 보직에서 해임하고 백남권(白南權) 대령으로 연대장을 교체하였다. 유 연대장은 연대를 떠날 때 초등학교 운동장에서 부하 약 20명이 모인 가운데 조촐하게 이임식을 가졌다. 이 자리에서 그는 "나는 청송 전투에 실패한 책임을 지고 정든 연대를 떠나게 되었다. 내가 떠나더라도 여러분들은 충실하게 각자 맡은 일을 다해달라"는 간단한 이임사를 남긴 채 연대를 떠났다.

8월 초, 이렇게 북한군이 돌파구를 뚫고 침투해오면 아군은 역습으로 격퇴하고 방어선을 회복하는 것을 반복, 사력을 다한 일진일퇴의 혈전이 낙동강 지역에서 계속되었다. 그 당시 낙동강 전선을 방어하는 아군의 병력은 8개 사단의 73,000명(국군 5개 사단 36,000명, 미군 3개 사단 37,000명)이었고, 북한군은 11개 사단(전차사단 1개 포함)의 73,000명으로서 병력은 거의 같은 수준이었으나, 전차는 아군이 600여 대로서 북한군이 보유한 100여 대보다 압도적으로 우세하였다.

남침 이후 북한군은 전차를 공격의 최전방에 세웠으나 낙동강 방어선(특히 마산 지역)의 미군 전차대는, 산악 지역의 주요 길목을 차단하고 미군의 수송부대와 보급부대를 공격해오는 북한군을 막기 위해 쓸 수 있는 전차의 대부분을 후방 방호에 투입하였다. 따라서 최일선에 있는 일부의 전차대도 기갑 특유의 돌파 공격이 아닌 보병에 대한 화력지원이 주된 임무로 주어졌다. 전투상황은 그때까지도 북한군이 주도권을 쥐고 있었으므로 북한군의 공세는 계속되었다.

(5) 기계 설욕전

8월 14일 새벽 백 대령은 기갑연대를 이끌고 전날까지 혈전을 벌이던 도평동에서 남하해 첩첩산중을 헤치며 저녁 무렵 입암(立岩)에 도착하였는데, 이때 적 제12사단은 기계를 점령하고 안강(安康)으로 내리밀고 있었다. 만일 안강마저 적에게 함락되면 경주가 위험해질 뿐더러 낙동강 전선에서 하나밖에 없는 영천 - 포항 연결 도로가 차단될 것이 뻔했다. 그러므로 육군본부에서는 처음에 안동을 점령한 부대가 강력한 적 제12사단임을 알지 못하고 해병대 300명만을 보내 기계에서 차단하려고 하였으나, 뒤늦게 적이 중장비 사단임을 알고는 8월 13일 3개 연대(제1·제17·제26연대)를 안강 북쪽에 배치하였다. 중국에서 역전의 경력을 쌓은 김홍일 제1군단장은 이 기회를 놓치지 않고 그때까지의 위기상황을 돌변시켜 기계에서 적을 완전 포위하여 섬멸할 계획을 세웠는데, 국군 제1군단의 작전 계획은 다음과 같다.

1) 제1·제17·제26연대는 기계 남쪽과 동쪽에서 적을 견제하다가 공격으로 전환한다.
2) 기갑연대, 제18연대는 입암에서 기계 북쪽으로 적을 내리밀며 격파한다.

이렇게 기계에서 완전 포위망을 형성하고 돌진하자, 끈질기게 대항하던 적은 결국 혼란 속에 무너졌다. 기갑연대의 경우 제1대대는 중앙, 제2대대는 우측, 제3대대는 좌측에서 공격에 들어갔다. 전투는 8월 15일부터 3일 동안 계속되었으나 적의 주력은 첫날 괴멸되었다. 적의 기관총이 불을 뿜었으나 기갑연대 장병들은 낮은 포복으로 전진하면서 사격을 하였다. 기갑연대의 장교나 병사 모두 전과에는 관심이 없었다. 이들은 수치스런 청송의 패배로 말미암아 복수심에 불타 싸울 뿐이었다. 탄약과 식량 부족으로 전투 의욕을 상실한 북한군이 많은 전사자를 남기고 도망치기 시작하자, 전투 이틀째부터 시작된 아군의 추격전은 3일째에도 계속되었다. 아군의 압박을 받고 적은 대구경 곡사포, 자주포(SU 76), 차량, 탄약 등을 아무렇게나 버려둔 채 일부 패잔병들이 기계 북쪽 비룡산 방향으로 도망쳤다. 이들에게 마지막 한 대 남은 M8 장갑차의 37mm포와 0.5인치 중기관총이 계속 불을 뿜어댔다.

입암의 605고지는 제26연대가 공격하다 실패하여 기갑연대의 제2대대가 공격하였다. 이 전투에서 조돈철 소위가 이끄는 소대원들은, 북한군이 후퇴하면서 기관총 사수가 도망하지 못하도록 기관총 다리에 발을 쇠사슬로 묶어 놓아, 그 상태로 죽은 것을 보고 그들의 잔인성에 진저리쳤다.

대대는 605고지를 점령한 뒤 적 사살 30명, 포로 2명, 중기관총 2정, 소총 30정을 노획하는 전과를 올리고 계속 기계 방면으로 적을 추격하였다. 제1대대장 박도경 대위는 신수현(申壽鉉) 하사를 포함한 특공대 10명을 700m고지로 올려 보냈는데, 특공대원은 각자 수류탄 10개, M1소총 실탄 170발로 무장하고 고지를 포복으로 올라가 밤 12시 적 진지를 기습 공격해 타격을 가하기도 하였다. 제1대대는 2일째 추격전을 벌이다 방어에 들어갔으며 박 대대장은 부대원들에게 다음 사항을 준수할 것을 강조하였다.

1. 기계에 이르는 도로에 전차 장애물을 설치하고 바주카포(대전
   차 사격용) 배치.
2. 전초 소대와 분초 배치 및 통신선 가설
3. 적의 예상 접근로에 야간 사격 구역 표시
4. 등화관제
5. 암구호 이행
6. 민폐 근절

　이 전투에서는 육박전도 다반사여서 전우가 적의 총검에 가슴을
찔리고도 살았는가 하면 포로로 잡은 적병 가운데 서울에서 북한
군에게 의용병으로 붙잡혀 나온 친동생이 있는 것을 발견하고 부
둥켜안고 통곡하는 모습도 있었다. 이런 전투 끝에 결국 국군은
기계를 점령하였다. 기갑연대와 제18연대는 청송―구수동 전투에
서 패배를 안겨준 바로 그 북한군 제12사단에게 10여 일 만에 적
이 했던 방식 그대로 깨끗이 설욕한 것이다.
　8월 18일, 전투가 끝나자 기계 앞 벌판은 태풍이 지나간 것처럼
고요하였다. 사방을 둘러보면 적의 시체가 눈을 가득 메웠고, 그
썩는 냄새 때문에 국군 병사들은 민간인 노무자들이 지게에 실어
나른 주먹밥을 먹을 수 없을 지경이었다. 기계 지역에는 적이 버
리고 간 자주포(SU 76), 곡사포, 차량, 탄약, 장비가 즐비하게 널려
있었으나 누구도 거들떠보지 않았다. 병사들은 너 나 할 것 없이,
인민군이 남침한 이래 두 달 동안 씻지 못하기도 했거니와 적을
쫓느라 산과 계곡을 달리느라 더위 먹은 몸을 식히기 위해 안락천
(安樂川)에 뛰어들었기 때문이다.
　기계에서 승리한 날, 민기식 대령의 특별부대(2개 대대)는 8월 11
일부터 북한군에게 점령되었던 포항을 유엔군 함정의 함포사격과
공군의 지원 아래 탈환하였다. 기계와 포항을 탈환했다는 승전 소

식을 들은 신성모 국방 장관은 8월 19일, 직접 현지로 와 제1군단 지휘소를 찾아 장병들의 전공을 치하하였다.

적은 다수의 부상자를 빼고도 1,245명의 전사자와 포로 17명의 인원 손실을 입고, 병력을 충당하고자 제766부대를 해체한 유격대 1천 5백 명과 신병 2천 명을 보충하였다. 적의 패잔병은 기계 북쪽 8km에 있는 비봉산으로 탈출하였는데, 이 전투에서 북한군 제12사단은 전투력을 잃어 이후의 전투에서는 앞선 전투에서 보여주었던 위력을 더 이상 유지할 수 없었다. 이로써 국군은 동해안 지역 최대의 위기를 가까스로 수습하여 유기적으로 연결된 낙동강 방어선을 지켜낼 수 있었던 것이다. 또한 기계 전투는 북한군을 상대해 처음으로 국군이 기동 작전을 펼쳐 포위 섬멸한, 북한군 남침 뒤 국군이 거둔 최대의 전과였다.

(6) 대구를 구한 전투 Ⅰ — 다부동 전투

낙동강까지 후퇴한 워커 장군은 이제는 더 물러날 수 없다며 모두 이곳을 지키던가 아니면 이곳에서 죽자고 부하 지휘관들에게 명령하였다. 아군의 낙동강 방어선이 형성될 즈음, 김일성은 충주 남쪽 수안보에 나타나 "해방 5주년 기념일인 8월 15일까지 부산을 점령하기 위해 유엔군에게 숨 돌릴 틈을 주지 않고 낙동강을 도하하여 대구와 부산으로 진출하라"고 인민군 지휘관들을 독려하였다. 이에 따라 인민군은 추격의 여세를 유지하여 이른바 8월(1차) 공세를 일제히 개시하였다.

김천으로부터 영덕까지 전개하고 있던 인민군 제2군단 예하 6개 사단(서쪽에서부터 제15·제13·제1·제8·제12·제5사단)은 대구, 영천, 포항을 향하여 내려오고, 김천에서부터 진주까지 전개하고 있던 인민군 제1군단의 4개 사단(북쪽부터 제10·제3·제4·제6사단)은 밀양과 진주를 점령함과 동시에 대구의 후면을 때릴 계획이었다.

8월 5일을 기하여 일제히 공격을 개시한 인민군 제4사단은 낙동강을 건너 밀양 서쪽 영산 부근까지 진출하였고, 인민군 제5사단과 제12사단은 국군 수도사단과 제5사단 사이를 침투하여 일거에 기계까지 남하하였다. 이어서 마산 방면에서는 인민군 제6사단이 공격을 개시하였다. 한편 대구 방면에서는 인민군 제3, 제10사단과 제1사단의 일부가 대구 서쪽에서 낙동강을 건넌 뒤 미 제1기병사단에 공격을 개시하였다. 그리고 낙동리에 도착한 인민군 제13사단과 제15사단은 한달음에 대구 북방 17km에 위치한 유학산(839m)과 다부동 일대까지 진출함으로써 대구를 직접적으로 위협하고 있었다.

8월 10일이 지나자 북한군 제8사단과 제13사단은 대구와 상주를 연결하는 도로를 차단하기 위해 공세로 나왔다. 북한군은 원래 8월 15일까지 부산을 점령하려던 목표가 여의치 않자 이를 수정하여 8월 15일까지 대구를 점령하는 것으로 바꾸었다. 당시 대구에는 우리 정부와 미 제8군 사령부가 위치하고 있었으므로 공산군의 점령 목표는 분명한 이유가 있었다. 이들의 전면에는 항상 그렇듯이 T34 전차대가 앞서고 이와 함께 SU 76 자주포들도 모습을 드러냈다. 한편 동해안에서는 북한군 제12사단이 제5사단과 함께 포항을 압박하고 있었다. 부산을 향한 그들의 마지막 공세에 국군 제3사단과 미 제1기병사단은 북한군에 밀려 방어선에서 후퇴하고 있는 상황이었다.

이렇게 대구 전선이 위험해지자 남해안 방어를 맡고 있던 제25사단 예하 제27연대는 방향을 북쪽으로 틀어 대구로 향하였다. 마이켈리스 연대장이 지휘하는 제27연대는 대구 동쪽 높이 902m의 가산(架山)에 진출하여 그곳에 방어선을 구축하였는데, 이곳 서쪽에는 다부동이 있었다. 다부동 계곡은 대구 북쪽에 동서로 뻗은 유학산과 가산 및 팔공산(1,192m) 등 해발 800m 이상 고지들의 가운데를 뚫고 남북으로 뻗어있어 북쪽에서 대구에 이르는 최단 접근로였다. 다부동 계곡은 200~400m의 평지 공간인 좁은 지대로서 가운데에는 조그만 하천도 흐르고 있다. 당시 미제8군 사령부는 대구에 자리잡고 있었는데, 다부동 계곡은 그곳에서 17km 떨어져 있어 만약 북한군이 902고지(가산)를 점령하면 그곳에서 대구 시내에 포격을 할 수 있는 상황이었다.

미 제27연대는 이 계곡의 중간 지점에 배치되었고 계곡을 감싼 양쪽의 산악지대는 백선엽 사단장이 지휘하는 국군 제1사단 병력이 8월 13일부터 배치되어 있었다. 8월 14일, 이날은 북한군의 8월 공세 가운데 가장 전투가 치열했던 날인데, 미 제8군은 이날 북한군 4개 사단과 전차부대가 왜관 서북방에 집결하여 낙동강 도하를 준비하고 있는 것을 발견하였다. 이에 제8군 사령부는 집결한 적의 대부대를 사전에 격파하고자 전략 공군 소속의 B29 폭격기 지원을 요청하였고, B29폭격기 98대가 발진하여 8월 16일 11시 58분부터 26분 동안 왜관 서북방 낙동강변 가로 5.6km, 세로 12km의 직사각형 지역에 450kg과 900kg의 폭탄 960톤을 투하하였다. 그러나 이미 북한군 부대는 대부분이 도하를 완료한 상태였으므로 B29 폭격기의 융단폭격도 실제로 북한군에게 큰 피해를 입히지 못했다. 다만 심리적으로 북한군을 위축시켰을 뿐이다.

그러므로 북한군은 대구의 현관인 다부동을 향해 공격의 끈을 늦추지 않고 보병으로 하여금 양측 산악에 있는 국군 제1사단을 공격하고, 동시에 14대로 이루어진 강력한 T34 전차대를 중앙 계곡으로 전진시켰다. 북한군의 남침 때부터 선두에 세워 낙동강까지 내려온 T34 전차대는 이미 4분의 3이 파괴된 상태였으므로 소련으로부터 새로 보급 받은 T34 전차 가운데 21대를 철도 편으로 급히 청진항에서 대구 방면으로 투입했던 것이다.

8월 18일, 북한군 제13사단은 상주 방향으로 14대의 전차를 앞세우고 도로를 따라 공격을 시작하여 다부동 동쪽의 가산에 나타났다. 이들은 야간에 미군 야포진지에 치열한 준비 사격을 한 뒤, T34 전차 2대와 SU 76 자주포 1대가 선두에 서고 그 뒤를 전차 3대의 엄호를 받는 차량화 보병이 따르며 공격을 감행하였다. 그러나 이들 전차는 미군이 발사한 3.5인치 로켓포에 맞아 파괴되었다. 다부동이 돌파될지도 모른다는 위험을 느낀 미 제8군 사령부는 미 제2사단 제23연대와 국군 제8사단 제10연대를 다부동 지역에 추가 투입하였다.

북한군은 8월 23일까지 7번에 걸쳐 전차를 앞세우고 공세를 반복하였다. 밤낮으로 피아가 엉켜 싸운 이 전투에서 미군은 사전에 북한군이 진입해올 도로에 지뢰를 매설하고, 야간 사격이 가능하도록 포를 이미 조준해 지근거리 사격을 함으로써 명중 효과를 증대시켜 적을 강타하였다. 또 야간에는 조명탄을 사용하고 적의 야간 신호 수단을 써서 적을 혼란시키며 그들의 공격을 분쇄하였다. 8월 21일 밤 북한군이 다부동 계곡으로 전차와 자주포를 앞세우고 대규모 역습을 감행해오자, 미 제27연대도 전차를 앞세우고 맞섰다.

피아 40여 대의 전차가 맞붙어 싸우는 전차전이 시작된 것이다. 이날 밤, 미 제27연대에 배속된 미 제73전차대대의 C중대는 북한군 T34 전차대와 5시간에 걸쳐 벌어진 전차전에서 공격해오는 북한군 전차대를 완벽하게 격퇴하였다. 이전에 이미 약한 M24 전차와 상대를 하였던 T34 전차병은 미군 전차에 대해 자신감을 갖고 있었으나 T34 전차의 85mm포탄이 M26 전차의 철갑을 뚫지 못하고 튕겨나가는 것을 보고 크게 당황하였다. 반면 M26 전차의 90mm 철갑포탄은 T34에 명중하면 철판을 부수며 뚫고 들어가 치

다부동 전투 기념관

명적인 손상을 주었다.

이 전차전에서 14대의 T34 전차 가운데 13대와 5대의 자주포, 그리고 차량 23대가 파괴되어 북한군 전차대는 M26 전차대에 전멸되었다. 그때까지 T34를 당할 미군 전차는 없다고 과신하던 북한군 전차병들은 T34보다 더 강한 전차가 있다는 사실을 알고 그 뒤부터는 미군 전차를 경계하였다. 전차전에서는 먼저 적을 발견하고 신속하게 사격해야 한다. 숙달된 전차포수는 1분에 6발을 사격할 수 있다. 물론 일반 포탄보다 철갑포탄이 적의 전치를 파괴하는 데 효과적인 것은 말할 필요도 없다. 일반 포탄은 약간 포물선을 그리며 날아가나 철갑포탄은 고속으로, 그리고 일직선으로 날아가 적 전차의 두꺼운 장갑을 뚫으며 들어간다. 당시의 전차는 컴퓨터 전자장치가 없어 포수가 잠망경을 통해 육안으로 적 전차를 조준한 뒤 수동으로 사격하였으므로, 특히 적보다 신속하고 정확하게 조준하여 사격해야 했다. 전차대와 보조를 맞추어 양측 산악을 공격하던 북한군 보병부대도 국군 제1사단의 악착같은 방어에 막혀 전혀 전진을 못하고 괴멸해버렸다.

다부동에서 벌어진 기갑전투를 분기점으로 한국전쟁에서 기갑부대의 주도권이 북한군으로부터 유엔군에 넘어오게 되었다. 또한 국군과 미군, 한미 연합부대의 협동작전이 이렇게 손발을 착착 맞추며 눈부신 전공을 세운 전투는 별로 많지 않다. 그러므로 다부동 전투는 한국전쟁 초기, 낙동강 교두보에서 공산군의 예봉을 꺾어버린 한미 연합군의 상징적인 전투이다. 부산 점령을 눈앞에 두고 다부동과 왜관에서 미 공군기와 미 육군 M26 전차대에 와해된 북한군 T34 전차대는 그 이후에는 위장을 한 채로 참호를 파고 들어가 고정 야포 노릇을 하였으나, 결국 이 지역에 도달한 것을 마지막으로 아군에게 밀려 후퇴할 수밖에 없었다.

다부동 전투의 승리는 전차가 있었기 때문에 가능하였다. 비록 보병이 3.5인치 로켓포를 장비하고 있었으나, 만약 전차가 없었다면 전차를 앞세우고 공격해오는 북한군 보병부대를 이렇게 성공적으로 전멸시킬 수는 없었을 것이다. 다부동 전투가 한창인 8월 20일, 현지 부대를 찾아 상황을 파악한 워커 중장은 이제 대구는 안전하다고 장담하였다. 미군은 이곳에서 벌어진 전차전을 '볼링 구장(Bowling Alley) 전투'라고 부른다. 야간에 미군 전차가 발사한 90mm 철갑포탄이 불덩어리가 되어 굉음과 함께 일직선으로 날아가 계곡 사이를 종대로 전진해 오는 북한군 전차의 전면 철갑을 뚫으며 터지는 모습, 그리고 공산군 T34 전차의 85mm 포탄이 밤하늘을 가로지르며 일직선으로 날아와 후방에서 폭발하며 폭음이 다부동 골짜기를 메아리쳐 울리게 하는 모습 등이 마치 볼링장에서 볼링공이 직선으로 빠르게 굴러가서 맞은편에 세워진 핀을 맞추는 것을 연상시켰으므로 그렇게 묘사한 것이다.

8월 23일까지 미군과의 합동작전으로 다부동 방어선을 지켜낸

국군 제1사단은 17일 동안의 혈전 끝에 마침내 이 지역에서 작전의 주도권을 빼앗아, 8월 최대의 위기였던 대구 방어를 승리로 마무리 지을 수 있었다. 국군 제1사단은 8월 하순, 다부동 지역을 미 제1기병사단에게 인계한 뒤 팔공산 북쪽으로 이동하였다. 일부 전사가(戰史家)들은 다부동 전투를 '동양의 베르당 전투'라고 부른다(프랑스 동북부에 있는 베르당은 제1차 세계대전 당시의 격전지이다).

다부동 전투에서 보았듯이, 낙동강 교두보를 방어하는 전투기간 동안 유엔군 전차부대의 기본 임무는 보병에 대한 화력지원이었다. 당시 낙동강 선에서 처음으로 아군은 아군 부대끼리 상호 연결된 전선을 형성하였는데, 종심(縱深)이 엷게 배치되었으므로 가능한 최대의 화력지원이 필요하였다. 그러므로 이런 급박한 상황에서 전차부대의 독립적인 기동 돌파작전은 이루어질 수 없었고 위급한 방어선으로 융통성 있게 이동하여 화력을 지원하며 분산 운용되었다. 그러나 낙동강 방어선을 튀어나와 북진할 때는 기갑부대 고유의 돌파와 기동력을 과시하였다.

(7) 대구를 구한 전투 Ⅱ — 558고지 전투

북한군 제13사단이 상주 방면으로 공격을 시작한 8월 18일, 대구역에는 적의 박격포탄이 6~7발 떨어지면서 "이제 우리나라는 끝장이다"는 유언비어가 나돌아 민심을 흉흉하게 만들었다. 이때 떨어진 박격포탄은 심리전의 일환으로서 게릴라들이 지게에 박격포를 분해해서 짊어지고 민간인을 가장하여 대구 교외까지 침투한 뒤 발사했던 것이다. 국군은 곧 그 일당을 체포하였으나 몇 발 안 되는 박격포탄이 대구 시민에게 미친 영향은 엄청나게 컸다.

이 사건으로 말미암아 대구 시민 70만 명(평시는 30만 명)이 부

산으로 피난을 떠나려는 큰 소동이 벌어지자 조병옥(趙炳玉) 내무
부 장관은 "대구는 기필코 사수할 테니 동요하지 말라"는 격문을
붙여 겨우 민심을 안정시켰다. 이때 북한군은 남한의 4분의 3 이
상을 점령했으나, 남한에 있는 그들의 총병력은 남한 점령 지역에
서 징병한 병사를 포함하여 8만 3천 명, 전차는 100여 대에 지나
지 않았다. 이에 견주어 아군은 병력 18만 명(국군 9만, 미군이 주력
인 유엔군 9만), 전차 600대로서 병력으로 보면 아군이 더 우세하였다.

  기습으로 전쟁을 시작한 북한군은 8월 15일까지 대구를 점령하
는 데는 실패하였으나, 그때까지도 전쟁의 주도권을 잡고 있었으
므로 8월 20일, 9월 공세(제5차 총공세) 작전을 추가로 발동하여 부
산 점령을 목표로 총공세로 나왔다. 따라서 아군은 도처에서 밀리
고 있었다. 북한군의 9월 공세는 제2군단이 9월 2일을 기하여 국
군이 담당한 전선(다부동 – 포항 선)에, 제1군단은 8월 31일 유엔군
담당 전선(낙동강 서부)에 공격을 개시함으로써 부산을 점령하려는
것이었다. 9월 공세는 유엔군의 예상을 뛰어넘는 규모였고 기세
또한 격렬하였다. 이 공세의 일환으로 김무정 중장의 북한군 제2
군단은 전략 요충지 영천을 점령하고자, 일부는 군위를 점령한 뒤
가산에 있는 국군 제1사단과 신령(新寧) 서북쪽 6km 오림산(烏林山)
에 있는 제6사단 사이를 뚫고 팔공산(八公山)으로 진출해 양 사단
과 이전투구의 혈전을 벌이고 있었다.

  기갑연대는 이 간격을 메우기 위해 8월 21일, 팔공산 북쪽 4km
에 있는 대율동(大栗洞)으로 진출하여 이날 558고지를 공격하였으
나 실패하였다. 미군 항공기가 수십 차례나 폭격하고 미군 포병대
가 계속 포사격을 하였으나, 558고지는 끄떡도 하지 않았다. 적은
폭격이나 포격을 피해 과거 금을 캐려고 파놓은 굴에 들어가 있다
가, 아군이 고지를 향해 올라가면 수류탄을 던지면서 완강한 저항
을 하였으므로 아군의 공격은 번번이 실패하였다. 8월의 팔공산

기슭은 섭씨 33도를 넘나드는 무더위여서 아군과 적군의 시체 썩는 냄새가 코를 찔렀고, 참호 속에서 머리를 내밀면 적의 총탄이 비 오듯 날아왔다. 전영은 제3대대장은 철모를 쓰지 않고 철모 안에 쓰는 파이버만 썼는데, 파이버에 칠한 에나멜이 반짝반짝 햇빛을 반사해 쉽게 적 저격병의 눈에 띄어 총알에 이마를 맞고 전사하였다.

558고지 점령을 위해 독립 기갑연대가 마지막으로 보유하고 있던 장갑차 2대(M3 반궤도 장갑차, M8 장갑차 각 1대)는 맞은편 300고지에서 제1대대를 지원 사격하였다. 장갑차 위치에서 200m 전방에 대대 지휘소가 있었고 그곳에는 전영은 대대장의 후임인 정세진(丁世鎭) 대대장과 제2중대장 김준식(金俊植) 대위가 들어가 있었다. 이때 적의 박격포탄이 대대 지휘소에 명중하여 흙먼지가 뽀얗게 치솟았다. 가까이에 있던 이흥렬(李興烈) 소위가 호 속으로 뛰어 들어갔을 때, 정 대대장이 김 대위를 안고 "김대위, 김대위!"하고 불렀으나 김 대위는 피 묻은 주먹밥을 손에 쥔 채로 숨이 끊어졌다. 그는 배식된 주먹밥을 들고 자리에서 일어나려다 떨어진 포탄에 맞았던 것이다. 포탄이 터지면서 김 대위의 피가 정 대대장의 눈에 튀어 대대장의 얼굴은 피로 얼룩졌다. 건빵을 먹으려고 둘러앉은 병사들의 복판에 포탄이 떨어져 시체의 살덩이가 산지사방에 튀기도 했다.

거듭 작전에 실패하자 백남권 연대장은 결사대를 모집하여 공격하였다. 박승규(朴承圭) 하사를 포함한 결사대원들은 8월 31일 밤 9시에 558고지 밑까지 진출하여 10시 5분 전 백색 연막탄이 터지는 것과 동시에 공격해 가는데, 고지에서 체코제 기관총이 불을 뿜었다. 그러나 결사대원들은 야간 공격으로 고지 위의 적을 섬멸하여 드디어 그곳을 점령하였다. 전장을 정리한 결과, 적 사살 150명, 포로 6명, 자동화기 및 소화기 100여 정, 수류탄 20상자를 노

왜관지구 전적비

획하는 전과를 올렸다. 점령 신호로 예광탄 10발을 공중에 발사하
자 300고지에 있던 아군이 지르는 함성이 558고지 위에 있던 결
사대원에게까지 들렸다. 기갑연대는 8월 21일 558고지를 공격한
이래 수차에 걸친 쟁탈전 끝에 공격 12일 만인 9월 1일, 고지를
완전히 점령하여 제1사단 제11연대에 인계하기까지 그야말로 도륙
전을 방불케 하는 혈전을 벌였다.

　고지는 점령하였으나 혈전으로 육군 독립기갑연대의 창설 장병
은 이곳에서 거의 모두 전사하고 연대는 이름만 연대이지 대대 병
력인 900명 정도 밖에 안 되었다. 그러나 기갑연대는 다른 부대에
흡수되지 않고 독립부대로 남았다. 북한군이 남침한 이래, 북한군
에 밀려 국군이 서울에서 낙동강으로 후퇴하는 동안 여러 사단과
연대가 해체되어 다른 사단 또는 연대로 흡수되었으나 기갑연대는
다행히도 대구로 이동하여 전통을 잇는 연대로서 재편성하게 된
다. 558고지 전투가 끝난 뒤 기갑연대의 주요 지휘관은 연대장 백
남권 대령, 제1대대장 정세진 소령, 제2대대장 박도경 소령, 제3대
대장 임관묵(林觀黙) 소령이었다.

영천지구 전적비

　앞에서 나온 것과 같이 국군 기갑연대가 혈전을 벌였음에도 북한군의 9월 공세로 말미암아 낙동강 전선은 여러 곳이 돌파되었다. 9월 3일 다부동 서쪽에 있는 수암산 후방으로 진출한 북한군이 다부동 지역을 방어하고 있는 미 제1기병사단 예하 제7기병연대를 포위하자, 미군은 다부동 지역을 단 3일 만에 적에게 내어주고 4km를 철수하였다. 이제 아군 방어선에서 대구까지는 겨우 10km 밖에 남지 않은 거리였다. 국군 제1사단과 미 제25사단의 제27연대가 목숨을 걸고 지킨 다부동 지역을, 미 제1기병사단은 악착같은 방어전을 펼치지 않고 너무 쉽게 북한군에게 내어준 것이다. 이렇게 북한군의 심각한 위협에 직면한 미 제8군 사령부는 낙동강 방어선을 포기하고 부산 방어선인 데이빗 선으로 철수할 것을 고려하였다. 우선 육군본부와 미 제8군 사령부를 부산으로 이동시킬 예정이었다. 그러나 미 공군의 끊임없는 맹폭으로 대구를 점령하려던 북한군의 9월 공세는 9월 12일에 한계에 도달하여 대구를 겨우 10km 남겨놓고 중지되어 미 제1기병사단은 대구를 방어할 수 있었다.

국립 영천 호국원

　한편 북한군은 9월 공세의 일환으로 대구 동쪽에 있는 영천(永川)에도 2개 사단(제8·제15사단)을 투입하여 대구 방면에 못지않게 공세를 취하고 있었다. 진격 속도가 늦다고 해임된 박성철 소장에 이어 제15사단장이 된 조광렬 소장은 9월 5일 새벽 1시, 비가 억수같이 쏟아지자 국군의 경계가 느슨해질 것을 예상하여 전 사단이 기습으로 나와 전광석화같이 국군 제8사단을 격파하고 9월 6일 새벽 3시 영천을 점령하였다. 영천은 대구, 포항, 경주로 가는 길목으로서 전략적 교통의 요충지이다. 그러므로 북한군이 순식간에 영천을 점령하자 아군의 중동부 전선이 돌파되어 낙동강 전선 전체가 위기에 봉착하게 되었다. 이제 북한군 제15사단은 대구의 후방을 차단하거나 경주로 진출해 부산으로 돌입할 수 있는 위치에 있었다.

　위기를 맞은 유재흥 제2군단장은 휘하의 백선엽 제1사단장과 김종오 제6사단장에게서 각각 1개 연대를 차출하여 영천으로 급파하였다. 이에 경주로 진격하던 북한군 제15사단은 그 뒤를 차단한 국군에 포위되어 주력이 섬멸되었다. 국군 제2군단은 제8사단, 새로 편성된 제7사단으로 9월 8일 오후 영천을 탈환하고, 9월 10일 까지는 북한군 제15사단의 패잔병 부대를 섬멸함으로써 대구와 부 산을 빼앗길 수 있는 상황에서 국군은 최후의 방어선을 지킨 것이 다. 북한군의 9월 공세로 벌어진 영천 지역 전투는 북한군 8월 공 세 때의 왜관, 다부동 전투와 함께 우리나라의 운명이 걸린 낙동 강 방어 전투를 승리로 이끈 전투 가운데 하나이다.

(8) 기갑연대의 재편성

558고지 전투가 끝나자마자 기갑연대는 9월 2일 대구에 집결하 여 신병을 받아 재편성 중이었는데, 위급한 전황에 따라 1개 대대 는 9월 4일자 육군본부 작전명령(제163호)에 따라 9월 5일 경주로 이동하고, 연대의 주력은 대구에서 9월15일까지 13일 동안 부대를 재편성 하였다. 제163호 작전명령에서 처음으로 '육군 독립기갑연 대'에서 '제1기갑연대(보병)'라는 정식 명칭으로 바뀌게 된다(이 명 령에서 볼 수 있듯이 독립기갑연대는 완전히 보병 연대가 되어 휴전 이 후부터 베트남 파병 때까지 훈련에 임하다 후신(後身)인 맹호부대로 이어 지게 된다. 맹호부대는 베트남전쟁에서 월맹군과 베트콩에게 전투의 공포 를 알게 해 준 사단으로 용맹을 떨쳤다).

당시, 기갑연대의 재편성이라는 것은 인원 보충을 말한다. 6·25 사변이 시작된 뒤 558고지 전투까지 많은 병력을 잃은 기갑연대 는 대구에서 병력을 보충했다. 재편성을 하려면 무엇보다 병력과 장비의 보충이 뒤따라야 한다. 그러나 이미 남한 땅의 4분의 3을 북한군에게 빼앗겨 병력 모집에는 한계가 있었고, 또한 대포 등 중장비는 한강 이북에 두고 나와 소총 한 자루도 만들 수 없는 우 리의 처지로서는 난감할 따름이었다. 동원 병력을 얻기 위한 소집은 당시 상황으로서는 경북 일부와 경남 일부에 한정되었으므로 신병들은 거의가 경상도 출신이었다. 또한 피난의 혼잡으로 병적 정리는 물론 법규에 따른 원칙적인 소집도 거의 불가능하였다. 그래서 최후 수단으로 가두 소집, 각종 단체의 집단 소집까지 강행하였던 것이다. 그러므로 이때 강제로 군대에 입대한 젊은이들도 적지 않았다.

이와 달리 장비 보충은 날이 갈수록 호전되었다. 7월 3일, 미군 수송기로 M1 소총 990정이 대전에 공수되었고 7월에는 하루 평균 1만 톤의 군수물자가 부산에 하역되었다. 7월 하반기 16일 동안 230척의 선박이 군수물자와 병력을 싣고 부산에 입항하였다. 여기에는 해군의 힘도 컸다.

북한군이 6월 25일 새벽 38선에 있던 탱크부대를 선두로 남쪽을 향해 일제히 불을 뿜으며 침공하면서 그날 밤 12시 무렵 부산을 점령하기 위해 인민군 특공대 600명을 실은 인민군의 함정이 부산에 들어오다가 바로 부산 앞바다에서 최용남(崔龍男) 중령이 지휘하는 해군의 백두산 함(PC 701)에 격침되어 버렸다. 김일성은 이 특공대가 부산을 점령하리라 믿고 6·25 사변을 일으키기 며칠 전에 소련에 급히 기뢰 2천 발을 요청하였다. 부산을 점령한 뒤 이 기뢰들을 부산 앞바다에 뿌려 접근하는 미군 선박을 바다에서 봉쇄하려고 한 것이었다. 만약 인민군 특공대가 부산에 들어와 항구 시설·방송국·관공소 등을 점령했다면 미국을 비롯한 유엔군 선박은 한국에 들어올 수 없었을 것이고, 후퇴하던 국군과 민간인, 정부 관계자들은 큰 실의에 빠져 전쟁은 김일성이 원하던 대로 진행되었을 것이다. 그러나 전쟁은 사람이 마음먹은 대로 진행되지 않는다.

기갑연대는 재편성을 위해 대구의 능인(能仁)중학교, 계성(啓星)중학교, 방직 공장 등에 분산하여 수용되었다. 연대 재편성 때 가장 먼저 신병으로 도착한 것은 진해 출신 1,000여 명이었다. 자유민주주의 체제는 물론 나라의 운명이 풍전등화와 같이 위협을 받고 있을 때 진해 출신 청년들은 총궐기하여 죽음을 두려워하지 않고 부모형제와 사랑하는 처자식을 버리고 전선에 나선 것이다. 이들은 잃어버린 우리 강토를 되찾아 국민의 생명과 민주주의 체제를 수호하기 위하여 공산군과 싸우기를 결심하고 8월 말 진해를 떠나 대구에 도착하였다.

9월 5일, 진해 출신 천 명의 젊은이들은 군번과 함께 10일 동안의 군사 훈련을 받은 뒤 경북 안강에 투입되어 북한군과 치열한 전투 끝에 그들을 북쪽으로 퇴각시켰다. 그러나 3년 동안의 전쟁 기간에 이들 거의가 전사하거나 부상을 입었다. 자유는 거저 얻어지는 게 아닌 것이다.

(9) 낙동강 남부 전선의 승리

한반도 동남부에서 고전을 면치 못하던 미 제8군을 지원하기 위해 미 해병 제5연대(하와이 주둔)를 기간으로 임시로 창설된 제1해병여단(해병 제1사단 예하 부대임)이 미국 서해안을 출발 8월 2일 부산에 도착하는데, 이 부대는 M26 중(重)전차로 구성된 1개 전차 중대를 갖고 있었다. 그러나 부대가 미국을 떠나기 바로 전에 전차를 지급받아 훈련 시간이 없어 7월 7일 캘리포니아의 전차 사격장에서 전차 한 대당 2발의 포탄으로만 사격 연습을 했다. 간단한 사격연습을 끝내고 M26 전차들은 제1해병여단 본대와 함께 2척의 수송선 포트마리온(Fort Marion)과 건스턴홀(Gunston Hall)에 실려 7월 12일, 샌디에이고 군항을 떠났던 것이다.

여단장 크레이그(E.A.Craig) 준장 휘하의 제1해병여단 병력은

6,500명이었고, 여단의 장교와 부사관들은 제2차 세계대전에 참전한 경험이 풍부했고 사기와 군기가 드높아 언제라도 전투에 투입할 수 있는 상태였다. 3주의 항해 기간 동안 수송선의 갑판에서는, 제2차 세계대전 당시 솔로몬 군도·타라와·펠리류·괌·사이판·티니안·이오지마·오키나와 등 여러 격전지에서 전투를 경험한 전차부대의 고참 부사관들이, 신병들에게 마스터 스위치 조작법부터 포사격 등 전차 운용에 대한 훈련을 하였다. 여단 산하 각 부대별로 항해 기간에 이렇게 훈련을 받은 뒤 8월 2일 3주 만에 부산에 도착한 이 부대는 당시 한국전에 투입된 미군 부대 가운데 가장 훈련이 잘 되고 군기가 엄정한 부대였으므로, 워커 중장은 이 부대를 예비대로 가지고 있다가 북한군의 결정적인 공격이 있을 때 투입할 계획을 세웠다.

남해안을 따라서 부산을 위협하는 북한군 제6사단이 제107전차연대를 앞세워 7월 31일 진주를 점령하고 마산을 향해 전진해오자, 워커 중장은 미 육군 제25사단에 이어서 예비대로 두었던 제1해병여단을 마산 서쪽 방어선에 투입하였다. 부산의 서쪽 45km에 위치한 항구 도시 마산은 당시 인구 15만 명으로 남해안에서 부산으로 통하는 관문이었다. 제1해병여단의 전차 중대는 마산 서쪽 방어선에 배치되자마자 전투에 투입되어, 비록 초기에 T34 전차는 만나지 못했지만 제1해병여단의 보병 작전을 지원하며 수많은 북한군 기관총좌와 대전차총들을 파괴하였다. 북한군이 사용한 소련제 구경 12.7mm(0.5인치) 1938 DShK 중(重)기관총은 미제 0.5인치 M2 브라우닝(Browning) 중기관총과 성능이 비슷하였다. 당시 미군 전차 중대는 3개의 소대로 구성되었고 1개 소대는 5대의 전차를 보유하였다(소대장이 직접 3대를 지휘하고 소대 선임하사가 2대를 지휘한다).

강력한 미 제1해병여단이 남해안 마산 방어에 투입되었으나 북

터키군이 노획한 소련제 15mm 반탱크총(터키 이스탄불 군사박물관 소장)

한군은 낙동강 도하를 위한 교두보를 확보하고자 계속 공격으로 나왔다. 북한군은 낮에는 잠을 자고 어두워지면 밤 12시까지 또는, 새벽 4시부터 동 틀 때까지 야간 공격을 주로 하였다.

8월 17일 경상남도 함안군 칠원면 오곡리(梧谷理)에서 전차 중대의 M26 전차들은 북한군에게 역습을 펼쳐, 10문이 넘는 북한군 대전차총을 파괴하였다. 북한군은 소련제 모델 1941 PTRD 구경 14.5mm 데그티아레브 반탱크총 말고도 미군이 코끼리총이라고 부르는 소련제 15mm 반탱크총도 보유하고 있었다(이 총은 2개의 쇠바퀴가 달려 인력으로도 움직일 수 있었다. 당시 북한군은 소련제 45mm 대전차포도 사용하였는데 태평양 전쟁에서 사용하던 일본군의 47mm 대전차포는 이 소련제 45mm 대전차포를 모방해서 제조한 것이다. 참고로 소련제 45mm 대전차포의 1.43kg 포탄의 탄두는 1,000m 거리에서 38mm 철판을 관통한다). 이날 낮 동안의 전투가 끝나고 전차병들이 전차를 정비하고 있을 때, 북한군 제107전차연대 소속의 T34 전차 4대가 미 해병대의 방어선을 향해 굉음을 울리면서 접근하는 것이

한국전 당시 전차전이 벌어졌던 오곡리의 현재 모습. 왼쪽이 남해고속도로

목격되었다. 해병대는 즉각 진해만에 정박한 항공모함에 대기하고 있던 해병 항공대 F4U 콜세어 전투기를 발진시켰다. 콜세어 전투기가 이들 북한군 전차를 공격하여 4대 가운데 맨 마지막에 오던 전차를 파괴하자, 전차 위에 탄 북한군 보병들은 모두 엄폐물을 찾아 뛰어 내렸다. 그러나 나머지 3대는 해병대의 방어선을 향해 계속 전진하며 속력을 올려 도로를 따라 달렸다. 이에 전차를 정비하던 미군 전차병들이 스위트(Granville G. Sweet) 소위의 지휘 아래 즉시 M26 전차 5대를 몰고 해병대 방어선의 참호 근처에 도착했을 때 T34 전차 3대는 공격을 시작하였다.

스위트 소위는 1941년 12월, 일본 해군 기동부대가 진주만을 공격할 때 부상을 입었으나 부상에서 회복한 뒤 괌과 이오지마(유황도)에서 미군 전차대 부사관으로 전투에 참가한 경험을 갖고 있었다. 선두에 선 T34가 도로의 모서리를 돌아 나올 때, 대기하고 있던 해병대원들이 바로 앞에서 3.5인치 바주카포와 75mm 무반동총을 발사하여 전차에 명중시키자 T34는 검은 연기를 토하며 화염에 휩싸였다. 그러나 나머지 2대의 T34가 계속 해병대 진지를 향하여 전진해오자 대기하고 있던 M26이 90mm 전차포를 발사하였다. 가까운 거리였으므로 이 포탄은 T34에 명중하여 T34에서 불덩어리가 솟아올랐다. 마지막 남은 전차가 불타고 있는 전차 옆에서 순간적으로 멈추었을 때, M26 전차 두 대가 이 전차에 13발의 포탄을 발사하여 T34는 전차 중심이 계속 뒤쪽으로 튕겨나갈 듯이 휘청거리고 검붉은 연기 속에서 요동치다가 폭발하면서 몸통이 찢어졌다.

  겨우 5분 만에 미 해병의 M26 전차 중대는 그동안 무적으로 보였던 T34 전차들을 보기 좋게 두들겨 부수었다. (전의에서의) 미군과 북한군 전차대의 첫 번째 전투에 이어 오곡리에서의 이 전차전은 제2회전으로서 이번에는 미군이 승리하였다. 크레이그 준장은 워커 중장에게 오곡리 전투의 일방적인 승리 결과를 보고하였다.

  전투에서 패배한 북한군은 부대를 정비한 뒤 9월 6일 T34 전차를 앞세우고 다시 한 번 전력을 다해 공격하였다. 이 전투에서 미군 전차대는, 시계가 좋지 않은데다가 전차들 사이의 통신도 불량하여, 앞선 전투에서 부서진 T34 옆을 통과하다가 선두 M26 전차가 T34 전차들이 발사한 여러 발의 85mm포탄에 포탑을 맞았다. 적의 포탄을 맞고 놀란 전차병들은 전차 바닥에 있는 탈출구 문을 열고 탈출하였다. 두 번째 M26도 여러 발의 포탄을 맞고 전차병들이 탈출하였으나, 이때 한 명이 전사하고 한 명은 부상을 입었다. M26 두 대가 부서져 뒤 따라 오는 M26 전차의 길을 막아버렸다. 미군으로서는 위기였으나 용감한 해병대원들이 T34 전차 바로 앞까지 다가가서 바주카포로 선두에 있던 두 대의 T34와 그 뒤를 따라오던 병력 수송용 장갑차 한 대를 파괴해버렸다.

  이 전투에서 미 해병 전차대는 네 대의 T34를 파괴하였고 1대를 나포하는 전과를 올렸다. 그러나 미군도 두 대의 M26 전차를

오곡리 전차전에서 미군 M26 전차에 파괴된 북한군 T34 전차

잃었는데, 이 두 대의 전차는 미군이 낙동강 방어선 남부 지역에
서 벌어진 전차전에서 잃은 유일한 M26 전차들이다. 이와 달리
북한군은 14대의 전차를 오곡리 전차전에서 잃었다. 이 14대는 미
군의 철갑포탄이 전차 전면 철갑을 뚫고 들어가면서 폭발하여 전
차가 찌그러진 형태로 변한 것도 있었고, 90mm포탄에 포탑을 맞
아 포탑과 함께 둥근 링(ring; 포탑과 차체를 연결해주며 포탑이 회전
하도록 하는)이 차체에서 떨어져 나가거나 충격으로 포탑이 90도로
돌아간 것도 있었다.

　마산 서부 지역에서 해병 항공대의 콜세어 전투기는, 어떤 전투
에서도 찾아보기 어려울 정도로 지상에서 싸우는 해병대와 이심전
심으로 손발을 맞추어 긴밀한 지원을 하였다. 이것은 같은 해병대
소속이라는 마음이 하늘과 땅에서 하나로 이어진 것이라고도 볼
수 있다. 뒷날 서부 전선에서 중공군을 상대로 싸우던 국군 해병
대 전차 중대도 미 해병 항공대의 헌신적인 항공지원을 받은 바
국적을 떠나서 해병대라는 연대감이 이런 합동작전을 가능하게 했
을 것이다.

　오곡리 전투에서 북한군 보병은 소련제 반탱크총을 미군 전차에

오곡리의 광려천

발사하였는데 놀랍게도 그 총탄은 M26 전차의 10cm 두께 두꺼운
철갑도 관통하였다. 어떤 M26은 23발의 반탱크 총알을 맞고서도
끄떡없었으나, 어떤 M26은 최적의 각도와 거리에서 발사한 총알
이 전차의 두꺼운 철갑을 뚫고 들어가 전차 안에서 튕기며 전차병
을 살상하는 피해를 입혔는데, 이로 말미암은 전차 승무원의 피해
는 M26보다 M4 전차가 더 컸다. 한물간 고물 무기라고 여겼던
소련제 반탱크총은 한국전쟁 내내 미군 전차나 장갑차량을 이렇게
괴롭히며 위력을 발휘하였다. 그러나 결국 미군 전차대의 활약에
힘입어 미군은 오곡리 전투에서 승리함으로써, 남해안을 따라 마
산을 점령하고 이어서 부산을 점령하려던 북한군의 계획은 수포로
돌아갔다.

　오곡리 전투가 끝난 뒤 미군의 M26 전차대는 인천상륙작전에
참가하기 위해 오곡리를 떠났다. 오늘날 오곡리 평야는 옛날과 다
름없지만 북한군 전차대가 공격해오던 방향으로는 호남과 대구 방
면으로 가는 고가도로가 달리고 있고, 이 고가도로에서 멀지 않은
곳에는 낙동강의 지천(支川)인 광려천이 흐르고 있다. 미군은 오곡

리 마을에서 몇 차례에 걸쳐 벌어진 전차전을 '낙동 벌지(Naktong Bulge)전투'라고 이름 붙였고 오곡리 마을 주위를 둘러싸고 있는 언덕의 능선은 노네임릿지(No Name Ridge; 무명 능선)라고 불렀다.

벌지 전투는 1944년 12월부터 1945년 1월까지 벨기에의 아르덴느 고원에서 펼쳐진 독일군 전차부대와 미군 전차부대 사이의 건곤일척의 전차전이었다. 전투 초기에 승리를 거둔 독일군은 다시 한 번 노르만디 반도까지 진격하려고 했으나 전투 마지막 단계에서 결국 미군에 패하고 미군은 독일 영내로 진격하게 된다. 이 전투를 소재로 1965년에 만든 헐리우드 영화인 〈벌지 전투(Battle of the Bulge)〉는 우리나라에서도 1960년대 말에 상영되었다. 가끔 TV에서도 몇 년마다 '주말의 명화' 시간에 방영되고 있는데, 이 영화 속에서 독일군의 타이거 전차로 나오는 것은 사실은 미군이 한국전쟁 기간에 만든 구형 전차인 M47 패튼 전차(승무원 5인, 전차포 90mm)이고, 미군의 서먼 전차로 나오는 것은 M24 경전차이다. 영화에서는 강력한 독일군 타이거 전차에 맞서 이보다 성능이 떨어지는 미군의 M4 서먼 전차가 활약하는 것을 보여주기 위해, 일반인들이 육안으로 보아도 약간 작고 약해 보이는 M24 전차를 사용한 것 같다. 헐리우드에서도 옛날 전차는 같은 모델을 수십 대씩 구하기가 어렵다. 그러므로 영화 〈패튼 대전차 군단〉에서 독일군 타이거 전차대가 북아프리카 튀니지의 미군 진지를 공격하는 장면에 등장한 전차는 사실 미국제 M48 전차이며, 최근에 나온 〈인생은 아름다워〉라는 이탈리아 영화에서 마지막 장면에 전차 한 대가 굉음을 내며 유대인 수용소 안에 들어오는데 이것이 바로 M4 전차이다.

(10) 북한군 전차대의 패전 원인

북한군은 6·25 남침일부터 전차대를 전 전선의 공격 측선에 분산시켜 활용하였다. 물론 수도 서울을 단숨에 점령하기 위해 의정부-서울 축에 전차부대의 주력을 쏟아 부었으나 앞에서 본 대로 개별 전차 연대는 여러 북한군 사단에 배속되어 전 전선에서 국군을 압박하였다. 남침 초기 이러한 분산 투입은, 무기도 제대로 없을 뿐더러 병력도 적고 훈련조차 안 되었던 국군 방어선을 여러 곳에서 동시에 돌파하는 데 효과적이었다. 그러나 그 뒤 전과확대의 단계에서 강력한 전투력을 한 곳에 집중해야 할 때 집중하지 않고 분산시킴으로써 서울을 단숨에 점령하던 그 속력을 유지하지 못했다. 북한군은 전차부대를 앞세우고 남침 3일 만에 서울을 점령하기까지 하루 평균 25km의 진격 속도를 보였다. 그러나 한강을 건너 낙동강까지 320km를 진격하는 데는 하루 평균 11km의 느린 속력이었다(1950년 7월 4일부터 8월4일까지). 만약 북한군이 한강 도하 뒤 전차대를 한 방향에만 집중 투입했더라면, 서울-대전-대구-부산 축을 따라 진격하는 속도는 훨씬 빨라서 소련제 T34보다 강력한 미군의 M26, M46 전차대가 8월 초에 부산에 도착하기 전 낙동강 선을 돌파하였을 것이다. 미군의 M4, M26, M46 중(重)전차가 도착할 때까지 미군이 우리나라에 투입하였던 M24 경전차는, T34를 앞세우고 남진해오는 북한군을 지연시키는 임무를 수행하였으나 T34의 적수는 아니었고, 미군과 국군은 대전차 화기도 충분하지 못한 상태였다.

예비 전차가 부족했던 것도 북한군 전차대가 실패한 이유이다. 낙동강 선에 이르기까지 북한군의 남진을 가능케 한 것은 전차부대가 가장 큰 비중을 차지하였다. 그러나 낙동강 선에 도착한 북한군 전차대는 절반 이상이 파괴되었으나 보충이 제대로 이루어지지 못했다. 소련에서 급히 원조 받아(8월 23일 소련에서 북한에 도착) 편성한 제16·제17기갑여단의 전차 80대가 8월 말 철도 편으로 평양을 출발한 뒤, 유엔군 공군기의 공격을 피해 야간에만 이동하여 낙동강 선에 도착하였지만 그 시점은 이미 9월 초였다.

이때는 T34를 능가하는 성능과 철갑을 가진 미군의 M26, M46 전차가 이미 낙동강 전선에 이동 배치된 뒤였다. 또한 그 시점에 낙동강을 사이에 두고 전차 대수에서도 유엔군은 북한군보다 서너 배나 많은 전차를 보유하고 있었다. M24 경전차대가 낙동강까지 후퇴하면서 강력한 T34 전차대의 전진을 지연시킨 것과 달리, 뒤에 도착한 M26, M46 전차대는 낙동강 선에서 T34 전차대를 앞세운 북한군의 공격을 성공적으로 막아냈고, 그 뒤 반격을 시작하여 38선을 넘어 북진할 때 선두에 섰다.

또한 북한군은 제공권을 잃음으로써 전차대를 제대로 운용할 수 없었다. 성공적인 기갑 작전을 위해서는 제공권이 전제가 되어야 하는데, 북한군은 6·25 남침 이후 곧 제공권을 잃어 유엔 공군기가 나타나면 은폐물을 찾느라고 기갑 본연의 고속기동 돌파작전을 제대로 수행하지 못했던 것이다.

이렇게 낙동강 선에서 전차대가 힘을 발휘하지 못하자 북한군은 보병 공격을 위주로 할 수밖에 없었으므로 아군의 낙동강 방어진지를 돌파하지 못하고 결국 실패하였다.

제2차 세계대전 당시 구데리안 장군과 롬멜 장군 등이 지휘한 독일군 기갑부대는, 전차의 속도를 이용하여 특정 지역을 집중 공격함으로써 독일 육군보다 훨씬 우세한 전투력을 보유한 프랑스 육군을 순식간에 격파하고 1940년 6월, 전쟁 시작 한 달 만에 프랑스의 항복을 받았다. 북한군은 소련군이나 중공군 출신의 실전 경험이 풍부한 지휘관들이 많았다. 만약 김일성이나 북한군 지휘관들이 비록 제공권은 없더라도 독일식 전격전술을 택하여 한 곳으로만 집중 공격하였다면 그들의 원래 계획대로 1950년 8월 15일 광복절 기념식을 부산에서 열 수도 있었을 것이다.

(11) 경주(慶州)의 위기

북한군은 8월 31일 밤, 5개의 사단으로 총공세를 감행하였다. 미 제9보병연대가 방어하는 낙동강 '아곡' 지역으로 이날 밤 북한군 500명이 도하에 성공하여 미군 방어선으로 돌입하였다. 이때 미 제72전차대대 소속 A중대의 전차 2대가 M19 대공 자주포와 M3 장갑차 각 한 대와 함께 보병을 지원하고 있었다. 북한군 500명은 어둠을 이용하여 일제히 공격하였으나 전차 2대와 장갑차는 보병 앞에서 보병이 방어선에 전개할 때까지 그들의 공세를 막았다. 그러나 전차 한 대가 고장으로 움직이지 못하자 전차장 코우마(Ernest Kouma) 상사의 전차는 적진으로 들어가 근거리에서 전차포와 기관총으로 사격하였다. 코우마 상사는 부상을 두 번이나 입었으나 전차 포탑 위에 설치된 0.5인치 중기관총을 붙잡고 싸웠다. 그는 전차 가까이 접근하여 전차에 올라오는 북한군은 권총으로 사살하였다. 북한군은 이튿날인 9월 1일 오전 7시 30분, 코우마 상사가 탄 전차 주위에 250구의 시체를 남기고 물러갔다(이 전공으로 미국 의회는 코우마 상사에게 군인 최고의 명예인 명예훈장을 수여하였다. 한 대의 전차가 전투에서 보병 250명을 사살한 것은 전차전 사상 아주 드문 예이다).

8월 31일부터 시작한 9월 공세 기간, 북한군은 전략의 요충인 영천을 점령하고 이어서 경주를 통해 부산으로 향하려는 계획을 세우고 있었다. 이즈음 제1기갑연대는 9월 2일 저녁 대구에 집결하여, 육군본부로부터 '9월 5일까지 1개 대대를 경주에 도착시켜 제1군단장 김백일(金白一) 준장의 지휘를 받으라'는 긴급 명령을 받고 연대의 1개 대대를 경주로 급히 출동시켰다. 이 지역을 방어하던 유재흥 제2군단장은 "나의 무덤은 여기다"고 다짐하고 있었다. 워커 미제8군 사령관은 4일에 안강(安康), 5일에는 영천이 적의 수중에 들어가자 적이 한달음에 경주를 점령하고 여세를 몰아 아군의 최후 거점인 부산으로 내리밀 것으로 판단하고 미 제24사단을 경주로 이동시켰으며, 육군본부에서도 기갑연대의 1개 대대를 경주에 배치한 것이다.

이러한 위기 상황에서 출동한 제1기갑연대는 경주 북쪽 10km의 무릉산(武陵山) 남쪽에 전개했으며 여기서부터 동쪽에 있는 곤계봉(昆季峰)에는 제17연대, 호명리(虎鳴里)에는 제1연대, 그리고 홍계동(洪溪洞)에는 제18연대가 전개하여 일진일퇴의 혈전을 벌였다. 제1기갑연대와 맞붙은 적은 청송-구수동-도평동 전투에서 싸운 적이 있는 북한군 제12사단이었다. 9월 13일까지도 경주 전선은 호전될 기미가 안 보였고 혈전이 계속될 뿐이었다.

제17연대는 곤계봉을 놓고 1주일 동안이나 낮에는 적, 밤에는 아군으로 바뀌는 쟁탈전을 거듭하는 바람에 '공'과 비슷하게 생긴 곤계봉은 풀 한 포기 없는 진짜 공처럼 되고 말았다. 그러는 가운데 제17연대는 13일 밤 은밀하게 부산으로 철수하였는데, 이는 인천상륙작전 참가 때문이었음이 뒷날 밝혀졌다. 따라서 제1기갑연대는 제17연대의 방어 구역을 인수, 적의 야간 기습을 막기 위해 무릉산 봉우리마다 이중으로 병력을 배치하였으며, 적의 접근을 알리는 조명지뢰와 수류탄을 연계 철선으로 매달아 화망을 구성하고 적을 여러 차례 격퇴하였다.

9월 15일, 인천상륙작전이 성공하자 사기가 충천해진 국군은 장비가 부족한 가운데서도 적을 공격하여 적에게 막대한 손실을 입히며 전진해 나갔다. 이때 대대의 명칭도 바뀌었다. 곧, 제3도보대대가 제1대대(대대장 정세진 소령)로, 제1장갑대대가 제2대대(대대장 박도경 소령)로, 제2기병대대가 제3대대(대대장 임관묵 소령)로 바뀌었다. 이 당시 기갑연대에는 장갑차 1대와 말 몇 필이 남아 있었다. 박도경 소령의 제2대대가 안강에 돌입하자 그 지역은 이미 집한 채 없이 초토로 바뀌어 있었다. 부서진 적의 전차, 곡사포, 우마차, 차량과 아군의 M46 전차 그리고 전폭기의 잔해, 널려있는 시체에서 풍기는 악취 등 전장의 참상을 뒤로하고 기갑연대는 전진하였다. 9월 22일, 기갑연대가 그때까지 연대에 남아 있던 마지막 한 대의 M3 반궤도 장갑차를 앞세우고 돌입하여 기계를 점령하고 입암에 접근하자, 사기가 떨어진 적은 도평동으로 후퇴하였다. 기갑연대가 기계에 돌입할 때, 마지막 한 대 남은 M3 반궤도 장갑차가 선두에서 달리다가 인민군이 후퇴하면서 매설한 지뢰에 걸려 뒤집혔다. 그러나 기갑연대는 하루 40~50km의 속도로 진격하여 얼마 전에 치욕을 당했던 청송, 진보, 영양에 돌입하였다.

7. 반격작전

(1) 인천상륙작전

맥아더는 북한군이 남침하자, 6월 29일 한국 전선을 시찰하고 인천상륙작전을 계획하였다. 따라서 인천상륙작전은 원래 7월 22일에 개시하려고 하였으나, 낙동강 전선의 상황이 좋지 못해 상륙작전에 투입할 육군 부대를 낙동강 전선의 워커 중장 휘하에 투입하느라고 시행을 약 2개월 연기한 것이다. 그러나 8월 중순이 되어 낙동강 전선이 교착상태에 들어갔으므로 상륙 가용 병력을 차출하여 인천상륙작전에 투입할 수 있었다.

미 해병 제1사단과 육군 제7사단을 중심으로 구성된 제10군단이 수행한 이 작전은 한국전쟁을 통하여 맥아더 장군이 시행한 작전 가운데 가장 눈부신 작전의 하나였으며, 이 작전의 성공으로 유엔군은 한국전에서 승리할 것이라 믿게 되었다. 맥아더는 인천이 서울에 가깝고, 서울을 거쳐 적의 보급품이 남쪽으로 내려가고 있었으므로 인천을 상륙지로 정했던 것이다.

그러나 인천은 밀물과 썰물의 차가 크고 상륙 해안에 방파제가 있어 상륙용 주정이 접안할 수 없다는 점을 들어, 휘하의 해군과 해병대의 수많은 지휘관들이 반대하였다. 워싱턴의 합동참모본부에서도 물론 반대하였다. 이에 대해 맥아더는 '적도 그렇게 생각

인천 월미도 그린 비치

하고 인천에 유엔군이 상륙하리라 예상하지 못할 것'이라고 설명
하고 작전을 강행하였다.

일본 남부와 한국 남부의 항구에서 떠난 수송선과 함정 등 모두
261척의 상륙선단은, 9월 15일 이른 아침 인천항 월미도 앞에 웅
장한 자태를 드러냈다. 이 가운데는 전차와 중장비를 실은 전차양
륙함인 LST도 수십 척이 있었다. 미국은 제2차 세계대전이 끝난
뒤 남아도는 많은 함선을 폐기하거나 민간에 불하했는데, LST의
경우는 일본 민간인 회사에도 불하하였다. 일본인들은 이를 구입
하여 일본 국내에서 연안운행용으로 사용하고 있었다. 미군은 인
천상륙작전을 위해 이들 일본인 소유의 LST를 급히 징발하여 인
천상륙작전에 투입하였으므로, 인천상륙작전에 투입한 LST 가운데
약 30척에는 일본 민간인 승무원들이 타고 있었다.

상륙 함대를 직접 지휘하고자 맥아더 장군은 새로 받은 C21A
컨스텔레이션 전용 탑승기(이름은 계속 '바탄'으로 사용하였음)를 타
고 하네다 비행장을 출발하여 큐슈의 이다즈키(板付) 비행장에 도

착하여 거기서 사세보 항구까지는 차로 이동하였다. 록히드 회사
에서 만든 이 비행기는 현재 캘리포니아 주 발레(Valle) 시의 패임
(Fame) 항공박물관에 전시되어 있다.

사세보 항구에는 이미 맥아더가 승선할 지휘용 수송선 마운트
맥킨리(Mount McKinley) 호가 대기하고 있었다. 항공모함 4척이
포함된 대함대가 인천으로 향하는 동안 바다는 태풍 케지아(Kezia)
의 영향권 아래 있었으나 9월 14일까지 함대는 무사히 인천 앞바
다에 도착할 수 있었다. 맥아더는 상륙작전이 시작되는 날인 9월
15일 새벽 2시 30분에야 침실로 들어가 성경을 읽고 잠이 들었다.

이날 오전 5시 40분, 순양함의 8인치 주포가 포문을 여는 것으
로 시작된 상륙작전은 예정대로 신속하게 진행되었다. 함포사격과
항공기의 폭격에 이어 수륙양용 전차와 상륙용 주정에 올라탄 미
해병대는 월미도에 상륙하여 불과 30분 만에 상륙 지역 암호로 그
린 비치(Green Beach)로 명명된 월미도를 방어하던 북한군을 제압
하였다. 주력부대의 성공적인 상륙을 위해서 인천항 돌출부인 월
미도를 우선적으로 점령한 것이다. 그러자 즉시 미 제1해병사단
전차대대장 밀른(Harry Milne) 중령이 지휘하는 M26 전차, M4에

인천상륙작전 기념관

LVT 수륙양용 전차

삽날을 붙인 불도자형 전차(B43) 그리고 화염방사 전차(POA−CWS
−H5)들이 월미도에 상륙하여 보병을 지원하며 인천 시내를 향하
여 전진하기 시작하였다. 화염방사 전차들은 75mm 전차포나 105mm
곡사포를 장착한 M4 전차에 추가로 대형 화염방사기를 전차포 옆
에 부착한 전차이다. 인천은 조수간만의 차이가 심해 상륙부대가
전개할 수 있는 시간이 겨우 3시간 남짓 밖에 안되었으므로, 상륙
돌격부대의 상륙은 아침과 저녁으로 나누어 실시하였다.

그러므로 이날 오후 6시에 신현준 대령이 지휘하는 한국 해병
제1연대는 미 제5해병연대와 함께 인천시 서북부에 있는 레드비치
(Red Beach)에 돌격상륙하였다. 미 해병 제5연대는 M26 전차의 지
원사격을 받았으나 송도 방면 블루 비치(Blue Beach)에 상륙한 미
해병 제1연대는 지원 전차가 상륙하지 않고 대신 제56수륙양용전
차대대의 무장 수륙양용 전차인 LVT(A)5의 지원을 받았다. 신현준
대령이 지휘하는 국군 해병 제1연대는 미 해병 제5연대와 함께 레
드비치에 상륙하였다(일반 LVT 는 수륙양용 전차로서 무장은 0.5인치
기관총뿐이나 (A)라고 표시된 것은 LVT 위에 37mm 또는 75mm포를 설

치한 수륙양용 전차를 말한다. LVT(A)5는 포신이 짧은 75mm포와 0.5인
치 기관총을 장착하였다).

　상륙한 날, 유엔군은 북한군의 저항을 제압하고 전진을 계속하
였다. 이튿날인 9월 16일, 월미도에 상륙한 부대와 송도에 상륙한
부대가 인천 동부 외곽에서 서로 합류함으로써 인천은 국군과 유
엔군에게 포위되었다. 하지만 시내에는 그때까지도 북한군이 남아
소규모의 저항을 계속하고 있었으므로, 미군 전차대는 보병에 앞
서 이들을 전차포로 격파하면서 시내 주요 지역을 점령하였다.

　이렇게 한미 연합군은 2천 명의 북한군이 방어하던 인천 시내를
점령하고 48Km2에 이르는 광범위한 해안교두보를 확보한 뒤, 잔
적을 소탕하는 임무는 국군 해병 제1연대가 담당하고 미 해병대는
서울을 향해 진격하였다. 한미 해병대의 뒤를 이어 백인엽 대령이
지휘하는 한국 육군 제17연대는 미 육군 제7사단, 그리고 미 해병
제7연대와 함께 후속부대로 상륙함으로써, 부산교두보를 포위하고
있던 북한군의 병참선을 차단하는 작전에 투입되었다.

(2) 경인가도의 전차전

　인천과 서울을 연결해주는 도로를 따라 전진한 미 해병 제1사단
의 경우 도로를 중심으로 제1연대는 남쪽, 제5연대는 북쪽을 맡아
전진하였다. 그러므로 김포 비행장을 탈환하는 임무는 제5연대가
맡게 되었다. 9월 16일 오전 7시, 간송리 방면에서 6대의 북한군
제42기계화연대 소속 T34가 진격하는 미 해병대를 막으려고 인천
방면으로 내려오는 것이 미 해병대 소속 콜세어 전투기에 발견되
었다. 이 가운데 3대는 콜세어 전투기의 첫 번째 공격을 받고 파
괴되었는데, 전투기가 사라지자 남은 전차 3대는 즉시 은폐물을

찾아 이동하였다. 잠시 뒤 현장 상공에 나타난 전투기 조종사는 두 번째 공격에서, 이미 부서진 전차를 재차 공격하고서 적 전차 6대를 모두 파괴한 것으로 착각해 이를 지상군에 통보하였다. 이 보고를 받은 해병대는 M26 전차 2대를 앞세우고 계속 서울을 향해 전진하다가 언덕을 올라서자마자 그 밑에 T34 전차 3대가 있는 것을 발견하고 소스라치게 놀랐다. T34 전차 3대는 미군 전차를 향해 즉시 포탑을 선회하여 사격하려고 하였으나 미군의 사격이 한 발 빨랐다. 사격 준비를 하고 있던 미군 전차병들은 앞에 나타난 적 전차를 향해 순식간에 강력한 90mm 전차포를 발사하여 3대를 모두 파괴하였다.

9월 17일 오전 6시 15분, 김포 방면으로 전진한 미 해병 제5연대가 부평(富平) 서쪽 지역을 통과할 때, 북한군 제42기계화연대의 T34 전차 6대가 새로 편성된 북한군 제18사단의 제22연대 제2대대 소속 250여 병사들을 거느리고 나타났다. 이들은 미군이 이미 그곳까지 진격해 왔다는 것을 모르는 상태였으므로, 전차 위에 올라탄 북한군 보병들과 뒤따라 행군하는 병사들은 주먹밥으로 아침 식사를 하면서 여유 있게 전진해 왔다. 그러나 이 식사가 북한군에게는 마지막 식사가 되었다.

미군은 이들 전차 6대가 미군의 전위를 통과하게 두었다가, 전차 6대 모두가 미군이 배치된 지역 안에 들어와 선두 전차가 70m 전방에 다가오자 3.5인치 바주카포, 무반동총, 90mm 전차포를 동원하여 사격을 개시하였다. 북한군 선두 전차와 두 번째 전차는 3.5인치 바주카포에 맞아 부서졌으며, 나머지 전차는 미군 전차 A중대의 전차포에 맞아 겨우 5분 만에 6대 모두가 파괴되었다. 아울러 동행한 250명이 넘는 북한군 전원이 사살되었다. 미군은 부상자 한 명뿐인 완벽한 승리를 거두었는데, 이러한 완벽한 승리는 한국전쟁 3년을 통틀어 찾아보기 어려운 것이었으며 전차와 보병이 함께 대전차 공격을 함으로써 적을 전멸시키는 완벽한 교과서적 내용을 연출하였다.

이날 아침, 맥아더 원수는 전선 시찰 중에 그때까지도 T34 전차가 불타고 있는 부평의 전투 현장을 살펴보고 해병대의 건투를 칭찬하였다. 태평양전쟁이 끝나고 한국에 진주한 미군은 부평에 보급기지를 만들어 놓았으므로 그때부터 미군은 부평 지역을 아스콤(ASCOM; 육군기지창)시티라고 불렀다.

한편, 서울을 향해 경인가도를 따라 영등포 방면으로 진격하던 연대장 풀러(Lewis Chesty Puller) 대령이 지휘하는 미 해병 제1연대는, 마항리의 민가를 은폐물로 삼아 포신만 내놓은 채 미군을 기다리고 있던 T34 전차 한 대를 발견하였다. 이 전차는 곧 미군 M26 전차대의 집중 전차포 사격을 받아 파괴되었고, 미군은 마항리를 9월 17일 오후 4시에 점령하였다. 이후 미 해병 제1연대의 선두에서 서울을 향해 계속 진격하던 미군 전차대 B중대는 소사에 도착하기 전 낮은 언덕을 지나다가 4대의 T34 전차까지 준비한 북한군 제18사단 제22연대의 매복에 걸렸다. 이 전투에서 북한군이 던진 수류탄이 열린 포탑 뚜껑을 통해 미군 M26 전차 속에 들어와 전차 승무원을 살상하고 전차는 운행이 중지되었으나, 곧바로 반격에 나선 미 전차대는 북한군 T34 전차 4대와 반탱크총 6정을 파괴하였다.

그러나 그곳부터 서울까지 이르는 도로에 북한군은 수많은 대전차지뢰를 묻어놓았으므로 미군 전차대는 계획했던 대로 전진할 수 없었다. 소사를 통과하던 M26 선두 전차가 북한군이 도로에 매설한 대전차지뢰를 밟자, 갑자기 큰 폭음과 함께 42톤 무게의 육중한 전차가 허공으로 뜨면서 오른쪽 무한궤도가 터지고 무한궤도 안의 바퀴 2개가 떨어져 나갔다. 지뢰가 터지면서 패인 큰 웅덩이에 허공에 치솟았던 전차는 둔탁한 소리를 내며 떨어져 주저앉았다. 순식간에 벌어진 일이었는데, 대전차지뢰의 위력과 효과를 여실히 보여 주었다.

대전차지뢰는 전차의 포탑이나 차체에는 거의 손상을 주지 못하지만 무한궤도를 파괴해 전차의 생명인 기동력을 없애버린다. 기동력이 없어진 전차는 전차수리반이 와서 무한궤도와 바퀴 등을 교체할 때까지 기다려야 한다. 그러나 이 작업은 적진에서는 쉽지가 않아서 그럴 경우 포신과 포탑, 차체가 멀쩡한데도 아깝지만 귀중한 전차를 포기해야 하는 일이 생긴다. 또한 전차는 밑바닥 부분의 철갑이 얇으므로, 대전차지뢰가 터지면서 파편이 전차의 밑바닥 철갑이나 밑바닥에 있는 승무원 비상 탈출구 철판을 뚫고 들어가 전차 앞부분에 앉아있는 운전병을 살상하는 경우도 많이 발생하였다.

이날 오후 해지기 전에 전차 A중대 소속 2개의 전차 소대를 앞세운 미 해병 제5연대는 김포 비행장에 돌입하여 북한군 4~500명이 방어하던 비행장을 탈환하였다. 전차 한 대는 차체로 격납고 문을 밀고 안으로 들어가 전혀 손상되지 않은 야크 전투기 한 대를 노획하기도 하였다. 김포 비행장을 방어하던 북한군은 미 해병대를 향해 이날 밤부터 9월 18일 이른 아침까지 3차례에 걸쳐 야간 공격을 가했으나 모두 격퇴되었고, 김포 비행장의 활주로 사이에 난 무성한 풀 속에 숨어 끝까지 저항하던 적도 결국 M26 전차를 앞세운 미군에게 모두 사살되었다. 김포 비행장의 주 활주로는 길이 2km, 폭 50m였으므로, 인천에 상륙한 부대는 이곳을 이용하여 효과적인 공중보급을 받을 수가 있게 되었다.

(3) 수원 비행장 탈환 전차전

인천에 상륙한 미 해병대와 한국 해병대가 서울로 진격하는 동안, 인천에 함께 상륙한 미 제7보병사단의 제32연대 제1대대는 제73전차대대 A중대의 지원을 받으며 9월 20일, 안양과 수원 비행장을 향하여 전진하였다. 그러나 9월 21일 오후, 이 부대와 사단 사령부의 무전이 두절되자 부대의 위치와 상황을 확인하고자 제73전차대대장 한눔(Hannum) 중령이 지휘하는 한눔 임무부대가 달밤에 수원으로 급파되었다. 제73전차대대의 주력 전차대를 이끌고 수원에 접근한 한눔 중령은 제32연대 제1대대의 에드워드 소령과 무전 연락이 되어 제1대대가 무사하다는 것을 알게 되었고, 수원에서 합류하기로 약속하였다. 그러나 수원 시내에 들어간 한눔 전차대는 달빛 아래서 북한군 T34 전차 5대의 기습 공격을 받아 전차 한 대가 파괴되었다. 미군도 응사하여 북한군 전차 1대를 파괴하자 나머지 4대는 퇴각하였다. 미군 전차대는 북한군의 전차대를 달밤에 추격하였으나 수원 시내로 들어간 북한군 전차를 시내 입구에서 놓쳐버렸다. 어둠 속에서 추격을 하다가 기습당할 우려가 있었으므로 미군 전차대는 추격을 중지하였다.

한편 수원 남쪽에 있던 에드워드 소령의 부대는 수원 시내에서 울리는 T34 전차의 굉음을 듣고, 얼마 전에 무전 통화한 미군 한눔 중령의 전차대가 수원에 들어온 줄 알고 한눔 임무부대와 합류하기 위해 달려갔다. 달빛에 나타난 4대의 T34 전차를 우군 전차로 착각한 에드워드 소령이 손전등으로 신호를 보내며 전차에 다가가자 전차는 멈춰선 뒤 기관총으로 사격하였다. 에드워드 소령과 다른 미군은 즉시 도로 옆 배수로에 뛰어 들어갔으나, 동행한 사단 작전참모 햄프턴 중령은 그 전차가 미군 전차라고 생각하고 손을 흔들며 전차에 다가가다 북한군이 쏜 기관총탄에 맞아 즉사하였다. 북한군 전차대는 햄프턴 중령을 사살한 뒤 미군이 타고 온 지프차를 전차 차체로 뭉개버리고 길을 따라 남하하다가 이들도 똑같은 착오를 하게 된다. 이 전차대는 한눔 임무부대의 남쪽에 있던 미군부대 숙영지를 북한군 숙영지로 착각하여 그리로 들어갔던 것이다. 숙영지 주위에서 경계 근무를 하고 있던 미군은, 전차의 굉음을 듣고 이는 분명히 북한군이다 생각하고 사격 준비를 하였다. 선두 전차와 두 번째 전차가 미군 숙영지로 들어오기를 기다려 40m 전방에서 5대의 M26 전차가 일제히 사격하자 T34 전차 2대는 그 자리에서 파괴되어 불타기 시작하였고, 이에 놀란 나머지 전차 2대는 즉시 후진하여 달아났다.

한눔 임무부대는 9월 22일 새벽에 수원 시내를 통과하여 시내 남쪽에서 햄프턴 중령의 시체를 안장하고 정오 무렵에는 수원 비행장을 점령하였다. 수원 비행장의 주 활주로는 길이 1,700m였으므로 C54 대형 수송기의 이착륙이 가능하여 김포 비행장과 함께 아군 작전에 필요한 병력과 물자 수송에 큰 역할을 하였다.

(4) 낙동강아 잘 있거라

인천에 상륙한 제10군단 휘하의 해병대는 서울을 향하여 진격하고, 육군 부대는 수원 방면으로 남쪽을 향해 진격을 시작하였다. 이와 발맞추어 수도권과 낙동강 전선 사이에 배치된 북한군을 포위하고자, 맥아더 장군은 낙동강을 방어하던 제8군 사령관 워커 중장에게 낙동강 전선에서 북진하여 남쪽으로 내려가는 제10군 소속 부대와 합류하라고 지시했다. 원래는 제10군이 인천에 상륙한 다음 날인 9월 16일에 낙동강 전선에서도 공세를 시작하기로 계획되어 있었는데, 이것은 아군과 적군의 심리상태를 고려한 것이

대구 앞산공원에 있는 낙동강 승전 기념관

었다. 곧, 인천상륙작전이 성공했다는 소식이 알려지면 낙동강 전선의 미군과 한국군은 사기가 오를 것이지만 반대로 북한군은 사기가 떨어지게 될 것이므로, 낙동강 전선에서의 반격 시점을 인천상륙작전 성공 소식이 전선에 알려지는 9월 16일로 정했던 것이다. 총반격 명령이 떨어지자 미군과 한국군은 사기가 올라 낙동강 전 전선에서 공세를 시작하려고 하였다. 그러나 북한군에는 인천상륙작전 성공 소식이 알려지지 않아 낙동강 전선에서 북한군이 계속 공세로 나왔으므로, 워커 장군은 북한군의 공세를 막느라고 예정대로 반격 공세를 취할 수 없었다.

9월 18일부터 북한군 안에도 인천상륙작전 성공 소식이 전해지자 북한군 지휘관들은 상당히 당황하였다. 그러나 북한군의 사기는 떨어지지 않아 9월 21일까지 워커 중장은 낙동강 전선에서 북한군 방어선의 어느 한 곳도 뚫을 수가 없었다. 그러나 낙동강 북쪽에서 미군이 빠른 속도로 전진해 내려오는 것에 북한군 지휘관들이 큰 위협을 느끼게 되자, 9월 22일부터 북한군의 사기는 하루

아침에 땅에 떨어져 전의를 잃고 후퇴를 시작하였다.

북한군이 후퇴를 시작하는 것을 알게 된 워커 중장은 후퇴하는 북한군을 혼란에 빠트리기 위해 린치(Lynch) 중령이 지휘하는 미 제70전차대대 C중대를 중심으로 미 제7보병연대의 제3대대도 포함하여 편성된 린치 임무부대를 투입하여 신속하게 전진시켰다. 9월 22일 오전 8시, 다부동을 출발한 린치 임무부대는 남아 있는 적을 소탕하면서 전차를 선두로 빠른 속도로 달려 낮 12시에는 선산에 도착, 후퇴하는 북한군 부대의 중심을 통과하며 북쪽으로 전진하였으므로 워커 중장의 예상대로 북한군은 큰 혼란에 빠졌다.

미군 전차부대와 함께 포병과 항공기들이 후퇴하는 북한군에게 망치질을 해대고, 그동안 복수의 칼을 갈던 국군 부대들이 사기 왕성하게 낙동강 방어선을 넘어 북한군을 추격하자, 북한군의 군기와 사기는 완전히 떨어져 오합지졸이 되어 북쪽으로 도주를 시작하였다.

이날 밤, 밝은 달빛을 이용하여 야간 기동을 계속한 린치 임무부대의 전차대는 낙동리 도하장에 도착하였다. 이때 아군이 쏜 포탄 한 발이 우연히 적이 숨겨놓은 탄약 차량에 명중하였고, 차량이 폭발하면서 불덩어리가 솟아올라 주위를 밝히는 바람에 주변에 흩어져 있던 무수한 적 전차와 차량들이 노출되었다. 그러자 수백 명의 북한군은 강을 건너려고 낙동강 물속에 뛰어들었고 이어서 린치부대 M4 전차의 76mm 전차포와 보병 대대의 각종 화기가 강물을 내려다보며 불을 뿜었다. M4 전차의 전차포에 북한군 수백 명이 강물 속에서 사살되어 낙동강을 붉게 물들였다. 미군은 낙동리에서만 사용 가능한 T34 전차 2대와 트럭 50여 대를 노획하였다.

이 낙동리 전투는 태평양전쟁 당시인 1944년 7월, 뉴기니 북부 해안의 작은 항구 아이타페 동부를 흐르는 드리니몰 강에서 강을

낙동강 전선에서 국군 제12연대 특공대의 공격으로 부서진 북한군 T34 전차

건너다 전멸한 일본군 제20사단을 떠올리게 한다. 낙동강을 건너 북한군을 추격하는 국군 부대에서는 일명 '북진의 노래'라 일컬어지는 다음의 가요가 장병들 사이에 군가처럼 불리며 북진하는 병사들의 사기를 북돋우었다.

> 1, 전우의 시체를 넘고 넘어 앞으로 앞으로
>   낙동강아 잘 있거라 우리는 전진한다.
>   원한의 피에 맺힌 적구(赤狗; 붉은 이리-공산당)를 무찌르고서
>   꽃잎처럼 떨어져간 전우야 잘 자라
> 2. 우거진 수풀을 헤치면서 앞으로 앞으로
>   추풍령아 잘 있거라 우리는 돌진한다.
>   달빛 어린 고지에서 마지막 나누어 먹던
>   화랑담배 연기 속에 사라진 전우야
> 3. 고개를 넘어서 물을 건너 앞으로 앞으로
>   한강수야 잘 있더냐 우리는 돌아왔다.

들국화도 송이송이 피어나 반기어주는
노들강변 언덕 위에 잠들은 전우야
4. 터지는 포탄을 무릅쓰고 앞으로 앞으로
우리들이 가는 곳에 삼팔선 무너진다.
흙이 묻은 철갑모를 손으로 어루만지니
떠오른다 네 얼굴이 꽃같이 별같이

(유호 작사, 박시춘 작곡)

(5) 고속 진격

9월 23일 새벽 4시부터 보병부대가 보트로 낙동강을 건너고 이어서 24일 교량이 수리되자 곧 전차부대도 빠르게 북진하여 보은에 도착하였다. 26일에는 린치 임무부대 소속으로서 부대의 선봉에 선 베이커(Baker) 임무부대(C중대의 제3소대와 제7보병연대의 수색소대)가 청주를 거쳐 입창리에 도착하였으나 연료가 떨어져 진격을 멈추었다. 그러나 근처에서 북한군 연료 트럭을 노획함으로써 밤 10시에 다시 전진을 시작하여 천안을 향해 쾌속으로 진격하였다.

당시 우리나라의 도로는 폭이 4m 정도로 아주 좁고 거의 비포장도로였다. 더운 여름 날씨에, 이런 도로를 전차가 질주하면 무한궤도가 일으키는 먼지가 마치 구름처럼 주위를 뿌옇게 만들었다. 이 먼지 때문에 전차 운전석 앞에 난 조그만 창에 눈을 바짝 붙이고 앞을 살피며 운전하는 전차병은 운전을 제대로 할 수 없었고, 전차가 이런 상태로 두 시간만 달리면 전차병들 주머니에 들어있는 담뱃갑 안까지 먼지가 가득 차 꺼낸 담배에 불이 제대로 붙지 않을 정도였다.

저녁 8시 30분에 베이커 임무부대의 전차대가 천안에 들어가 굉음을 내며 천안 시내를 질주하자, 미군의 진격이 이렇게 빠를 것이라 예상치 못했던 북한군은 뜻밖에 나타난 미군 전차 5대를 보고 놀라 흩어졌고, 일부는 망연자실 쳐다보고만 있었다. 린치 중령으로부터 '적의 강력한 저항을 만나지 않는 한 사격을 하지 말고 최대 속도로 적진을 돌파하여 북진하라'는 명령을 받은 베이커 부대는, 야간에도 계속 전진하여 밤 10시 26분 오산 북방 6km 지점에서 인천 방면으로부터 내려오는 미 제10군단 예하 제7사단의 제31연대와 극적으로 만났다.

남침한 북한군 부대의 선봉이 되어 서울을 점령하고, 이어서 낙동강까지 내려오면서 혁혁한 무공을 세운 북한군 제105기갑사단은 간신히 23대의 전차만을 가지고 낙동강 전선에서 후퇴할 수 있었다. 북진하던 미 제24사단은 왜관에서만 56대의 부서진 T34를 볼 수 있었다. 이들 전차의 대다수는 북한군 제3사단에 소속으로 진격하는 미 제1기병사단의 제5연대를 막고자 북한군이 배치하였으나, 제5연대가 공격하기도 전에 미군 항공기의 폭격으로 부서졌던 것이다.

1944년 6월, 연합군이 노르만디에 상륙한 뒤 제공권을 잃은 독일군 기갑부대가 연합군 공군기 때문에 무력화 되었듯이, 규모만 작을 뿐 비슷한 경우가 한국전에서도 일어났다. 제공권을 잃은 북한군의 경우 전차나 차량이 낮에 이동하다가는 상공을 배회하는 유엔 공군기에 발견되어 곧 공격을 받았다. 북한군은 미군의 M4 서면 전차 한 대를 노획하여 수리해 사용하였으나 왜관 전투에서 이 역시 파괴되었다. 북진하는 한국군과 미군은 북한군 진지를 통과하면서 다수의 소련제 무기와 탄약을 비롯하여 수많은 포로를 잡았다.

홍콩에서 출발하여 1950년 8월 29일 부산에 도착한 영국군 제27여단은 미 제24사단에 배속되어 미 제1기병사단의 왼쪽에서 낙동강 전선을 떠나 북진에 합류하였으나, 이들이 타고 다니는 브렌건 장갑차(Brengun Carrier)의 실루엣에 익숙하지 않았던 F51 미군 전투기 조종사들은 이들을 북한군으로 착각하고 폭격해 적지 않은 인명이 우군에 맞아 전사하는 비극이 벌어지기도 하였다. 브렌건은 영국군의 기관총이다. 원래 브렌건 장갑차는 기관총을 장착하고 보병 여러 명을 태워 이동시키는 목적으로 만들어졌다. 그러나 이 장갑차는 언덕이 많은 한국 지형에서는 효과적이지 못하다는 평가가 나와 낙동강 전선에서 북진이 시작되고 나서 곧 보급품 운송용으로만 사용되었다.

(6) 북한군 제105전차사단의 최후

오합지졸이 되어 후퇴하던 북한군은 일부 특정한 지역에서는 후퇴를 멈추고 부대를 재정비한 뒤 추격해오는 미군이나 한국군에 맞서 치열한 방어전을 벌이기도 하였다. 후퇴하면서 김천 주위에 집결한 북한군 제105전차사단 잔여 병력은 T34 전차, SU 76 자주포, 대전차지뢰, 대전차총 등을 사용해 추격해오는 미 제24사단과 전투를 벌였다.

첫날 전투에서 제6전차대대의 M46 전차들은 3대의 T34 전차를 격파하였으나 북한군의 화기에 맞아 4대를 잃었다. 전투는 이틀 동안 더 계속되었고, 이 동안 M46 전차는 추가로 8대의 T34 전차를 파괴하였으나 미군도 M46 전차 6대를 더 잃었다. 김천을 탈환한 미 제24사단은 두 달 전에 치욕적인 패배를 당했던 대전을 향해 복수전을 다짐하며 진격하였다. 미 제24사단의 제19연대가 주축이 되어 이틀 동안 벌인 대전 전투에서 미군은 대전을 탈환하고 시내에 들어갔으나, 북한군이 후퇴하면서 그 지역에서 학살한 7천 명의 시민과 600명의 국군 그리고 40명의 미군 시체가 시내 곳곳에 널려있는 것을 보고 충격을 받았다. 특히 대전 비행장에는 약 500명의 국군 병사가 손이 뒤로 묶인 채 매장되어 있었다.

미군은 대전 전투에서 그곳을 방어하던 33대의 T34 전차를 파괴하는 전과를 올렸다. 미 제24사단이 대전에서 전투를 하는 동안 린치 임무부대(미 제1기병사단의 제777특수부대 산하)는 인천 방면에서 내려오는 제10군의 선봉 부대와 합류하기 위해 북상하였다. 베이커 임무부대를 1시간 간격으로 뒤따르던 린치 임무부대의 본대인 제70전차대대는 북진 중 평택 부근에서 7대의 T34 전차와 조우하여 7대 모두를 76mm 전차포와 바주카포, 무반동총 사격으로 파괴하였다. 부대는 전차 3대를 앞세우고 북상하다가 오산 남쪽 하북리에서 두 대의 T34 전차를 만났다. 미군 전차가 포탑을 회전하여 조준하기에 앞서 미군 병사들이 바주카포와 무반동총을 발사하여 이 두 대의 T34를 파괴하였다. 그러나 10대의 T34 전차가 지축을 흔드는 굉음을 울리며 미군 전방에 나타나 미군 전차 3대와 전차포 사격을 교환하였다. 이 교전에서 미군 전차 2대가 T34 전차포에 맞아 부서졌고 북한군은 T34 한 대를 잃었다. 그러나 이때도 미군 병사들은 어둠을 이용하여 적들의 전차에 접근한 뒤 바주카포로 T34 4대를 파괴하였고, 105mm 야포의 영점사격으로 한 대를 파괴하였다. 한 시간 동안 벌어진 격전 끝에 북한군은 T34 전차 7대를 부서진 채로 전장에 남겨놓고 후퇴하였다.

그 다음 날인 9월 27일, 전날 전투에서 살아남은 3대의 T34가 미군 진지 정면에 나타났으나 이 역시 미군 병사들의 바주카포에 모두 파괴되었다. 이렇게 적 전차부대의 공격을 무력화시킨 뒤 린치 임무부대의 본대는 9월 26일 오산 북쪽에서, 9월 22일 수원을 점령하고 남하하던 미 제10군단 소속의 선두 부대를 만난 것이다.

린치 임무부대가 5일 동안 적진 속을 휘저으며 기동한 거리는

330km로서, 하루 평균 66km라는 신속한 기동 능력을 보여주었다. 9월 26일 만 하루 동안 보은에서 오산까지 180km의 거리를 11시간 만에 주파하였던 것이다. 낙동강 전투에 투입되었던 북한군 제105전차사단은 국군과 미군이 인천에 상륙하자 9월 21일 무렵부터 북상하기 시작하였다. 그러나 낙동강을 건너 적진을 종심 깊게 돌파하며 신속하게 추격한 린치 임무부대와 인천 방면에서 내려오는 한눔 임무부대에게 양쪽에서 협공을 당하자, 조치원 근처에서 완전히 격파되어 대부분의 전차를 버리고 사단장을 비롯한 전차병들이 인근 산속으로 도주하였다. 남침 초기 이름을 날리던 제105사단장 유경수 소장은 견장을 떼어내고 근처에서 주운 미군 야전 잠바를 걸쳐 입고 도주함으로써 남침 초기 수많은 국군 병사를 공포로 몰아넣은 인민군 제105전차사단은 이렇게 비참한 최후를 맞았다(오늘날, 북한 아이들이 가지고 노는 장난감 탱크의 포탑에는 '105'라고 쓴 것이 보이는데 이것은 바로 105전차사단을 가리키는 것이다).

(7) 서해안 진격

적진 종심 깊숙히 돌진한 린치 임무부대가 보은에 도착한 9월 24일, 이미 미 제2사단은 합천, 미 제24사단은 김천, 국군 제6·제8사단은 안동, 국군 제3사단은 포항에 진입하고 있었고 남·시해안 방면으로는 미 제25사단이 고성을 출발하여 진주로 진격하고 있었다. 미 제25사단장 케안(Kean) 소장은 신속한 진격에 따른 전과확대를 위해 휘하의 제24연대와 제35연대에 전차 중대를 각각 배속시켜 두 개의 임무부대를 편성하였다. 미 제89전차대대장인 돌빈 중령과 미 제79전차대대 소속의 중대장 매튜(Matthews) 대위의 이름을 따서 돌빈 임무부대와 매튜 임무부대로 명명된 이 두 개의 임무부대는 진주로부터 전차의 고속 기동 능력을 발휘하여 신속한 돌진 임무를 수행하였다.

왼쪽으로 전진한 매튜 임무부대는 미 제24연대 선두에 서서 9월 27일 오전 10시 10분 진주를 출발하여, 이날 오후 5시 30분 하동에 도달하였다. 매튜 대위는 북한군이 미군 포로들을 끌고 방금 전에 하동을 떠났다는 정보를 듣고 추격하여 구례 길목에 있는 검두리에서 미 제29연대 소속이던 미군 포로 11명을 구하였고, 이 튿날인 9월 28일 정오에는 남원 4km 서쪽에 도달하였다. 미군 전차대가 남원에 도착할 때 남원은 미 공군 F84 전투기 두 대로부터 기총소사와 로켓탄 공격을 받는 중이었으므로, 북한군은 하늘에만 신경을 쓰고 있다가 미군 전차가 바로 코앞에 오는 것을 보지 못했다. 미군 전차가 갑자기 나타나자 북한군은 혼비백산하여 도주하고 매튜 임무부대는 도주하는 적으로부터 미군 포로 86명을 구출하였다. 이런 쾌속의 진격으로 9월 29일 이리, 그리고 9월 30일 오후 1시 미 제24연대 제1대대가 군산을 탈환하였다. 매튜 임무부대는 4일 동안, 패주하는 북한군 제6사단을 추격하면서 370km를 기동하였다.

한편 9월 26일 오전 6시 진주를 출발한 돌빈 임무부대는 미 제35연대의 선두에 서서 매튜 임무부대의 오른쪽에서 전진하였다. 9월 28일 함양에 접근하였을 때 미군 정찰기로부터 북한군이 함양으로 들어가는 교량을 파괴하고자 폭약을 준비하고 있다는 연락을 받았다. 이에 돌빈 임무부대의 전차대는 전속력으로 달려가 북한군이 다리를 폭파하기 전에 교량 근처의 인민군을 격파하고 간발의 차이로 다리를 확보하였다. 그 날 오후 남원에 들어간 돌빈 임무부대는 매튜 임무부대와 잠시 합류하였다가 9월 29일 전주와 이리를 점령하였고, 9월 30일에는 금강에 도달하였다. 돌빈 임무부대는 230km를 주파하면서 적이 매설한 지뢰에 3대의 전차를 잃고 46명이 부상당했으나 적 사살 350명, 포로 750명, 그리고 16문의 대전차포, 19대의 차량과 탄약 65톤을 노획하는 전과를 올렸다.

(8) 김포 탈환과 한강 도하

인천상륙작전 뒤 부평 지역 전투에서 북한군 전차부대를 격파한 미 해병 제1사단의 제1연대와 제5연대는 서울을 향하여 전진을 계속하였고, 사단의 남쪽은 미 제7사단이 엄호해 주고 있었다. 9월 17일 오후 늦게 제5연대는 김포 비행장의 활주로 남쪽에 도착하여 밤새 북한군의 공격을 받았으나 이를 격퇴하고 9월 18일 오전에는 김포 비행장 전체를 탈환하였다. 이에 따라 한국 해병대와 미 해병대는 김포 방면에서 한강까지를 모두 탈환하였고, 한국 해병대는 한강변에 도착하였다. 9월 19일 밤, 어둠을 이용해 제5해병연대는 LVT(수륙양용 전차)로 한강을 도하하려고 하였으나 강 건너편 적진에서 박격포와 기관총으로 사격해 도하를 포기하였다. 9월 20일 아침, 아군 포탄이 북한군 진지에 작렬하는 것을 보면서 미 해병대는 LVT와 DUWK(수륙양용 트럭)로 한강 도하에 성공하였다. 한강 북안에 상륙한 해병대는 즉시 교두보를 확보하고 12대의 전차를 상륙시켰다.

21일 오전부터는 서울로 진격을 개시하였으나 북한군의 저항이 거세었으므로, 서울의 서쪽 부근까지 전진한 뒤 참호를 파고 야영하였다. 미 해병 제5연대가 강을 건너 서울 서쪽에 도달한 것과 달리, 경인 도로의 남쪽을 맡은 미 해병 제1연대는 북한군의 강력한 저항을 받으며 한 발 한 발 어려운 전진을 하였다. 9월 17일, 소사에서 벌어진 전차전에서 미군의 M26 퍼싱 전차대는 4대의 T34 전차를 파괴하였으나, 북한군이 매설한 많은 대전차지뢰 때문

행주나루의 해병대 전적비

에 전진이 지연된 미 해병 제1연대는 9월 18일에야 영등포 외곽
에 도착하였다. 그러나 이곳에서 미군은 북한군 제18사단 제70연
대의 맹렬한 저항을 받았다.

이 전투에서 북한군이 쏜 반탱크총탄 한 발이 미 해병대 M26
전차 전면에 있는 작은 운전용 창문 유리(잠망경)를 뚫고 들어오는
진기한 일이 일어났다. 다행스럽게도 이 총알에 맞은 전차병은 없
었으나 미군 전차병들은 고물로 여겼던 소련제 반탱크총이 근거리
에서는 미군 전차와 장갑차량에 위협적이라는 사실을 다시 한 번
알게 되었다.

9월 19일에는 영등포에 들어갔으나 20일 새벽 4시 30분, 북한
군은 5대의 T34 전차를 앞세우고 그 뒤를 따라 탄약을 실은 트럭
과 대대규모의 보병이 해병대 진지를 기습하였다. 북한군은 탄약
을 가득 실은 트럭을 미군 진지에 내몰아 자살 공격을 감행한 것
이다. 거대한 폭발음을 내면서 이 트럭이 터지자 미군 진지에 수

많은 불똥과 온갖 파편, 부스러기가 상공에서 떨어져 내렸다. 터진 이 트럭 앞에서 양측은 순간적으로 치열한 전투를 벌였으나, 이날 새벽 기습에 나선 북한군 전차 5대 가운데 4대는 모두 미군의 바주카포와 B중대의 전차포에 맞아 부서지고 한 대는 손상되지 않은 채로 미군에게 빼앗겼다. 전투가 끝난 뒤에도 부서진 전차들이 승무원들의 관으로 변해 검은 연기를 꾸역꾸역 토하는 가운데 이들 전차와 함께 공격에 나섰던 북한군 보병 300여 명의 시체가 도로를 메웠다.

이날 새벽 부서진 4대 가운데 2대는 미 해병대 바주카포 사수인 모니간(Walter Monegan) 일병이 파괴하였다. 모니간 일병은 굉음을 울리며 기습해 들어오는 적 전차에 포복으로 가까이 접근해 2대를 파괴하고, 3번째 전차를 조준하다가 다른 전차에서 발사한 기관총에 맞아 전사하였다. 모니간 일병은 3일 전인 9월 17일, 부평 전투에서도 바주카포로 적 전차 1대를 파괴하였다. 용감한 모니간 일병의 이야기는 1960년대 우리나라 초등학교 교과서에 실리기도 했다.

날이 밝아오자 미 해병 제1연대는 부서진 적 전차 4대가 계속 검은 연기를 뿜으며 길을 막고 있었으므로 이들을 도로 가장자리로 밀어내고 서울 시내를 향해 진격을 시작하였다. 9월 21일, 전차 A중대의 M26 전차들은 영등포에 돌입하여 북한군의 탄약 집적소를 발견하고 전차포로 사격하자, 굉음과 함께 터지며 검은 연기와 솟아오르는 화염이 영등포 일대를 덮었다.

이날 밤 5대의 T34 전차가 영등포 북쪽을 방어하는 북한군을 지원하려고 나타나 이미 한강변에 도착해 있는 미 해병 제1연대를 전차포로 공격하였다. 그러나 이 5대는 보병의 지원 없이 나타났고, 그때 현장에 미 해병대의 전차는 없었지만 해병대원들이 3.5인치 바주카포를 사용하여 순식간에 3대를 파괴하였다. 그러자 나

머지 2대는 다시 방향을 돌려 영등포 북쪽으로 후퇴하였고 북한군
은 영등포를 포기하고 한강을 건너 서울 시내 방면으로 퇴각하였
다. 따라서 미 해병대는 이날 오후 노량진까지 진격하여 한강 건
너편 서울 시내를 볼 수 있었다.

본격적인 서울 탈환작전은 9월 22일부터 시작되었다. 이미 김포
비행장을 점령한 미 해병 제5연대와 국군 해병 제1연대는 이날 전
차 A중대의 지원을 받아 한강 북쪽의 북한군 진지를 점령하고 .3
대의 자주포를 파괴하였다. 한편 영등포 방면에서 북진한 미 제1
해병연대는 한강 둑 근처에서 아직 한강 북쪽으로 퇴각하지 못한
T34 전차 4대를 노획하였다. 한강을 건너 철도가 연결된 곳에 자
리한 터널 모양의 기차 정비소에 서너 대의 T34가 있는 것을 발
견한 미 전차대는 한강을 사이에 두고 이들과 포격전을 벌였다.
커티스(Paul Curtis) 중위의 지휘 아래 강둑에서 발사한 M26의
90mm 철갑포탄이 강 건너 목표에 명중되자, 포탄타격 충격에
T34 전차의 포탑이 날아가 버렸다. 90mm 고속 포탄(High Velocity
Shell)의 괴력이었다. T34 전차들은 미군 사격을 피해 터널 속에
들어갔다가 다시 나와 85mm포를 강 건너 미군 전차를 향해 발사
하였다.

한강을 사이에 두고 벌어진 전차전에서 미군은 3대의 T34 전차
와 6문 이상의 대전차포를 파괴하였다. 인천에 상륙한 국군과 미
군이 서울에 접근하는 것을 막기 위해 북한군은 53대의 T34 전차
를 경인 지역에 투입하였다. 그러나 일주일 동안의 전차전으로 이
가운데 48대가 파괴되었고 5대는 온전한 상태로 버려졌다. 북한군
이 경인 지역에 투입한 전차 53대를 모두 잃은 날, 낙동강 전선에
서는 본격적인 반격 작전이 시작되었다.

(9) 서울 탈환 전투

서울 남부 지역에서는 국군 제17연대·미 육군 제32연대·국군 해병 제1연대가 공격에 나서고, 서쪽의 행주나루 근처에서는 미 해병 제5연대가 서울 중심을 향하여, 그리고 새로 한국에 도착한 미 해병 제1사단 예하 제7연대는 제5연대의 북쪽에서 제5연대를 엄호하며 서울 북쪽을 공격함으로써 북한군의 퇴로를 막는 임무를 띠고 공격에 나섰다. 서울을 방어하려는 북한군이 격렬하고 끈질기게 저항하였으므로 제5해병연대는 9월 25일에야 서울 시내가 보이는 곳에 진입할 수 있었다.

한편 미 해병 제1연대는 9월 24일, 영등포 방면에서 LVT를 타고 한강을 도하하여 마포에 상륙하였고, 국군 제17연대와 미 제7사단의 제32연대는 흑석동에서 강을 건너 한강 북안에, 미 해병 제7연대는 서울 북쪽에 도착하여 9월 25일에는 서울의 동북 지역만 남겨두고 서울을 완전히 포위할 수 있었다.

9월 24일 한강을 건넌 미 해병 제1연대가 9월 25일 오전 7시부터 서울 시내 중심가를 향해 공격해 들어가자, 북한군은 한 치의 땅도 양보하지 않겠다는 듯이 시가전을 벌이며 치열하게 저항해 미 해병대는 거의 전진을 하지 못했다. 그날 밤, 북한군 제25여단 소속 T34 전차들과 SU 76 자주포들은 미 해병 제1연대 전면에 나타났다. 북한군의 가장 선두에 선 T34 전차가 미군이 설치한 도로 장애물에 걸려 잠시 멈추자 시내에서 미군과 북한군 사이에 야간 사격전이 벌어졌다. 미 해병대는 박격포, 야포, 바주카포, 무반동포를 사용하여 북한군 장갑부대에 공격을 퍼부었다. 서울 시내 곳곳에 북한군은 바리케이드를 만들고 이 앞에는 대전차지뢰를 매설하여 국군과 미군에 대항하였다. 북한군은 서울 시내 도로에 대전차지뢰를 묻어놓고, 곳곳에 흙을 채운 쌀가마를 폭 2m, 높이

3m로 쌓아 기관총과 반탱크총을 설치해 놓았다.

3m로 쌓아 기관총과 반탱크총을 설치해 놓았다. 그리고 일부 북한군은 부서진 건물 잔해 속에 들어가 진격해오는 국군과 미군을 향해 끊임없이 사격을 계속하고 있었다.

시내 곳곳에 수많은 바리케이드를 설치해놓아 미군은 서울 탈환 전투를 '바리케이드 전투(The Battle of Barricades)라고 불렀다. 미군 공병대원들이 보병의 진격에 앞서 북한군이 도로에 매설한 대전차지뢰를 제거한 뒤, 미 해병대의 M26 전차는 보병의 엄호를 받으며 북한군이 만들어 놓은 바리케이트를 파괴하면서 진격하였다. 보병이 시내의 부서진 건물 속에서 총구만 내놓고 있는 북한군 저격병을 찾아 사살하고, 공병이 바리케이드 앞에 매설된 대전차지뢰를 제거하면 그제야 전차가 바리케이드를 넘어 진격할 수 있었다. 교차점 한 곳을 지나는데 한 시간씩 걸리는 전투를 치르느라 서울 탈환전은 더디게 진행되었다.

시가전에서는 90mm 직사포를 가진 M26이나 76mm 직사포를 가진 M4 전차보다, 105mm 곡사포를 장착한 M4A3 서면 전차가 더 큰 활약을 하였다. 서울 시내의 도로가 좁았으므로 M26이나 76mm포를 가진 M4는 긴 전차포를 360도 회전할 때 문제가 있었으나, M4A3 서면 전차의 105mm 곡사포가 장착된 포탑은 포신이 짧아서 쉽게 포탑을 회전하며 보병의 지원 요청이 있을 때마다 사격할 수 있었기 때문이다.

서울 시내에서 벌어진 전투에서도 북한군의 14.5mm 반탱크총은 위력을 발휘하였다. 반탱크총알은 M26 전차에 직경 2.5cm, 깊이 2.5cm의 수많은 구멍을 만들었다. M26 전차는 포탑의 장갑이 7.5cm, 차체 앞부분이 11cm였으므로 물론 총알이 전차의 철갑을 관통하지는 못했으나, 어떤 때는 전차의 잠망경 유리를 뚫어버리는 바람에 운전병을 살상하기도 하였다. 당시 미군 M4 전차에는 운전병 앞에 길이 15cm, 폭 3cm 정도(전차 모델마다 약간씩 다름)의

해병대 104고지 전적비(왼쪽)와 104고지에서 바라본 연희동

직사각형 잠망경이 정면에 하나, 그리고 바로 옆에 양 측면을 보도록 2개가 있어서 운전병은 이를 통해 앞과 옆을 보면서 운전을 했다. 또한 전차장이 포탑에서 사방을 둘러보도록 포탑 꼭대기 부분에 작은 직사각형 잠망경 여러 개가 원형으로 달려 있었다.

당시에는 컴퓨터 사격장치가 없었으므로 전차포를 조준할 때 포수가 사용하는 직경 5cm 정도의 원형 잠망경도 포 옆에 있었다. 미군의 주력 전차인 M4는 승무원이 5명(전차장, 포수, 장진수, 조종수, 부조종수)으로 76mm포 1문, 0.5인치 기관총 1정, 0.3인치 기관총 2정을 장착하였고 포탄은 72발(철갑탄 10발 포함)을 갖고 있었다. 이 밖에 전차 안에는 승무원들이 급할 때 사용할 수류탄 서너 발이 있었고 승무원은 모두 45구경 콜트 권총을 휴대하였다. HV탄(철갑탄)의 경우는 적의 전차나 벙커 등 특별한 목표물에만 사용하는 것이므로 중대장이나 소대장의 명령 없이는 사용할 수 없었고, HE탄(일반 포탄)만 전차장과 포수가 사격할 수 있었다. 아군의 주력인 M4 전차나 북한군의 T34 전차 모두 운전대는 2개의 막대형으로 오른쪽 것을 잡아당기면 우회전하고 왼쪽 것을 잡아당기면

좌회전하며 그냥 두면 전차가 직진하게 된다. 독일군 전차병은 무전기를 허리에 차고 있었으나 미군의 경우는 목걸이처럼 줄을 목에 걸어 가슴에 달고 있었다. 물론 승무원 모두 목에 걸고 있는 무전기로 다른 전차와의 통신이 가능하였으나, 혼란을 피하기 위해 전차끼리의 교신은 전차장만 할 수 있었고 다른 승무원은 듣기만 할 뿐 말할 수는 없었다.

9월 25일 밤이 되어서도 미 해병 제1연대는 시가전을 계속하였고 서울의 서쪽에서 진격해 들어오는 미 해병 제5연대도 야간 공격을 계속하였다. 미 해병대는 북한군이 전차를 앞세우고 역습해 올 것을 예상하고 도로에 미리 대전차지뢰를 매설하는 등 준비를 하고 있었는데, 이날 밤 자정을 넘기면서 북한군의 역습이 시작되었다. 9월 26일 새벽 1시 58분, 북한군 제25여단의 보병 약 500명은 T34 전차 7대와 SU 76 자주포 2대를 앞세우고 마포 방면으로 미 해병대를 역습해 왔다. 하지만 이날 새벽 2시간에 걸친 전투에서 미 해병대는 포병의 지원을 받아 북한군을 격퇴하였다.

9월 26일 아침이 되자 7대의 T34 전차와 2대의 SU 76이 처참한 모습으로 시내 도로 여기저기에 주저앉아 있었고, 주위에는 많은 북한군 병사들의 시체가 널려 있었다. 전투가 끝나고 동이 트면서 진격에 나선 미군의 M26 전차 한 대가 간밤에 미군이 묻은 대전차지뢰를 밟고 무한궤도가 부서지는 일이 일어났다. 또한 좁은 시내 도로를 통과하는 미군 화염방사(POA-CWS-H5) M4 전차에 용감하게 뛰어들어, 전차 뒤쪽 엔진 부분에 폭약을 던져 과열된 전차 엔진을 파괴하고 미군의 총격으로 그 자리에서 쓰러져 죽는 북한군 병사도 있었다. 전차가 폭발하기 전에 전차병들은 모두 탈출하여 인명 피해는 없었다. 이 전차가 서울 탈환 시가전에서 북한군의 공격으로 미군이 잃은 유일한 전차였다.

한편 서울 동쪽에서 공격을 시작한 국군 제32연대는 미 제77전차대대의 M4 전차의 화력지원을 받으며 서울 시내 동쪽 지역을 확보하였다. 서울 전투에서 미군은 처음으로 통신용 전차를 사용하였다. 미군은 항공 지원 요청과 포병 지원 요청, 그리고 부대 사이의 원활한 통신을 위해 M4A3 전차에 다수의 안테나와 고성능 무전기를 설치한 폴큐빈(Porcupine) 전차를 사용한 것이다. 이 전차는 포탑에 포가 달려 있으나 사실은 적을 기만하기 위한 가짜 포이고 물론 포탄도 없었다.

이렇게 치열한 시가전 끝에 드디어 9월 27일, 중앙청에는 국군 해병 제1연대 제2대대 제6중대 제1소대의 장병들(박정모 소위, 양병수 병장, 최국방 이병)이 인공기를 내리고, 소대원들이 감격의 눈물을 흘리며 일제히 있는 힘을 다해 애국가를 부르는 가운데 태극기를 게양하였다. 이어서 서울에 남아 있던 적들이 소탕됨으로써 북한군이 서울을 점령한 지 3개월 만인 9월 28일, 국군과 미군은 수도 서울을 공산군의 손에서 탈환하였다.

(10) 서울 수복

9월 28일, 이날은 서울이 적의 수중에 들어간 지 만 3개월 만에 다시 수복된 뜻 깊은 날이다. 다음 날인 9월 29일 정오, 중앙청에서는 수도 서울의 환도식을 거행하였으며, 여기에는 이승만 대통령과 맥아더 유엔군 사령관, 워커 미 제8군 사령관, 알몬드 미 제10군단장 등이 참석하였다. 맥아더 원수는 "대통령 각하, 하나님의 은총으로 인류의 가장 큰 희망과 그 상징인 유엔 깃발 아래서 싸우는 우리 군대는 한국의 수도 서울을 해방시켰습니다. 나는 각하에 대하여 귀국의 정부 소재지를 회복하고, 이에 따라 각하가 헌법상의 책임을 충분히 달성할 수 있게 된 것을 기쁘게 생각 합니다"고 말하였다. 이에 대해 이 대통령은 "나 자신이나 한국 국민의 끝없는 감사를 어떻게 표현해야 좋을는지…"라고 하면서 말을 이어 나갔다.

북한군은 남한 점령 3개월 동안에 인간 이하의 잔인한 일들을 저질렀다. 그들은 남침 계획과 동시에 작성한 '남한 숙청 계획'의 보따리를 서울 점령 다음 날인 6월 28일 성남호텔(현 서울 광교부근)에서 풀어놓고 '인간 학살'을 시작하였다. 이 계획에 따라 휴전이 될 때까지 희생된 남한의 민간인은 학살, 납치, 의용군 강제 징집 등 모두 150만 명(이 가운데 23만 명은 부상자)에 이른다. 북한군은 후퇴하면서 더욱 악랄해졌다. 유엔군이 인천에 상륙한 뒤 패색이 짙어지자 북한군은 9월 20일, 천인공노할 '대학살 명령'을 내렸다. 그 요지는 다음과 같다.

1) 북한군의 후퇴는 일시적이다.
2) 유엔군과 국방군(국군)에 협력한 자와 그 가족은 전원 살해하라.
3) 살해 방법은 당에서 파견하는 지도위원과 협의하여 각급 당 책임자의 책임 아래 실행하라.

이 계획에 따라 전북 옥구군(沃溝郡) 미면에서는 인민위원장 겸 노동당 세포위원장이었던 자가 앞장서 700명을 학살할 정도였다. 1개 면에서 이럴진대 남한 전체에서 저질러진 학살이 어느 정도였을지는 상상하기조차 힘들다. 민간인 학살의 경우, 북에서 내려온 북한군만이 아니고 남한에 자생하였던 좌익분자들에 의해 전국에서 일어났다. 이들은 북한군의 앞잡이가 되어 오히려 북한군보다 더 잔인하게 동족을 살해하였다. 한국전쟁 동안 공산 측(북한군, 민간인 좌익)은 남한의 무고한 시민(군인과 경찰 제외) 14만 명을 학살하고 납치하였다(학살 59,,994명, 납북 82,959명).

(11) 38선을 향하여

9월 15일, 인천상륙작전이 성공하여 유엔군과 국군이 서울을 향하여 진격을 시작하자 낙동강 전선의 북한군은 하루아침에 붕괴되었다. 다급해진 북한군이 금강-소백산맥 선에 저항선을 만들어 방어하려던 계획을 포기하고 지리멸렬 도주를 시작하자, 9월 23일에 김일성은 총퇴각 명령을 내리고 집결지로 철원·평강·금화·화천·인제·양양을 지정하였다. 한편 한국 육군본부에서는 모든 전선에서 추격 작전이 순조롭게 진행되자 9월 28일, '38도선 선착 부대에 대한 대통령상 수상에 관한 건'이라는 훈령을 내려 각 부대 지휘관을 독려하였다.

북한군들은 후퇴할 때 세계 신기록을 세웠다. 북한군이 남침했을 때 훈련되지 않은 한국군은 낙동강 전선으로 후퇴하기까지 8월 1일을 기준하면 35일이 걸렸는데, 그들은 낙동강 전선에서 38선까지 8일 만에 후퇴하였고 제대로 건사한 병력은 3만 명뿐이었다.

9월 23일, 이승만 대통령은 "원래 38선이란 없으며 이는 이념의 산물이다. 이제까지 국민이 참아온 것은 국제관계 때문이었다. 이제 38선은 인정하지 않는다"고 선언하였다.

기갑연대가 속한 수도사단(기갑연대·제1연대·제18연대)은 9월 16일부터 9월 30일까지 안강-청송-영양-영월-평창-서림에 이르기까지 태백산과 오대산이 잇닿은 내륙의 험로를 따라 38선을 향해 그야말로 파죽지세의 추격전을 벌였다. 하루 40km 이상의 강행군을 계속한 것이다. 9월 26일 영양(英陽)에 진격해 들어갈 때는, 6·25 당일 국군이 보유하고 있던 27대의 M8 장갑차 가운데 마지막한 대 남은 장갑차를 이흥렬 소위가 몰고 들어갔다. 이때 수도사단 정보참모 육근수(陸根洙) 중령이 달려와 "항공정찰에 따르면 적 전차 한 대가 영양 쪽으로 북상 도주하고 있으니 이곳에서 지키고 있다가 파괴하라"는 명령을 내렸다. 아무리 패주하는 전차라 하더라도 전차는 전차여서, 장갑차의 37mm포로는 끄떡도 하지 않음을 이 소위는 너무 잘 알고 있었기 때문에 당황하였다. 그러나 진천 전투에서 박용실 대위가 37mm 포탄을 적 전차의 무한궤도에 명중시켜 파괴한 사실을 들은 적도 있기에 "하겠습니다"라고 대답한 뒤, 사격 위치를 영양 동쪽에 흐르는 강의 서쪽 커브로 결정하고 매복 대기하였다.

얼마 뒤 지축을 흔드는 소리와 함께 적 전차가 나타났고 그 뒤에는 적의 보병이 무질서하게 2열 종대로 걸어오고 있었다. 이 소위는 "한 방에 명중시키지 못하면 우리는 끝장이다"라고 포사수에게 일러놓고 기관총을 적 보병에게 향한 채 손에 땀을 쥐며 기다리고 있었다. 그때 나무다리에 올라선 적 전차가 다리 중간쯤에 이르렀을 때, 나무다리가 무게를 견디지 못해 부서지는 바람에 적 전차는 전차포를 하늘로 향하고 뒤쪽부터 강으로 떨어져 버렸다.

이를 바라보고 있는데 갑자기 나타난 미군 전투기가 전차에 폭탄을 투하하였다. 이러는 사이 어디서 나타났는지 북한군들이 전차에 매단 대공포판(국군 것을 노획했거나 모방한)을 떼어 갖고 도망하자 이를 발견한 수색대원 최상림(崔霜林) 중사가 장갑차에서 뛰어내려 뒤쫓아 갔다. 대공포판은 아군 항공기에게 우군이라는 표시를 보여주는 것으로서 적은 이를 활용하여 미군기의 폭격을 피하려고 했던 것이다. 이 소위가 최 중사의 뒤를 쫓아나갔을 때는 서로가 논밭에서 엉켜 뒹굴면서 격투를 벌이고 있었는데 흙탕물을 뒤집어써서 누가 누구인지 분간할 수가 없었다. 이 소위가 권총을 뽑아들고 머뭇거릴 때 최 중사가 "이놈이닷!"하고 소리를 쳐서 한 방에 적을 쓰러뜨린 일도 있었다.

(12) 개전 3개월 기갑전 결산

북한군의 6·25 남침일부터 38도선 북진을 시작하기 전까지 3개월(1950.6.25~9.30) 동안 아군과 적군은 약 450대 전차(자주포 포함)를 전투에서 잃었다. 그 원인과 구체적인 내역은 다음 표와 같다.

1) 아군(국군, 미군과 기타 유엔군)

원 인	대 수	비 율(%)
지 뢰	90	66
기 타	46	34
계	136대	100

* 아군 장갑차가 입은 피해는 여기에서 제외하였음

2) 북한군

원 인	대 수	비 율(%)
항공기	102	43
유기·도주	59	25
전차	39	17
바주카포	13	5
기타	26	10 (육탄 공격, 포병 사격)
계	239대	100

* 북한군은 전차 이외 SU 76 자주포 74대도 아군에게 파괴되었다.
** 또 다른 설로는, 항공기의 공격으로 파괴된 전차가 25퍼센트이고 아군 전차포에 맞아 부서진 것이 35퍼센트라는 주장도 있다.

■ 항공기로 말미암아 파괴된 것 가운데 60대는 네이팜 폭탄에, 나머지는 신형 5인치 로켓탄이나 0.5인치 기총소사로 파괴됨. 110

갈론 네이팜탄에 맞아 불탄 전차는 로켓탄에 파괴된 전차 수의 3배이다. 네이팜탄은 전차를 소각시키는 것이 아니고 고열의 화염으로 무한궤도의 고무 부분에 불을 붙여 적재 탄약을 폭발시키거나, 연료에 인화되기도 하고 불티가 공기흡입구로 들어가 엔진에 화염을 일으키게 만든다.

■ 아군 지뢰에 걸려 부서진 북한군 전차는 극히 소수임.

■ 소련이 북한에 공급한 전차 408대(1950년 11월말까지) 가운데 25퍼센트가 미군 전차포에 파괴되었음. 미군은 훈련이 잘 된 우수한 전차병들에 힘입어 1950년 7월부터 11월까지 5개월 동안 119차례 벌어진 북한군 전차와의 전차전(주간에 60퍼센트, 야간에 40퍼센트 가량 비율로 전차전이 벌어졌다. 전차전 참가 전차의 대수는 양측이 각각 적게는 1대에서 많게는 10대가 참가했으며, 보통은 4대 이하였다)에서 3:1의 우위를 점하였음.

■ 미군과 북한군 전차와의 전차전은 서로간 거리 620m(시계 불량시)~840m(시계 양호시) 사이에서 주로 일어났음.

8. 북진

(1) 38선 돌파

9월 말, 전군은 38선에 도달하였으나 9월 29일, 유엔군 사령부로부터 '38선을 넘지 말라'는 공통적인 명령을 받고 있었다. 10월 1일, 이승만 대통령은 정일권 육군참모총장을 포함한 군 수뇌들이 모인 자리에서 수도사단과 제3사단이 38선에 도달했다는 전황을 보고받은 뒤, 38선에 도달한 부대에 "왜 북진 명령을 내리지 않느냐"고 다그쳤다. 이 자리에서 정 총장을 비롯한 군 수뇌부가 '작전지휘권이 유엔군에 위임되어 있으므로 38선을 넘지 못하고 있다'고 보고하자, 이 대통령은 "맥아더에게 지휘권을 맡긴 것도 내 뜻이었지만 되찾을 때도 내 뜻"이라며 "국군은 즉각 북진(北進)하라!"고 명령하였다. 따라서 국군에는 10월 1일자로 38선 돌파 명령이 내려졌다.

9월 29일, 기갑연대 제3대대 제7중대 선임하사관이던 평양 출신 이승달(李承達) 중사는 오늘이나 내일이나 곧 38선을 돌파하라는 명령이 내려질 것을 기대하고 있었는데 '38선을 넘지 못 한다'는 말을 상관으로부터 듣고 맥이 확 풀렸다. 그러나 10월 1일 정오 무렵 38선을 돌파하라는 명령이 부대에 떨어지자, 누가 제창한 것도 아닌데 병사들 사이에서 '만세' 소리가 터져 나왔고 이 중사도 힘차게 만세를 불렀다. 이와 함께 기갑연대는 도보 행군으로 원한의 38선을 넘었다. 그러나 이보다 앞선 10월 1일 새벽 5시, 국군제3사단 제23연대가 선두로 38선을 돌파하여 오후 2시에는 양양에 돌입하였다(10월 1일 '국군의 날'은 바로 국군이 공산침략자를 쳐부수고, 한국 민족의 자유·평화·통일을 위해 이렇게 원한의 38선을 무너뜨리고 통쾌하게 북진을 시작한 것을 기념해서 제정된 뜻 깊은 날이다).

한편 맥아더 원수는 9월 30일, 김일성에게 보내는 항복권고문을 살포하였으나 김일성은 항복을 거부하였다. 38선에 도달해서 우물쭈물 주저하는 유엔군을 무시하고 이승만 대통령은 국군에게 단독으로 38선을 돌파하라는 명령을 내려 북진을 시작하자, 곧 이어미국 합동참모본부는 유엔군도 국군을 따라 북진하라는 명령을 내렸다. 이번 기회에 북진하여 통일을 이루려는 국군의 목표와는 달리 유엔군의 경우는 작전의 지침이 침략군인 북한군 격멸이라는군사 목표에 한정되어 있었다. 이는 미국 합동참모본부가 북한을지원하고 있는 소련, 중국과의 마찰을 피하려고 국군 부대만 중국, 소련과 국경선을 이루는 압록강과 두만강에 진격하도록 맥아더 장군에게 지시하였기 때문이다.

(2) 북한군 기갑부대의 저항

인천상륙작전 이후 국군과 미군이 서울을 탈환하고 북진을 계속하자 북한군은 급작스럽게 와해되었다. 이미 북한군 기갑부대가보유하였던 T34 전차는 거의 남아 있지 않았고, SU 76 사주포는일부가 남아 있었지만 국군과 미군의 진격을 잠시 저지하기 위한방어용으로만 썼다. SU 76은 은폐한 상태로 미군 전차부대가 진격해오는 것을 기다리다가 선두 전차에 사격을 가해 파괴하는 방법을 사용하였다. 미군은 선두 전차 한 두 대가 SU 76에 의해 파괴되면 즉시 포연이 나오는 SU 76의 위치를 확인하고 집중 사격하여 이를 파괴하였다. 그러므로 북한군의 SU 76 자주포 포수는 미군 선두 전차를 첫 사격으로 파괴한 뒤, 포가 미군에게 파괴되거나 노획되는 것을 막기 위해 스스로 포의 중요 부분을 떼어내고 도주하는 방법을 택하였다. 이 방법을 알게 된 미군 전차대는 전진 도중 북한군 SU 76이 은폐하고 있다고 판단되는 모양의 물체에 대해서는 먼 거리에서 먼저 사격부터 하였다. 그러면 은폐물이 날아가 제거되거나 은폐물 속에 숨어 매복하고 있던 SU 76이 파괴되었다. 또 매복 위치가 탄로났다고 생각한 포수가 당황한 나머지 조준이 제대로 안 된 상태로 급히 미군 전차를 포격하므로 미군 전차의 피해가 줄었다. 아울러 조기 사격으로 SU 76의 위치가 드러나므로 즉시 미군 전차대의 집중 사격을 받아 미군에 피해를 주기 전에 SU 76이 파괴되었다.

10월 2일, 서울에서 38선을 향해 진격하는 미군 전차대에 북한군이 소총 사격을 하였다. 물론 소총 총알이 수천 발이라도 전차를 부술 수가 없다. 그러나 이 가운데 한 발이 M4A3 도저 전차(전차 앞에 삽날을 붙여 불도저로 사용하는 전차)의 포신에 날아 들어가 전차포탑 속에서 반동하며 튀어 전차 승무원 두 명이 부상당하는 희귀한 일이 일어나기도 하였다. 10월 3일 오후 5시까지 국군과 미군은 의정부에 돌입하여 의정부를 완전히 탈환하였다.

(3) 목표, 백두산!

북진 명령을 받은 각 부대는 38선을 일제히 돌파하고 목표인 백두산을 향해 진격을 개시하였다. 이때 북진에 나선 각 부대의 전진 경로는 다음과 같다.

■ 미 제8군 예하

미 제1군단(국군 제1사단, 미 제1기병사단·제24사단)은 개성, 고랑포에서 평양으로

국군 제2군단(제6·제7·제8사단)은 철원에서 양덕(陽德)으로

미 제9군단(국군 제11사단, 미 제2·제25사단)은 후방 경계하며 북진준비,

■ 미 제10군단 예하

국군 제1군단(수도사단·제3사단)은 서림(西林), 양양(襄陽)에서 원산으로.

미 제3사단과 제7사단·해병 제1사단은 원산에 상륙하여 제3사단은 북쪽, 제7사단은 평양으로, 해병 제1사단은 원산 교두보 확보

부하들의 반대를 무릅쓰고 인천상륙작전을 강행하여 대성공을 거둔 맥아더 장군은, 이번에는 인천상륙작전에 투입되었던 미 제10군단을 전선에서 빼내어 원산상륙작전에 투입하였다.

미군 지휘관들은 이 작전이 의미가 없다고 반대하였으나, 인천상륙작전에 성공한 맥아더의 주장에 압도되어 결국 원산상륙작전은 시행되었다. 그러나 이미 원산 앞바다에는 북한군이 32척의 함정(소형 기뢰부설선)을 동원하여, 10월 4일까지 소련군 장교 30여 명의 감독 아래 2천여 개의 소련제 기뢰를 바다에 띄워 미군의 상륙을 막고 있었다. 그러므로 결정적인 북진 시기에 제8군에 투입될 보급품과 함께 미군 병력의 질반이 차출되어 부산과 인천에서 수송선을 타고 원산 앞바다에 도착한 뒤, 바다 위에서 2주 동안 아무 작전도 못하고 기뢰가 제거되기만을 기다리는 엉뚱한 일이 발생하였다.

원산상륙작전을 위해 수송선 위에서 상륙 부대가 뱃멀미에 시달리고 있는 동안, 동해안을 따라 트럭을 타거나 걸어서 후퇴하는 북한군을 추격하며 북진한 육군 제1군단 휘하의 국군 수도사단과 제3사단이 10월 10일 원산을 점령하였으므로, 그 뒤 제10군단 산하 미 해병 제1사단은 10월 26일과 28일, 원산과 이원에 무혈 상륙하였다. 그러나 결정적인 시기에 미군의 대부대가 원산만에서 귀중한 2주 동안의 시간(1개 군단의 대병력과 보급품을 승선시킨 시간까지 포함하면 4주 동안)을 아무 성과 없이 소모하는 중대한 실수를 범하였다.

맥아더는 태평양전쟁 기간에 남태평양과 중서부 태평양에서 레이테, 링가엔, 마누스, 홀란디아, 라에, 아이타페 상륙작전 등 대소 87개의 상륙작전을 계획하고 지휘하여 단 한 번의 실수도 없이 모두 성공시킨 상륙작전의 대가였다. 인천상륙작전은 그의 통산 88번째 상륙작전이었다. 그러나 그의 생애 마지막 89번째 상륙작전인 원산상륙작전은, 물론 상륙 해안에서 적의 반격 때문에 실패한 것은 아니었지만 전혀 불필요한 작전으로서 아군에게 부담을 주고 반대로 패주하는 적에게는 숨을 돌리고 수습·정비할 여유를 준 작전이 되어버렸다. 만약 그 기간 동안 제10군단을 서부 전선 지상전에 투입했더라면 이미 허약해져 패주하고 있는 북한군을 상대로 더욱 신속한 전과확대 작전을 감행하여 뒷날 중공군이 한국전에 개입할 시간과 기회를 사전에 봉쇄하고, 또 평양을 떠나 북쪽으로 도주하는 북한 지도부의 퇴로를 차단할 수 있었을 것이라는 큰 아쉬움을 남긴다.

원산에 상륙한 미 해병 제1사단의 제1연대는 원산 주위를 정찰하고 경계하는 임무를 받았고, 제5·제7연대는 압록강을 향해 북진을 시작하였다. 원래 맥아더 장군은 제10군단이 원산에 상륙하는 즉시 서쪽으로 진격시켜 서부 전선에서 북진하는 제8군을 오른쪽에서 지원하는 것을 구상하였다. 그러나 험준한 지형과 적의 저항, 그리고 보급로 확보가 어려워 제8군을 지원케 하려는 원래 작전 구상 대신 제10군단에 압록강을 향해 북상하라는 지시를 내린 것 이다.

원산 주위 정찰과 경계 임무를 받은 미 해병 제1연대는, 국군 제1군단에게 이미 와해된 북한군 패잔병들과 원산 인근의 산속에 서 전투를 치러야 했다. 이 북한군 패잔병들은 적지 않은 규모여 서 북한군 제10연대 소속의 패잔병 1천 명으로 구성되었다. 이들 은 10월 27일 밤과 28일 밤, 원산 남쪽 65km의 고저에서 미 해병 제1연대 소속 포병대와 지원 부대를 포위하고 공격하였다. 중과부 적인 미군은 해병 제1연대장 풀러 준장(바로 전에 준장으로 승진함) 에게 지원을 요청하였고, 풀러 준장은 전차양륙함 LST883호에 전 차 10대를 실어 보냈다. 그러나 LST가 해안 근처 낮은 물속의 바 위에 두 번이나 걸리는 바람에 상륙이 늦어졌고, 포위된 미군은 스스로의 힘으로 북한군을 격퇴하였다.

북한군 패잔병은 원산과 함흥을 연결하는 도로에 매복하여 미군 의 수송대를 기습하곤 하였는데, 미군은 전차대를 투입하여 11월 15일까지 이 도로 근처에서 북한군 패잔병들을 격퇴하여야만 했 다. 원산만에 설치된 2천 개의 소련제 기뢰를 제거하기 위해 10월 10일부터 미 해군은 소해정을 투입하였으나 손이 모자라 일본 보 안대(오늘날 자위대의 전신) 소속 해군 병력도 소해정을 타고 미군, 유엔군 해군과 함께 작전에 참가하여 10월 20일까지 많은 기뢰를 제거하였다. 일본 보안대는 인천상륙작전 때도 소해정을 파견하였 으며, 한국전쟁에 소해정 25척을 파견하여 전사 1병, 부상 18명의 인명 피해를 입었다.

한편, 급히 후퇴하는 북한군이 어떻게 수많은 기뢰를 준비하였 는가에 대해 의문이 있다. 저자가 나름대로 이 의문을 풀어보니 다음과 같았다. 6·25가 일어나기 16일 전인 1950년 6월 9일, 김일성은 북한 주재 소련 대사인 슈티코프에게 '기뢰 2천 개, 수뢰정 10척을 급히 보내 달라'는 전문을 보냈다. 당시 북한군 지휘부는 순식간에 부산을 점령할 것으로 믿고 있었다. 그러므로 이때 모스크바에 부탁한 기뢰 2천 발은 부산까지 완전히 점령한 다음 혹시라도 있을지 모르는 미군의 참전(미군이 한반도에 상륙하려면 부산항을 이용해야 하므로)을 막기 위해 부산 앞바다에 설치하려고 한 것으로 판단된다.

기뢰 2천 발 요청에 대한 자료는 소련이 붕괴한 뒤 공개된 구소련의 한국전쟁 관련 문서 가운데 들어 있다. 이 문서들은 1994년 6월 2일, 정상회담차 러시아를 방문 중이던 김영삼 대통령이 보리스 옐친 러시아 대통령으로부터 직접 받은 것이다. 그때 김 대통령이 받은 문서 300여 종 가운데는 1949년 1월부터 1953년 8월까지 소련 정부와 북한 정부 사이에 교신한 문서들도 있는데, 이들 교신 문서 가운데 기뢰 2천 발에 관한 내용도 들어 있다. 특히 이 문서들에는 한국전쟁을 전후하여 북한 공산당의 구체적인 남침계획도 들어 있으므로, 북한이 주장하는 한국전쟁 북침설이 적반하장 식의 거짓이라는 것을 극명하게 증거해 주고 있다(기뢰 2천 발에 대한 내용은 저자의 다른 저서 《바다여 그 말하라! ─ 영광의 초계함 백두산》을 읽은 독자 한 분이 러시아어로 된 이 자료를 갖고 있다가 번역하여 2003년에 저자에게 보내온 것이다).

국군의 제1기갑연대는 10월 1일 광원리(廣院里), 10월 2일 서림에서 38선을 넘어 양양에 진입하였다. 북한 땅을 처음 밟은 장병들은 그곳 주민들이 달려 나와 "대한민국 만세"라고 외치는 소리를 듣고 동족임을 새삼스럽게 느끼며 눈물을 흘렸다. 연대는 고성(高城)을 통과하여 외금강(外金剛)을 옆으로 보며 금강산 입구인 온정리(溫井里)에서 숙영하였다. 이곳은 해금강(海金剛)을 포함한 북한

의 1급 휴양지여서 편안하게 하룻밤을 보내며 북진을 준비하였다
(일부 장교는 이곳에 있는 여관에 들어갔는데, 서울 점령 뒤 약탈해 간
미제 철침대·메트리스·의약품이 있었고 두꺼운 명주 이불이 침대에 깔려
있었다).

6일 통천(通川)에 진입하였으나 이미 그곳은 제3사단이 먼저 점
령한 뒤였다. 연대는 8일 서남쪽 방면으로 내려가 회양(准陽)을 거
쳐 9일에 도납리(道納里), 신고산(新高山), 안변(安邊)을 점령함으로써
원산(元山)을 눈앞에 두었다. 신고산 입구 사과밭에서는 국군이 그
렇게 빨리 북진할 줄 모르고 북한군이 화차에 무기를 싣고 터널로
들어오다가 기갑연대 제1대대에 걸려 화차 전체를 국군에 빼앗겼
다. 이때 기갑연대가 노획한 것은 전차 6대, 야포 4문, 82mm 박
격포 10문, 120mm 박격포 1문, 중기관총 30문, 경기관총 500문,
다발총 3,000정, 아식보총 5,000정, 탄약 200만 발, 의료품 1개 화
차 분량이었다.

기갑연대가 원산 바로 남쪽에 있는 안변에 진입하자 어느 부녀
가 장병태(蔣炳泰) 중사를 붙들고 통곡을 하였다. 애기를 들어보니
딸의 오빠는 평양 학생사건에 걸려 함경도 산골을 전전하며, 미군
과 무전으로 연락하면서 국군이 오기를 기다리던 가운데 유엔군이
안변에 접근하고 있다는 소문을 듣고 너무 기쁜 나머지 학교 국기
게양대에 태극기를 올리다가, 후퇴하던 내무서원(경찰)에게 발견되
어 총살되었다는 것이다. "몇 시간만 더 빨리 국방군이 들어 왔다
면 오빠는 죽지 않았을 텐데…"하며 부녀는 땅을 치며 울었다.

안변의 벌판에서는 여름 군복을 입고 있는 기갑연대 장병들이
북한 가을밤의 습기와 한기, 찬이슬 때문에 모닥불을 피우고 밤을
보냈다. 이때 국군 대부대가 숙영하고 있는 것처럼 보여 원산에
있는 인민군의 사기를 떨어뜨리려고 전 대대에 모닥불을 피우게
하여 벌판 가득 하늘을 밝히기도 하였다.

(4) 원산 공략 작전

국군이 공격할 당시 원산의 인구는 9만 명이었고, 옛날 물가를 조정하는 상평창(常平倉)이 있던 곳이었다. 국군의 수도사단과 제3사단 병력 1만 6천 명의 진격에 맞서 김일성은 원산 전방에 2중 방어선을 구축하고 전차 12대와 증강된 2만 병력으로 방어케 하고 있었다. 김백일 제1군단장의 원산 공략 계획은 여왕산(女王山)－지경리(地境里)－안변 선을 경계로 동쪽은 이종찬 장군의 제3사단, 서쪽은 송요찬(宋堯讚)장군의 수도사단이 공격토록 하였다. 수도사단의 예하 부대로서 백남권 연대장이 지휘하는 기갑연대는 우측에서 지경리－원산 측선으로 공격하였다.

군단의 총공격은 10월 10일 새벽에 행해졌으나 공격 초기 적의 저항은 치열하였다. 그때 북한군은 '원산을 공격하는 적의 선두에는 미국 흑인 병사들을 세워 강간을 일삼고 2선에는 일본군을 세워 약탈을, 맨 나중에 오는 국방군(국군을 말함)은 살인을 일삼는다'고 악선전을 해 주민들마저 처음에는 국군을 크게 반기지 않았고, 원산이 점령되고서도 한동안 시민들은 호 속에 숨어 있었다.

기갑연대는 오전 7시, 지경리를 돌파하고 원산 시내로 진입하여 정세진 소령의 제1대대가 원산 비행장을 점령하였고, 미 공군의 F51 무스탕 전투기가 비행장에 내렸다. 이날의 전투에서 기갑연대는 적 사살 205명, 포로 55명, 122mm 곡사포 6문을 노획했고 아군은 5명이 전사하고 8명이 부상을 당했다. 이날 밤 원산 시내 동북부에는 군단 지휘소를 비롯하여 수도사단, 제3사단의 각 지휘소, 그리고 2개 연대가 주둔하여 큰 혼잡을 이루었다. 그런데다 양 사단은 서로 자기 사단이 먼저 원산에 들어왔다고 주장하며 각 부대별로 원산 입성 축하파티를 열어 군가 소리가 충천했고, 주민들은 국군 입성 축하행사 준비와 학살된 가족을 찾기 위해 촛불을 켜고

600구의 시체를 헤집고 다녀 혼잡은 극에 달했다.

적은 이 호기를 놓치지 않고 밤에 기습을 하였다. 적 전차 10대가 원산 서쪽에 있는 덕원(德源)에서 출동하여 원산 시내로 침투하여 종횡무진으로 질주하면서 사격을 퍼부어 국군 100여 명이 전사하였다. 적 전차 몇 대는 제1대대가 숙영하고 있는 원산 비행장으로 달려갔고, 그곳의 제1대대 장병은 이미 중대마다 2드럼씩 배급된 막걸리와 격납고 안에 인민군이 남기고 떠난 북한산 카비이드술을 너무 마셔 움직일 수조차 없는 상태였다.

북한의 10월은 저녁이 되면 추워지는데다가 행군과 전투에 지친 장병들이 술과 쇠고기 안주를 먹자 곤드레 취해버린 것이다. 이때 정 대대장은 백 연대장으로부터 '적이 역습하고 있으니 대대는 철수하라'는 명령을 받았다. 하지만 부대원들이 술에 너무 취해 부대 행동은 도저히 생각 할 수 없었으므로, "네 여기를 사수하겠습니다. 적이 근접해와 전화를 끊겠습니다"라고 한 뒤 아예 유무선을 끊어 버렸다. 그런 뒤 각 중대장을 불러 "종교인이나 술 먹지 않은 사병을 뽑아 경계병으로 배치하고 적이 근접하여도 절대로 사격하지 말라, 적이 사격해도 응전하지 말라!"고 지시하였다. 잠시 뒤 적 전차 서너 대가 굉음을 울리며 비행장에 들어와 연속적으로 사격을 하였으나, 대대에서 아무도 응사를 하지 않자 얼마 뒤 아군이 없는 것으로 판단했는지 적 전차는 그대로 뒤돌아 비행장에서 빠져 나갔다

전투가 끝나고 사기 진작을 위해 지휘관은 병사들에게 술을 주고 장교들도 끼리끼리 모여 술을 마시는 경우가 다반사였는데, 한국전쟁 내내 술과 화투 때문에 우리가 거의 다 이긴 전투를 막판에 잃은 경우가 많이 있다는 것을 오늘날에도 다시 한 번 되새겨 보아야 한다.

(5) 적의 전차로 전차대 창설 계획

원산 점령 뒤 연대가 재편성되면서 하루 이틀 쉬고 10월 15일부터 다시 원산을 떠나 북진하려는데, 전차부대 창설 요원으로 미군 전차부대에 위탁해 훈련시키려는 목적으로 육군본부에서 정세진 소령, 박도경 소령을 포함 장교와 사병 25명에게 발령을 내렸다. 그러나 사단장과 연대장이 보낼 수 없다고 하자, 정세진 소령은 6·25 초 적 전차에 맥없이 밀린 것을 떠올리면서 상관인 연대장에게 보고도 하지 않은 채 노획했던 소련제 지프차(GAZ-67) 3대에 나누어 타고 서울의 육군본부로 출발하였다. 이 사실을 보고받고 화가 치민 송요찬 사단장은 "추적대를 보내 모두 잡아다 군법에 넘기라"고 엄명하였으나, 추적대로 간 연대 정보과 이흥렬(李興烈) 상사도 이들과 합류해버렸다.

이들이 10월 15일 밤 12시 넘어 서울에 도착해 다음 날 육본에 신고를 했더니 하루 전에 전차부대 창설 계획이 취소되었다고 대답하였다. 그러면서 육본에서는 "국군과 유엔군이 북진하면서 북한군이 버리고 간 전차가 많아 이를 수집하여 전차대를 창설할 계획이니, 서울 남대문초등학교에 전차 훈련소 설립을 추진하라"고 지시하였으므로, 일부 장교들은 노획 전차를 수집하기 위해 나섰다. 북진하던 미군도 SU 76 자주포 등을 노획하여 기차로 운반해 국군에게 인계하였다. 국군은 적의 기갑장비를 사용하여 적을 공격하였으나 소련제 부속품을 구할 수 없어 결국 지속적으로 쓸 수 없었다. 중공군이 개입하면서 전선이 후퇴하자 노획한 적 전차를 이용하겠다는 목적으로 추진하던 전차 훈련소마저 백지화되었다.

(6) 평양 점령

동부 전선에서 국군이 지체 없이 38선을 넘어 북진하는 동안, 유엔군은 9월 30일부터 10월 9일까지 열흘이나 서부 전선 38선 부근에서 진격을 머뭇거렸다. 유엔군으로서는 북진을 위한 유엔총회의 결의가 필요하였다. 이러는 동안 북한군은 3개 사단을 새로이 편성하고 평양 방어를 위해 금천과 해주 지역에 강력한 방어선을 구축하는 한편, 지도부는 일사분란하게 평양을 떠나 북으로 도주하였다. 북한군이 서울을 점령하고서 3일 동안 지체하여 후퇴하는 국군을 섬멸할 기회를 잃은 것과 마찬가지로, 이번에는 유엔군이 38선에서 지나치게 지체함으로써 퇴각하는 북한군 섬멸의 기회를 잃은 것이다.

10월 7일 유엔총회에서 북진을 결의하자, 서부 전선의 미 제1군단은 10월 8일 임진강을 건너 개성을 점령하고 본격적인 공세를 펴기 시작하였다. 미 제8군이 38선 부근에서 귀중한 시간을 헛되이 보낸 뒤 38선을 넘어 적도(敵都) 평양을 향해 진격할 때, 게이(Gay) 소장이 지휘하는 미 제1기병사단은 10월 9일부터 금천(金川) 지역에서 적의 극렬한 저항을 만났다. 개성 북방 30km에 있는 금천은 평양 진입의 요충지로서 북한군 2개 사단(제19·제27사단)이 배치되어 대량의 대전차지뢰를 매설하는 한편, 남아 있는 T34 전차와 SU 76 자주포를 투입하여 결사적으로 미 제1기병사단 예하 3개 연대의 전진을 막으려고 하였다.

접근해오는 미 제8기병연대에 앞을 가로막으며 T34 전차대가 돌진하자, 보병을 화력지원하고 있던 제8기병연대의 제70전차대대 소속 M4A3 서면 전차는 선두 T34 전차를 향해 76mm 전차포 사격을 하였다. 그러나 이 T34 전차는 50m, 20m 거리에서 미군 전차포탄 2발을 연속 포탑에 맞고서도 전차포 사격을 하면서 미군

평양 시내에 돌입하는 미군 M46 전차대

전차를 향해 충돌하려고 돌진해왔다. 당황한 미군 전차는 서로 맞붙은 위치에서 다시 한 발을 발사하여 포탑의 포신에 명중시켜 포신을 파열시켰다. 그러나 T34 전차는 미군 전차를 향해 다시 돌진해 왔으므로 미군 전차가 4번째 포탄을 차체에 발사하자 그제야 그 자리에 주저앉았다. 미군 M4 전차도 포탑 부근에 여러 발의 85mm포탄을 맞았으나, 근접 거리에서 발사된 T34 전차의 85mm 포탄은 M4 전차의 철판을 관통하지 못하였다. 금천에서 벌어진 전차전에서 북한군 전차대는 미군 전차에 피해를 전혀 주지 못한 채 하루 만에 8대의 T34 전차를 잃었고 금천 주변은 10월 13일, 미 제1기병사단에게 점령되었다.

금천을 점령하고 평양을 함락하기 위해, 워커 중장은 미 제1기병사단 왼쪽에 미 제24사단을, 오른쪽에는 국군 제1·제7사단을 배치하였고 영국군 제27여단은 미 제1기병사단을 지원토록 하였다. 미군과 영국군이 사리원까지 북진하자 북한군은 사력을 다해 유엔군의 진격을 막으려고 야간에 육탄 공격을 서슴지 않았다. 이 야간 전투에서는 백병전이 벌어졌으나 결국 유엔군이 북한군의 공격을 물리침으로써 수많은 북한군이 항복하여 포로가 되었다.

사리원부터는 평양에 이를 때까지 북한군의 저항이 미약하였으므로, 평양을 향해 진격하는 국군과 미군 사단들 사이에는 평양 점령을 두고 경쟁이 벌어졌다. 미 제6전차대대의 C중대 M46 전차대의 지원을 받으며 공격해 간 국군 제1사단(사단장 백선엽 준장)이 경쟁에서 가장 가능성이 있어 보였다. 그러나 평양 외곽 10km 지점(고저동)에서 북한군이 SU 76 자주포를 앞세우고 국군 제1사단의 진격을 가로막았고, 국군 제1사단은 이들을 물리치기는 했으나 시간을 많이 빼앗기는 바람에 10월 19일 아침, 미 제1기병사단과 거의 동시에 평양에 돌입하게 되었다. 그러나 국군 제1사단(제12연대)이 19일 오전 11시에 동평양(대동강 동남쪽)의 선교리에 돌입함으로써 미 제1기병사단의 선두부대에 한 발 앞섰고, 평양에 처음으로 입성한 부대가 되었다.

평양을 향해 빠르게 전진하던 백선엽 장군의 국군 제1사단은 미 제6전차대대장 그로든(John Growden) 중령이 대대본부와 함께 휘하의 D전차중대를 이끌고 합류함으로써 50여 대의 전차 지원을 받게 되었다. 백 사단장의 제1사단은 파죽지세로 신계(新溪)―수안(遂安)―율리(栗里)를 연파하고 평안남도에 진입하여, 10월 17일에는 평양 외곽 30km 지점인 중화(中和)군 상원(祥原)을 점령하였다. 평양에 접근하자 북한군의 저항은 완강하였다. 상원에 진입하기 직전에 T34 전차 5대가 도로를 따라 남하하여 진격하고 있는 제1사단에 대해 반격을 시도하였는데, 마침 그곳은 도로가 꼬부라져 서로 시야를 가리는 애로(隘路)였으므로 모퉁이를 돌면서 피아의 선두 전차끼리 충돌 직전에 급정거하게 되었다. 너무 갑자기 닥친 일이라 당황하여 어떻게 대응해야할 지 모르는 긴박한 순간이었다. 그때 백선엽 장군이 타고 있던 미군의 선두 전차 소대장은 즉각 후속 전차와 무선으로 교신하며 소대 소속 5대의 전차들을 전속력으로 후진시켜, 횡대 대형으로 포진하며 일제히 직격탄을 발사하였다. 뜻밖의 사태에 당황한 적 전차들은 가까운 거리에서 미군 전차의 포탄을 맞아 차체에 구멍이 뚫렸고, 전차병들은 겁에 질린 채 모두 손을 들고 나와 투항하였다. 이렇게 평양 외곽인 상원에서 적 전차대를 분쇄한 뒤 제1사단이 평양으로 진격하자 북한군은 곳곳에서 줄지어 투항하였으나 백 사단장은 이들을 일일이 거둘 틈조차 없었다.

10월 19일 저녁까지 국군과 미군은 평양 시내 곳곳에서 저항하던 북한군을 소탕하고 당시 인구 50만 명의 평양을 완전히 점령하였다. 평양 점령 작전에서 미 제72전차대대 C중대의 M4 전차들은 미 제2사단 정보참모 포스터(Foster) 중령의 지휘 아래, 미 제38연대의 1개 중대와 함께 미 제1기병사단의 선두에 서서 평양 시내에 돌입한 뒤 북한 정부 청사와 소련군 부대 등을 수색하고 정치, 군사적 주요 기밀 서류를 대량 노획하였다. 포스터 중령의 특수임무부대는 이튿날인 10월 20일까지 수집한 주요 서류(북한의 전쟁 준비와 남침 과정, 소련과 북한의 지원 내용 등이 포함되어 있음)를 10월 22일, 모두 일본 도쿄에 있는 맥아더 사령부로 보냈다.

10월 20일부터 국군과 미군은 평양 인근과 진남포 항구 지역에서 잔적을 완전히 소탕하였고, 북한군은 재편성을 위해 북쪽으로 도주하였다. 한편, 영국군의 센추리온 전차대는 11월에 인천항에 도착하여 기차 편으로 평양에 수송되어 전선에 투입되었다.

맥아더 장군은 미 제8군이 38선을 돌파하고 평양으로 진격하고 있을 때 적진 후방에 대한 공수 작전을 구상하였다. 북한군의 퇴로를 차단함과 동시에 북으로 후송되고 있는 미군 포로를 구출하려는 것이 이 작전의 목적이었다. 이를 위해 미 제187공수연대를 태운 수송기들이 10월 20일 김포 비행장을 이륙하여 평양 북방 50km에 이들을 내려놓았고, 이 공수연대와 연결 작전을 펴기 위해 미 제70전차대대장 로저스(Rodgers) 중령이 지휘하는 로저스 임무부대(미 제8보병연대의 1개 대대도 포함)가 전차를 앞세우고 10월 21일 오전 9시 평북 순천에 도착하였다. 하지만, 적의 주력 부대와 미군 포로들은 이틀 전에 이미 평양을 출발하여 북상하였으므로 작전의 목적을 달성하지는 못하였다. 로저스 임무부대는 M4 전차대와 보병의 합동 공격으로 1개 연대 규모의 적을 소탕하여 약 500명을 사살하고 대전차포 11문을 노획하였다.

9. 중공군 개입

(1) 압록강으로의 진격

10월 17일, 맥아더 장군은 미 합동참모본부에서 9월 27일 자신에게 내린 지시(북한이 중국, 소련과 붙어있는 국경선에는 한국군만 전진시키라는 훈령, 곧 유엔군의 진출 한계선은 청천강 하구인 정주-영원-함흥 선)를 어기고, 전쟁을 하루빨리 종결시키려는 목적에 유엔군 진출선을 좀 더 북쪽으로 올려, 선천-평원-풍산-성진 선으로 조정하였다. 이는 국경선에서 48~64km 떨어진 거리로서 이 선을 '맥아더 라인'이라고 불렀다. 그러나 한 주가 지난 10월 24일, 맥아더 장군은 휘하 장군들에게 압록강까지 진격하여도 좋다는 권한을 줌으로써 유엔군의 북방 진격 한계선은 사실상 철폐되었다.

북한의 수도 평양을 점령한 10월 하순부터 유엔군 지휘관들은 전쟁이 끝난 것처럼 들떠 있었다. 국군 또한 '이제 곧 남북통일이 되는구나' 하는 기대감으로 마음 가볍게 압록강을 향해 전진하고 있었다. 평양을 지나 북상한 국군 제2군단(제6·제7·제8사단) 예하 제6사단은 10월 21일, 제7연대를 선두에 세우고 파죽지세로 북진하여 개천을 점령하였다. 청천강 도하 지점에서는 북한군이 급히 버리고 간 차량 150대를 노획하여, 이 차량들에 나누어 타고 10월 26일 오전 10시에 30km 북방 압록강에 맞닿은 국경 마을 초산을 향해 마지막 진격 작전을 시작하였다. 첫눈이 하얗게 덮인 산야에서 국군 제7연대 제1대대 장병들은 도중에 북한군의 방어선을 격파하고, 드디어 이날 오후 2시 15분에 초산 북쪽 압록강 국경선에 도달하여 태극기를 꽂고 이승만 대통령에게 진상할 압록강 물을 수통에 가득 담았다. 그러나 이 국군 부대는 곧 신기루처럼 나타난 정체불명의 적 부대에 포위되어버렸다.

한편 백선엽 장군의 국군 제1사단도 운산 시가지 전투에서 갑자기 나타난 적 부대와 교전하였는데, 이들은 여태까지 싸웠던 북한군이 아니었다. 국군은 이 전투에서 이상한 말씨를 사용하는 포로 한 명을 잡아, 정체불명의 부대가 중공군이란 것을 알게 되었다. 백선엽 사단장은 이 사실을 즉각 미 제1군단장 밀번 장군을 통해 유엔군 사령부에 보고하였으나, 유엔군 사령부는 이 사실에 깊은 관심을 표명하지 않았다. 유엔군 지휘부는 보고를 받고서도 중공군의 조직적인 개입은 있을 수 없으며 단지 소수의 중공군이 북한군에 편입되었을 것이라고 전황을 낙관적으로 판단하였다. 이 판단이 곧 국군과 유엔군에게 걷잡을 수 없는 화를 불러오게 된다.

(2) 중공군의 독창적인 전술

1950년의 긴 여름을 보내면서 소련과 중국의 공산당 지도자들은 남침한 북한군의 전황을 살펴보는 한편, 지구 위에 공산주의 국가의 영토가 늘어나기를 기대하고 있었다. 그러나 가을이 되면서 전황이 북한군에 불리해지자 두 나라 정부는 유엔에서 '평화를 사랑하는 무고한 북한 사람들에 대한 침략을 중지하라'고 촉구하는 성명을 발표하였다. 특히 중국 외무부 장관 주은래(周恩來)는 국군과 유엔군이 서울 환도식을 거행한 다음 날인 1950년 9월 30일

(토요일), 라디오 방송을 통해 "유엔군이 38선을 넘어 북진하면 의용군을 파견하여 미국을 비롯한 그 악의에 찬 동맹국들과 싸우는 북한을 돕겠다"는 성명을 발표하였다. 주은래의 이 라디오 방송이 있기 한 달 전인 8월 말에, 압록강을 따라 만주에 배치된 중공군 대공포대는 이미 두 번이나 신의주 상공에 나타난 미군기를 향해 사격을 한 적이 있었다. 또한 주은래는 9월 25일과 10월 3일에 중국 주재 파니칼(K.M.Panikkar) 인도 대사를 불러 중국은 유엔군이 38선을 넘으면 북한을 방어하기 위해 군대를 파견하겠다고 경고하였다. 당시 인도는 중립국이었으므로 중국은 인도를 통해 미국에 자기들의 입장을 전달한 것이다. 그러나 미국 정부나 맥아더 장군은 이러한 중국의 경고를 '공갈'이라고 대수롭지 않게 판단하였다. 설사 이들이 한국전쟁에 개입하더라도 원시적 군대인 중공군을 현대적 군대인 미군이 단숨에 격퇴할 수 있을 것이라는 과도한 자신감을 갖고 있었던 것이다.

그러나 중공군은 어리석지 않았다. 중국은 이미 한국전에 참전하기 위하여 만주 지역에 30만 병력을 주둔시키고 있었고, 여기에 더하여 제4야전군 사령관 임표(林彪; 당시 42세) 휘하의 25만 명(18개 사단)을 8월 중순에 이미 압록강 북쪽으로 이동시켜 놓고 있었다. 그 뒤 한국전에 투입된 중공군은 2개 병단(兵團)으로서[중공군의 병단은 미군이나 국군의 군(軍)과 대등하다] 제9병단 산하에는 미군과 국군의 군단 편제에 해당하는 3개의 군(제20군·제26군·제27군)을 가지고 있었고, 제13병단은 제38군·제39군·제40군·제42군·제50군·제66군·포병 제1사단·포병 제2사단·포병 제8사단을 갖고 있었다. 이렇게 중공군의 2개 병단은 27개 사단을 거느리고 한국전쟁에 개입했던 것이다.

국군과 미군이 평양 시내에 돌입한 10월 19일, 중공군 선발 병력 12개 사단이 안동, 장순, 집안에서 밤에 압록강을 건넜고 그 다음 날인 10월 20일에는 한국전쟁에 파병된 중공군 사령관 팽덕 회(彭德懷)가 신의주를 거쳐 북한에 들어왔다. 이어서 10월 26일에 는 6개 사단으로 구성된 중공군 제2차 부대가 압록강을 넘어옴으 로써 그때까지 은밀하게 북한에 들어와 전개한 중공군 총병력은 26만 명(18개 사단과 지원부대))이나 되었다. 중공군 사단의 병력은 미군이나 국군 사단보다 훨씬 적게(미군의 60% 정도) 편성되었다. 중공군이 한국전쟁에 개입할 당시 중공군 1개 사단은 3개의 보병 연대와 소련제 76.2mm 야포를 갖춘 포병 1개 대대, 그리고 지원 부대를 합쳐 사단의 총 병력이 7,000명 내지 8,500명이었다. 보병 연대는 3개 보병 대대(각 보병 대대는 700명)와 포병 1개 포대(4문 내지 6문의 76.2mm 야포 보유), 1개의 박격포 중대(소련제 120mm 박 격포 보유), 그리고 소규모 지원 중대로 구성되었다. 보병 대대는 3 개의 소총 중대와 1개의 중화기 중대로 이루어졌는데, 중화기 중 대는 중(重)기관총과 소련제 82mm 박격포를 보유하였다.

　중공군은 미군 정찰기의 눈을 피해 은밀하게 압록강을 건너 국 군과 미군 측면에 출현하느라고 한국전쟁에 개입한 초기에는 야포 를 전혀 가져오지 않았다. 중화기로는 중기관총과 박격포만 가져 왔을 뿐이다. 미제 박격포는 구경이 81mm였으므로 중공군은 미군 과 국군으로부터 노획한 81mm 박격포탄을 자기들의 82mm 박격 포에 넣어 사용하였으나(물론 이때는 포탄의 정확도가 떨어진다), 국군 과 미군은 공산군의 82mm 박격포탄을 노획하더라도 아군의 81mm 박격포에 사용할 수 없었다(제2차 세계대전 당시 독일군도 81mm 박격포를 사용하였으므로 소련군은 자기들 82mm 박격포에 노획 한 독일군 81mm 박격포탄을 사용하였다). 82mm 박격포의 경우 숙달 된 병사는 1분에 25발을 발사한다. 무게 62kg인 소련제 82mm 박 격포가 사거리 3km, 포탄 무게 3.4kg인 데 견주어, 120mm 박격 포의 경우는 16kg의 포탄을 6km까지 날려 보낼 수 있고 파괴력이

평양 시내로 들어오는 중공군 T34 전차대

훨씬 강해 전차에 정확하게 명중하면 전차를 파괴할 수도 있었다. 그러므로 박격포와 중기관총은 중공군에게는 귀중한 장비였다.

저자가 초등학교 다닐 때 선생님들로부터 중공군 100만 명이 하루아침에 압록강을 건너와 인해전술로 우리 국군과 유엔군을 밀고 내려왔다고 들었고, 그렇게 써놓은 책도 많이 있으나 사실은 그렇지 않다. 한국전쟁 당시 중공군의 병력이 미군보다 많은 것은 사실이나, 수 배에서 수십 배까지 차이가 난 것은 아니고 차이가 많이 날 때도 고작 2배 정도에 지나지 않았다.

1950년 10월 중공군의 제1차 공세에 잇달아 감행된 제2차 공세를 자세히 분석해보면, 이 공세에서 중공군이 대승을 거둔 것은 인원이 아군보다 많아서였기 때문만은 아니었다. 미군과 국군의 약점을 꿰뚫어보고 그들 나름대로 치밀하게 준비한 작전과 완벽한 기습에 휘말려, 그동안의 승리에 도취되어 전쟁이 곧 아군의 승리로 끝날 것이라 방심하면서 차량 편으로 도로만 따라 진격하던 국군과 미군이 완패했던 것이다. 비록 항공기와 중장비, 그리고 현대식 통신장비는 없었지만, 중공군은 우세한 아군 화력과 차량 수송력에 대항하고자 치밀하게 준비하여 미국의 허를 찌르는 놀라운 작전을 펼친 것이다. 무기와 보급이 빈약한 중공군이 채택한 인해전술(人海戰術)은 무작정 대규모 병력을 앞세워 적진에 공격을 감행하는 것이 아니고, 그들이 돌파해서 점령해야 할 핵심 목표를 선정한 뒤 그들의 장기인 수많은 전투의 경험(대륙에서 일본군, 장개석 군과 전투), 엄한 군기에 바탕을 둔 야간전투와 산악 행군의 기동 능력을 시기와 장소에 적절하게 적용하여 발휘한 것이다. 이런 중공군의 공격에 즉시 전투대형이 붕괴되며 어이없이 당한 국군과 미군은 아군의 작전 실패에서 그 원인을 찾는 것보다는, 아군의 패배를 외부로 돌리려다 보니 워낙 적의 병력이 많아서 어쩔 수 없었다는 식으로 중공군의 병력 수를 실제 병력보다 엄청나게 부풀려, 100만 명이 한꺼번에 압록강을 건너 한국전에 개입하였다는 이야기가 나온 것이라고 저자는 생각하고 있다.

우리는 한국전에 개입한 중공군이 무기도, 제대로 된 작전도 없이 수류탄과 소총만 소지한 수많은 병력을 아군 방어선에 막연하게 돌격시켜 아군을 격퇴하였다고 알고 있으나, 이것은 잘못된 분석이다. 1950년 12월 말, 피아 병력을 보면 아군은 36만 명(국군 14만 명과 유엔군 22만 명)인 데 견주어 공산군은 47만 명(중공군 30만 명, 북한군 17만 명)으로 추산되었다. 공산군 병력에는 중공군 약 30개 사단, 북한군 12개 사단과 게릴라부대가 포함된 것이다.

중국은 19세기 프러시아 전략가인 클라우제비츠(Carl von Clausewitz)가 《전쟁론》을 쓰기 2,300년 전인 기원전 4세기에 이미, 오(吳)나라의 장군으로 《손자병법(孫子兵法)》을 쓴 뛰어난 군사전략가인 손무(孫武)를 배출한 나라이다. 그러므로 중공군은 알게 모르게 이러한 군사 대가의 병법을 선수받은 부대이다. 중공군은 나름대로의 뛰어난 정보력, 분석력, 지형 분석 능력, 심리전을 포함한 작전 수행 능력을 바탕으로 한국전 개입 초기 아군을 완파한 것이지, 단지 인원이 많아서 아군을 이긴 것은 아니다.

유엔군이 북진하면서 서부의 제8군과 동부의 제10군단은 낭림산맥을 사이에 두고 90km 떨어져 진격하며 북한군을 추격, 소탕하고 있었다. 북한의 이러한 산악 지형은 도로가 거의 없어 대규모 부대가 차량으로 이동하기 어렵고, 만약 적이 매복하고 있을 경우 병력과 장비에 큰 피해를 받을 위험이 도사리고 있었다. 미군은 90km 공간을 두고 동서로 나뉘어 진격하면서 일어날 수 있는 위험에 대비해 가끔씩 항공정찰로 이 간격을 메우고 있었다. 항공정찰은 야간이나 날씨가 나쁠 때는 가능하지 않았고, 날씨 좋은 대낮에 하더라도 중장비 없이 산속에 숨어있는 병력을 발견하기란 쉬운 일이 아니었다. 중공군도 이 점을 잘 알고 있었다. 그들이 파악한 미군의 약점은 다음과 같다.

첫째, 차량이 갈 수 없는 곳에서의 전투는 피한다.

둘째, 야간 전투에 약하다

셋째, 항공지원에 지나치게 의존한다.

중공군은, 전투 경험이 그다지 많지 않고 능력 있는 야전 지휘관도 적다는 국군의 약점도 잘 파악하고 있었다. 그러므로 한국전쟁에 개입한 뒤부터 휴전 때까지 중공군은 항상 국군의 방어선을 집중적으로 두들겨 돌파한 뒤, 측면에 있는 미군 부대의 배후에서 퇴로를 차단하고 포위하여 섬멸하려는 작전을 일관되게 유지한 것이다.

앞서 나온 북한 지형과 양쪽으로 분산된 미군의 전력이 위태한데도 맥아더 장군은 다가오는 성탄절 이전에 압록강과 두만강에 도달하여 전쟁을 마무리 지으려는 계획을 갖고 있었다. 그러나 중공군은 국군과 미군이 평양을 점령하기 이전부터 은밀하게 북한에 들어오기 시작하였다. 그러므로 유엔군이 평양을 점령한 10월 19

일에는 중공군 선발 부대 12개 사단이 비밀리에 압록강을 건너 이북 지역에 들어왔으며 미 제10군단이 원산에 상륙한 즈음 북한에 들어온 중공군은 이미 대규모에 달했다. 이 대규모의 중공군은 엄격한 군기 아래 야간에 수만 명이 한 명처럼 움직이며 적유령산맥에 들어가 공격 명령을 기다리고 있었다.

(3) 무너지는 전선

평양을 점령하고 쾌속으로 북진하던 국군 제1사단 제12연대의 대전차 소대장인 조주봉(趙柱奉) 소위는 운산을 향해 진격하다가 10월 26일 오전 7시40분, 왼쪽으로 태천(泰川)과 오른쪽으로 운산(雲山)이 갈리는 지점인 박천(博川)에 도착하였을 때 북한군 전차대가 내려오는 것을 발견하였다. 북진하는 국군을 저지하고자 북한 전차대는 각 5대의 T34 전차와 트럭으로 편성되어 남하하고 있었다. 적이 아직 눈치 채지 못한 것을 알게 된 조 소위는 매복하고 있다가 적이 가까이 다가오자 조준하던 57mm 대전차포를 발사하였다. 선두에 선 T34 전차가 57mm포탄을 맞고 부서지자 전차병 2명이 포탑 해치를 열고 도주하였고, 그와 동시에 두 번째 전차는 도로 옆으로 비껴 회전한 뒤 도주하려고 방향을 잡았다. 조 소위의 대전차포가 이번에는 회전하려는 두 번째 전차를 명중시키고 이어서 마지막 전차를 격파하자, 전차 뒤를 따라오던 5대의 트럭에 나누어 탄 북한군들은 모두 트럭에서 내려 도주하기 시작하였다. 이에 조 소위의 소대는 일제사격으로 이들을 다수 사살하고 트럭과 전차 모두를 폭파시켜 버렸다(조 소위는 후일 소장으로 예편하였다).

당시 북진하던 국군 정찰대는 중공군을 포로로 잡기도 하였고 남쪽으로 내려오는 피난민에게서 중공군이 북한에 들어온 것을 확인하였다. 국군은 이를 미군에 통보해 주었으나, 미군 당국은 단지 중국이 패주하는 북한군을 돕기 위해 체면치레로 소규모 부대를 파견한 것으로 보고 이들의 존재를 대수롭지 않게 여겼다. 이것은 미국 정부와 맥아더 장군의 큰 실수였다.

10월 29일, 서쪽으로 북진하고 있던 미 제89전차대대와 영국연방군 여단은 정주에서 T34 전차와 SU 76 자주포를 앞세우고 나타난 북한군과 맞닥뜨렸다. 이 전투에서 북한군은 4대의 T34 전차와 서너 대의 SU 76을 잃었다. 이날 밤 전차를 앞세운 북한군 보병 부대가 미군과 호주군을 향하여 돌격해 왔다. 이날의 야간 전투에서 미군 병사들이 쏜 바주카포에 맞아 T34 전차 3대가 부서지고 미군의 전차포 사격으로 북한군 보병은 많은 사상자를 내고 후퇴하였다. 그러나 10월 31일, 북한군은 다시 T34 전차와 SU 76을 앞세우고 보병 대대 규모로 미군 전면에 나타나 공격을 시작하였다. 전투가 시작되자마자 미군 M4 전차들은 T34 전차로부터 여러 발의 포탄을 맞았으나 거의 피해를 입지 않았고, 대신 즉각 응사에 나서 전차포로 5대의 전차와 SU 76 한 대를 파괴하였다. 다음 날인 11월 1일, 유엔군 전투기의 공격으로 두 대의 T34 전차가 더 부서져버렸다. 한편 이날 미군은 정주역에서 2대의 T34 전차를 실은 화차를 발견하고 이를 노획하였다. 또한 종고동에서는 미 제24사단의 보병 대대와 이들을 지원하던 제6전차대대의 C중대 소속 전차들이 북한군 1개 대대와 전투를 벌였다. 북한군은 T34 전차의 지원을 받았으나 전투는 30분 만에 끝나고, 북한군은 파괴된 전차들을 남기고 도주하였다. 이 전투가 미 제8군으로서는 한국전쟁을 치르는 동안 가장 북쪽에서 벌인 전투였다.

그러나 이즈음 전선에는 불길한 징조가 나타나고 있었다. 10월 26일, 미 제8군의 오른쪽에서 압록강을 향해 전진하던 국군 제2군단(제6사단·제7사단·제8사단)을 향해 중공군은 미리 산악지대에 매복해 놓았던 6개 사단(운산과 온정리에 각각 3개 사단)으로 집중 공격을 퍼부었다. 중공군의 의도는 운산과 온정리에서 국군 3개 사단을 전멸시킨 뒤, 미 제8군의 후방으로 진출하여 미 제8군의 주력을 격멸하는 것이었다. 이 공격으로 10월 26일, 앞서 본 대로 초산에 도착하여 수통에 압록강 물을 담았던 국군 제6사단 제7연대가 중공군 제120사단에 포위되었고, 제6사단의 제2연대는 운산 오른쪽에 위치한 온정리 산간마을에서 포위되어 거의 전멸하였다. 이들을 구출하러 달려온 국군 제8사단의 제10연대와 제19연대도 10월 29일, 중공군의 포위 공격에 전멸되었다. 운산에 돌입한 국군 제1사단의 제15연대와 이를 지원하기 위해 따라 들어간 미 제1기병사단의 제8연대도 중공군의 기습 공격에 포위되어 큰 타격을 입고 간신히 후퇴하여 나왔다.

　이런 상황에서 국군 제2군단은 큰 혼란에 빠져 군단이 와해되기에 이르러 11월 1일까지 전선에서 후퇴하였으므로, 오른쪽이 무방비 상태가 된 미 제8군을 향해 중공군은 예상 퇴로를 봉쇄하고 공격을 퍼부었다. 경사가 심한 북한의 산악 지형에 난 조그만 길을 따라 수백 대의 차량을 타고 이동한 미군은, 언덕과 골짜기마다 매복하여 기관총과 소총으로 공격하는 중공군에게 큰 타격을 받으며 후퇴하였다. 중공군은 이미 30만 명 이상을 은밀하게 북한에 진주시키고 있었던 것이다. 이들 중공군은 전차나 야포를 보유하지 않았으므로 낮에는 미군 정찰기에 발견되지 않도록 숨어 있다가 어둠이 내리면 대병력이 행군으로 이동하였다. 중공군의 군기는 엄성하여 낮에 움직이는 병사는 즉결 처형되었으므로, 대병력이 미군 정찰기에 발견되지 않고 북한 땅에 들어와 미군이 진격해 오기만을 매복하여 기다릴 수 있었던 것이다.

　중공군은 낮에 취사를 위해 불을 피우다가 미군 정찰기에 발견되는 것을 피하려고 이미 삶은 식량을 각자 등에 지고 왔으며, 큰 도로를 통과한 뒤에는 다음 날 낮에 날아올 미군 정찰기에 발견될까 염려하여 대부대가 지나간 흔적을 없애는 데 노력을 기울이며 전진해 내려왔다. 이렇게 대규모의 부대가 은밀하게 기동하여 미군과 국군을 포위하고서도 미군이나 국군에게 부대의 위치나 병력이 전혀 발각되지 않고 기습에 성공한 것은, 현대전사에서도 놀라운 군사적 전술이라 아니할 수 없다. 미군 정찰기 조종사들은, 대부대가 이동한다면 병력·탄약을 실은 차량과, 전차·장갑차·야포 등 중장비가 발견될 것으로 생각하여 이 점에 초점을 맞추어 지상 정찰을 하였다. 하지만 중공군은 이러한 미군의 허점을 찔러 장비나 차량 없이 보병에게 소총과 열흘 치 식량만을 지참케 하고, 낮에는 민가나 야산에 숨고 밤에만 행군하여 미군 정찰기의 눈을 속이고 현대전 역사에 획을 긋는 대성공을 연출한 것이다.

이미 국군 제2군단에 큰 타격을 가한 중공군은 이번에는 2개 사단을 동원하여 미 제8군에 대한 대규모 공격을 시작하였다. 11월 1일, 중공군은 운산에 있는 미 제8기병연대를 삼면에서 공격하였다. 육박전까지 벌이며 치열하게 치러진 이 전투에서 미군은 탄약이 바닥나자 남쪽으로 후퇴를 시작하였다. 그러나 중공군이 이미 퇴로를 차단하고 있었으므로 미군은 두세 그룹씩 떼를 지어 포위망을 탈출하려고 시도하였다. 미 제5기병연대가 제8기병연대의 탈출을 도와주기 위해 중공군의 포위망을 뚫으려 했으나 실패하였고, 미 제8기병연대는 많은 병력과 전차 9대를 포함한 보급품을 적진에 두고 후퇴하는 참패를 당한 것이다.

국군 제2군단(제6·제8사단)과 미군 제1기병사단이 중공군과의 첫 전투에서 참패를 당한 것은 국군과 미군 스스로 참패의 원인을 제공하였다고도 할 수 있다. 북한 지역의 이런 가파른 산세를 따라 난 좁은 도로에서 전차는 제대로 기능을 발휘하지 못하고 거의 소용이 없었다. 중공군은 막연하게 병사들을 돌격시킨 것이 아니고, 미군과 국군의 약점을 분석한 뒤 지능적으로 포위 공격하여 서부 전선에서 압록강을 향해 올라가는 국군과 미군의 선봉 부대들을 모두 괴멸시켰다. 중공군은 인해전술로, 북진하는 국군 부대들을 운산(국군 제1사단)과 온정리(국군 제6·제8사단)에서 집중 공격함으로써 국군 부대에 심각한 타격을 주었다.

그러나 국군 제2군단이 위험에 처하자 10월 29일 날짜로 제2군단에 배속된 국군 제7사단의 경우, 병력이 우세한 중공군을 역습하여 승리를 거두었다. 후퇴하는 국군 제2군단이 청천강 방어선을 구축할 수 있도록 신상철(申尙澈) 준장의 제7사단은 군우리 북쪽의 비호산(飛虎山; 622m) 일대에 방어선을 구축하였다. 비호산은 청천강 계곡과 군우리에서 순천(順川)과 덕천(德川)으로 연결되는 간선도로를 끼고 있어, 이 산의 확보 여부는 미 제8군의 사활을 좌우하는 요충지였다. 비호산을 점령함으로써 미 제8군의 후방을 포위하려고 11월 3일부터 시작된 중공군 제38군(4개 사단)의 공격으로 서너 차례에 걸쳐 비호산 정상의 주인이 바뀌었다. 그러나 11월 6일 오전에 제7사단은 총공격을 하여 비호산 정상을 탈환함으로써 후퇴하는 국군과 유엔군을 위기에서 구하였고, 아군이 청천강에서 부대를 수습, 정비하고 방어선을 구축하도록 여유를 만들어 주었다. 국군 제7사단의 비호산 전투는 중공군이 한국전쟁에 개입한 뒤 국군이 거둔 최초의 승리였다.

(4) 중공군의 대승리

중공군은 일단 국군과 유엔군의 북진을 성공적으로 저지한 뒤 11월 6일부터 갑자기 노도와 같은 공세를 중지하고(국군 제7사단에게 빼앗긴 비호산 전투를 고비로) 전선에서 신기루처럼 사라져 버렸다. 한편, 10월 25일부터 11월 5일까지 감행된 중공군의 제1차 공세로 워커 중장의 제8군이 본격적인 전투에 돌입하였을 때, 북한 동부 지역의 장진호 주위를 둘러싼 산악 지역에서는 미 제10군단 산하 미 해병 제1사단이 중공군의 대부대와 조우하였다. 원산에서 압록강을 향해 북진하던 미 해병 제1사단 휘하 제7연대는 11월 2일, 오전 6시부터 소규모의 중공군과 하루 종일 전투를 벌이다 마전동(麻田洞) 북쪽 5km에 자리한 수동(水洞)에서 밤 11시 중공군 제124사단의 공격을 받았다. 이들은 새로 창설된 북한군 제344전차연대 소속 T34 전차 5대의 지원을 받으며 사단 규모의 공격을 미 해병 제7연대에 퍼부은 것이다. 미 해병 제7연대 전면에 나타난 T34 전차 가운데 한 대는 포탑 주위를 모래를 가득 채운 포대로 둘러싸고 있었으나, 미 해병대원이 발사한 3.5인치 바주카포탄이 모래 포대를 뚫고 포탑에 명중하여 밤새 화염을 일으키며 주위를 밝혔다. 11월 3일 오후 6시에 중공군과의 전투를 끝낸 미 해병 제7연대는 11월 4일 다시 장진호를 향하여 수동을 지나 진흥리(眞興里)까지 전진하였다.

삼거리(三巨里)에서 미군은 다시 T34 전차를 앞세운 중공군의 기습을 받았다. 이 T34 전차는 북한군 제344전차연대 소속으로서 중공군을 지원하던 중이었으며 후퇴하던 북한군으로서는 마지막으로 보유하고 있었던 전차였다. 첫 번째 나타난 T34 전차에는 미 해병대원 세 명이 뛰어 올라가 망치로 잠망경을 깨어 부수고 포탑 덮개 속으로 수류탄을 집어넣었다. 전차는 계속 움직였으나 잠시 뒤 폭발음을 일으키며 연기를 토해내었다. 한국전쟁 동안에 미군이 육탄으로 적 전차에 올라타고 공격한 것은 드문 일이다. 두 번째 T34 전차가 미군을 향하여 포탑을 돌리며 85mm포 사격을 하자 미 해병대는 3.5인치 바주카포와 75mm 무반동포로 응사하였으나 효과가 없었다. 그러나 이때 상공에 나타난 미 해병대 소속 콜세어 전투기가 T34 전차를 발견하고 로켓탄 공격을 하였다. 5인치 로켓탄이 전차에 명중하는 순간 고막을 찢는 폭음이 주위를 진동하며 검은 연기를 꾸역꾸역 토해내고 그 속에서 불꽃이 솟아났다. 그때까지도 해병대를 공격하던 나머지 2대의 T34 전차 가운데 한 대는 해병대의 대전차 화기에 맞아 부서지고, 한 대는 해병대에 노획되었다. 미 해병대는 11월 7일까지 전투를 계속하여 황초령 고개의 낮은 쪽 끝을 내려다 볼 수 있는 고지를 점령하였다. 그러나 중공군은 11월 6일부터 갑자기 전선에서 흔적도 없이 사라졌으므로 미 해병대 지휘관들은 이를 의아하게 생각하고 적의 유인 전술이라고 판단하여 추적을 중지하였다.

그럼에도 11월 15일, 맥아더 장군은 전쟁을 성탄절 이전까지 끝내야 한다며 전진을 명령하였다. 이날은 원산과 함흥 사이의 도로를 위협하던 북한군 패잔병 부대가 소탕되어 이 도로로 국군과 미군의 수송 차량이 자유롭게 통행할 수 있게 되었으므로, 맥아더는 이 사실에 고무되어 계속 북진하라는 명령을 내리는 데 주저하지 않았을 지도 모른다. 한편, 미 해병 제1사단의 동쪽에서 전진하던 미 제7사단의 선두 부대는 소련 국경선 가까이까지 진격하여 11월 21일에는 압록강에 맞닿은 혜산진에 도달하였다.

그러나 미 해병 제1사단은 급히 전진하라는 상부의 명령을 받았지만 조심스럽게 장진호를 향해 나아갔다. 해병 제1사단의 전차대대는 93대의 전차를 보유하였는데 무거운 M26 전차는 함흥과 흥남 주위에 배치하고 압록강을 향해 험준한 산악도로로 장진호로 가는 길에는 M26보나 가볍고 중심이 높아 기동에 좋은 M4 전차를 투입하였다. 미 해병 제7연대에 배속된 드레익(Robert Drake) 대위의 전차 중대는 22대의 M4 전차를 보유하고 있었는데, 이 가운데 20대는 76mm포를 붙인 M4A3 모델이고 나머지 2대는 105mm

곡사포를 붙인 모델이었다.

미 해병 제1사단장 스미스(Oliver Smith) 소장은 포로로 잡은 중공군을 심문하여 중공군이 앞에 매복한 것을 알고 예하 부대에 진격 속도를 내지 말라고 명령하였다. 당시 57세의 스미스 소장은 180cm의 후리후리한 키에 백발을 날리는 학자풍의 군인이었다. 실제로 그는 전쟁사와 역사서적을 읽는 취미를 가지고 이 분야의 책도 많이 소장하고 있었다. 특히 소위 때 속기법을 배워 엄청난 양의 전투 기록 자료를 가지고 있는 지휘관으로서, 태평양전쟁 당시 여러 전투에서 일본군과 싸운 역전의 용사였다. 미 해병 제1사단에는 대대 규모의 영국 해병 제41특공부대가 배속되어 있었다.

북한 지역의 추위는 매섭다. 영하 30도까지 기온이 내려가자 소총에서 총알도 발사되지 않았고 차량은 시동을 걸 수 없었다. 이런 강추위 속에서 미 제10군단과 미 제8군은 과거에 전혀 경험해보지 못한 혹독한 시련을 견디어야 했다. 전차병들은 매 서너 시간마다 시동을 걸어 배터리를 충전시켰다. 장갑을 꼈으나 전차의 거대한 차체가 얼음장 같아 전차에 손을 대면 즉시 동상에 걸리는 상황에서, 전차병들은 손으로 기름을 넣거나 포탄을 싣는 것조차 무서워하였다. 포탑 링(Ring)이 얼어붙어 포탑도 회전시킬 수 없을 정도의 추위에 도로는 단단하게 얼어 있었다. 간신히 시동을 걸어 움직이는 전차는 빙판으로 변한 도로 위에서 스케이트를 탄 것처럼 쉽게 미끄러지고, 경사진 길은 도저히 오를 수 없어 도로 위에 기름을 뿌리고 불을 질러 얼음을 녹이면서 조금씩 전진하는 형편이었다.

한편, 중공군이 제1차 공세 뒤 전선에서 갑자기 사라지자 맥아더는 북한에 들어온 중공군의 병력은 2개 사단 수준에 지나지 않으며, 중공군의 개입은 당시 만주 지역에 전력을 공급하고 있던 압록강의 수풍 발전소를 방어하기 위한 제한된 목적을 갖고 있다고 판단하였다. 이렇게 다시 한 번 중공군의 전력을 얕잡아본 맥아더는 11월 24일, 이른바 '크리스마스 공세'라고 부르는 공격 명령을 내렸다. 크리스마스 이전에 전쟁을 마무리하기 위한 최종 공세를 시작한 것이다.

이에 따라 서부 전선의 미 제8군은 11월 24일 오전 10시, 포병의 포격을 시작으로 전차부대를 앞세우고 청천강 북쪽에서 왼쪽에는 미 제1군단(미 제1기병사단·제24사단, 국군 제1사단, 영국군 제27여단), 중앙에는 미 제9군단(미 제2사단·제25사단, 터키군 여단)이 전진을 시작하고, 오른쪽에는 국군 제2군단(제6사단·제7사단·제8사단)이 청천강 동남쪽에서 전진을 시작하였다. 동부 전선에서는 미 제10군단이 서부 전선보다 3일 늦은 11월 27일 공세를 시작하였다. 서부 전선의 미 제1군단은 신의주와 수풍댐을 목표로, 미 제9군단은 초산, 그리고 국군 제2군단은 북한의 임시 수도인 강계(江界)를 향하여 전진을 시작하였다.

맥아더 원수는 공격 첫날, 미 제1군단 사령부를 방문하여 콜터(John B. Coulter) 소장에게 "작전이 성공한다면 전쟁이 끝나 병사들이 성탄절까지는 고향으로 돌아갈 수 있다"고 말하였다. 이날 오후 도쿄로 돌아가는 길에, 최고사령관이 적의 고사포나 전투기에 노출되는 것을 걱정하는 부하들의 만류에도 아랑곳하지 않고, 맥아더는 1,600m 고도를 유지하며 신의주 상공에서 압록강을 따라 비행하며 직접 만주 지역에 배치된 공산군 항공기 등 전선의 상황을 살펴보았다.

크리스마스 공세가 시작되고 첫 이틀 동안 아군은 예상 밖으로 성미한 저항을 만나 적을 쉽게 격파하고 전신하였다. 아군의 신석을 저지하던 소규모의 적은 보급품을 내던지고 도망하는 한편 중공군에 포로가 되었던 150명의 유엔군을 풀어주었다. 포로가 탈출하는 것도 막지 못할 정도로 정신없이 도주하는 장면까지 철저하게 연출한 중공군의 기만전술에 아군은 완전히 속아버렸다. 이것을 보고 아군은 중공군이 강한 공격에 저항을 포기하고 퇴각하는 것으로 착각하였다.

중공군 사령관 팽덕회는 중공군 제1차 공세에 패한 국군과 유엔군이 반격해 올 것을 이미 예상하고 '국군과 유엔군이 공격해오면 이들을 깊숙이 유인해 섬멸한다'는 유인 격멸 전술을 세워놓았다. 이러한 중공군의 교묘한 전술에 철저하게 속아서, 도망가는 적을 쫓아 사기충천하여 묘향산맥을 공격하던 아군은 11월 25일 저녁부터 큰 재난에 직면하고 만다. 청천강 전투, 곧 중공군 제2차 대공세가 시작된 것이다. 마치 중국의 장편 역사소설 《삼국지》를 읽고 있는 느낌이다. 소설 《삼국지》 속에서 중국 중원(中原)을 배경으로 촉(蜀)·위(魏)·오(吳) 삼국(三國)의 장수와 영웅들이 펼치던 지모(智謀)와 전술이 20세기 현대전에 응용되어 성공하는 순간이었다. 묘향산맥의 험준한 산악에 숨어서 국군과 미군이 중공군이 놓은 덫에 걸려들기만을 기다리던 제9병단(3개 군), 제13병단(6개 군) 산하 30개 사단 이상의 중공군 25만 명(중공군의 군은 4개 사단, 1개 사단은 8천 명)이 산 중턱을 파고 숨어 있던 참호에서 동시에 모두 튀어나온 것이다. 이 매복 역시 현대전에서 가장 큰 규모의 보병 매복 작전이었다. 이렇게 많은 보병을 매복시켰다 일시에 튀어나와 모든 전선에서 적을 공격하는 것은 세계에서 인구가 가장 많은 나라의 군대만이 할 수 있는 작전이다.

중공군 제13병단의 제38군은 덕천에서 국군 제7사단을, 그리고 같은 제38군 예하 중공군 제42군은 영원에서 국군 제8사단을 공격하였다. 중공군의 군(軍)은 아군의 군단(軍團) 규모 병력에 해당한다. 이미 그동안 몇 번의 기습으로 허약해진 국군 제2군단의 2개 사단은 이렇게 중공군의 공격을 받아 겨우 서너 시간 만에 군단의 주요 전투지휘소와 후방 교통의 요충지가 모두 점령당함으로써 11월 26일 아침 무렵 와해되었다. 중공군은 강력한 방어진지는 처음부터 공격하지 않았다. 공격은 반드시 야간 공격으로서, 소수의 병력으로 후방 지휘소를 습격하고 주요 길목을 차단함으로써 아군이 혼란 상태에 빠져 철수를 시도하면 그때를 기다려 대규모 병력으로 완전히 섬멸하는 작전이었다.

국군 제2군단의 마지막 남은 사단인 제6사단은 이미 와해된 제7, 제8사단의 낙오병을 결집해 방어선을 펴려고 하였으나 역부족이었다. 미 제8군의 오른쪽인 덕천과 영원 일대를 맡았던 국군 제2군단을 순식간에 전멸시킨 중공군은 11월 27일, 미 제8군의 측면인 미 제9군단 산하 미 제2사단으로 들이닥쳤다. 국군 제2군단이 급작스럽게 무너진 상황을 최대로 이용한 중공군은 미 제9군단의 제2사단에 공격을 집중하였다. 오른쪽 측면이 노출된 미 제9군단은 전진을 멈추고 오른쪽과 북쪽에서 가해오는 중공군의 공격을 막으려고 하였으나, 이미 국군 제2군단의 방어선을 돌파하여 미 제9군단의 배후에서 공격해온 중공군 제38군에게 포위되어 버렸다. 세 방면에서 밀어닥치는 중공군 제13병단 휘하 제38군의 제113사단이 군우리(軍隅里)를 점령하여 미 제2사단의 퇴로를 차단하자, 미 제2사단은 이를 격퇴하고자 전력을 다해 싸웠지만 중공군을 물리치지 못하였다.

청천강 상류에 위치한 교통의 요지인 군우리 지역에서 중공군 제38군 예하 3개 사단(제112·제113·제114사단)에 포위된 미 제2사단을 구하기 위해 워커 중장은 예비대로 편성했던 터키 여단과 미 제1기병사단을 투입하였으나 소용이 없었다. 10월 17일 부산에 도착하여 최전선에 투입된 터키 여단 5,000명은 여단장 야시시(Tahsin Yazici) 준장의 지휘 아래 11월 27일부터 3일 동안 용감하게 중공군과 싸웠으나 힘이 달려 결국 와해되었다. 일시에 공격해오는 20만 명 이상의 중공군을 막을 방법이 없었다. 미군으로서도

속수무책이었다. 이 전투
에서 제2사단은 양쪽으로
높은 산에 둘러싸인 좁은
산악 도로를 따라 11월
30일 새벽부터 차량을 이
용해 후퇴하다가 이를 기
다리던 중공군 제38군 예
하 3개 사단의 대규모 매
복에 걸렸다. 야포나 전차
도 없이 빈약한 무기들만

한국전쟁 참전 터키군 깃발(터키 이스탄불 군사박물관 소장)

갖고 있는 중공군은, 좁고 험준한 산악 도로를 따라 차량을 타고
일렬종대로 늘어서서 후퇴하는 미군의 선두를 소규모 병력이 기관
총과 박격포 사격만으로 쉽게 막았다.

　기관총은 도로에서 200m 내지 500m 산기슭에 거치하여 미군
행군 종대를 측방에서 사격하였으며 박격포는 4문씩 일제히 사격
을 함으로써 미군에게 공포감을 더해 주었다. 중공군은 이렇게 소
규모의 부대로 미군의 후미를 막아 일단 독안에 가둔 뒤, 대규모
의 부대로 미군의 대열 가운데를 집중 공격하여 후퇴 대열을 반으
로 동강내고서 맹공을 가하는 전술을 미군 부대가 이동할 때마다
반복적으로 사용하였다. 군우리와 용원리 사이 10km 구간에서 이
른바 '인디언 태형'(Indian Gauntlet)의 수난을 겪으며, 사단장 카이
저 소장 지휘의 미 제2사단은 전차·야포·트럭 등 거의 모든 중장
비와 군수품을 버리고 산속으로 들어가 분산된 채 중공군의 포위
망을 탈출하는 치욕을 당하였다. 미군 보병이 든든하게 믿었던 전
차부대마저 골짜기에 갇힌 채 중공군의 과감하고 신속한 육탄 공
격에 전멸하였다. 중공군이 미군 전차대를 공격할 때는 아래와 같
은 전술을 사용하였다.

(1) 먼저 선두 전차에 올라타고 전차를 엄호하는 보병을 저격하여 땅에 떨어트린다. 이렇게 되면 중공군의 육탄 공격을 겁내는 미군 전차병이 전차를 정지하고서 사격하게 된다.

(2) 선두 전차가 정지하여 사격하는 동안 후속 전차와 차량들이 몰려서 차량 집단을 이루게 된다.

(3) 이때를 기다렸다가 기관총, 박격포로 공격하면서 육탄 공격을 병행한다.

중공군이 이런 전술을 반복하여 미군 전차대를 전멸시키자, 미군 보병은 절망감에 싸여 우군의 전차부대를 '병든 야수'(sick beasts)라고 야유하기까지 하였다. 차량에 의지한 채 좁은 산악 도로만을 따라서 후퇴하던 유엔군을 향해 재빠른 야간 기습과 신속한 산악 행군으로 공격을 되풀이하는 중공군에게 얻어맞아, 월등한 장비와 수송력을 가진 유엔군은 속수무책으로 하루아침에 대소 부대들이 와해된 것이다. 카이저 미제2사단장도 타고 있던 지프차를 버리고 걸어서 병사들과 함께 군우리와 용원리 사이의 갈고개를 넘어 간신히 살아나왔다.

이때 중공군이 사용한 전술을 인해전술이라고 볼 수는 없다. 장비와 보급이 비교할 수 없을 정도로 우월한 데다 항공지원까지 받는 적을 맞아, 열세인 화력과 부실한 보급의 약점을 극복하면서 산악 지형과 적의 약점 활용, 그리고 야간 기습과 적기(適期)에 집중적으로 병력을 운용한 특유의 전법으로 중공군은 현대전에서 찾아보기 어려운 대승을 거둔 것이다.

이 전투에서 미 제2사단은 3천 명의 사상자와 사단의 모든 장비를 잃어 전투 사단으로서의 기능을 상실하였다. 그러나 중공군의 공격을 한 몸에 받는 바람에 미 제8군의 제24사단을 비롯한 다른 부대들이 질서정연하게 후퇴할 수 있는 길을 열어 주었다.

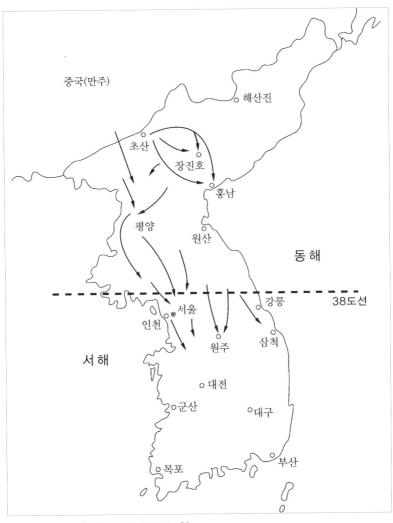

중공군의 침공로(1950년 11월~1951년 1월)

　한편 동부 전선에서는 서부 전선보다 3일 늦은 11월 27일부터 크리스마스 공세를 전개하였다. 미 해병 제1사단의 선두 부대인 2개 연대(제7·제5연대)는 장진호 서쪽의 유담리(柳潭里)에 11월 25일과 11월 26일에 각각 도착하였으나, 11월 27일 저녁부터 중공군 제9병단의 공격을 받아 포위되어 버렸다. 이렇게 유엔군의 크리스마스 대공세는 제1차 대공세보다 더 강력한 중공군의 제2차 대공세(1950년 11월 25일부터 12월 14일까지)에 부닥쳐 순식간에 실패로 끝나고 미 제8군은 청천강 남쪽으로 밀려 내려와 고달픈 후퇴 길에 오른 것이다.

그제야 중공군의 실체를 파악한 맥아더 원수는 워싱턴에 중공군의 대규모 참전을 보고하고 평양-원산을 연결하는 선으로 전면적인 철수를 결정하였다. 이에 따라 12월 3일 유엔군 사령부로부터 총퇴각 명령이 내려져 12월 5일 오전 6시 30분, 영국군 여단이 마지막으로 평양을 떠나면서 유엔군은 평양을 적에게 내주고 급히 후퇴하였다. 평양을 떠나기 전, 12월 4일 유엔군은 평양에 비축했던 2천 톤의 보급품이 적의 손에 들어가지 않도록 이를 모두 파괴하였다.

한편, 국군과 유엔군이 평양에서 철수한다는 소식을 들은 북한 주민 수십만 명이 앞을 다투어 피난길에 올랐다. 북한에서 공산주의의 학정을 겪었던 이들은 저마다 등에 짐을 지고 정든 고향을 떠나서 후퇴하는 국군과 유엔군을 따라 남쪽으로 향하였다. 서해안을 경비하던 영국 함정 6척은 진남포에서 환자를 포함한 피난민 8,700명을 수송하기도 하였다. 400명밖에 태울 수 없는 구축함 갑판에 2,200명이나 되는 피난민을 태워 이들을 모두 안전하게 수송하였다. 중공군의 제2차 대공세에 밀려 유엔군은 차량으로 200km 이상 거리를 순식간에 후퇴하여 38선까지 내려왔다. 그러나 중공군은 차량이 없어 행군으로 유엔군을 추격하느라고 속도가 늦어 두 군대 사이에는 거리적으로 수십 km의 간격이 생겼다. 국군이나 유엔군 모두 강인한 중공군에 대한 공포로 중공군 부대의 모습을 보기도 전에 질겁하고 밀려 후퇴한 것이나.

(5) 장진호 전투

12월 23일까지 유엔군은 임진강-춘천 북방-양양을 연결하는 38도선까지 내려와 방어선을 형성하고 중공군을 기다렸다. 한편 동부 전선에서 중공군 제9병단 산하 3개 군(제20·제26·제27군) 12개 사단 가운데 8개 사단이 장진호(長津湖) 부근에서 미 해병 제1사단을 향해 공세를 펼쳤다. 당시 제9병단 산하 3개 군(軍; 국군의 군단에 해당)은 각각 4개 사단, 각 사단은 3개 연대로 편성되었다. 이 작전에서 중공군의 목표는 미 제1해병사단을 유린한 뒤 동해안까지 곧장 진격하는 것이었다. 만약 중공군의 이 작전이 성공하면, 미 해병 제1사단이 와해된 뒤 미 제10군단의 다른 잔여 부대는 북한 동부 지역에서 중공군에게 부대별로 포위되어 전멸될 위기에 놓인 것이다.

1899년 중국(청나라)에서 외국 세력을 배척하는 의화단(義和團) 운동이 일어나 1900년에는 청나라 군대와 의화단이 북경에 있던 외국인 구역을 포위하고 공격하였다. 이에 당시 중국에 진출한 열강들은 연합군을 파견하여 무력으로 의화단을 진압하였다. 그 당시의 전투를 영화로 만든 것이 〈북경의 55일〉이다. 그때 연합군의 일원으로서 참전한 미 해병대가 훈련이 제대로 안된 의화단과 청나라 군대를 격파한 적이 있는데, 그 뒤로 50년의 세월이 흘러 이제 한반도에서 중공군과 미 해병대는 다시 한 번 전투를 치르게 되었다. 그러나 이때 미군이 만난 중국군은 50년 전에 북경에서 조우한 중국군과는 질적으로 전혀 다른 군대였다.

국군과 유엔군에 밀려 평양을 버리고 북으로 후퇴하던 북한군이 강계에 임시수도를 정하자, 원산에 상륙한 미 해병 제1사단은 개마고원을 거쳐 강계를 점령하고자 전진하고 있었다. 그러나 중공군은 미 해병대의 전진 방향을 알고 이들을 송두리째 포위 섬멸하려고 장진호 주변 산악에 은밀하게 전개하여 미 해병대가 나타나기만을 기다리고 있었다. 당시 중공군 제9병단의 사령관은 40세의 송시륜(宋時輪)으로서, 17세에 황포군관학교를 졸업한 뒤 줄곧 전투 지휘관으로서 각종 전투에 참가하였고 대장정 때에는 홍군 연대장이었다. 여러 전투에서 용장(勇將)으로서 용맹을 떨친 그는 병단 지휘소를 유담리 북쪽 18km에 설치하고 작전을 지휘하였다.

적의 이러한 유인 작전을 모른 채 미 해병 제1사단의 선두 부대는 11월 23일 장진호 남쪽에 맞닿은 하갈우리(下碣隅里)에 도착하였다. 하갈우리는 흥남에서 서북쪽으로 120km에 자리하고 있으며, 주위는 산악으로 둘러싸인 분지이다. 적의 함정에 깊이 빠져 11월 25일에는 미 해병 제1사단 예하 제7해병연대가 연대장 리첸버그(Homer Litzenberg) 대령 지휘 아래 하갈우리에서 서북 22km에 자리한 유담리에 도착하였다. 그날 저녁부터 서부 전선에서는 중공군의 제2차 공세가 시작되었으므로, 미 해병 제1사단은 목표를 강계에서 강계와 회천리의 중간 지점인 무평리(武坪里)로 바꾸어 제8군을 지원하기 위해 이동하려고 하였다. 그러나 이때 이미 공격 시간만 기다리고 있던 중공군이 포위망을 좁히기 시작하여 미 해병 제1사단은 유담리, 하갈우리, 고토리(古土里)에서 중공군에 완전히 포위되었다. 유담리의 남쪽에만 중공군 3개 사단(제58·제59·제60사단)이 미 해병대의 예상 퇴로를 봉쇄하고 있었다. 이미 3일 전에 서부 전선에서 시작한 유엔군의 크리스마스 공세의 일환으로 11월 27일 오전 8시부터, 연대장 머레이(Raymond Murray) 중령이 지휘하는 미 해병 제5연대는 장진호 서쪽에 있는 유담리를 향하여 전차대를 앞세우고 진격하였다. 당시 37세인 머레이 중령은 29세의 젊은 나이에 남태평양 솔로몬 군도의 과달카날 섬 전투에서 대대장을 지낸 강인한 지휘관이었다.

미 해병 제5연대는 진격을 하였으나 내리는 눈 때문에 시야가 좋지 않고 좁은 도로는 영하 30도의 추위서 얼음장처럼 얼어, 무한궤도의 발톱이 바위처럼 단단한 얼음장을 파고 들어가지 못해 전차들은 중심을 잡지 못하고 미끄러지며 도로 옆에 처박히거나 도랑과 언덕 아래로 굴러 떨어졌다. 도로 폭 4m에 M26 전차 폭은 3.4m이므로 얼음장으로 변한 도로에서는 아무리 뛰어난 전차 운전병도 속수무책이었으므로 미군 전차대가 좁은 산악도로를 벗어나는 데에는 많은 시간이 걸렸다.

바로 이때 중공군 제 79사단과 제89사단은 북쪽과 서북 방향에서, 그리고 제59사단은 장진호의 남쪽에서 미 해병 제7연대에 인해전술로써 공격을 퍼부었다. 문자 그대로 인간의 바다 속에 적을 모두 집어 삼킨 것이다. 이렇게 장진호 전투는 시작되었다. 중공군 제60사단은 유담리 북쪽의 하갈우리에서 고전하는 미 해병대를 지원하고자 고토리를 출발하려는 미 해병 제1연대를 인해전술로 공격하여 그 의도를 좌절시켰으므로, 연대장 풀러 준장이 지휘하는 미 해병 제1연대의 지원 병력은 다시 고토리로 돌아올 수밖에 없었다. 체스티 풀러(Chesty Puller)라는 이름으로 더 알려진 풀러 준장은 20세에 미 해병대에 입대한 뒤 중남미 여러 나라에서의 전투와, 남태평양과 인천상륙작전에서 용맹을 떨치고 후일 중장으로 예편한 용맹스러운 야전지휘관이다.

중공군의 연속적인 인해전술로 말미암아 하갈우리의 상황은 점점 악화되어 미 해병대는 고전을 면치 못했다. 하갈우리 근처에서 미 해병 제1사단에 배속되었던 영국 해병대대가 중공군의 인해전술을 막지 못하고 전멸하였다. 대대장 드리스데일(Douglas Drysdale) 중령이 중상을 입자 총원 850명이던 대대는 통제력을 잃고 전사 162명, 포로 450명, 부상 159명의 인명 피해를 입고 완전히 와해되었다. 중공군은 미군이나 국군을 공격할 때 동서남북 네 방향에서 공격함으로써, 공격당하는 입장에서 '이제 완전히 포위 되었구나'하는 절망감을 느끼도록 하는 심리전법도 사용하였다. 유담리와 하갈우리 사이에 있는 미 해병대를 공격하는 중공군은 미 해병대의 전차를 그다지 두려워하지 않았다. 미군이 통과하리라 예상되는 골짜기마다 중공군은 바위를 굴려 도로 곳곳을 막았고, 이 도로 장애물을 치우느라 미군이 정지하면 주위에 매복하고 있던 중공군이 일제히 기습 공격하였다. 하갈우리 서쪽 2km에 있는 덕동 (德洞)고개에만 53개의 도로 장애물을 설치해 놓았을 정도였다.

11월 27일 밤 9시까지 미군의 유담리와 하갈우리 방어선은 중공군의 공격을 받았다. 중공군은 도로 옆 도랑에 숨어 있다가, 좁고 얼어붙은 도로 위에서 미군 전차가 속력을 줄이고 조심스럽게 움직이거나 서 있을 때, 폭약을 들고 뛰어나가 전차의 약한 부분인 엔진 윗부분이나 무한궤도 밑에 던져 넣어 미군 전차를 움직이지 못하게 만들었다. 미 해병대는 전차대를 앞세운 채 차량 140대를 끌고 고토리에서 길이 16km의 도로를 따라 중공군 포위망을 돌파해 나왔으나, 많은 병력을 잃었다. 이 혼란 가운데 분산된 미 해병대의 일부는 탄약이 떨어져 중공군에 항복하여 포로가 되기도 하였다.

중공군의 포로가 된 미 해병대원은 하루 감자 하나로 연명하며 6개월 동안, 낮에는 중공군이 만들어 놓은 굴속에 갇혀 있다가 밤에만 산을 타고 압록강변의 포로수용소로 이동하였다. 이동하면서 적지 않은 미군 병사가 설사 등의 병으로 죽어갔다. 이들 포로 가운데 18명은 구사일생으로 탈출에 성공해 6개월이 지난 이듬해 5월 말, 미군이 다시 동부 전선에서 반격하였을 때 춘천 지역에서 미 해병대 진지로 귀환하여 왔다. 해병대의 전차대는 포위망을 뚫는데 큰 구실을 하였을 뿐 아니라 방어에도 큰 몫을 담당했지만, 후퇴하는 미군의 전차나 트럭이 고장이 나서 길을 막는 바람에 이들을 치우느라고(특히 전차의 경우 너무 무거우므로) 긴 시간을 허비하곤 하였다. 전차의 무전기 성능은 아주 좋으나 워낙 산세가 험하다보니 제대로 작동되지 않았고, M26 전차의 경우는 엔진의 팬벨트가 자주 느슨해지며 고장을 일으키고, 강추위에 유압오일이 얼어 전차포의 반동 장치가 작동되지 않았으므로 전차포는 쓰지 못하고 기관총만 사용하는 전차가 적지 않았다. 여기에다 전투식으로 지급된 통조림은 모두 얼어 그 안에 든 내용물은 육류이건 채소이건 모두 콘크리트 조각처럼 단단하게 변하였다.

11월 28일 이른 새벽, 중공군은 장진호 동쪽에 있던 미 제7사단 예하 제32연대를 공격하였다. 연대는 중공군의 공격을 잘 견디었으나 순식간에 500명의 사상자가 발생하고 그 다음 날인 11월 29일, 연대장 맥린(Allan MacLean) 대령이 전사하자 남은 병력은 페이스(Don Faith) 중령의 지휘 아래 특별기동부대로 재편성되었다. 미 제7사단에서는 이 특별기동부대로 미 해병 제1사단의 탈출로를 만들려고 M16(M3 장갑차에 4문의 0.5인치 대공 기관총을 장착)과 M19 대공 자주포(M24 전차 차대 위에 40mm 기관포 2문을 장착)의 화력지원 아래 중공군의 포위망을 외부에서 뚫고 들어가 해병 제1사단의 주력 부대에서 8km 떨어진 후동리까지 내려 보냈으나, 중공군의 공격에 페이스 중령이 전사하고 우군기의 오폭을 받은 데다 탄약까지 떨어져 부대는 와해되어 버렸다. 최후까지 용감하게 싸우다 중상을 입은 페이스 중령은 트럭의 뒤 칸에 실려 있다가 추위와 고통 속에 숨을 거두었다. 뒷날 그에게는 미 의회 명예훈장이 수여되었다. 특별기동부대의 부상자들은 트럭 뒤에 태워져 후퇴 길에 올랐으나 중공군이 도로를 막으며 트럭에 다가와 수류탄을 던져 넣는 바람에 모두 전사하였고, 많은 병사들이 중공군에 포로로 잡혔으나 일부는 중공군의 포위망을 뚫고 하갈우리에서 후퇴하는 해병대 본진을 만나 합류하였다. 미 육군 제32연대는 병력 2,500명 가운데 1,050명만 살아남고 나머지는 전사하거나 중공군의 포로가 된 것이다.

11월 30일, 주위가 온통 흰 눈으로 덮인 하갈우리의 미 해병 제1사단 전투 지휘소에서는 미 제10군단장인 알몬드 중장과 해병 제1사단장 스미스 소장 등 지휘관들이 모여 작전 회의를 하였다. 이 회의에서 알몬드 중장은 사단이 보유하고 있는 중장비가 적의 손에 넘어가지 않도록 모두 파괴하고 후퇴하도록 스미스 소장에게 지시하였으나, 스미스 소장은 부상자와 사단의 모든 장비를 가지고 후퇴하는 것이 자신의 의무라며 군단장의 지시를 거부하였다. 결과론이지만 전차와 야포 등 사단의 중장비를 모두 가지고 후퇴했기에 이들 중장비를 사용하여 매복하거나 추격해오는 중공군을 격퇴하며 흥남까지 철수할 수 있었던 것이다.

미군은 서북쪽으로 진격해갈 때 하갈우리에 비행장을 건설해 놓았다. 11월 16일 스미스 사단장과 미 해병 제1사단의 항공단장인 해리스(Field Harris) 소장이 하갈우리 지역에 적당한 비행장 자리를 물색하고, 11월 19일부터 불도저를 투입하여 얼음장 같이 단단한 지면을 밀어서 활주로를 만든 것이다. 이 비행장에는 미군 C47 수송기가 보급품을 가지고 착륙했다가 돌아갈 때는 부상병을 태우고 갔으나, 워낙 전사자가 많아 이들의 시신은 옮길 수가 없었다. 살아있는 전우들이 추위에 꽁꽁 얼어붙은 시체의 사지를 잡고 한 곳에 쌓아놓는 형편이었다. 미군을 공격하는 중공군에게도 동(冬) 장군은 마찬가지였다. 소총을 손에 잡은 채로 잠이 들어 얼어 죽은 중공군 병사들도 적지 않았다.

12월 1일 새벽 1시 중공군 제58사단과 제59사단이 하갈우리를 인해진술로써 공격하였으나, 미 해병대는 이를 격퇴하고 농이 틀 무렵에는 역습을 펼쳐 해병대를 공격하였던 중공군 2개 사단에 막대한 인명 피해를 입혔다. 이런 사실을 잘 모르는 미국의 국내 언론은 미군이 중공군에 포위되어 곧 항복하게 될 지도 모른다는 비관적인 보도를 하였으나, 포위된 상태에서 공격해온 중공군을 격퇴한 해병대는 오히려 사기가 충천하여 부대별로 질서정연하게 도로를 따라 하갈우리를 향해 후퇴하였다. 선두에는 전차대가 서고 가운데는 일반 병력을 태운 트럭 대열, 그리고 후미에는 야포를 끄는 포차와 트랙터가 후미 경계 임무를 받은 전차대와 함께 구불구불한 산악 도로를 따라 마치 긴 뱀이 지나가듯이 줄을 지어 후퇴하였다. 전차의 특성상 작은 잠망경을 사용하여 운전하는 운전병은 낮에도 시계가 좁다. 하물며 주위가 깜깜한 새벽에 굴곡이 심하고 경사가 심한 길을 운전해가다보니 미군 전차 서너 대가 절벽 아래로 굴러 떨어지는 일도 발생하였다. 대열의 후미에서 야포를 끌던 트랙터가 연료가 떨어지자 이들은 미군 손에 파괴된 뒤 도로에 버려졌다.

그러는 한편, 미 해군함재기와 해병대 전투기의 항공지원을 받으며 미 제5·제7해병연대는 12월 1일 오전 8시에 유담리를 출발하여, 12월 4일 중공군의 포위망을 뚫고 사단 사령부가 있는 하갈우리에 도착하였다. 눈이 날리는 악천후임에도 미군 수송기는 하갈우리 비행장에 탄약과 식량을 실어 왔으며, 떠날 때는 4,312명의 부상병을 태워 안전하게 후송하였다. 이런 상황을 보고 스미스 사단장은 자기 휘하의 사단이 흥남까지 무사히 후퇴할 수 있을 것이라는 자신을 얻었다.

이때 하갈우리 주위에는 중공군 6개 사단(제58·제60·제76·제77·제78·제80사단)이 미 해병 제1사단을 포위하고 포위망을 점점 거세게 조이고 있었다. 하갈우리에서 흥남으로 가려면 하갈우리 남쪽 12km에 있는 고토리를 지나야 한다. 이 고토리 바로 남쪽에는 황초령(黃草嶺)고개가 있어 그곳에서 동쪽(바다쪽)으로 개마고원은 갑자기 낮아지게 된다. 그러므로 황초령 고개를 넘기 바로 전 언덕(고토리에서 남쪽으로 6km)에는 장진강의 상위 수위를 조절하는 수문(水門)이 있어, 이곳에서 높이 650m를 낙차한 물은 아래에 있는 장진강 발전소의 발전기를 돌려 전기를 만드는데 사용되었던 것이다. 고토리에서 흥남으로 가려면 황초령 고개의 수문 위에 만들어진 콘크리트 다리를 지나야 한다(여기서부터는 이를 수문교라고 한다). 중공군도 이 사실을 알고 있었으므로 이미 두 번이나 수문교를 공격하여 다리의 중간을 5m나 파괴하였으므로, 미군 전차와 트럭은 이 다리를 통과할 수가 없었다. 밑은 650m 높이의 절벽이고 우회 도로도 없었으므로 미군으로서는 황당한 상황에 놓이게 된 것이다.

　12월 4일, 다리 중간이 절단되었다는 보고를 받은 스미스 사단장은 즉시 철제 조립교를 보내달라고 요청하여, 12월 7일 동체 2개를 가진 미 공군의 플라잉 박스카(Flying Boxcar) C119 수송기 8대가 고토리 진지 상공에 날아와 M2 철제 조립교(무게 1.2톤) 8개와 교량 바닥 재료를 낙하산에 매달아 투하하였다(저자는 3년 동안의 사병 생활을 강원도 전방에 있는 공병대에서 보냈으므로 장간 조립교 설치 훈련을 여러 차례 받은 적이 있는데, 30m 길이의 장간 조립교는 공병 2개 소대 병력으로 보통 2시간이면 만든다. 그러나 이때 수문교에 낙하산으로 투하된 것은 장간 조립교의 장간이 아니고 더 간단한 M2 조립교였다). 낙하산으로 투하된 조립교 한 개는 지면에 부딪혀 찌그러지고, 3개는 낙하산이 중공군 쪽으로 떨어지는 바람에 8개 가운데 4개만을 회수하였다. 부서진 다리 때문에 그때까지 가지고 나온 중화기와 차량을 모두 포기해야 할 시점에, 낙하산으로 공수된 다리 건설 재료를 해병 공병대원들이 현장에서 즉시 조립함으로써 12월 8일 사단은 수많은 차량과 중상비(전차 포함) 그리고 보급품까지 모두 가지고 다리를 건널 수 있었다. 이 수문교는 너무 중요한 전략적 가치를 지녔기에 미군이 다시 이 다리를 건너지 못하도록 중공군이 분명히 파괴하려고 공격할 것이라 예상되었으므로,

이러한 중공군의 의도를 미리 봉쇄하기 위해 미 해병 제5연대 소속 전차대의 지원을 받은 미 해병 제7연대는 고토리 부근에 집결한 중공군을 역습하였다. 이와 함께 미 육군 제50대공포대대의 M16 장갑차와 M19 대공 자주포가 해병대를 지원 사격해 주었다.

미 해병대가 후퇴하는 것을 보고, 공산군이 다시 들어올 것을 염려한 이북 주민 수천 명이 하갈우리부터 미군을 따라 피난길에 올랐다. 이런 피난민 무리에 중공군 병사들이 민간인 복장으로 섞여서 오다가 미군 전차 옆에서 갑자기 수류탄을 던지는 일이 일어났으므로, 미군 전차대는 피난민을 전차 가까이 못 오게 하면서 후퇴하였다. 중공군은 거짓 항복의 계략을 쓰기도 하였다. 곧 미군 전차대에 항복하는 것처럼 손을 들고 다가와서 갑자기 품에서 무기를 꺼내 미군들을 향해 사격하곤 하였다.

미 해병 제1연대 제1대대가 황초령의 정상(1,081m)을 공격하여 중공군을 격파하고 그곳을 장악함으로써 사단의 본대가 안전하게 지나갈 수 있도록 길을 터 주었다. 이렇게, 해병대는 살인적인 추위와 싸우는 한편, 목을 조이려는 중공군을 상대로 사력을 다해 포위망을 뚫으며 후퇴하였다. 흥남을 향해 후퇴하는 해병대의 선두에는 M4 전차대가 전진하면서 전면에 나타난 도로 장애물을 제거하고, 계곡이나 언덕 높은 곳에 자리한 중공군의 포대나 기관총좌를 전차포의 직사포탄으로 사격하여 분쇄하였다. 미 공군 소속 전투기와 해병 항공대 소속의 전투기들도 날아와 미군이 통과하려는 지역에 집결해 있는 공산군에게 네이팜탄을 투하하여 연기가 상공 수 킬로미터까지 솟구쳤다. 네이팜탄을 투하할 때는 전투기가 저공으로 날아오면서 투하하는데, 이때 솟구치는 화염과 까만 연기는 로켓탄 사격에 비교할 수 없을 정도로 하늘을 가리듯이 높게 올라간다. 미군은 후퇴하면서 버린 그들의 전차와 야포에 네이팜탄을 투하하여 파괴함으로써 이들 장비가 공산군 수중에 들어가는 것을 막았다.

　동해안을 향해 전진하던 해병대가 야간에 숙영지를 만들고 숙영할 때, 어둠을 틈타 해병대 진지에 침투해 들어오는 중공군에게 전차포는 사정없이 직사포탄을 날려 보냄으로써 중공군의 침투를 좌절시키기도 하였다. 1천 대의 차량과 중화기를 모두 가지고 질서정연하게 후퇴한 미 해병 제1사단이 동해안의 흥남 항구에 가까이 다가갔을 때, 이들 앞에는 부서진 다리들이 있었다. 장진호 유담리를 떠난 11월 27일부터 흥남까지 철수하는 14일 동안 미 해병 제1사단은 비록 8천 명의 인명 손실을 입기는 했으나, 미 육군 제32연대와 함께 중공군에게 3만 7천 명의 인명 손실을 입힌 영웅적인 전투를 하였다. 이때 중공군 제9병단이 입은 인명 피해가 막심하여 중공군은 흥남으로 철수하는 미 제10군의 다른 부대를 제대로 공격할 수 없었으므로, 미 제10군단은 중장비·연료·탄약을 비롯한 보급품을 가지고 모두 무사히 흥남에 도착할 수 있었다. 중공군 제9병단 소속 12개 사단은 미 해병 제1사단으로부터 받은 타격 때문에 전력을 회복하는 데만 서너 달이 걸려, 그 동안 최전선에 제대로 나타날 수 없었다.

　미군과 함께 국군도 북한군으로부터 노획한 SU 76 자주포 등 중장비를 운전하여 수송선에 실었다. 그러나 철수하는 선박에 실을 수 없는 과도한 연료와 보급품은 적의 손에 들어가는 것을 막기 위해 모두 파괴하고, 미 제10군단은 공산주의가 싫어 월남하려는 피난민들과 함께 흥남항을 떠났다. 만약 미 해병 제1사단이 장진호 전투에서 전멸하였다면 미 제10군단은 흥남 철수 이전에 중공군에게 완전히 괴멸되있을 가능성이 크다.

　미 해병 제1사단은 12월 11일부터 14일까지 흥남에서 선박 편으로 철수를 완료하였다. 이들이 유담리에서 흥남까지 140km의 좁고 험준한 산악 도로를 따라 동장군과 중공군의 포위망을 뚫고 가져온 전차와 야포 등 중장비는 수송선 포트마리온(Fort Marion)과 코로니얼(Colonial), 그리고 일본 민간회사 소유의 LST(전차양륙함) 3척(Q009·Q058·Q085)에 나뉘어 실렸다. 미 해병 제1사단은 M26 전차 85대와 M4 전차 12대를 가지고 장진호로 진격하였으나, 그 가운데 23대를 잃고 흥남에서 철수할 때는 M26전차 69대, M4 전차 5대를 가지고 떠났다. 물론 97대 가운데 23대를 잃었으나 장진호에서 중공군 6개 사단에 포위된 상태로 전투를 벌이며 이 정도를 갖고 나온 것은 충분히 영웅적인 전투를 한 것으로 전사에 기록할 만한 것이다.

이렇게 동부 전선에서 해병 제1사단이 모든 장비를 가지고 철수한 것과 달리, 서부 전선에서 중공군에게 밀려 후퇴하던 미 제8군 산하의 부대들은 거의 모든 중장비를 포기하고 오합지졸이 되어 허겁지겁 후퇴하였다. 미 해병대의 장진호 전투는 어떠한 상태에서도 기강이 흔들리지 않고 전의(戰意)를 잃지 않으면 결코 그 부대는 와해되지 않는다는 교훈을 세계 전사에 남겨 놓았다. 만약 서부 전선에서 국군 제2군단이 미 해병 제1사단처럼 싸워 주었더라면 그야말로 북진통일을 이루었을 것이다.

미군은 장진호 전투를 '초신(Chosin)호 전투'라고 부른다. 이것은 미군이 사용한 작전지도에 나오는 일부 지명이 일제 때의 일본식 이름을 사용하였기 때문이다. 미 해군 함정에는 미군이 승리한 전투장소 이름을 붙인 것이 많은데 이 가운데는 물론 장진호 전투를 상기하는 순양함도 있다. 그러나 앞서의 설명과 같이 그 함정에는 아쉽게도 '장진'이 아니고 '초신'이라는 이름이 붙어 있다.

성탄절 전날인 12월 24일 오후에 미 육군 제3사단의 마지막 부대가 수송선에 승선하고 흥남 항구를 빠져 나가자, 흥남 시내 곳곳에서 시 전체를 쪼개려는 듯이 폭음을 내면서 거대한 불기둥과 굵고 검은 연기 기둥이 동시에 여러 곳에서 하늘로 치솟아 흥남

상공을 덮었다. 미 공병대가 시내 곳곳에 설치해놓은 엄청난 규모의 폭약이 터진 것이다. 잇달아 흥남 항구에 들어와 있던 미 함정들로부터 일제히 함포사격이 시작되어 이미 폐허가 된 흥남 시내를 다시 한 번 초토화 했다.

이렇게 미군은 흥남에서 철수하면서 공산군 손에 들어가 이용될 수 있는 항구 시설과 모든 물자를 파괴하고 소각하였다. 미 해병 제1사단의 분전으로 미 제10군단은 흥남에서 철수할 때 병력 10만 5천 명과 함께 차량 17,500대, 군수품 35만 톤을 수송선에 싣고 출항할 수 있었다. 해군 수송선과 민간 선박을 타고 철수한 미 해병 제1사단은 12월 15일부터 17일까지 부산에 도착하였고, 이들과 함께 흥남을 철수한 국군은 우리나라 남해안의 마산 등지에 상륙하여 잠시 휴식을 취한 뒤 재편성되어 다시 전선에 투입되었다. 또한 국군과 미군을 따라 철수한 이북 피난민들은 부산, 거제도를 비롯한 남해안에 상륙하여 그곳 주민들로부터 따뜻한 도움을 받았다. 흥남에서 철수하자마자 미 제10군단은 잠시 해체되었으므로 미 해병 제1사단은 미 제8군의 예비사단으로 배속되었다. 12월 23일 미 제8군 사령관인 워커 중장이 차량 사고로 전사하자 그 뒤를 이어 릿지웨이 중장이 12월 26일, 새로운 제8군 사령관으로 부임하였다.

(6) 독도 수비대장

육군 독립기갑연대가 원산을 점령할 때 제1대대 소속 홍순칠(洪淳七) 상사는 중상을 입고 1년 이상 치료를 받다가 육군원호병원에서 1952년 7월 20일 명예 제대한 뒤, 23세의 젊은 나이로 고향 울릉도에 돌아갔다. 그는 지팡이를 짚고 경찰서를 찾아갔다가 우연히 경찰서 마당에 놓인 나무 기둥을 보았는데, 거기에는 독도가 일본 시마네(島根)현에 소속된 섬이라는 글이 일본어로 적혀 있었다. 독도 근처에서 고기를 잡던 우리나라 어부들이 독도에 이 기둥이 서있는 것을 발견하고 뽑아다가 울릉도 경찰서 마당에 옮겨 놓았던 것이다. 이를 본 홍순칠 씨는 독도(獨島) 수비의 결행을 결심하였다.

당시 일본은 독도 근해에서 어로행위를 계속함은 물론 시마네현 소속의 섬이라는 표목(標木)을 설치하는 등 불법 행위를 저지르고 있었다. 그러나 6·25전쟁의 소용돌이 속에서 우리 정부와 국민들은 동해 끝에 있는 작은 섬 독도에 관심을 둘 여유가 없었다. 이런 상황을 알고 있던 홍순칠 씨는 스스로의 힘으로 독도 수비를 결심, 제대병을 포함한 청년 32명을 모집하여 구국찬(具國燦) 경찰서장의 협조로 무기를 대여 받아 합숙 훈련을 하였다. 그 뒤 그의 할아버지가 준 돈(300만원)과 울릉도 주민들이 모아서 준 돈(200만원)으로 당시 부산에 있던 이른바 '양키' 시장에서 권총과 소총을 구입하여 1953년 4월 20일 독도를 향해 울릉도를 출발하였다.

홍순칠은 어려서부터 할아버지와 아버지로부터 독도는 우리나라 땅이므로 우리 손으로 지켜야 한다는 교육을 받았음으로, 우리 정부가 독도에 관심을 둘 여유가 없는 것을 알고 자비로 의용대를 조직하여 일본의 독도 침략에 맞서기로 결심했던 것이다.

이후 독도(동도)에 머물면서 독도를 경비하던 '독도 의용수비대' 앞에, 1953년 7월 23일 새벽 5시 일본 해상보안청 소속 PS 9함이 나타났다. 수십 명에 불과한 수비대였지만 한라산 공비 토벌, 지리산 공비 토벌, 여순반란사건, 그리고 6·25 사변을 거치면서 수많은 전투에 참전했던 역전의 용사들로 구성된 수비대였다. 이들이 일본 경비정이 다가오기를 기다려 기관총과 소총탄 200여 발을 경비정에 퍼붓자 갑작스런 공격에 놀란 일본 경비정은 함수를 돌리고 동쪽으로 도망갔다. 그러나 중화기가 없어 일본 경비정에 큰 타격을 주지 못한 것을 안타깝게 여긴 홍순칠 수비대장은 경상북도 경찰국에 부탁하여, 소련제 20mm 기관포 1문과 조준대가 없는 박격포 1문도 장만하였다.

해가 바뀌어 1954년 8월 23일, 다시 일본 경비정이 독도에 나타나자 총격으로 격퇴하였다. 그러나 11월 21일 이른 아침, 이번에는 1,000톤 규모의 일본 경비정 3척(PS 9·10·16)이 항공기의 지원을 받으며 독도에 나타났다. 일본 경비정들이 500m 앞까지 접근해오자 홍 수비대장의 권총에서 공격 명령을 알리는 총알이 발사되었다. 이와 함께 중기관총 1정, 경기관총 1정, 미제 M1 소총들과 소련제 다발총이 일본 경비정을 향해 불을 뿜었다. 동시에 박격포 명사수인 특무상사 출신 서기종(徐基鍾) 대원이 쏜 81mm 박격포 제1탄이 보기 좋게 PS 9함의 갑판에 명중되었다. 당황한 일본 경비정은 우왕좌왕하면서 PS 16함에 구조 요청을 하였고, PS 9함에 접근한 PS 16함은 예인을 시도하려고 밧줄을 PS 9함에 던졌다. 나머지 경비정 PS 10은 소련제 기관포에 맞아 검은 연기를 뿜어내면서 도망쳐 독도 해역을 벗어났다. 그러나 동체에 아무 표식도 없는 비행기가 철수하지 않고 독도 상공을 선회하자 수비대는 대공사격 자세를 취하였고, 비행기도 그제야 동쪽 하늘로 사라져 갔다. 이날 정오 일본의 NHK 방송은 이날의 사고로 일본 경비정 승조원 16명이 사상했다고 발표하고, 일본 정부가 이를 한국 정부에 항의하기로 했다는 방송을 하였다.

홍 수비대장을 포함한 33인의 독도 의용수비대는, 정부가 한국전쟁 때문에 동해의 고도 독도에 신경 쓸 여유가 없을 때 순수 민간인의 신분으로 동지들을 규합하여 우리 영토를 지켜내었다. 만약 홍순칠 대장이 없었더라면 오늘날 독도가 우리 영토로 남아 있기가 어려웠을 것이다.

애국심과 동족애로 뭉친 독도 의용수비대는 1956년 12월 30일까지 3년 8개월 동안 독도를 지켜냈고, 그 이후 경찰에 독도 수비를 인계하였다. 홍순칠 대장은 59세를 일기로 1986년 2월 7일, 지병인 폐암으로 서울 보훈병원에서 세상을 떠났다. 1929년생인 그는 스무 살이 되던 해인 1949년 6월 15일 육군 독립기갑연대에 입대하여, 북한군의 6·25 남침 이후부터 원산 전투까지 수많은 전투에서 공산군과 싸웠다.

(7) 함흥, 길주 점령

10월 10일 원산을 점령한 제1기갑연대는 15일 원산에서 영흥(永興)으로 진격하였다. 원산 점령 이후 적의 저항은 급격히 약해졌으며 이때부터 백호단(白虎團)·양호단(養虎團) 등 지하에서 공산정권과 맞서 싸운 단체들이 산속에 숨어 있다가 태극기를 들고 나와 환영해 주었으며, 특히 퇴각하는 적의 상황과 마을의 동태를 제보하고 길안내를 자청하여 국군에게 큰 도움이 되었다. 수도사단의 제1연대는 적의 허약한 방어를 돌파하여 10월 17일 흥남을 점령하였고, 같은 날 제18연대는 함흥을 점령하였는데 이때 기갑연대는 예비대의 임무를 수행하였다. 10월 18일 함흥 시민들은 대대적으로 국군 입성식을 거행해 주었으며, 함경남도 영흥 출신으로서 당시 제1연대장이었던 한신(韓信) 대령을 환영하여 '향토 출신 한신 부대장 입성 만세'라는 플래카드를 걸어놓기도 하였다. 북한군은 후퇴하면서 이곳에서도 자기들의 사상에 동조하지 않는 양민 1만 2천 명을 학살하였다.

기갑연대는 북진을 계속하여 20일 홍원(洪原), 22일 신포(新浦), 23일 북청(北靑), 24일 이원(利原)에 진출하였다. 이날 제1기갑연대장 백남권 대령은 수도사단 부사단장으로 전임(轉任)되고 후임으로 부연대장이었던 김동수(金東洙) 중령이 영전했다. 김 중령은 중국 황포군관학교를 나온(제15기) 중국군 대령 출신으로, 광복군 총사령부 참모를 거쳐 해방 뒤에는 군사영어학교를 나왔으며 6·25 초전에는 제16연대장을 역임하였다. 기갑연대가 10월 27일 오후 5시, 해발 873m의 마천령(馬天嶺)고개를 점령하고 28일 미명을 기해 성진을 공격하자 마천령 고개에서 북한군 장교를 포함해 여러 명이 귀순하였는데, 이들은 그 뒤 국군에 편입되었다. 이 작전에서 박경호(朴京虎) 소령이 지휘하는 기갑연대 제1대대는 우측, 박익균 소령의 제2대대는 좌측에서 공격해 북한군 제507여단을 격파하고, 30일 오전 9시 드디어 성진을 점령하였다.

11월 1일, 길주(吉州) 공격을 명령받은 제1기갑연대는 사단의 주공이 되어 성진에서 길주로, 조공인 제1연대는 동해안으로 우회하여 화대천(花臺川)을 따라 길주 동쪽에서 공격하게 되었다. 길주는 혜산진(惠山鎭)과 청진(淸津)으로 통하는 분기점에 자리하고 있어서 당시에 적은 이곳을 최후 방어선으로 여기고 완강하게 저항하였다. 기갑 연대는 미 공군의 정확한 항공지원을 받아 11월 5일 오전 10시, 이틀 동안의 전투 끝에 길주를 점령하고 적 사살 130명, 포로 60명, 귀순 48명의 전과를 올린 반면 전사 20명, 부상 9명의 인명 손실을 보았다. 제1대대가 길주를 공격할 때 형제봉 과수원에서 적 기관총 공격이 치열하여 아무리 집중 사격을 하고 미 공군 무스탕 전투기가 폭격을 해도 실패했는데, 제주도 출신 신병이 단신으로 돌격하여 기관총좌를 박살내버렸다. 사살된 적 기관총 사수는 적이 후퇴하면서 기관총에 다리를 묶어놓았기 때문에 최후까지 발악을 했던 것이다. 이것을 본 강춘산 소위와 소대원들은 '공산주의라는 것이 이런 거였나?' 하고 몸서리쳤다. 나머지 북한군들도 손들고 항복해 나왔는데 자세히 보니 손을 움켜쥐고 있어서,

손뼉을 치라고 소리치자 수류탄을 던져왔다.

길주에서는 연대 보급 차량들이 패주하던 북한군들의 기습을 받아 7명이 전사하고 탄약차가 폭파되는 등의 피해를 입었다. 그 다음 날 피습 장소 부근에서 중상을 입은 북한군 한 명을 발견하였는데, 그는 서원순 보급관에게 성진 근처의 자기 집을 가르쳐주고 전쟁이 끝나면 자기 집을 찾아 어머니와 여동생에게 자기가 어디서 죽었다는 얘기를 해주기를 부탁하고 숨을 거두었다.

(8) 두만강을 눈앞에 두고

제1기갑연대는 11월 6일부터 12일 동안의 독립 작전을 마치고 연대 작전 지역을 제3사단 제23연대에 인계한 뒤, 어랑천(漁郎川) 지역의 제18연대를 지원하고자 18일 오후 4시 길주를 거쳐 신명천(新明川) 북쪽의 용동(龍洞)으로 이동하였다. 그날 제1기갑연대가 신명천에 진출했을 때, 전 전선은 북진 작전 중 가장 위급한 상황에 놓여 있었다. 팽덕회가 이끄는 대규모의 중공군이 이미 한국전쟁에 개입했던 것이다[중국은 아직도 한국전쟁을 항미원조(抗美援朝)전쟁이라고 부르고 있다].

오늘날 북경에 있는 군사박물관에 가면 한 층이 모두 한국전쟁, 곧 항미원조전쟁 관련 자료를 전시하고 있다. 이곳에서 저자는 중국은 한국전쟁의 시작을 어떻게 보고 있는지 자세히 살펴보았다. 박물관의 한국전쟁 관련 자료는 누가 언제 전쟁을 일으켰는가에 관한 언급이 없이 1950년 11월에 중국 청년들이 북한을 돕기 위해 의용군으로 지원 입대하는 사진으로 시작된다. 이것을 봐도 중국은 누가, 언제, 어떻게 전쟁을 일으켰는지 알고 있다는 것을 암시하고 있다. 만약 남한에서 북침을 하였다면 시기와 과정을 자세하게 기록해 전시하였을 터인데, 같은 공산주의 국가인 북한이 먼저 기습 남침을 한 것이므로 한국전쟁의 시작 부분은 구렁이 담넘어가는 식으로 얼버무리고 중공군이 개입하기 시작한 1950년 10월 말부터 전쟁 상황을 상세하게 설명해놓은 것이다.

'지원 의용군'으로 위장한 대규모 중공군의 참전으로 서부 전선이 10월 말부터 무너지고 있을 때 국군 기갑연대는 동부 전선에서 수도사단의 선봉으로 북진을 계속하고 있었다. 11월 20일 무렵 원산 이북의 북한 지역은 영하 16도의 혹한이었다. 장병들은 한 벌의 작업복과 헤진 군화, 1인당 1장의 모포, 그리고 미제 방한 외투만을 입었음에도, 통일이 바로 앞에 와 있다는 기쁨에 추운 줄 모르고 국경을 향해 밤낮으로 전진하고 있었다.

11월 22일 영기를 점령한 제1기갑연대는 그때까지 남아 있던 마지막 장갑차 1대를 앞세우고 주을(朱乙)에 진출하였다. 이날 북한군 1개 소대가 장갑차를 뺏으려고 접근 공격을 하였으나, 사수도 없는 장갑차에 김봉선(金奉宣) 중사가 뛰어올라 0.5인치 기관총으로 사격하며 장갑차를 지켜냈다. 연대 수색대가 수성천에 놓인 수성교에 다다랐을 때, 돌연 북한군의 기습을 받아 행군 대열의 측방으로부터 직사포탄이 날아오자 장병들은 길 양쪽에 난 도랑으로 피신하였다. 그러나 이것은 적이 파놓은 함정이었다. 국군 장병이 도랑에 뛰어들 줄 알고 거기에 미리 매설해 두었던 지뢰가 터져 국군 병사 수십 명이 희생되었다. 다음 날에는 경성(鏡城) 서북 12km의 아양동(阿陽洞), 24일에는 함경북도 도청이 있는 청진을 눈앞에 두고 있었다.

이날 맥아더 유엔군 사령관은 전군에 총공격을 명령하였다. 11월 6일부터 중공군이 전선에서 잠적하자, 그들이 공세에 한계를 느껴 퇴각한 것으로 판단하고 11월 24일 '크리스마스 공세'라고 부르는 작전을 시작한 것이다. 당시 맥아더는 중공군의 병력을 7

만 명 정도로 판단했으나 실제는 30만 명에 이르렀다. 이 총공격 명령으로 한국의 통일은 바로 눈앞에 다가온 것 같았다. 제1기갑 연대는 11월 26일 청진, 27일에는 동해안을 따라 웅기(雄基)로 진격하고, 28일에는 수도사단의 제1·제18연대가 토막동(土幕洞)을 점령한 뒤 한만 국경선에 있는 회령(會寧)을 향했다. 그러나 중공군이 아군의 공세를 맞받아치며 대공세로 나오자 11월 29일, 맥아더 원수는 위기를 느끼고 '서부 전선의 미 제8군은 중공군이 포위할 수 없는 지역으로 철수하고 동부 전선의 미 제10군단은 함흥과 흥남으로 철수하라'는 명령을 내렸다.

바로 이날, 기갑연대는 동해안을 따라 부거(富居)로 진격 중이었는데, 11월 30일 철수 명령이 내리자 "국경을 바로 앞에 두고 철수하다니…" 하면서 분통을 터트린 지휘관들도 있었다. 하루만 더 진격하면 두만강인데 철수 명령을 내렸기 때문이었다. 당시 보병부대로서는 제일 선봉에 서서 부거에 들어간 제18연대 제3대대의 부대대장이던 정승화 소령(뒷날 육군참모총장)은 국군이 북진하면서 북한군 패잔병을 너무 관대하게 그리고 소홀히 취급했다고 회상한다. 길가로 내려오는 패잔병이나 산에서 헤매는 패잔병을 만나면 사살하거나 포로로 잡지 않고 '빨리 집으로 가라'고 돌려보냈는데, 이들은 규합해서 국군이 후퇴할 때 곳곳에서 국군을 괴롭혔던 것이다.

(9) 흥남 철수

제1기갑연대는 12월 1일부터 행군하여 부거 부근에서 연진(連津)까지 내려온 뒤 연진에서 열차를 탔는데, 이 무개(지붕이 없는) 화물차에 군인들과 피난민들이 가득 탔다. 피난민들은 해방 뒤 공산당의 학정에 몇 년을 시달리다, 후퇴하는 국군을 따라 고향을 버리고 따라나선 것이다. 기관사는 이북 사람이었는데 전황이 자기들에게 유리하다고 판단하여 명천(明川)에 기차를 세웠을 때 도망가 버렸다. 이런 어려움 속에 12월 4일 열차는 성진에 도착하였다. 그곳부터는 도보 행군으로 12월 7일까지 흥남에 도착, 기갑연대는 수도사단의 제1연대와 함께 흥남 교두보에 부채꼴 모양으로 진지를 만들고 군단 주력의 해상 철수를 엄호하다가, 12월 16일 밤 12시에 승선하여 12월 18일 묵호에 도착하였다.

기갑연대 병력이 상륙정을 타고 상선에 다가가 그물을 잡고 올라가다가 박격포를 멘 채 바다에 떨어진 병사들도 있었다. 또 항해 중 상선의 비좁은 사다리와 출입구 사이를 용변통을 가지고 오르다가 하루에도 몇 번씩 용변통을 놓치는 바람에, 이때마다 아래층에 있는 병사들은 똥벼락을 맞곤 했다. 밤새 갑판은 병사들의 용변으로 온통 똥밭을 이루어, 일본인 선원들이 호스를 들이대고 뜨거운 물로 씻어 내리면서 "조선인은 할 수 없다"고 투덜대다 옆에서 이를 들은 국군 병사에게 얻어맞는 일도 일어났다. 상선에서는 변소가 어딘지 알려주지도 않았고(설사 알려주었다 해도 배에 탄 병력이 너무 많아 감당할 수도 없었다), 대책도 없는 상황에서 어찌할 수 없는 일들이 벌어졌던 것이다.

공산군은 흥남 외곽 10~30km 지점까지 북한군 3만, 중공군 6만, 합계 9만의 병력을 배치하고 국군과 유엔군 모두를 포로로 삼으려고 하였다. 그러나 미 공군의 맹폭과 미 해군의 함포사격으로 흥남 가까이 접근할 엄두를 내지 못하였는데, 알몬드 미 제10군단장은 12월 14일까지 흥남 주위에 교두보를 구축한 뒤 장진호에서 후퇴한 미 해병 제1사단, 국군 수도사단, 미 제7사단, 미 제3사단 순으로 철수시켰다. 마지막 엄호부대인 미 제3사단이 승선을 완료하고 출항할 때까지 미 공군은 흥남 외곽선 1.5km의 지근거리까지 엄호사격을 하였다. 동시에 흥남 부두에 산더미처럼 쌓아 놓은 폭탄 25만 톤과 막대한 양의 유류가 적의 손에 넘어가지 않 도록 폭격하여 소각하였고, 해군 함대 역시 대구경 함포로 이를 파괴하였다. 흥남에서 철수한 인원은 군인 10만 5천 명(국군과 유 엔군 포함), 민간인 피난민 10만 명(상당수가 기독교인), 차량 1만 7 천5백 대, 화물(탄약·유류) 35만 톤이었으며 동원된 해군 함정 LST (전차양륙함)와 민간 상선은 모두 115척이었다.

(10) 흥남 항구의 피난민

흥남부두에 짐 보따리를 둘러 맨 함경도민들이 모이기 시작한 것은 12월 11일 무렵이었다. 하지만 이달 14일부터 흥남 교두보가 형성되면서, 피난민을 가장한 공산첩자를 막는다는 이유로 피난민 의 출입을 봉쇄하는 바람에 피난민들은 발길을 돌려야 했다. 공산 주의자들의 악랄한 생리를 알 리 없는 알몬드 중장은, 김백일 군 단장과 송요찬 사단장이 거듭 부탁을 해도 피난민은 수송선 부족 으로 태울 수 없다고 거부하였다. 이러자 그 두 장군은 "북한은 함경도에서만 양민 2만 명을 학살하였다. 이 마당에 피난민을 그 대로 버리고 간다면 모두 학살될 것이 뻔한 일이다. 만일 우리와 함께 철수할 수 없다면 그 비극을 미리 막기 위해 우리가 쏘아 죽 이는 것이 나을지 모른다. 그들 피난민은 우리의 동족이다. 정 안 되면 한국군은 육로로 철수할 것이니 대신 우리 군을 수송할 선박 을 피난민 수송에 돌려 달라"고 마지막으로 부탁하였다. 여기에 알몬드 장군의 고문 겸 통역관으로 있던 현봉학(玄鳳學) 씨도 알몬 드 장군과 그 휘하의 부하 장교들을 설득하여, 드디어 알몬드 장 군은 군인과 장비를 싣고 남은 공간에 피난민을 태우기로 결정하였다. 이 결정으로 수많은 사람이 자유를 찾았다. 피난민들은 부두에 정박한 LST에 직접 오르기도 했으나, 일부는 작은 배를 타고 바다로 나가 상선에서 내려놓은 그물 형태의 밧줄을 타고 갑판으로 올라갔다. 피난민 가운데 승선하지 못한 사람들은 얼음장 바다에 몸을 던져 스스로 목숨을 끊기도 하였다. 피난민을 태운 수송선들은 4~5일의 항해 뒤 거제도와 제주도 등지에 상륙하여 그들을 내려놓았다. 흥남에서 수송선을 타고 내려온 피난민들은 걸어서 38선을 넘어온 사람들에 견주면 아주 소수이다. 국군이 후퇴할 때 북한 지역에서 국군과 유엔군을 따라서 내려온 피난민은 모두 60만 명으로 추산된다.

10. 밀리는 전선

(1) 후퇴

1950년 12월 18일 오전 10시, 제1기갑연대를 포함한 수도사단의 모든 부대는 묵호항에 상륙하여 옥계(玉溪)와 안인진리(安仁津里)를 거쳐 인구(仁邱)와 주문진(注文津)에 진출하였다. 당시 전 전선에 배치된 피아 병력은 아군 25만 명(국군 14만·미군 10만·기타 1만), 적군 47만 명(북한군 17만·중공군 30만)이었다. 12월 23일, 미 제8군 사령관인 워커 중장이 스리쿼터 지휘차를 타고 가다가 국군 운전병이 운전하던 트럭과 충돌해 현장에서 순직하자, 12월 26일 후임으로 릿지웨이 중장이 임명되었다.

적은 서울에 주공을 두고 중부에 조공을 배치하였으며, 동부에는 패잔병 집단으로 편성된 이른바 제2전선부대를 춘천－원주－대구로 침투시켜 주·조공을 지원하고 있었다. 당시 제1기갑연대가 맞서 싸우게 되는 적은 제2전선 부대로서, 그들은 12월 22일 태백산맥을 타고 38선을 넘어와 평창－영월－단양－안동 부근까지 침투하여 아군의 후방을 교란하게 된다. 제2전선부대는 최인(崔仁) 중장이 지휘하는 북한군 제2군단(총 4만 명)이 주축이 되며 군단 예하에는 제2·제9·제10·제27·제31사단과 길원팔 유격대가 있었다. 아군 후방 교란을 목적으로 하는 이 제2전선부대를 제2군단으로 총칭하여 부르기도 하였다.

이런 상황에서 제1기갑연대 장병들은 동해안의 최전선으로 달려 가 용감하게 싸웠다. 1951년 2월 3일, 제1기갑연대 제1대대의 강 관석(姜寬錫) 소위가 지휘하는 수색 소대는 포로로 잡은 빨치산 2 명과 단암리 부락 주민으로부터 화랑봉(1069고지) 밑에 적 400명이 있다는 정보를 얻고, 적이 있다는 들매재까지 접근하여 적의 주둔 을 확인하였다. 강 소위는 즉시 이를 대대장인 박경호 소령에게 보고하고 증원 병력을 요청하였다. 이에 곽응철 중대장이 LMG기 관총 1개 소대, 81mm 박격포 1개 소대를 이끌고 도착하여 화망 구성과 병력 배치를 끝낸 뒤 공격 개시를 외치자 일제히 사격이 시작되었다. 이 공격으로 적 200명이 사살되어 적은 완전히 소탕 되었다. 당시 빨치산들은 국군 복장이나 민간인 복장을 하고 있어 주민들은 국군으로 착각하는 경우가 많았다.

(2) 워커 중장의 전사

중공군의 제2차 대공세에 혼이 난 미 제8군은 12월 말까지 38 도선에 집결하여 방어선을 구축하고 남진해 내려오는 중공군을 기 다리고 있었다. 그러나 미 제8군이 후퇴할 때 사령관인 워커 중장 이 앞서 본 대로 차량 사고로 순직하는 일이 벌어졌다. 이날 오전 11시 무렵, 의정부 동남쪽 4km에 있는 창동 지역에서 마군 스리 쿼터 반트럭이 남하하는 국군 제6사단 제2연대 소속의 2.5톤 트럭 에 받혀 타고 있던 워커 중장이 숨지자(제2차 세계대전 당시 워커 대장의 직속상관이던 패튼 대장 역시 전쟁이 끝나고 얼마 되지 않 아 차량 사고로 순직하였다), 이 사건을 공산군 측에서는 국군 병 사가 의거를 일으켜 미 제국주의의 장군을 죽였다고 거짓으로 선

워커 중장이 타던 스리쿼터 지휘차(왼쪽)와 워커힐 호텔에 있는 워커 장군 기념비

전하였다. 당시 이승만 대통령은 실수한 운전병을 사형시키라고 노발대발하였으나, 미군 측에서 용서해 주라고 부탁하여 그 병사는 겨우 사형을 면하였다. 1889년 12월 3일, 미국 텍사스의 벨톤(Belton)에서 출생한 워커 장군은 1912년에 웨스트포인트 육군사관학교를 졸업하고 제2차 세계대전 당시 미 육군 제3군 사령관인 패튼 장군 아래서 제20군단장으로 활약하였다. 제2차 세계대전이 끝난 뒤인 1948년 9월 3일 일본 주둔 미 제8군 사령관으로 부임하였고, 6·25가 일어나자 1950년 7월 13일 주한 유엔군 사령관 및 미 제8군 사령관직을 겸임하고 있었다. 워커 중장(전사후 대장으로 승진)의 유해는 12월 24일 특별기 편으로 도쿄를 경유하여 미국에 보내졌다. 그의 외아들 샘 워커 대위도 아버지를 따라 한국전쟁에 참전하였고, 준장으로 예편하였다.

　이승만 대통령은 워커 중장이 낙동강 방어선을 견고하게 방어하여 풍전등화에 놓였던 부산을 성공적으로 지켜준 것에 감사하며 국군이 북진할 때 1950년 10월 22일 평안북도 영변군 용산면 신흥동(新興洞)에서 국군 제6사단 제2연대[연대장 함병선(咸炳善) 대령]가 노획한 김일성의 소련제 승용차를 1951년 6월에 미망인에게

북진 때 노획하여 워커 장군 미망인에게 선물했던 김일성의 승용차

선물하였고, 개인적으로 우리나라의 공예품을 보내 감사의 표시를 하였다(김일성의 승용차는 소련의 스탈린그라드 공장에서 제작한 8기통 ZIS 리무진 승용차로서 소련 수상이던 스탈린이 북한의 김일성과 중공의 모택동에게 한 대씩 선물한 차였다).

워커 중장은 작은 키에 얼굴은 불독처럼 생겨 '불독'이라는 별명을 갖고 있었다. 미국 육군은 1940년대 말부터 리틀 불독(Little Bulldog)이라 이름을 붙인 신형 경전차를 개발하고 있었는데, 1950년 말에 이 M41A1 전차의 개발이 완료되자 순직한 워커 장군을 기념하여 워커 불독(Walker Bulldog)이라는 이름을 붙였다(M41은 자주포이고 M41A1은 전차이나 같은 차체를 사용함). M41A1 워커 불독 전차는 76mm 전차포를 장착하였으나 이는 M4A3 서먼 전차의 76mm포보다 고속포(High Velocity Gun)이므로, 포탄의 직경은 같아도 길이가 더 길어 그 파괴력은 M4 전차포를 능가하였다. 당시 고속포의 경우, 포탄은 초당 1,700m를 일직선으로 날아가 목표에 명중하였다. 국군은 이 전차를 보유하지 않았으나 대만 육군은 아직도 이 오래된 M41 전차를 운용하고 있다(1971년에 우리나라에서

베트남 호치민 시의 군사박물관에 전시되어 있는 M41 워커 불독 전차.

상영된 영화 〈패튼 대전차 군단〉에서 시실리 섬의 메시나(Messina) 시에
영국군보다 먼저 입성한 패튼 장군 휘하의 전차부대가 메시나 시 중앙광
장에 도열하여, 미군보다 늦게 전차를 타고 입성하는 영국군을 환영하는
장면이 나온다. 이 장면에 나오는 패튼 전차부대의 전차가 M41A1이고
영국군이 타고 들어오는 전차가 M24이다. 영화제작사가 마침 스페인에
있던 이 전차들을 비싼 임대료를 내고 빌려와서 사용하였다).

일본의 경우, 태평양전쟁이 끝난 뒤 일본 해상자위대(해군)를 재
건하는데 큰 도움을 준 미국 해군의 버크(Arleigh A. Burkae) 대장
에게 감사의 표시로 훈장을 수여하였다. 또한 그가 살아있는 동안
생일이면 주미 일본 대사관 무관을 통해 그의 공로를 기억한다며
선물과 함께 감사의 표시를 하였고, 그가 죽은 뒤에도 주미 일본
대사관에서는 정례적으로 그의 가족에게 작은 선물이라도 보내며
감사를 하였다(뒷날 미 해군참모총장을 역임하기도 한 버크 제독은 한
국전쟁 때 미 해군 순양함대를 이끌고 동해안의 국군을 크게 지원했고,
휴전회담 초기에는 유엔군 대표단의 일원으로 참석하기도 했다). 태평양
전쟁이 끝난 뒤 버크 대장이 일본에 기여한 공보다 워커 대장(전

사 뒤에 승진)이 우리나라에 기여한 공은 비교할 수 없이 크다. 그러나 유엔한국참전국협회 회장인 지갑종(池甲鍾) 씨의 글(《월간 조선》 2000년 8월호)에 따르면, 1971년 지갑종 회장이 김일성 승용차의 환수를 위해 미국에 있는 워커 대장의 집을 방문했을 때 워커 장군 미망인은 '장군이 전사한 뒤 21년 만에 당신이 처음 찾아온 유일한 한국인'이라고 말하였다 한다(지 회장의 노력으로 김일성 승용차는 1982년 다시 우리나라로 돌아왔고 현재 경남 사천의 항공우주 및 호국기념관에 전시되어 있다). 미망인에 따르면 남편의 전사 뒤 그때까지 우리나라 정부는 워커 대장의 집에 사람을 보낸 적이 한 번도 없었다고 한다. 우리나라 사람들의 경우 개인적으로 도움을 받았을 때는 감사의 표시를 곧잘 하기도 하지만, 자기가 속한 조직이나 단체가 어느 개인이나 단체로부터 도움을 받았을 경우는 자기와 관계가 없다고 생각하는 경향이 큰 것 같다.

휴전 뒤, 우리나라에 주둔하던 유엔군 장병(거의 미군)들은 국내에 마땅한 휴양 관광시설이 없어 일본과 홍콩으로 휴가를 가는 것이 일반적이었다. 그러므로 1961년 9월, 우리 정부(5.16 이후 군사정부)는 당시 부족하던 외화를 벌기 위해서, 이승만 대통령의 별장이 있었던 서울 광진구 광장동 언덕에 유엔군 휴양 호텔을 지으려는 계획을 세웠다. 임병주(林炳柱) 중령이 건설사무소장을 맡아 호텔 신축을 완료한 뒤, 정부는 호텔의 성격이 주한 유엔군 휴가 장병 유치 시설로 건설된 만큼 그 의미를 강조하고자 외국어로 이름 짓는다는 원칙을 정하고 각계의 의견을 수렴하였다. 그 결과, 신축 호텔은 주로 미군이 주축인 유엔군들을 위한 시설이 될 것이므로, 미군들이 존경하는 인물의 이름을 붙임으로써 친근감도 얻을 뿐더러 워커 장군에 대한 추모의 뜻을 표하기 위하여 '워커힐'이라고 이름 지었다. 오늘날 워커힐 호텔 본관 건물과 한강을 내려다보는 낮은 언덕에는 워커 장군의 공적을 기리는 기념비가 서 있다.

(3) 다시 내준 서울

워커 중장의 후임으로 임명된 릿지웨이(Matthew Ridgeway) 중장은 제2차 세계대전 당시 유럽 전선에서 용맹을 떨친 미 제82공수사단의 사단장이었다. 그는 12월 26일에 한국에 도착하여 혼란 상태에서 정신없이 패주하는 국군을 보고 실망하였고, 미군을 포함한 유엔군의 사기가 형편없이 떨어진 것을 보고 아군의 사기를 진작시키고 새로운 전의를 갖도록 큰 노력을 기울였다. 성실, 민첩, 결단력을 갖춘 지휘관인 릿지웨이 장군은 항상 수류탄 2발을 가슴에 달고 다니며 가는 곳마다 부하들의 전의를 북돋우었다.

그러나 중공군은 릿지웨이 중장이 미군의 사기를 진작할 시간을 주지 않았다. 릿지웨이가 부임한 지 며칠이 안 된 1951년 1월 1일부터 중공군은 38도선 전 전선에 걸쳐 대공세를 시작하였다. 이것이 중공군의 3차 대공세로서 중공군 제9병단과 제13병단이 주축이 되어 1월 15일까지 계속되었다. 이미 국군과 유엔군은 무적으로 보이는 중공군에게 심리적으로 눌리고 있는 상태였으므로 겁을 먹고 중공군과 마주치려고 하지 않는 상태였다.

당시 전선은 서쪽에서 동쪽으로 미 제1·제9군단, 국군 제1·제2군단이 배치되어 있었는데, 중공군은 중동부 전선에 배치된 국군 제2군단을 와해시키며 내려와 서부 전선의 배후를 포위 공격하려고 하였다. 그들은 공세 초기에 계획대로 국군 제2군단의 방어선을 돌파하여 서부 전선을 위협하였다. 릿지웨이는 전차부대와 항공기의 지원을 받아 이들을 격퇴하려 했으나, 중공군의 공세가 워낙 규모가 크고 격렬하였으므로 유엔군은 전선을 방어하지 못하고 점차 남쪽으로 철수하였다. 당시 유엔군은 서부 전선의 주력이 공산군에게 포위되는 것을 피하려고 전차와 자주포로 보병부대를 엄호하여 질서정연하게 철수하였다

　1월 4일 이렇게 유엔군은 서울을 다시 적에게 내주고 한강을 건너 남쪽으로 철수하였는데, 릿지웨이 장군은 한강변에 서서 미군의 M40 자주포(M4 전차 차대 위에 155mm 곡사포를 설치, M24의 차대 위에 155mm 곡사포를 설치한 M41 자주포보다 포의 길이가 길어 사거리가 길다), 영국군의 센추리온 전차 등 유엔군의 마지막 차량들이 열을 지어서 한강을 건너는 것을 착잡한 심정으로 지켜보았다. 유엔군은 마지막 부대가 한강을 건너자 이날 오후 3시 한강에 만들어 놓았던 부교를 폭파하였다. 이들 센추리온 전차는 '왕립 아이리쉬 경기병(輕騎兵)'이라고 불리는 영국군 제8기갑연대(KRIH; King's Royal Irish Hussars) 소속으로서 1950년 11월 중순 부산에 내려 중공군이 제2차 공세를 시작할 즈음 열차 편으로 평양에 도착하였다. 따라서 이 연대는 적과 한 번도 만나지 못하고 이렇게 어이없이 후퇴하게 된 것이다[영국군 전차대는 미군과 편제가 다르다. 미군 전차대는 소대(전차 5대), 중대(3내지 4개 소대)로 나가지만 영국군의 경우는 전차 3대로 구성된 트룹(troop), 그리고 그 위에 4개의 트룹으로 구성된 스쿼드런(squadron)이 있다. 트룹의 지휘관은 소위 또는 중위이고 스쿼드런은 소령이다]. 센추리온 전차는 무게가 52톤이었는데 당시 우리나라 하천에 이 무게를 견딜만한 다리가 거의 없어, 하천을 도하할 수 있는 우회로를 찾아 먼 거리를 돌아 서울에 들어온 뒤 한강을 건넜다.

　한강변에서 센추리온 전차는 미군 정찰대를 지원하기 위해 처음으로 강 건너의 중공군에게 전차포를 발사하였다. 그러자 중공군도 전차포를 발사하며 응전하였는데, 이 전차는 영국제 크롬웰(Cromwell) 전차로서 후퇴하는 영국군으로부터 중공군이 노획한 것이었다. 센추리온 전차대는 2.7km 거리에서 사격하여 크롬웰 전차를 파괴하였다. 크롬웰 전차는 17파운더(75mm) 전차포에 이태리제 8mm 베사(Besa) 기관총을 포신과 평행으로 포탑 안에 장착하였다.

이렇게 포탑 안에 기관총이 주포와 나란히 설치되어 있는 경우 이런 기관총을 코엑스 건(Coax Gun)이라고 하며, 한국전쟁 당시는 포수가 동시에 전차포와 기관총을 사격할 수 없어 포를 쏠 때는 사격 선택장치를 '포'에 돌려놓고 잠망경을 보면서 사격하고, 기관총을 쏠 때는 다시 사격선택 장치를 '기관총'에 돌려놓고 사격하였다.

　유엔군은 중공군의 공세에 밀려 평택－삼척 선까지 후퇴하였으나 1월 중순, 이곳에서 다시 전선을 정비하여 반격의 기회를 엿보았다. 중공군은 37도 선에 도착할 때까지 유엔 공군기의 폭격 때문에 전선으로 보급품 수송이 어려웠고 예비 병력 조달의 문제 때문에 37도선에서 남진을 중지하였다. 제13병단과 보조를 맞춰야할 제9병단이 장진호 전투에서 흥남으로 후퇴하던 미 해병 제1사단을 포위 공격하다가 오히려 휘하 7개 사단이 큰 타격을 입었으므로, 더 이상 남진할 수 없는 상황에 직면하였던 것이다. 이로써 중공군의 제3차 대공세는 서울을 다시 점령하였음에도 원래 계획인 미 제1군단의 배후를 차단하지 못해 서부 전선의 미군을 포위 섬멸하지 못하고 실패로 끝났다.

11. 유엔군의 재반격

(1) 릿지웨이 장군

　중공군 제3차 공세의 작전 목표는 서울 점령이었다. 중공군과 북한군이 1월 4일 서울을 점령하기 전 당시 인구 100만 명의 서울 시민 가운데 80만 명이 국군과 유엔군을 따라 피난길에 올랐고 남아 있는 시민은 20만 명에 지나지 않았다. 이것이 이른바 1·4 후퇴이다. 처음 서울을 공산군에 빼앗길 때는 같은 동족인데 설마 별일 있겠냐며 남아 있다가, 서울이 수복될 때까지 3개월 동안 공산 치하에서 온갖 고생을 다한 시민들이 이번에는 거동이 불편한 사람들만 제외하고 모두 남쪽으로 피난길에 나선 것이다.

　한편, 남한의 산속에 숨어들었던 북한군 패잔병들은 공산군이 다시 서울을 점령하였다는 소식에 사기가 되살아나 포항 근처에서 국군과 유엔군을 괴롭혔다. 중공군이 1950년 10월 말부터 1951년 1월 초까지 3차례의 공세로 서울을 다시 점령하고, 아군을 남쪽으로 밀며 내려오자 유엔군 사령부는 한국전쟁이 시작되고 가장 큰 곤경에 빠졌다. 무적으로 보이는 중공군이 계속 공세를 취할 경우, 이제는 부산까지 내주어야 할 상황이라고 판단한 것이다. 이제 자유진영은 오로지 중국 지도부의 관대한 처분만을 기다리는 처지에 놓였다. 유엔군은 한국 망명정부를 제주도에 수립하는 것과 한국의 정치가나 고위 공무원, 군인, 경찰과 그 가족 10만 명 이상을 남태평양에 있는 사모아 섬에 이주시키는 계획도 마련하였다. 이 정도로 유엔군은 중공군을 두려워하였다. 궁지에 몰린 미국은 영국을 앞장세워 중국에 휴전회담을 제안하였다. 말이 휴전이지 사실은 굴욕적인 항복이었다. 그러나 1월 17일, 중국 총리이며 외무부 장관인 주은래가 이를 거부하여 미국은 당황하였다.

한편, 릿지웨이 장군은 반격 계획을 착실하게 실행에 옮기고 있었다. 북한군 제10사단 소속으로 산속에 들어가 게릴라가 된 패잔병들이 아군 주저항선 남쪽의 후방에서 혼란을 일으키는 것을 막고, 이들을 소탕하기 위해 미 해병 제1사단이 1월 8일부터 포항 지역과 안동 지역에 투입되었다. 포항에는 비행장이 있었으므로 미 해병 제1사단의 전차대대가 투입되어 이들을 소탕하였다.

또한 릿지웨이는 본격적인 공세로 나가기 전에 중공군의 전력을 떠보고자, 위력수색(威力搜索) 부대로 미 제25사단 예하 제27연대를 1월 15일 오전 7시 오산 방면으로 전진시켰다. 이것이 '울프하운드'(Wolfhound; 이리사냥개) 작전이다. 연대장 마이켈리스 대령의 지휘 아래, '이리 사냥개'라는 별명을 갖고 있던 제27연대는 돌빈(Dolvin) 중령이 지휘하는 제89전차대대와 포병, 공병의 지원을 받으며 진격하였다. 연대는 오산을 지나 수원에 이르는 동안 중공군의 저항을 만나지 못했으나 1월 16일 오전 11시, 경부도로를 따라 수원에 돌입하기 전 중공군의 공격을 받았다. 그러나 날씨가 추워 중공군은 시 외곽의 경계 진지를 버리고 민가에 들어가 우글거리고 있었으므로, 미군은 M4 전차의 76mm 전차포와 박격포, 기관총으로 이들을 공격하여 1,190명의 중공군을 사살하였다.

릿지웨이 중장은 미 제27연대의 위력수색을 통해 제8군 바로 앞에 중공군은 없고 이들은 약간 후방에서 다음 공세를 준비하고 있다는 것을 알게 되었다. 그는 이를 직접 확인하기 위해 관측기

를 타고 전선을 면밀하게 조사한 뒤, 중공군이 전 전선에서 유엔
군과 수십 km의 간격을 두고 있는 것은 유엔군을 유인하려는 것
이 아니고 다음 공세를 준비하기 위함임을 확신하였다. 1월 25일
그는 휘하 부대에 중공군에 대한 공세를 시작하라고 명령을 내렸
다. 릿지웨이 중장은 그때까지의 중공군 대공세를 분석하여, 중공
군이 공세를 펼칠 때마다 그 기간이 한 주 정도만 계속된 것은 보
급 부족 때문이란 것도 간파하였다.

　이렇게 중공군의 상황을 자세히 분석한 릿지웨이 중장은 미 제
27연대의 위력수색에 이어 공세를 펼칠 결심을 하고 이를 시행에
옮겼던 것이다. 이것이 '선더볼트(Thunderbolt; 번개) 작전'으로서,
그때까지 유엔군의 마지막 공세이던 1950년 11월 말의 '크리스마
스 작전' 이후 2개월 만에 펼치는 공격 작전이었다. 이 작전은 번
개작전이라는 이름에 걸맞게 '울프하운드 작전'보다 더욱 강력하
고 신속한 작전이었다. 유엔군은 전차부대를 앞세우고 전 전선에
서 인접 부대와 어깨를 나란히 하여, 적이 아군의 틈새에 끼어들
여유를 주지 않고 서부 전선에서 북진을 시작하였다. 릿지웨이는
'적이 후퇴할 때는 사정없이 후려치고 적이 공격해올 때는 후퇴하
지 말고 지연시키라'는 작전 방침을 휘하 지휘관들에게 내렸다.
이 작전에서 미군 전차대는 제한목표 공격의 테두리 안에서 기동
하였지만, 적진 깊이 들어가 적의 지휘소와 물자 집적소를 공격하
여 적을 혼란시키고 보급품을 파괴한 뒤 어두워지기 전에 다시 유
엔군 방어선으로 돌아오곤 하였다. 전차 본연의 임무는 이런 기동
에 있다. 그러므로 이 임무를 받은 전차병들은 오랜만에 신이 나
서 작전에 참가하였다. 그러나 전차병들의 입장에서 신명나는 이
런 작전은 한정된 지역에서 잠시 동안 펼쳐질 뿐이었고, 한국전쟁
을 통해 전차부대는 적의 공격으로부터 보병을 방어해 주거나 보
병이 전진할 때 앞을 가로막는 장애물에 대한 제한적인 포사격 등

보병 지원 임무만을 수행하였다.

위력수색과 선더볼트 작전으로 중공군의 전력이 몹시 약화된 것을 확인한 미국 정부는 자신감이 생겨서, 더는 중국에 휴전을 요청하지 않고 오히려 중공군 공포증으로부터 벗어나 다시 전투에 나설 결의를 다졌다. 따라서 미국의 영향 아래 유엔 총회는 2월 1일, 압도적인 표차로(찬성 44, 반대 7) 중국을 침략자로 규정하는 결의안을 의결하였다. 만약 보름 전에 중국이 미국의 휴전 요청을 받아들였다면 중국은 승리자의 위치에서 한국전쟁을 37도선 지역에서 마무리했을 것이다.

선더볼트 작전의 결과 국군과 유엔군은 서부 전선에서 중공군과 북한군을 북쪽으로 밀어붙이며 2월 10일에는 한강 남쪽까지 진격하여 서울 재탈환을 눈앞에 두게 되었다.

서부전선의 선더볼트 작전에 이어 릿지웨이 장군은 1951년 2월 5일부터 중동부 전선에서 '라운드 업(Round Up; 검거) 작전'을 시작하였다. 이 작전은 중부 전선에서 공세를 취해, 공산군의 주력을 몰아서 섬멸한다는 것이 목표였으므로 그 의미에 해당하는 이름을 지은 것이다. 날씨가 항공지원을 받지 못할 정도로 나빴지만, 중부 지역의 미 제10군단은 국군 제1·제3군단과 함께 휘하의 모든 부대가 전 전선에서 같은 속도로 움직여 북한군 제2군단과 제5군단을 강타하며 북진하게 하였다. 그러나 유엔군은 인접 부대 사이에 협조가 계획대로 잘 이루어지지 않아 기대했던 작전 목적은 달성하지 못하였다.

그럼에도 공산군은 후방 침투의 기회를 얻지 못하고, 실질적으로 남진을 멈춘 뒤 유엔군에 밀려 북쪽으로 후퇴하였다. 그동안 중공군에 밀려 겁에 질렸던 유엔군의 사기도 덩달아 올라가 2월 초에는 인천과 김포 비행장을 탈환하고, 중부 전선에서도 대관령과 횡계를 확보해 동해안 전선을 북상시켰다. 릿지웨이 장군은 이렇게 떨어져 있던 유엔군의 사기를 올리고 전선을 30~60km 북상 시킴으로써 이제 유엔군은 중공군에 대해 자신감을 회복하기 시작 하였다.

1950년 8월 다부동 전투에서 북한군을 상대로 눈부신 활약을 하였고, 1951년 1월에는 연대 규모의 위력수색으로 중공군의 실상 을 파악하는 공을 세운 미 제27연대장 마이켈리스 대령은 1971년 대장으로 진급하였다. 그는 1970년대 초에 주한 유엔군 사령관으 로 임명되어 다시 한국에서 복무하였다.

(2) 한국의 바스통, 지평리 전투

유엔군이 모든 전선에서 반격해 올라가자 1951년 2월 11일, 중 공군과 북한군은 북진하고 있던 유엔군을 상대로 제4차 대공세를 시작하였다. 중공군의 작전은 서부 전선에서는 천연적인 장애물인 한강을 이용하여 유엔군을 저지하는 한편, 중동부 전선에서는 주 력을 가평과 홍천에 집결시켜 양평과 횡성을 공격하려는 것이었 다. 중공군은 그곳에 배치된 국군 제3사단과 제8사단을 격파하고 원주 북방의 지평리(砥平里)를 거쳐 신속하게 원주와 충주 방향으 로 남진한 뒤, 서부 전선에 있는 유엔군의 배후를 포위하여 유엔 군의 주력을 섬멸한다는 계획을 세웠다.

작전 계획에 따라 2월 11일 야간에 공세를 시작한 중공군은, 9 개 사단 병력으로 중부 전선의 횡성 서북쪽 15km 삼마치고개에 배치되어 있던 국군 제8사단과 제3사단을 공격하였다. 그들은 국 군 제8사단을 4시간 만에 거의 전멸시키고 제3사단에는 큰 타격 을 주었다. 이렇게 국군 제8사단을 순식간에 허물어뜨린 중공군은 경기도 양평군 지평리 방면에서 대규모 공세를 취해 유엔군을 동

오늘날의 지평리 전경.

서로 양분하면서 방어선을 돌파하려고 하였다. 2월 12일, 중공군은 횡성 북쪽에 배치된 미 제2사단 예하 제38연대를 공격하였다. 당시 네덜란드 대대가 배속되어 있던 미 제38연대는 중공군의 포위망을 뚫고 이날 정오까지 모두 원주로 후퇴하여 방어선을 구축하였다. 네덜란드 대대는 적에게 포위된 위기 상황에서도 횡성으로 들어가는 길목의 횡성교를 확보함으로써, 국군 제8사단을 지원하던 미군 지원부대의 후퇴를 엄호해 주었다. 내려오는 중공군 2개 군단과 북한군 1개 군단을 국군 제3사단과 제5사단이 역습하였으나 실패, 2월 13일까지 원주는 적의 포위 공격에 노출되어 버렸다. 만약 중부 전선의 요충지인 원주를 점령하려는 공산군의 작전이 성공한다면 유엔군으로서는 방어선 전체가 붕괴될 수도 있는 위험이 도사리고 있었다.

당시 원주를 방어하는 부대는 사단장 매크레어(Robert Mcclure) 소장이 지휘하는 미 제2사단의 제9·제38연대와 제187공수연대, 네덜란드 대대, 국군 2개 대대였으나, 원주 서북방 30Km 지점인 양평에 있는 지평리가 중공군의 포위망 속에 고립되어 버렸다. 지평리를 방어하는 부대는 미 제2사단 예하 프리만(Paul Freeman) 대령이 지휘하는 제23연대(제1·제2·제3대대)와 미 제23연대장의 지휘를 받는 프랑스 대대로서 전차와 포병, 그리고 제82대공포대대의 지원을 받고 있었다. 제82대공포대대는 M16 장갑차와 M19 대공자주포로 무장하여 방어선 주위를 경계하고 있었다. 당시 유엔군 진지 상공에 나타난 공산군 항공기는 없었으므로 이 M16과 M19에 장착된 대공 기관총들은 강한 화력을 이용하여 지상군을 지원하는 데 쓰인 것이다. 이번에 중공군에게 밀려 중부 전선이 다시 돌파되어 원주를 잃으면, 중공군이 서부 전선의 오른쪽 측면과 배후를 공격하여 포위함으로써 모든 전선이 와해될 것이라는 걸 잘 알고 있던 릿지웨이 장군은 '절대 사수하라'는 명령을 미 제9군단장인 무어(Bryan Moore) 소장에게 내렸다. 이 명령에 따라 미군은 참호를 깊게 파고 중공군과의 전투에 대비하였다.

중공군은 2월 13일까지 3개 사단을 투입하여 지평리를 완전히 포위한 다음 13일 밤에 미군 진지를 향해 야간 공격을 시작하였다. 이 공격에 가담한 중공군 병사들은 마치 《삼국지》에 나오는 전투의 한 장면처럼 손에 횃불을 들어 그들이 엄청난 규모의 대군이라는 것을 과시함으로써 방어하는 미군을 심리적으로 압박하였다. 중공군의 공격은 3일 동안 맹렬하게 계속되었고 중공군은 상자 안에 든 쥐를 망치로 내려치듯이 미군 진지를 쉬지 않고 인해전술로 공격하였다. 그러나 방어선 안에서 미군 전차와 대공포 장갑차들은 적의 주공이 방향을 바꿀

원주지구 전적비

때마다 위치를 이동하면서 적에게 화력을 쏟아 부어 보병을 지원
하였으므로, 3개 사단의 중공군은 미군 1개 연대가 지키고 있는
방어선의 어느 한 곳도 돌파하지 못하고 공격은 힘을 잃었다.

　미군이 포위된 상태로 지평리를 방어하는 동안 미군 수송기들은
보급품을 미군 진지 상공에서 낙하산으로 투하하여 필요한 탄약과
식량을 공급하였다. 이 전투에서 크게 활약한 프랑스 대대의 대대
장인 몽클라(Ralph Monclar) 중령은 원래 예비역 중장이었으나 한
국전쟁에 파견된 프랑스군의 규모가 대대 급이었으므로 자청하여
중령 계급으로 참전한 특이한 지휘관이다.

　한편, 중공군의 공격이 시작되자 2월 14일 오후 3시, 미 제1기
병사단의 예비연대인 제5기병연대는 지평리의 미군을 구조하라는
명령을 받고 구조부대를 편성하여 급파되었다. 연대장 크롬베즈
(Marcel Crombez) 대령의 이름을 따라 '크롬베즈 임무부대'라고 부
르는 이 구조부대는 제6·제70전차대대의 M46 전차 1개 중대(15
대), M4 전차 2개 소대(소대당 5대), 자주포 대대 및 보병으로 구성
되어 2월 14일 밤 지평리를 향해 여주 근처의 초현리를 출발하였
다. 그러나 지평리 남쪽 5km에 있는 곡수리 부근에서 부서진 다
리를 만나 이 다리를 수리하느라고 2월 15일 오전에야 다시 4km
를 진격할 수 있었고, 오전 10시 5분 도로 양측 산악 지역에서 부
대를 저지하려는 중공군(약 300~600명)과 조우하였다. 상황을 파악
한 크롬베즈 대령은 전차부대만이 중공군의 저지선을 통과할 수
있다고 판단하여 전차부대에 전진을 명령하였다.

　신형 M46 전차 중대가 선두에 서고 후방 경계는 M4 전차가 맡
았다. 각 전차 사이의 거리는 50m를 유지하였으므로 종대의 길이
는 1.5km에 달하였다. 물론 좁은 산길을 일렬종대로 통과하는 동
안 중공군 보병의 공격을 받을 것을 염두에 두고 미군 1개 중대
165명을 중앙의 전차 위에 대당 15명씩 태워 2월 15일 오후에 지

지평리 전투 당시 패주하는 중공군을 뒤쫓는 미 제70전차대대 소속 M4 서먼 전차와 부대원들.

평리를 향해 전진시켰다. 그날 저녁까지 이 전차대는 중공군이 매복한 눈 덮인 산악 지역 좁은 도로를 통과하면서 중공군으로부터 2.36인치 바주카포, 3.5인치 바주카포, 다발로 묶은 화약 등으로 공격을 받았으나(중공군은 미군과 국군으로부터 노획한 미제 바주카포를 사용하였음), 전차포와 전차 위에 있는 보병의 협력으로 한 대의 전차도 잃지 않고 중공군의 집요한 육탄 공격을 돌파하였다.

중공군은 유엔군으로부터 노획한 바주카포로 유엔군 전차를 공격하였으나 보병이 타고 있는 미군 전차를 파괴하지는 못했다. 물론 전차 위에 타고 있던 미군도 희생되었지만, 이것은 불리한 지형에서 동승한 보병이 전차의 방어에 얼마나 기여하는가를 실제로 보여준 좋은 예이다.

곡수리 부락을 벗어나 지평리에 가까이 다가가면서 도로가 더욱 좁아지자 중공군은 사력을 다해 미군 전차대를 공격하였다. 이 전투에서 중공군이 발사한 바주카포 포탄이 선두에 선 M46 전차 포탑의 두꺼운 철갑을 관통하여 소대장을 포함한 전차병 모두가 부상하였다. 선두에서 네 번째 M46 전차는 철갑을 뚫고 들어온 미제 3.5인치 바주카포 포탄이 전차 안의 포탄을 연쇄 폭발시키는 바람에, 전차의 철갑이 내부로부터 터지며 주위 골짜기를 흔드는 큰 폭음과 함께 폭파되었다. 이 폭발로 말미암아 조종수 카아본 하사를 제외한 승무원 모두가 전사하였다. 조종수는 부상을 입고서도 엔진을 작동시켜 도로 옆으로 비켜 전차를 정차시켰다. 만약 이 전차가 좁은 도로 한 가운데 주저앉았다면 그 뒤를 이어서 오던 전차대 모두 눈 덮인 벼랑 위에서 공격하는 중공군에게 전멸하였을 것이다. 마지막 순간까지도 부대 전체와 다른 전우를 생각하며 최선을 다한 한 전차조종수의 행동이 부대를 살린 것이다.

중공군의 공격에서 전차 3대가 파괴되었으나, 나머지 전차 22대는 무사히 중공군의 공격을 격퇴하며 1시간 15분 동안 6km의 적진을 돌파하여 이날 오후 5시 지평리 근처에 도달하였다. 이를 보고 지평리 포위망 안에서 진지를 방어하던 미군 전차 4대가 마중 나왔다. 오는 도중에 9번이나 중공군의 기습을 받아 격렬한 전투를 치르느라 미군 전차들은 포탄이 거의 남아 있지 않았으므로, 포위된 부대에 거의 도움을 줄 수 없었다. 그러나 지평리에 포위되어 전멸을 각오하고 싸우던 미군은 포위를 풀어주기 위해 우군 부대가 달려온 것을 보고 그들의 전우애에 감동받아 부대의 사기가 충천하게 되었다.

한편 미군 전차에 올라타고 전차를 적 보병의 매복 공격에서 보호하던 미군 보병 1개 중대는 거의 모두 전차 위나 주위에서 적탄에 맞아 전사하고, 일부 병사는 도중에 낙오되어 지평리에 도착하였을 때 겨우 23명만 남아 있었다(이 가운데 부상을 입지 않은 보병은 10명뿐이었음). 전차병은 전차의 두꺼운 철판 속에 안전하게 들어가 싸우고, 중공군 보병은 고지에 참호를 파놓고 그 속에 들어가서 전투한 것과 달리, 전차 위에 타고 있던 보병은 은폐물이 전혀 없는 상태에서 중공군 보병이 전차를 육탄 공격하는 것을 막다가 고지에서 내리쏘는 중공군의 사격에 희생된 것이다.

이를 두고 지평리 전투가 끝난 뒤 자살 공격이라는 비난이 미군 안에서 일어났다. 차라리 보병은 전차대가 지나갈 길을 굽어보고 있는 고지에 올려 보내 중공군을 제압하도록 했어야 한다는 의견도 있었으나, 당시 시간을 다투는 작전이었으므로 전차 위에 올라탄 보병이 위험에 노출될 것을 알고서도 지휘관들은 이 작전을 강행한 것이다. 어떻든 이 전투에서 보병은 구조 전차대를 위해 희생되고 구조 전차대는 포위된 부대를 위해 희생함으로써 미군은 지평리에서 승리하였다. 이 전투에서 미 제23연대는 중공군 4,946명을 사살하고 79명을 포로로 잡았으며, 미군은 전사 52명, 부상 259명, 행방불명 42명의 인명 피해를 입었다.

그 다음날인 2월 16일, 구조부대의 전차들은 왔던 길을 다시 돌아와 구조부대의 본진에 합류하였다. 중공군은 이미 전력의 한계를 드러내 미군의 구조부대가 도로를 따라 돌아가는 것을 멀리서 보고만 있을 뿐 이를 저지하지 못하였다. 구조부대 본진에 돌아간 전차대는 28대의 보급품 트럭과 19대의 앰뷸런스 트럭까지 포함된 보급부대의 선두에서, 다시 지평리에 들어가 포위된 미군에게 탄약과 식량, 의료품 등 보급품을 공급하여 주었다. 이에 지평리를 포위하였던 중공군은 힘이 다해 물러가고 포위망은 걷혔다.

이것은 적 3개 사단에게 2중, 3중으로 포위되었지만 끝까지 저항한 미 제2사단 제23연대와 프랑스 대대의 군인 정신과, 전우를 기어코 구해내려는 미군 전차대의 투혼이 만든 작전의 결과였다. 지평리 전투를 '한국의 바스통'이라고 부르는 일부 전사가도 있다. 이 지평리 전투는 제2차 세계대전 당시인 1944년 12월, 독일 국경과 붙어있는 벨기에 아르덴느 고원의 교통 요지 바스통(Bastogne)에 돌입한 미군 제101공수사단이 독일군에 포위되었을 때 이들을

지평리지구 전적비

구하려고 당시 미제3군 사령관 패
튼 장군 휘하의 제4기갑사단이 8일
만에 포위망을 뚫은 것을 연상시키
기 때문이다. 오늘날, 바스통 시내
중심가에는 당시 바스통 시내에 돌
입하여 극적으로 바스통 포위망을
뚫은 미군 전차대의 M4 서먼 전차
한 대가 서 있어 지난날을 증언하
고 있다.

지평리에서 미 제23연대가 승리
한 것은, 전 전선의 운명을 판가름
하는 원주 전투를 승리로 이끌어
전선을 지켰다는 것 말고도 또 다

른 큰 의미가 있다. 그것은 한국전쟁이 시작되고 나서, 소규모의
미군이 대규모의 중공군에게 포위되어 3일 동안 인해전술 파상 공
세의 맹공을 당하면서도 처음으로 진지를 성공적으로 지켜냈다는
것이다. 한국전쟁에 개입한 뒤 지평리 전투까지 중공군은 4차의
대공세를 펼쳤으나, 지평리 전투의 패배로 말미암아 처음으로 그
들의 대공세가 실패하는 것을 맛보아야 했다.

지평리 전투는 포위된 상태로 후퇴하면서 적에게 큰 타격을 준
미 해병 제1사단의 장진호 전투와는 또 다른 것이다. 이 전투 이
후 국군과 유엔군은 이제부터는 중공군의 어떤 공세도 막아낼 수
있다는 자신감을 갖게 되었다. 역사에 만약은 없지만, 국군과 미군
이 1950년 10월 말 압록강으로 북진할 때 중공군의 제1차 공세,
그리고 청천강에서의 제2차 공세를 이렇게 막아주었다면 우리나라
는 1950년 12월 말까지 한반도에서 공산군을 완전히 쳐부수어 북
진 통일을 이루고 자유민주주의 통일 국가가 되었을 것이다.

(3) 킬러 작전

중공군의 제4차 대공세(1951년 2월11일부터 16일까지)가 실패로 끝나고 채 일주일이 지나지 않아 릿지웨이 중장은, 예하 부대에 이미 타격을 입고 비틀거리는 중공군을 공격하라는 명령을 내렸다. 이 작전은 '킬러(Killer) 작전'이라고 불리며 2월 21일 시작되었다. '도살 작전'이라는 이름 그대로 이 작전은 유엔군의 최소 희생으로 적에게 가장 큰 희생을 강요하는 작전이었다.

이 작전은 전면에 있는 중공군 도살만이 아니고 원주 동쪽의 산악을 거쳐 은밀하게 제천 근교 15km까지 침투하여, 미 제10군단의 측면을 위협하는 북한군의 주력을 포위 섬멸하여 전선을 완전히 재정비하려는 목적도 갖고 있었다. 이에 따라 원주–횡성 방향으로는 미 제9군단이 4개 사단으로, 제천–평창 방향으로는 미 제10군단과 국군 제3군단이 공격하였으며, 작전 처음부터 끝까지 항공 폭격, 포병 포격, 전차와 대공 자주포의 지원이 뼈대를 이루었다. 작전이 실효를 거두어 유엔군은 최소한의 인명 피해로 수천 명의 중공군을 도살하였다.

아울러 중동부 지역의 교통의 요충지 원주를 방어하는 것도 이 작전의 중요한 한 부분이었다. 그리하여 원주 지역의 아군을 지원하기 위해 포항 지역에서 북한군 게릴라를 소탕한 미 제1해병사단(미 제9군단에 배속되었음)의 전차대는 좁고 구불구불한 도로 193km를 달려 원주로 이동 배치되었다. 이 밖에도 포병대가 원주 방면에 도착하여 중공군을 무자비하게 포격하자 이러한 유엔군의 화력을 견디지 못한 중공군은 모든 전선에서 2월 말까지 한강을 건너 북쪽으로 후퇴하였다.

3월 1일, 킬러 작전의 제2단계가 시작되었다. 그러나 3월에 들어서며 봄기운이 얼어붙은 토지와 산속에 쌓인 눈을 녹이자 횡성과 원주 등 중부 전선의 산악지대와 시골 도로는 진흙으로 변했고, 하천이 불어나 중공군을 밀어붙이며 북진하는 유엔군의 차량과 기갑부대에 큰 걸림돌이 되었다. 그러므로 진격이 느려져 3월 6일에야 예정된 목표선(한강-횡성-강릉)에 도달하여 작전을 종료하였으나 라운드 업 작전보다는 성공적이었다. 한편 킬러 작전이 시작되고 나서 2월 24일, 전선을 시찰하던 미 제9군단장 무어(Bryan E. Moore) 소장은 탑승한 헬리콥터가 한강에 추락하는 바람에 전사하였다.

(4) 펀치 작전

미 제8군이 벌인 킬러 작전의 큰 뼈대 안에서 미 제1군단 예하 미 제25사단이 수원 지역에서 감행한 기갑부대 중심의 '펀치(Punch;가격) 작전'은 킬러 작전 전체에 큰 기여를 하였다. 보병부대가 수원 지역의 고지를 방어하고 있는 동안 M4 전차대와 보병으로 구성된 2개의 임무부대, 곧 바트렛(Bartlett) 임무부대와 돌빈 임무부대가 적진 속에 들어가 측면과 배후를 공격하여 적에게 큰 혼란과 피해를 준 작전이다.

임무부대의 이름은 대부분 그 부대의 지휘관 이름이다. 바트렛 임무부대는 제64전차대대의 C중대와 미 제27연대의 제2대대가 주력이었고 돌빈 임무부대는 제89전차대대의 B중대와 미 제27연대의 제1대대가 주력부대였다. 이 2개 기동부대의 임무는 전차의 기동성을 이용하여 적의 방어선을 뚫고 들어가 적 배후를 가격하는 것이었다. 이에 따라 2개의 기동부대는 2월 3일 수원 근교의 공격 개시선에 집결하여 준비를 한 뒤, 2월 5일 오전 7시 45분 바트렛 기동부대가 M4 전차의 엔진을 가동하고 안산 방면으로 기동을 시작하였다. 전차 위에는 보병들이 올라타고 함께 전진하였으나, 전차포 사격을 할 때 보병은 전차에서 뛰어 내렸다. 기동부대는 적이 도로에 매설한 대전차지뢰와 적 보병의 완강한 저항을 돌파하고 적진 깊숙이 헤집고 다니다가 어둠이 깔리기 전에 수원 지역으로 다시 돌아왔다. 전차는 야간에 숙영할 때 적의 특공대에게 기습을 받기 쉬우므로 야간에는 본대로 귀환시킨 것이다.

한편 돌빈 중령이 지휘하는 돌빈 기동부대는 2월 5일 오전 7시에 공격개시선을 출발하여 목표인 안양까지 전진하는 동안 큰 저항을 만나지 않았으므로, 정오에는 쉽게 안양에 도착하였다. 이들 역시 안양 지역의 적을 찾아 M4 전차의 76mm 전차포, M46 전차의 90mm포, M16 대공 기관총 장갑차의 4연장 0.5인치 기관총으로 적의 진지를 집중 사격한 뒤 어두워지기 전에 수원으로 귀대하였다. 바트렛 임무부대는 안양 지역의 적을 혼란시켰고 돌빈 임무부대는 안양을 지나 영등포까지 돌입하여 적의 병력 집결지, 지휘소, 물자 집적소를 파괴하였다. 다음 날 2월 6일 오전 7시 20분, 바트렛 임무부대의 M4 전차와 M16 대공 기관총 장갑차, M15 장갑차는 다시 시동을 걸고 북쪽을 향해 출발하였다. 두 임무부대에는 각각 M16 대공 기관총 장갑차 1개 소대(5대)가 배속되어 있었다. 이어서 돌빈 임무부대의 전차대와 장갑차들도 이날 오전 7시 45분 안양을 향해 출발하였다. 이 두 부대는 전날과 마찬가지로 적진을 누비고 다니며 갖고 있던 모든 포탄과 기관총탄을 사용한 뒤 저녁에 다시 주저항선이며 후방 집결지인 수원으로 귀대하였다. 2월 7일도 같은 작전이 반복되었다.

그러나 미 제25사단의 측면이 안전해지자 2개의 임무부대는 2월 8일부터는 귀대하지 않고 계속 진격하여 2월 9일에는 적의 저항을 물리치고 영등포 근처에 도달하였다. 2월 9일 밤, 2개의 기동부대는 합쳐져 알렌(Allen)이라는 이름으로 미 제1군단 직할의 새로운 임무부대로 태어났다. 알렌 임무부대의 목적은 적에게 가능한 큰 타격을 주고 영등포 지역을 비롯하여 한강 이남의 적을 소탕하는 것이었다. 알렌 임무부대는 필요시에는 항공 지원과 포병의 지원도 받았다. 그러나 펀치 작전 기간에 전차대는 보병과 긴밀하게 하나가 된 전투를 함으로써 4,251명의 적병을 사살하였으나 임무부대의 피해는 100명이 채 되지 않았다.

전차부대를 주력으로 한 임무부대가 독립 작전을 편 것은 한국전쟁 동안 흔하지 않았으나 이 펀치 작전의 성공으로 유엔군은 서부 전선에서 한강 이남의 잔적을 소탕하고 곧 서울을 다시 탈환할 수 있는 발판을 만들었다

(5) 속사리의 비극

북한군 제2군단은 2월 공세 때 영월까지 침공하였으나, 유재흥 소장이 지휘하는 국군 제3군단의 반격을 받고 2월 23일부터 후퇴를 계속하였다. 당시 제3군단 예하에는 수도사단, 제7사단, 제9사단이 배속되어 후퇴하는 적을 추격하고 있었다. 그때 제1기갑연대는 강릉 서쪽 10km 횡계리(橫溪里)에 있었다. 유 군단장은 대화(大和)－발왕산(發旺山) 선에서 적이 완강하게 저항하며 제7사단과 제9사단의 전진을 막자, 제1기갑연대를 2월 28일 속사리(束沙里)에 투입하였다. 이에 따라 3월 1일 아침 연대는 유천리(楡川里)를 공격 개시선으로 삼아 제1대대(대대장 박경호 소령)는 우측, 제2대대(대대장 박익균 소령)는 좌측, 제3대대(임관묵 소령)는 예비대가 되어 속사리를 공격하였다. 오전 10시 무렵 유재흥 군단장은 송요찬 사단장에게 "제7사단 앞의 적이 기승을 부리다 저지된 상태이니 오늘 안에 속사리를 점령하라"고 독촉하였다.

윤두령에서 바라본 속사리. 왼쪽이 강릉 방향이다.

그러나 키 높이로 쌓인 눈을 헤치고 전진해야 했기 때문에 늦어져, 이날은 구석동(九石洞) — 호명리(虎鳴里) 선으로 불과 3km밖에 전진하지 못하였다. 3월 2일 아침, 제1기갑연대는 공격을 재개하여 적을 격파하면서 속사리 고개를 점령하였다. 그러나 이날 월정사(月精寺) 부근의 북한군 제27사단이 병두산(屛頭山) 일대에 배치된 제26연대 제3대대를 기습하여 혼전이 벌어졌고, 제3대대는 전사 126명의 큰 손실을 입고 차항리(車項里)로 철수하고 말았다. 그 바람에 주저항선에서 14km나 떨어져 튀어나와 있는 속사리를 목표로 단독으로 공격해 들어간 제1기갑연대는, 3월 3일 미명을 기해 연대 후방인 유천리를 적에게 차단당하여 포위되었다. 이렇게 아군에게 불리하도록 전투를 한 제26연대 제3대대장인 구태익(具泰益) 소령은 책임을 물어 소령에서 중위로 강등되었다. 당시 속사리 지역은 눈이 많이 내려 150cm나 쌓였으므로, 강릉이나 대관령에서 포병을 비롯한 지원 병력이 갈 수가 없었다. 이 눈 속에서 제1기갑연대는 적에게 포위되어 1개 대대 병력이 적에게 포로가 되고 전투력의 절반을 잃었다. 살아남은 장병들도 맥이 빠져 눈 위에 그대로 쓰러졌다. 잠들면 죽었고 대부분 눈 속에서 동상이 걸려 뒷날까지 고생하여야 했다. 적이 야간에 제2연대와 제3연대 사이에 들어와 양쪽을 향해 사격하고 빠져나가자, 제2대대와 제3대대는 밤새 서로를 향해 사격을 하다가 아침이 되어서야 같은 편인 것을 알고 사격을 중지하는 어처구니없는 일도 일어났다. 그러나 이미 양 대대 모두 큰 인명 피해를 입은 뒤였다. 적의 병력은 소수였으나 아군은 상황을 잘못 판단하고 지레 놀라 제1기갑연대 전체가 오합지졸이 되어 버렸다.

이렇게 되자, 송요찬 사단장은 제1기갑연대의 상황을 주시하다 사태가 여의치 않음을 판단하고 "제1기갑연대는 유천리로 철수하고 제26연대는 유천리를 공격하여 철수하는 제1기갑연대와 연결하라"고 명령하였다. 이때부터 제1기갑연대의 각 대대는 연대 지휘에서 벗어나 각 중대, 소대별로 각개 분산해 탈출하기 시작하였다.

지휘체계가 무너져 부대는 오합지졸이 되어 겁을 먹고 도망쳤다. 적은 연대가 어디로 탈출할 것인지 예상하여 개활지(논밭)를 내려다보는 요지를 장악하고 있었으므로, 제1기갑연대 병력은 어둠을 이용해 8부 능선으로 3일 동안 굶으면서 탈출하였다. 연대 전체가 패잔병이 되어 연대장인 김동수(金東洙) 대령과 미군 고문관을 비롯한 모든 부대원들이 이리저리 몰려다녔고, 많은 장병이 적의 사격을 받고 쓰러져 눈 속에 파묻혔다. 500m에 이르는 개활지를 건너 앞 고지에 다다를 때까지 사방에서 날아오는 총탄에 수많은 장병이 전사하였다.

이 무렵에는 장교, 부사관 할 것 없이 모이기만 하면 화투노름을 했다. 속사리 전투에서도 중요한 작전 문서를 선반 위에 올려두고 밤새 화투노름을 하다가 기습을 당했다. 앞서 원산 전투에서

도 나왔지만, 전투에서 승리했다고 그날 밤에 지휘관에서 부하 사
병까지 술을 마시고 있다가 공산군의 기습에 속수무책으로 당한
전례가 많다. 일본 사무라이 격언 가운데에는 '전투에 이긴 뒤에
투구 끈을 다시 매라!', '전투에 이긴 뒤에 신발 끈을 다시 조여
라!' 등의 말이 전해 내려오면서 이런 실수를 미연에 경고하고 있
는데, 이는 오늘날에도 마음에 새기고 경구로 삼을만하다고 여겨
진다. 제1기갑연대의 살아남은 병력은 이렇게 오합지졸 상태로 밤
낮으로 적진을 벗어나 횡계리에 진출하고, 가슴까지 차는 눈과 강
추위, 굶주림을 견디며 3일 만에 대관령 중턱의 장군봉(將軍峰)을
넘어 강릉으로 나왔다.

(6) 리퍼 작전

3월 7일, 날씨는 춥고 맑았다. 이날 오전 8시부터 릿지웨이 중
장은 전차대를 앞세우고 휘하의 3개 군단을 동원한 '리퍼(Ripper;
절단) 작전'을 시작하였다. 릿지웨이 장군이 유엔군 사령관으로 부
임하기 전, 중공군에게 혼쭐이 난 유엔군과 국군은 패배주의에 절
어 있었다. 그러나 릿지웨이 장군의 지휘 아래 전선을 재정비한
아군은 서너 차례의 접전에서 중공군을 격파하고 자신감과 더불어
사기가 올랐다. 이런 상태에서 리퍼 작전이 시작된 것이다. 이 작
전은 이름 그대로 적의 대열을 반으로 가르는 것이었다. 당시 인
천-횡성-강릉 선에 도달한 유엔군 제9군단과 제10군단이 동, 서
두 전선에서 어깨를 나란히 하고 38선까지 진격하여, 중동부 전선
을 밀어 올리면서 서부의 중공군과 동부의 북한군을 분리시킨 뒤,
남쪽(한강)과 동쪽(춘천·가평)에서 서울 지역을 포위한다는 목표를
가지고 있었다.

호랑이 무늬를 그려 넣은 미군 M46 전차의 모습.

한편, 영토를 얻는 것보다 적을 최대한으로 살상함으로써 공산군이 추가공세를 하지 못하도록 하는 것도 작전 목적에 포함되어 있었다. 미군 정보부는 중공군이 호랑이와 용을 미신적으로 무서워한다는 정보를 듣고 거의 모든 전차 앞부분에 호랑이 머리를 페인트로 그려 넣었다. 일부 전차는 몸체 전부를 호랑이 무늬로 덮기도 하였다. 이 그림이 전투에서 얼마나 효과가 있었는지는 아무도 모른다. 그러나 전차병들의 사기를 올려 준 것만은 확실했다. 특히 거의 모든 전차가 호랑이의 머리·눈·얼굴이나 고양이 얼굴을 그려 넣고 운행하는 바람에, 현대전 사상 처음으로 칼라풀한 무늬를 넣은 전차대가 전쟁터를 누비고 다니는 일이 시작된 것이다.

3월 14일, 리퍼 작전의 제2단계가 시작되었다. 지면은 진흙으로 변했고 갑자기 쏟아지는 비로 하천이 범람하자 유엔군의 진격과 보급은 극히 제한을 받았다. 그러나 악조건의 날씨로 말미암아 보급품을 실은 차량이 못가는 곳에도, 징발된 우리나라 노무자들이 유엔군과 국군 진지로 탄약과 식량을 지게에 지고 날라 보급 문제는 다소 해결되었다. 그러나 전차는 날씨보다도 공산군이 매설한 수많은 대전차지뢰 때문에 전진에 큰 제약을 받았다.

공산군이 매설한 대전차지뢰는 소련제를 비롯하여 미군으로부터 노획한 미제 M6 대전차지뢰, 현지에서 화약과 신관을 나무 상자에 넣어 만든 수제(手製)지뢰, 야포 포탄을 직각으로 세워 구멍 속에 넣은 포탄지뢰 등 여러 종류가 있었다. 공산군은 구덩이를 깊게 파고 대전차지뢰 여러 개를 겹쳐서 쌓아놓기도 하였는데, 이런 경우는 폭발력이 커서 이를 밟은 전차는 허공으로 떴다가 무한궤도와 전차 밑 부분이 부서졌다. 그러므로 선두에 서서 공격에 나선 미군 전차 가운데 13대가 대전차 지뢰 때문에 운행불능 상태가 되었고, 3월 27일 하루에만 4대가 피해를 입을 정도였다.

3월 15일, 유엔군의 지원을 받은 국군 제1사단의 제15연대가 수륙양용 전차로 한강을 건너 서울에 진입하여 3월 17일 서울을 다시 탈환하였고, 기갑부대 없이 거의 보병만으로 이루어진 공산군은 급히 후퇴하였다. 이를 차단하여 전멸시키려고 미 제187연대는 3월 23일 서울과 개성 사이 문산 지역에 낙하산을 타고 내리고, 기갑부대는 육로로 전진하여 도주하는 적을 포위하려고 하였다. 그러나 중공군의 주력부대는 공수부대가 강하하기 전에 재빨리 후퇴하는 바람에 미군은 예상한 것만큼의 전과를 이루지 못하였다.

한편, 중부 전선에서 국군과 유엔군의 공격이 계속되자 중공군 부대는 급격히 붕괴되었다. 3월16일에 미 해병 제7연대가 홍천을 탈환하였고, 3월 21일에는 미 제1기병사단이 중부 전선의 북한군 보급기지인 춘천을 탈환하였다. 공산군은 후퇴하면서 그다지 저항을 하지 않았으므로 춘천을 탈환한 유엔군은 중부 전선에서는 4월 첫 주에 38도선에 이르렀으며, 동부 전선의 국군 수도사단은 3월 27일 양양을 점령하였다. 그러나 이때 폭우가 내리는 바람에 보급품 수송이 여의치 않아 유엔군의 전진 속도가 갑자기 느려졌기 때문에, 양평과 춘천 연결선을 확보한 아군은 서울 탈환의 계기가 된 절단 작전을 종료하였다.

당시 아군은 서쪽으로부터 미 제1군단(국군 제1사단, 미 제3·제 24·제25사단), 미 제9군단(영국군 제27여단, 국군 제6사단, 미 제1 기병사단·제1해병사단), 미 제10군단(미 제2·제7사단, 국군 제5사 단), 국군 제1군단(수도사단·제9사단), 국군 제2군단(제8·제11사단) 순으로 배치되어 있었다. 이때 유엔군은 트루먼 대통령이 사령관 인 맥아더 원수를 해임하였다는 소식을 듣고 충격을 받았다.

(7) 문산 공수 작전

1951년 3월 23일 아침, 미 제187연대는 100대 이상의 C119 수 송기에 나누어 타고 임진강변의 문산 동부 지역에 낙하함으로써 후퇴하는 적을 수직으로 포위하는 이른바 '토마호크 작전'을 전개 하였다. 이 공수 작전을 지상에서 지원하기 위해 제6전차대대 중 심으로 편성된 글로우던(John Growden) 임무부대가 현지에 투입되 었다. 제6전차대장 글로우던 중령이 지휘하는 이 부대에는 미 제7연대 예하 제2대대와, 영국군 제29여단 소속의 다리 부설 전차 2대도 함께 편성되었다. 4개의 팀으로 구성된 글로우던 기동부대 는 M46 전차로 적의 포격을 뚫고 문산까지 전진하여 이미 낙하한 공수부대와 연결하는 임무를 맡았다.

제187연대를 태운 수송기가 이륙하기 전인 3월 23일 오전 6시 30분, 전차대는 공격개시선을 출발하여 문산을 향해 전진하였다. 서울-문산 도로를 달리는 전차대의 뒤에는 보병 대대가 M39 병 력수송용 장갑차를 타고 따랐다. 그러나 후퇴하는 공산군이 서울 과 문산 사이의 모든 도로와 전차가 통과할 수 있는 하천 바닥 곳곳에 대전차지뢰를 매설하고 부비트랩을 설치해 놓았으므로, 공격 개시선을 출발하여 8km도 못가 M46 전차 4대와 영국군 장갑차 1대, 트럭 1대가 지뢰를 밟고 운행이 어렵게 되었다. 이를 제거하고 전진하느라 글로우던 전차대는 시간을 너무 지체하였다. 공산군은 박격포탄을 수직으로 땅속에 묻고서 대전차지뢰로 이용하기도 했다. 한국전쟁 동안 파괴된 아군 전차(거의 미군 전차)는 모두 136대로 이 가운데 66%인 90대가 적이 매설한 지뢰에 파괴되었다(제2차 세계대전 때 미군 전차의 20%만이 적이 매설한 지뢰로 부서졌던 것에 비추어, 한국전쟁에서 대전차지뢰 때문에 파괴된 미군 전차의 비율은 이보다 3배나 높다). 이것은 전차가 통과할 수 있는 제한된 도로를 가진 우리나라 지형 때문인 바 이 지형을 공산군은 최대로 이용하였으므로 공산군의 지뢰 전술은 좋은 효과를 거두었다.

후퇴하던 공산군은 유엔군 기갑부대의 전진을 막기 위해 교량도 파괴하였으므로, 글로우던 기동부대가 교량 근처에서 도하가 가능한 지점을 찾고자 잠시 전진을 중지하였을 때 적의 박격포와 야포 사격이 미군 전차대에 집중되었다. 이 포격으로 미군은 다시 전차 2대를 잃고 다른 한 대는 지뢰를 밟아 움직일 수 없었다. 그러나 나머지 전차들과 보병을 실은 M39는 하천을 건너 적의 야포대를 제압함으로써 북진을 계속할 수 있었고 이날 저녁 6시 30분, 낙하한 부대와 연결되었다. 제187연대는 글로우던 임무부대가 도착하기 9시간 30분 전에 이미 문산에 낙하하여 후퇴하는 적의 퇴로를 차단하려고 하였으나, 공산군이 미군의 작전을 알아채고 포위망 밖으로 후퇴하였으므로 미군의 전과는 보잘 것 없었다.

미군 작전 계획이 사전에 공산군에게 흘러나간 것은 한국전쟁 내내 심심찮게 일어났다. 워커 장군은 순직하기 전에 중공군 지휘부가 아군의 작전 계획을 섬뜩할 정도로 자세하게 알고 있는 것에 위기감을 느껴 이를 맥아더 원수에게 보고하였고, 맥아더는 1950

년 말 미국 국방부에 이를 통보하였다. 당시 주미 영국 대사관의 일등 서기관인 필비(H.A.R. Kim Philby), 이등 서기관인 부르게스(Guy Burgess), 그리고 영국 외무부의 미국 국장인 맥크린(Donald Maclean)은 소련의 첩자였다. 특히 필비는 미국 중앙정보부와 영국 정보부 사이의 연락 업무를 관장하고 있었다. 한국전에 참전한 유엔군의 일원으로서 영국은 미국 다음으로 대병력을 파견하였으므로, 미국 국방부와 도쿄 맥아더 사령부와의 모든 교신 내용은 주미 영국 대사관을 거쳐 영국의 애틀리 수상에게도 전해졌다. 이 과정에서 한국전의 일급 군사 계획이 필비로부터 소련에 전해졌고, 이 정보는 중국 북경을 거쳐 한국전에 참전한 중공군 지휘부에 전달된 것으로 미국 정부는 판단하고 있다(필비는 소련 간첩이란 사실이 드러나게 되자 1963년 1월 27일 레바논의 베이루트를 거쳐 소련으로 탈출하였다).

(8) 캔사스 선

미국 정부는 미군이 한국전쟁에 개입한 그해(1950년) 12월까지는 모든 군사 작전이 마무리 될 것으로 예상하였으나, 뜻밖에 중공군이 참전하여 전쟁이 길어지자 안팎의 여론을 고려하여 한국전쟁을 계속하는 것을 부담스러워 하고 있었다. 그러므로 1950년 10월에 이어 재차 38도선 이북으로 진격하면 소련, 중국과 다시금 큰 마찰을 빚게 될 것을 염려하여 38선 이북으로의 대규모 진격은 고려하지 않고 있었다. 전선의 일반 병사들은 모르는 일이었지만, 영국 등 유엔 참전국들이 더 이상 전쟁을 확대하기를 원하지 않았고, 미국 정치인들도 이제 전선이 한국전쟁 이전으로 확보되었으므로 더 이상 소련과 중국을 자극하고 싶지 않았던 것이다.

이에 따라 릿지웨이 장군은 장차 휴전에 대비하여 38선 북쪽에서 유리한 방어선을 선정하게 되었다. 임진강－연천－화천－양양으로 이어지는 이 선에는 캔사스 선(Kansa Line)이라는 이름이 붙여졌다. 캔사스 선은 총 184km로서(화천저수지 16km와 한강 하구 22km를 제외) 방어선 길이 면에서도 유리하였다.

아군은 4월 1일부터 4월 9일에 걸쳐 캔사스 선에 도달하기 위한 '러기드(Rugged; 요철) 작전'을 펼쳤다. 이는 들쑥날쑥한 전선을 정리한다는 뜻에서 붙여진 이름이다. 아군은 이 작전의 결과로 4월 3일 다시 38도선을 넘어 북진을 시작하여, 서부 전선에서는 38도선 북방으로 3.2~9.6km, 동부 전선에서는 16km를 북상하였다.

한편, 국군과 유엔군의 반격 작전으로 타격을 입은 중공군은 대부분의 전선에서 북한군에게 지연전을 맡기고, '철의 삼각지대'(평강－철원－금화)에 집결하여 다음 공세를 준비하고 있었다. 종군 기자들이 이름 붙인 '철의 삼각지대'는 서울과 원산 중간에 있는 교통의 요지였다. 그러므로 중공군의 공격 기도를 사전에 분쇄하고 철의 삼각지대를 위협하기 위해, 아군은 캔사스 선보다 10~20km 북방에 와이오밍 선을 설정하고 4월 11일부터 공세를 시작하였다. 이 공세는 '돈트리스(Dauntless; 대담) 작전'으로서, 작전 초기에는 순조롭게 진행되었으나 4월 22일부터 적의 완강한 저항에 부딪혀 공격이 저지되었으므로 아군은 방어로 전환하였다.

(9) 노병은 죽지 않는다

1950년 12월 밤 12시, 병력에서 거의 두 배나 되는 공산군은 주공을 서울 점령에 두고 전 전선에서 대공세를 감행하여 아군의 전선을 돌파하였다. 이에 아군은 1951년 1월 4일 서울을 다시 공산군에게 내어주고 평택－원주－삼척 선까지 후퇴하고 만다. 이렇게 정세가 악화되자 맥아더 원수는 전선이 다시 부산방어선으로 밀려 내려가 최악의 경우, 중국에 이어 한국도 공산주의자들에게 빼앗길 것으로 우려하였다. 그러므로 그는 중공군이 집결해 있는 중국 본토(만주) 폭격과 해안의 봉쇄, 그리고 자유중국 장개석 총통 휘하의 국부군(國府軍)을 한국 전선에 투입하는 것을 트루먼 대통령에게 건의하였다. 그러나 중공, 소련과의 대결을 염려한 트루먼은 맥아더의 건의를 묵살하고 맥아더가 한국전쟁에서 활용할 수 있는 병력을 미 제8군만으로 제한하였으며, 향후의 휴전 문제를 고려하여 유엔군의 북진도 38도선 부근에서 중지시켰다. 그럼에도 맥아더 원수는 압록강까지 진격하여 확고한 승리를 얻기 원하였고, 이러한 그의 생각을 반복하여 발표하였다.

이에 대해 트루먼 행정부는 압록강까지 진격함으로써 소련의 참전마저 불러와 전쟁이 확대되는 것을 원치 않았다. 미국의 처지에서 볼 때 동양의 작은 나라에 미국의 국익과 국운을 모두 걸 수는 없는 노릇이었다. 그러므로 3월 20일, 워싱턴에서 맥아더 장군에게 확전을 제한하는 훈령을 보냈다. 이에 대해 맥아더는 그 다음날 즉시 '더 이상의 제한을 하지 말라'는 내용의 냉담한 답장을 보냈고, 맥아더의 확전 의지를 확인한 워싱턴 당국은 모종의 조치를 준비할 수밖에 없었다.

맥아더는 미 행정부의 냉담한 반응에도 아랑곳하지 않고 원자폭탄의 사용, 만주 폭격, 중국 해안 봉쇄, 자유중국 국부군의 참전 허용 등을 다시 주장하였다. 그는 만약 미국이 아시아에서 공산군에게 지면 유럽도 위험하므로 반드시 한국전쟁에서 승리해야 한다고 고집하였다. 52년 동안의 군대 경험에서 나온 한 직업군인의 한국전쟁에 대한 이러한 굳은 신념은 영국을 비롯한 미국의 우방들에게 반발을 불러 일으켰고, 38선을 회복한 선에서 적당하게 전쟁을 종결시키려는 트루먼 대통령을 곤경에 빠트렸다. 그러므로 대통령으로서는 맥아더의 주장을 따라 전쟁을 완승하거나 아니면 맥아더를 해임시키는 두 가지 방법 가운데 하나를 택해야 하는 갈림길에 놓이게 되었다. 결국 트루먼 대통령은 후자를 택하였다.

1951년 4월 11일 점심시간에, 맥아더는 부인과 함께 도쿄에 있는 그의 관사에서 일본을 방문 중인 마그누슨(Magnuson) 상원의원과 스틴스(William Sterns) 서북항공사 중역을 초청하여 함께 식사를 하고 있었다. 이때 맥아더와 오랜 기간을 함께 보내며 해군에 관련된 조언을 주던 허프(Sidney Huff) 고문은, 미국 신문사로부터 이날 오후 3시에 맥아더 장군에 관한 내용이 미국 라디오 방송 뉴스에 나올 것이니 들어보라는 전화 연락을 받았다. 허프는 맥아더의 부인 진(Jean)에게 이 소식을 알리고자 급히 전화를 걸었으나 그때까지 식사가 끝나지 않아 통화를 하지 못하였다. 3시 뉴스를 듣고 맥아더가 해임되었다는 것을 알게 된 허프에게 맥아더의 부인으로부터 "방금 전에 전화하였느냐"고 묻는 전화가 왔다. 이에 허프는 부인에게 라디오 방송 내용을 알렸고 부인은 함께 있는 맥아더 장군에게 그 소식을 말해주었다.

그날 오후 미 극동사령부 통신부에서 맥아더의 관사에 누런 군용 봉투가 전달되었다. 맥아더는 봉투 안에 들어있는 공문을 읽어본 뒤 부인에게 "지니, 드디어 우리는 집으로 가게 되었소"라는 말을 하였다. 그는 명령 계통을 통해 해임을 통고 받은 것이 아니라 라디오 방송으로 그 사실을 알게 되어, 상부의 잔인하고 모욕적인 처사에 상당히 섭섭해 하였으나 겉으로는 평온함을 잃지 않았다. 52년 동안 군 생활을 한 군인에게 대통령은 일반 언론 뉴스를 통해 해임을 통보한 것이다.

4월 16일 아침 6시 30분, 월요일 이른 시간임에도 도쿄 시내에서 하네다 공항까지 25만 명의 일본인들이 길가에 나와 일본을 떠

인천 자유공원에 있는 맥아더 장군 동상

나는 맥아더를 환송하였다. 공항에서, 맥아더는 환영 나온 요시다 수상을 비롯한 일본정부 요인들과 미 극동사령부의 부하 장군들, 그리고 주일 외교사절단에 답례를 하였다. 그의 전용기 바탄(록히드 컨스텔레이션 기종)이 대기하고 있는 비행장에서는 짧고 간결한 군대식 이임식이 있었다. 예포가 발사되었고 맥아더와 부인, 그리고 외아들 아더(Arthur), 중국인 가정부 아추(Ah Cheu)가 전용기 바탄호의 트랩에 오를 때 미군 군악대는 '올드랭사인'을 연주하였다. 동시에 18대의 제트전투기와 4대의 B29 폭격기는 우렁찬 폭음을 내며 하네다 공항 상공을 비행하였다. 미 극동군은 '태평양의 시저'라는 별명을 가진 71세 노(老)사령관의 이임에 이렇게 예를 표하였다. 짧은 군대식 이임식이 끝나고 오전 7시 20분, 맥아더를 태운 비행기는 이륙을 위해 활주로를 달렸다.

호놀룰루의 히캄 공군기지를 거쳐 샌프란시스코에 도착한 맥아더는 거리에서 시민 50만 명의 환영을 받았다. 그 뒤 바탄호는 4월 19일 자정이 넘어서야 워싱턴의 내셔날 공항에 도착하였다. 그 다음 날 맥아더는 미국 국회의사당에서 상하 양원 의원들에게 한국전쟁을 지휘한 총사령관으로서 한국전쟁에 대한 그의 견해를 요약하여 말하였다. 연설 마지막에 그는 육군 사관학교 생도 시절에 부르던 군가의 후렴 '노병은 죽지 않고 사라져 갈 뿐이다(Old soldiers never die, They just fade away)'를 인용한 뒤 "하나님께서 의무를 찾아 볼 수 있는 빛을 주셨기에, 자기의 의무를 다하려던 한 노병은 이제 그 군가의 노병과 같이 나의 군대 생활을 끝내게 되었습니다"라고 말하였다. 잠시 숨을 고른 뒤 그는 낮은 목소리로 "여러분 안녕히 계십시요"라며 연설을 마쳐 영광과 치욕이 뒤섞인 52년 군대 생활의 막을 내렸다.

맥아더의 후임으로 미 제8군 사령관 릿지웨이 장군이 유엔군 사령관으로 영전되고, 릿지웨이의 후임으로 제1급 전투사령관이라는 보증서가 붙어있는 밴플리트(James Van Fleet) 중장이 신임 미 제8군 사령관 직을 이어받았다. 그는 사병으로 군 생활을 시작하여 장군이 된 철두철미한 무인(武人)이었다.

갑자기 미군 수뇌부가 바뀌는 바람에 리퍼 작전은 시들해져 중공군을 완전히 분쇄하려던 리지웨이 장군의 계획은 차질을 빚게 되었다. 따라서 밴플리트 장군이 한국에 도착하기 바로 전인 4월 11일부터 시작된 돈트리스 작전도 중공군이 4월 22일부터 다시 공세(제5차 공세)로 나오는 바람에 중단되었다. 4월 14일, 발령을 받은 밴플리트 중장은 부임하자마자 철의 삼각지대에 대한 공격을 독려하였다. 미 해병 제1사단에 배속되었던 국군 해병대는 화천호를 향하여 전진하다가 4월 22일 오후 중공군의 거센 저항을 받았고, 중부 전선의 국군 제6사단도 중공군의 날카로운 공격을 받아 이날 밤 11시 무렵 사창리에서 거의 와해되었다. 그러므로 미 제9군단은 중공군의 포위를 피하고자 북한강을 건너 다시 한강 이남으로 후퇴하였다. 서부 전선에서는 국군 제1사단이 문산과 파평산에서, 그리고 영국 제29여단이 설마리에서 중공군의 공격을 받아 혈전을 치르며 후퇴하는 상황이었다.

(10) 임진강 전투와 영국군

미군 수뇌부의 인사이동으로 유엔군의 리퍼 작전이 계획대로 진행되지 못한 틈을 타서 중공군(당시 70만 명이 한국전에 투입되었음)은 1951년 4월 22일 밤 미 제8군 전면 160km에 걸쳐 30만 5천 명(중공군 27만 명·북한군 3만 5천 명)의 대군을 투입, 3개 방면에서 역공을 시작하였다. 이 공세는 중공군의 제5차 대공세(제1차 춘계 공세)로서, 공격 시작 38시간 만인 4월 24일 정오까지 서울을 다시 점령하는 것이 공세의 목표였다. 중공군은 화천호 주위, 곧 미 제8군의 동부와 중앙부에 대한 공세를 시작하는 것처럼 보였으나, 주공은 서부 전선에 두고 유엔군 단위 부대를 포위하면서 서울을 순식간에 점령하려고 하였다. 중공군에게 이 작전의 열쇠는 속도였으므로 팽덕회 중공군 사령관은 신속한 전선 돌파를 위해 중공군 가운데 가장 정예부대인 제63병단의 3개 사단(제187·제188·제189 사단)에 유엔군 방어전선 돌파의 임무를 맡겼다.

임진강지구 전적비

중공군의 주공이 가장 먼저 직접 부딪힌 곳은 국군 제1사단의 오른쪽 영국군 제29여단이 방어하는 임진강 지역이었다. 여단장 브로디(Tom Brodie) 준장이 지휘하는 영국군 제29여단은 3개의 대대와 지원부대로 구성되어 있었다. 영국군도 제2차 세계대전이 끝나자 부대 규모를 급속히 축소시켰다. 그 뒤 한국전쟁이 일어나자 급히 투입할 대규모 부대가 없었으므로, 영국군 제29여단은 각각 다른 연대에서 1개 대대씩을 차출하여 만든 혼성여단이었다. 여단은 원래 사단(3개 연대)과 연대 사이에 있는

설마리 영국군 전적비

규모(2개 연대 규모)이나 영국 제29여단은 3개 대대를 가진 1개 연대 규모에 지나지 않았다. 이 3개 대대 가운데는 글로세스터셔 (Gloucestershire) 연대의 제1대대도 포함되어 있었다. 글로세스터셔 연대는 이름을 줄여서 글로스터(Glosters) 연대라고도 한다. 중공군은 전선에 엷게 배치된 영국군을 쉽게 돌파한 뒤, 서울 북부를 방어하는 미 제1군단의 측면을 포위하여 서울을 전광석화처럼 다시 점령하려고 하였다. 압도적인 중공군 병력이 공세를 시작하자 즉시 영국군 글로스터 연대의 제1대대와 벨기에 대대를 고립시켰다. 포위된 영국군 부대를 구출하고자 즉시 영국군 제8기갑연대의 센추리온 전차대를 선두로 영국군 제29여단의 후시리어(Fusilier)보병대대, 울스터(Ulster)보병대대가 급파되어 중공군의 포위망을 외부에서 뚫으려고 하였다. 그러나 중공군의 인해전술 앞에 영국군

의 진격은 곧 저지되었다. 그날 밤 어둠을 이용하여 벨기에 대대
는 탈출에 성공하였으나 글로스터연대는 탈출에 실패하였다. 이튿
날인 4월 24일, 필리핀 보병 1개 대대가 M24 전차대의 지원을 받
으며 글로스터대대를 구출하려고 중공군의 포위선에 돌입하였으나
M24 전차대가 중공군의 포격으로 저지되는 바람에 이 구출작전
역시 실패로 끝났다. 뿐만 아니라, 중공군은 포위된 글로스터 연대
의 제1대대를 구출하고자 다가오는 유엔군의 다른 부대마저 포위
섬멸하려고 병력을 전진시키는 바람에, 구조 시도는 포기할 수밖
에 없었고 유엔군은 글로스터 연대의 제1대대를 중공군 수중에 남
겨놓은 채 다른 방도를 찾지 못하였다. 센추리온 전차의 엄호 아
래 후시리어보병대대와 울스터보병대대는 구조를 포기하고 퇴각하
였다. 퇴각 과정에서 센추리온 전차대는 전차포로 이 두 대대가
중공군에게 유린되지 않도록 방어하였다.

　중공군은 센추리온 전차대에 기어올라 수류탄을 전차 안에 집어
넣으려고 하였으나, 센추리온 전차들은 서로 우군 전차에 기어오
른 중공군을 기관총으로 사살함으로써 중공군의 육탄 공격을 격퇴
하였다. 이렇게 격전을 벌이면서 센추리온 전차의 엄호를 받은 영
국군 2개 대대는 모두 우군 후방에 도착하였다. 한편 중공군에게
포위된 글로스터 연대의 제1대대는, 773명의 장병이 대대장 카른
(James Power Carne) 중령의 지휘 아래 설마리와 적성 사이 방어
선에서 중공군의 대규모 전면 공격을 일곱 번이나 격퇴하며, 설마
리고지(235m)에서 탄약·식수·식량이 떨어질 때까지 영웅적으로 싸
웠다. 하지만 대다수의 병사가 전사하고 탄약이 떨어지자, 46명만
이 탈출에 성공하고 나머지 부상자와 일부 생존자들은 결국 항복
하여 중공군의 포로가 되었다. 이렇게 영국군 제29여단은 전력의
4분의 1을 잃었으나 4월 25일 오전까지 방어 지역을 지킴으로써,
4월 24일 정오까지 서울을 점령하려던 중공군의 계획을 수포로

돌아가게 만들었다. 이 전투에서 영국군 제29여단은 중공군 제63 병단에 전사자 11,000명의 큰 피해를 입혀, 서부 전선을 신속하게 돌파한 뒤 서울을 점령하려고 계획하였던 중공군의 작전을 더이상 진행할 수 없는 상황에 놓이게 만들었다. 당시 국군 제1사단에 배속된 미 제73전차대대의 C중대 M46 전차도 후퇴하는 영국군의 구조에 투입되어 40명의 영국군을 전차 위에 태우고 아군 지역으로 돌아왔다. 임진강 전투에서 만약 센추리온 전차대의 뛰어난 보병 지원이 없었더라면 영국군 보병 2개 대대가 중공군에게 완전히 유린되어 서부 전선은 큰 위협에 처할 뻔 하였다. 영국 글로스터 연대의 제1대대가 설마리에서 당한 희생은, 동두천 방면을 돌파하려는 중공군을 3일 동안 막아냄으로써 군단 주력의 안전한 철수와 차기 방어선 구축에 결정적으로 기여하였고, 동시에 서부 전선과 서울을 구하였다. 영국군은 설마리 고지를 '글로스터 고지'라고 부른다. 이 전투에서 소수의 대대 병력으로 3일 동안이나 계속된 사단 규모 중공군의 공세를 격퇴하여 서울을 지킨 대대장 카른 중령에게, 영국 정부는 군인이 받을 수 있는 최고의 명예인 빅토리아 십자훈장(Victoria Cross)을 수여하였다.

한편 서울을 향하여 내려오던 중공군이 미 제25사단을 향해 4월 24일 야간 공격을 시작하였다. 이때 미 제25사단에 배속된 제89전차대대의 5개 중대는 사단의 전면에서 밤새 중공군의 대병력과 일대 결전을 벌였다. 미군은 중공군보다 열세인 병력을 이 전차대대를 활용함으로써 극복하고 중공군에 큰 타격을 가하였다. 전차대대장 돌빈 중령의 지휘 아래 M4 전차들은 중대별로 적의 공격이 집중되고 있는 곳으로 이동하면서 76mm포탄을 밤새도록 적에게 날려 보냈다. 미 제25사단은 보병부대의 무전기가 중공군의 공격으로 파괴되어 보병부대 사이에 통신이 두절되었으나, 각 연대에 배속된 전차대의 고성능 무전기로 사단 전체의 통신은 계

속 가동하였으므로 중공군의 쉼 없는 공격에도 사단 전체가 통제
된 상태에서 방어전을 펼 수 있었다. 이 전투에서 제89전차대대는
공격해오는 적 보병에게 포사격만을 한 것이 아니다. 보병들의 선
두에서 돌진하여 적 공격의 중추신경을 부수고 적의 중화기를 파
괴함으로써 중공군의 미군 보병에 대한 파상공격을 사전에 분쇄하
였다. 이날 제89전차대대는 전차 2대를 잃었으나 중공군의 서울
공격을 저지하는 공을 세웠고, 이는 한국전쟁에서 전차대가 세운
큰 공적 가운데 하나이다. 그러나 중공군의 대공세에 밀린 밴플리
트 장군은 전차와 포병이 적의 접근을 저지하는 동안 전 전선에서
남쪽으로 20km에 걸쳐 후퇴하였다. 4월 25일까지 중공군은 '철의
삼각지대'를 이루는 금화 남쪽까지 내려왔고, 5월 2일이 되었을
때 춘천, 의정부, 문산을 다시 점령하였다.

(11) 가평 전투의 전차대

  중동부 전선에서는 중공군의 제5차 공세로 미 제9군단 왼쪽에
있던 장도영 준장 지휘의 국군 제6사단이 사창리에서 무너지면서,
중공군이 서울-춘천 축을 연결하는 가평을 위협하였다. 국군 제6
사단이 4월 23일 밤 9시부터 후퇴를 시작하자 중공군은 후미를
물고서 추격전을 벌였다. 이를 막고지 홍천에 있던 영연방군 제27
여단의 랄(RAR)대대와 미 제2사단 예하 제72전차대대의 A중대가
가평 북쪽 4Km에 있는 제령리로 이동하였다. M4 전차를 보유한
제72전차대대는 미 제10군단 예하 미 제2사단에 배속되었으나 1
개 중대(A중대)는 영연방군 제27여단에 파견되어 있었다. 이날 밤
11시부터 A중대의 전차들은 밀려오는 중공군을 향하여 76mm 전
차포 사격을 시작하였으나, 어둠 속에서 인해전술로 골짜기와 능

가평에 있는 호주군 참전 기념비

선을 내려온 중공군은 미군 전차 A중대를 포위하고 육탄 공격을 하였다.

중공군의 공격에 A중대 전차 소대장 4명 가운데 한 명이 전사하고 3명이 부상을 입었으나 중대장의 명령에 따라 진지를 사수하였다. 전차 위에 올라탄 중공군은 전차를 파괴하려고 수류탄과 폭약을 닥치는 대로 사용했지만, 미군 전차들은 0.5인치 기관총으로 서로 사격해 전차 위에 올라간 중공군을 사살하였다. 중공군의 공격은 밤새 계속되었으나 24일 새벽이 되어도 영연방군 보병과 미군 전차 16대가 치열한 교차사격을 계속하자, 중공군은 500구의 시체를 남기고 원래 있던 자리인 서쪽 고지로 후퇴하였다. 밤새 벌어진 야간 전투에서 포탄과 총알을 소진한 미 전차대도 보급을 받기 위해 아군 방어선 안으로 들어왔다. 미군 전차대는 이 전투에서 부상을 입은 호주군 16명을 구해 전차 위에 태우고 우군 진지에 들어와 보급을 받았다.

중공군이, 이 지역을 담당하던 미 제9군단 예하 영연방군 제27여단(영국군·호주군·캐나다군 각 1개 대대와 소규모 뉴질랜드군)을 공격

가평에 있는 뉴질랜드군 참전 기념비

하여 가평 지역이 위험에 처하자 그 당시 미 제8군의 예비대로 있던 미 제1기병사단의 3개 연대(제5·제7·제8기병연대)가 서울 동북 지역을 방어하기 위해 급파되었고, 이 가운데 제5기병연대가 4월 25일 가평 전투에 투입되었다. 미 제1기병사단에는 제70전차대대가 배속되었고 전차대대의 각 중대는 사단 예하 각 연대에 배속되었으므로, 제5기병연대에 배속된 A중대의 M26 전차와 M3 반궤도 장갑차에 탑승한 보병이 우선 방어선에 투입되었다. A중대의 전차대는 중공군이 공세를 위해 집결하는 것을 막으려고 가평 북쪽으로 전진하였으나 도로가 끝나는 지점에서 중공군 보병으로부터 바주카포 사격을 받고 전진을 멈추었다. 제70전차대대는 10일 동안 벌어진 중공군의 제5차 공세에서 전차 26대가 부서지는 피해를 당함으로써 한국전쟁에 투입된 미군 전차대대 가운데 가장 큰 피해를 입었다.

이 26대의 전차 가운데 1대만이 바주카포에 맞아서 부서졌고 나머지는 모두 대전차지뢰를 밟아 무한궤도가 부서졌다. 평시라면 무한궤도가 이탈한 것 정도는 쉽게 고칠 수 있지만 적탄이 날아오

가평에 있는 캐나다군 참전 기념비

고 촌각을 다투는 최전선에서 정비병들이 쉽게 전차를 수리할 수
도 없어, 3대만 간신히 수리하여 활용하고 나머지는 모두 버릴 수
밖에 없었다. 한국전쟁에서 공산군의 전차가 주로 미군 항공기의
공격으로 파괴된 것과 달리 미군 전차는 주로 공산군의 대전차지
뢰 때문에 파괴되었다. 항공기의 로켓탄 공격을 받으면 전차는 완
전히 전소되거나 차체와 포탑이 크게 부서지는데, 대전차지뢰는
주로 무한궤도만 파괴하는 정도이니 피해가 적다고 생각할 수도
있지만 기동성이 생명인 전차가 움직이지 못하게 되는 것은 마찬
가지다. 이런 면에서는 대전차지뢰가 더할 나위 없이 경제적이다.

　24일 오후 1시, 가평 근처 제령리 서남쪽 고지에서 캐나다 프린
세스 팻(Princess Pat)경보병대대가 중공군에 포위되자 이날 오후
미 제72전차대대의 전차 1개 중대가 급히 파견되어 중공군의 후
면을 공격하였다. 25일 아침에도 두 번에 걸쳐 미군 전차중대의
전차들이 전차포와 0.5인치 기관총으로 사격하였고, 이에 합세하여
포위된 캐나다군도 고지 위에서 중공군을 향하여 사격하였다. 집
중적인 M4 전차의 76mm 전차포 공격으로 중공군이 드디어 견디

지 못하고 포위망을 풀자 캐나다군은 포위망에서 벗어날 수 있었다. 중공군의 맹공을 받아 괴멸 직전에 놓였던 국군 제6사단과 영연방군 제27여단을 구출하고 이들 부대의 철수 작전을 도운 제72전차대대는 그 뒤 공세로 전환하여, 프랑스 대대와 함께 4월 30일부터 5월 17일까지 제브라 기동부대를 구성하여 미 제2사단의 선두에서 중공군과 싸웠다. 가평 전투에서 적 800명을 사살하고 영연방군 제27여단을 방어하는 데 크게 기여한 미군 전차대의 성공적인 전투는 보병에 대한 근접 화력지원과 국부적 역습 작전의 좋은 실례를 보여준 전투로 기록되어 있다.

국군 제6사단을 격파한 뒤 가평천 골짜기를 따라 내려오면서 유엔군 전선을 각개 격파하려던 중공군의 작전은, 이와 같이 강력한 미군 전차대의 지원을 받은 영국 제27여단의 완강한 저항으로 4월 25일 새벽에 실패로 끝났다.

아군은 중부 전선에서의 중공군의 돌파 작전을 가평에서 막아냄으로써 북한강 남쪽에 새로운 방어선을 구축할 수 있는 시간을 벌었다. 미 제72전차대대의 활약에 힘입어 장도영 장군이 지휘하는 국군 제6사단은 가평 동남쪽 용문산 일대에 주저항선을 만들고 제2연대를 경계부대로 용문산 전방의 홍천강과 청편강 남안으로 배치하여 방어에 임하던 가운데, 중공군 제63병단의 공격을 받자 경계부대인 제2연대를 철수시키지 않고 경계 지대 안에서 전면 방어 태세로 3일 동안을 버티면서 전면에 나타난 적을 섬멸하였다. 동시에 제6사단은 전과확대를 위해 가평 북쪽 20Km에 있는 지암리 일대에 집결한 적의 주력 부대를 포위 공격하는 한편 춘천 북쪽의 부용산을 점령하고 화천발전소를 공격하여 탈환하였다. 이렇게 미군 전차대의 활약과 잇따른 국군 제6사단의 분전으로 아군은 중공군의 제5차 공세를 저지하였던 것이다.

2개월에 걸친 준비 뒤에 30만 5천 명의 병력을 일시에 투입한

중공군의 제5차 공세에 대해
중공군 지도부는 승리를 확신
하고 있었다. 중공군은 공세를
시작하여 5일까지는 곧 서울을
점령할 것으로 보았으나, 가평
지역에서 미 전차대에게 공격
이 좌절된 뒤 4월 26일부터
아군의 조직적인 방어 작전과
항공 폭격·포격·기갑력으로 말

미 제72전차대대 참전 기념비

미암아 5월 2일까지 10만 명(이 가운데 서울 북방에서만 약 8만 명)
의 인명을 잃고 5만 명이 부상당하여 공세의 목표인 서울을 끝내
점령할 수 없었다. 아무리 인적 자원이 무궁무진한 중국이지만 겨
우 10일 만에 전투원 10만 명의 손실, 곧 하루에 약 1만 명의 손
실을 감당하는 것은 무리였다. 국군과 유엔군은 중공군의 제4·제5
차 공세를 잇달아 막아냄으로써 더 이상 중공군을 '무적의 군대'
또는 '신비스러운 군대'라고 여기지 않게 되었고, '이제는 중공군
에 결코 지지 않는다'는 자신감을 다시 한 번 확인하는 기회가 되
었다. 이름도 모르던 극동 조그만 나라의 자유와 민주주의를 지키
기 위해 가평군의 산악에서 산화한 제72전차대대 전차병들의 공적
을 기리고 그들의 넋을 위로하고자, 6·25가평전투기념사업회는
2006년 12월 4일 경기도 가평군 설악면 천안리 98번지에 제72전
차대대의 전적비를 세웠다.

(12) 화전리 전투

한편, 미 제24사단에 배속된 제6전차대대는 새로 보급된 M46

전차로 무장하고 있었다. 4개의 전차 중대를 갖고 있던 이 대대는 사단 예하 3개 연대(제5·제19·제21연대)에 1개 중대씩 배속되고, 나머지 1개 중대는 전차대대장이 직접 지휘하여 한강 북방을 지키던 미 제24사단이 후퇴할 때, 각 연대의 후미와 측면을 중공군으로부터 엄호하여 사단이 질서정연하게 후퇴 작전을 펴도록 지원하는 임무를 맡았다.

중공군은 유엔군이 전 전선에서 후퇴하는 것을 보면서 전과확대에 돌입하려고 하였으나 전차와 포병이 거의 없는 중공군은 후퇴하는 유엔군을 추격할 수가 없었다. 4월 말에 유엔군은 서울 북방까지 후퇴한 상태에서 더 이상의 후퇴를 멈추고 방어선을 재정비해 중공군과 북한군이 내려오기를 기다렸다. 그러나 공산군이 남진을 중지하자 밴플리트 장군은 즉시 정찰대를 보내 전선을 수색한 바, 중공군이 17km 북방에서 남진을 멈춘 것을 알고 미 제8군 예하 부대에 제한된 진격을 명령하였다. 미군이 북진하자 중공군은 격렬하고 완강하게 저항하였으므로, 미군은 진격을 멈추고 그 선에서 참호를 파고 중공군의 새로운 공격에 대비하였다.

서부 전선 문산 방면에서는 4월 22일 저녁부터 춘계 공세(제5차 공세)를 시작한 중공군이 임진강 지역의 국군 제1사단 예하 제12연대 지역으로 돌파해 와, 미 제73전차대대의 C중대는 제12연대에 배속되었다. 당시 M46 전차로 구성된 미 제73전차대대는 국군 제1사단에 배속되어 있었다. 4월 23일, 제73전차대대 C중대의 지원을 받은 국군 제12연대가 식현리와 그 주위에 산개한 적을 후방에서 역습하자 적은 순식간에 교란되어 무질서하게 후퇴하기 시작하였다. 이에 전차대는 도주하는 적을 추격하며 90mm 포탄을 퍼부어 적병 500명을 사살하였다. 그러나 '식현리 전투'에서 승리했음에도 대규모 중공군의 압력을 받아 국군 제1사단은 4월 26일 서울 서북 20km인 수색까지 후퇴하였다. 이때도 미군 전차대는 국군 제1사단의 후미에서 철수를 엄호함으로써 국군 제1사단은 수색, 화전 지역에 미리 구축한 예비 진지로 조직적인 철수를 할 수 있었다.

이 방어선에 도착한 국군 제1사단은 왼쪽에 제11연대(미 제73전차대대 B중대가 배속)를 그리고 오른쪽에는 제12연대를 배치하고 제15연대는 예비로 두었다. 국군 2개 연대의 주저항선 앞에는 미 제73전차대대의 2개 중대 M46 전차들이 배치되어 있었다. 4월 29일 새벽 2시, 북한군 제1군단 예하 제8사단은 5회에 걸쳐 국군 진지를 야간에 기습하였으나 아군은 이를 모두 격퇴하고 적에게 큰 피해를 입혔다. 그러나 도로 양편의 고지들은 북한군이 점령하고 있었으므로 이를 탈환하고자 국군 제12연대의 예비대대와 미 제73전차대대 C중대 전차들이 투입되었다. 4월 29일 오전 8시, 화전리를 출발한 미 전차대는 일산으로 향하는 도로를 따라 종대로 전진하고 국군 보병 대대는 오른편 구릉지대를 따라 공격하였다. 이날 해지기 전까지 아군은 목표한 고지들을 모두 탈환하였으며, 전투에서 북한군 1,250명을 사살하고 수많은 장비를 노획함으로써 서울을 다시 적에게 빼앗길 위기에서 벗어나도록 하는 데 일조하였다. 이것이 '화전리 전투'이다.

이렇게 국군 제1사단의 철수를 지원하면서 국군 보병부대와 효과적인 협동작전을 편 미 제73전차부대의 활약에 힘입어, 국군 제1사단은 중공군의 제5차 공세를 분쇄하고 4월 말에 임진강을 건너 다시 북진하였다. 국군 제1사단이 임진강을 건너는 동안 제73전차대대의 M46 전차들은 강의 남쪽 둑에서 강 건너편 북쪽 대안을 따라 참호를 파고 방어하고 있는 중공군을 향하여 90mm 전차포와 0.5인치 기관총 사격을 계속함으로써, 중공군은 임진강을 건너는 국군 제1사단(제11·제12·제15연대)을 방해할 수 없었다. 한국전쟁을 통해 전차부대가 없는 국군 사단들은 전쟁 초기에는 북한군에게, 그리고 그 뒤에는 중공군에게 사단이 와해되는 일이 여러 번 일어났다. 그러나 국군 제1사단은 한 번도 와해되지 않고 한국 전쟁 3년 동안 정말 잘 싸워주었다. 이것은 능력 있는 사단장을 비롯한 지휘관들과 조국의 위태로움을 몸으로 막아내겠다는 결의에 찬 병사들이 있었기에 가능하기도 했지만, 한시적이나마 다른 국군 사단이 받지 못했던 전차부대의 지원을 받은 것도 국군 제1사단이 한국전쟁 당시 국군 최고의 사단이라는 명예를 얻는 데 한 몫을 해주었다.

4월 22일부터 5월 2일까지 계속된 중공군의 제5차 공세 때 유엔군의 기갑부대는 앞서 나온 것과 같이 방어부대에 대한 화력지원, 철수 때 후미 엄호, 소규모 역습, 포위된 부대의 구출 작전 등 각종 임무를 수행하였다. 중공군은 미군의 우월한 야포 사격과 항공 폭격, 그리고 국군과 미군의 방어선 앞을 가로막고서 중공군의 공격 방향이 변할 때마다 수시로 이동하며 포사격을 하는 미군 전차대로 말미암아 막심한 인명 손실을 입었다.

(13) 현리 전투

중공군의 제5차 공세가 끝나자 밴플리트 장군의 제한된 진격 명령에 따라 5월 2일, 미 제64전차대대는 사단 주력부대의 공격에 앞서 의정부 시내와 주변을 포함한 서울-의정부 축을 정찰하는 임무를 맡았다. 제64전차대대는 미 제3사단에 배속된 부대로서 M46 전차를 보유하였다. 이 정찰 임무에서 제64전차대대는 도로 위에 공산군이 설치한 장애물을 피해 하천을 통과하다가 3대의 전차가 하천 바닥에 빠지는 엉뚱한 일이 벌어졌다. 5월 3일 구조대가 현장에 도착하여 전차를 끌어내려 하자 이때를 기다리던 공산

인제에서 내린천을 따라 현리에 이르는 길

군이 사격을 가해왔으나, 미군 구조대는 전차 3대를 모두 하천에
서 건져 올려 다시 전열에 투입하였다.

6월 3일에는 제64전차대대가 차일리에 접근하다 매복한 공산군
전차 파괴팀의 대전차포 공격을 받아 순식간에 4대가 부서졌다.
미군 전차대도 응사하여 공산군의 소련제 57mm 대전차포 2문을
파괴하였다. 1943년에 제조된 소련제 57mm 대전차포탄 한 발은
M46 전차의 두꺼운 포탑 장갑을 뚫고 들어가 포탑 속에서 폭발하
였고, 또 한 발은 다른 전차의 후미 장갑을 관통하여 엔진 속에서
폭발하였다. 57mm 대전차포는 제2차 세계대전 당시의 철갑이 얇
은 전차나 파괴할 수 있지 두꺼운 장갑을 가진 M26이나 M46 전
차는 파괴할 수 없다고 생각했던 미군 전차병들을 놀라게 했다.

북한군 남침 당시 우리 국군도 미제 57mm 대전차포를 보유하
고 있었다. 그러나 훈련이 제대로 되지 않았으므로 T34 전차에 타
격을 줄 수 없었다. 1950년 7월 13일부터 3일 동안 강원도 인제
남방 철정(哲亭)고갯길에서 벌어진 전투에서, 국군 제6사단 제2연

대장인 함병선 대령 휘하의 이훈(李勳) 소령이 지휘하는 대전차부
대는 57mm 대전차포로 전과를 올렸다. 이 소령은 2문의 57mm포
를 커브길에 숨기고 있다가, T34 전차를 앞세우고 30여 대의 트럭
에 나누어 탄 채 국군을 추격하던 적 부대를 공격하였다. 이때
57mm포는 10m 거리에서 선두 전차의 엔진 부위를 맞추어 파괴
하고 그 뒤를 따르는 차량은 일제히 화염병으로 공격하여 북한군
소좌(소령)를 생포하였다. 무기도 중요하지만 적이나 아군이나 이
를 사용하는 병사의 훈련과 전의(戰意), 사기가 얼마나 중요한 가
를 보여주는 장면이다.

5월 초, 제6전차대대의 M46 전차 1개 중대와 제72전차대대의
M4 전차 1개 중대, 그리고 제187공수연대로 구성된 스포일러
(Spoiler) 기동부대는 50km를 북진하여 가평에 돌입하였다. 폭우를
뚫고 제6전차대대의 M46 전차를 선두로 진격한 스포일러기동부대
는 북한강과 남한강이 만나는 지점에서 북쪽으로 전진하였다. 그
러나 심하게 내리는 비는 항공기 지원과 통신 소통을 막았고, 공
산군의 저항도 거세어 기동부대는 작전을 중지하고 유엔군 방어선
으로 다시 귀환하였다.

1951년 5월 15일 밤, 중공군은 30개 사단을 동원하여 유엔군
전선에 새로운 공세를 시작하였다. 이것이 중공군의 제6차 공세(제
2차 춘계 공세)이다. 중공군 5개 군단과 북한군 2개 군단 예하 합계
18개 사단(중공군 13만 7천 명, 북한군 3만 8천 명)이 동부 전선 공격
에 투입되었다. 제1차 춘계 공세(제5차 공세)를 통해 중공군은 유엔
군의 서부 전선(미 제1·제9군단)을 공격하다가 유엔군의 우월한 화
력에 겨우 10일 만에 10만 명의 병력을 잃어버리는 고전을 치른
뒤, 이번에는 동부 전선의 미 제10군단과 국군 방어 지역을 집중
공격한 것이다.

그 당시 공산군(중공군, 북한군)이 운용 가능한 병력은 38개 사단

이었다. 이 가운데 18개 사단은 국군이 맡은 동부 전선을 공격하고 나머지 사단 가운데 12개 사단은 서부 전선에 기만 및 견제 공격을, 다른 나머지 8개 사단은 중부 전선에서 여주 방향으로 종심 깊게 돌파하여 아군의 서부 전선과 동부 전선을 분리함으로써, 주력 18개 사단이 공격하는 동부 전선으로 유엔군 지원부대가 이동하는 것을 차단하고자 하였다.

이렇게 중공군의 대부대가 동부 전선을 돌파하여 내려오자, 유엔군의 방어선은 여러 곳이 돌출부를 형성하게 되는 위기를 맞았다. 이때 중공군이 중동부 지역에서 공격 목표로 삼은 국군은 모두 6개 사단(신남 제5·제7사단, 현리 제3·제9사단, 동해안 제11사단·수도사단)이었다. 중공군은 한국군 주력인 이들 6개 사단이 홍천 북쪽에서 속초에 이르는 지역에 몰려 있는 것을 알고 이들을 섬멸하려고 하였다. 따라서 적은 국군의 중심이 되는 관대리(冠垈里)-하진부리(下珍富里)를 돌파한 뒤 하진부리에서 방향을 강릉으로 틀어, 이 속에 든 국군 병력 모두를 포위하려는 계획이었다. 당시 국군 총 10개 사단 가운데 이 6개 사단을 일거에 전멸시킨 뒤 중서부 전선에 고립된 유엔군을 포위하여 전쟁을 종결하겠다는 것이 중공군의 작전 목표였던 것이다.

이 작전에서 중공군은 3중으로 국군 부대를 포위하는 전법을 사용하였다. 중공군은 5월 16일 오후에 소양강 남쪽을 방어하는 국군 제7사단을 공격하는 것으로 작전을 시작하였다. 중공군은 압도적인 병력의 우세를 이용하여 쉽게 국군 제7사단을 격파하고, 선두 중대는 밤새 산길을 걸어 5월 17일 오전 7시 30분에는 현리 분지를 내려다보는 오마치(오미재)고개를 점령하였다. 중공군은 30km의 험준한 산악을 시간당 2.5km의 행군 속도로 12시간 만에 주파하는 놀라운 능력을 보였다. 이것은 엄정한 야전 군기와 강한 훈련으로써만 가능한 일이다. 오마치고개 일대를 점령한 중공군은

오미재고개에서 바라본 현리분지

초기에는 1개 중대(100여 명)였으나 시간이 지나면서 후속 부대가 속속 도착해 오후에는 연대 규모로 증가되고, 밤에는 제60사단 병력 모두가 도착하여 배치되었다. 이어서 같은 시각 오마치 후방 5km에 있는 침교 지역도 중공군 제81사단이 점령함으로써 현리분지에 있던 국군 제3군단 2개 사단(제3·제9사단)은 중공군에게 포위되었다. 완벽한 3중 포위를 위해 중공군 제12군이 홍천 북방 16km에 있는 800m고지에서 미 제2사단 제38연대를 공격하였으나, 5월 17일 밤부터 5월 19일 밤까지 계속된 전투에서 미 제38연대 예하 제3대대는 대대장 헤인스 중령의 뛰어난 지휘와 한국 노무대대(700명)의 헌신적인 노력으로 중공군을 막아냄으로써, 중공군은 3중 포위망을 만들지 못하고 2중 포위망만 구축하였다. 이 전투가 벙커힐(Bunker Hill)고지 전투이다.

한편, 제9사단을 통해 오마치고개가 중공군에 점령당했다는 소식을 들은 국군 제3사단장 김종오 준장은 퇴로 차단을 우려하여 전방 연대의 철수를 명령하였다. 이때 오마치고개를 점령한 중공

오미재고개의 현리지구 전적비

군은 초기에는 소규모였으므로, 5월 17일 오전에 국군 제3사단과 제9사단이 오마치고개를 공격하였으면 돌파가 가능할 수도 있었으나, 오후에는 이미 중공군이 연대 규모로 늘어나 그 이후에 돌파하는 것은 무리한 상황이 되어버렸다. 5월 17일 밤에 제3군단은 예하 2개 사단에서 각각 1개 연대씩을 차출하여 오마치고개 돌파를 시도했지만 실패하였다. 이때부터 제3군단 예하 부대들은 무너지기 시작하여 장교들도 계급장을 떼어내고 사병 차림으로 도망감으로써 부대는 통제력이 완전히 무너진 오합지졸의 무리가 되어버렸다. 지휘관이 당황한 나머지 상황 판단을 제대로 못해 옹졸한 결정을 하게 되면 대규모의 부대라도 쉽게 무너진다는 것을 현리 전투는 극명하게 보여주었다.

　제3사단장 김종오 준장과 제9사단장 최석(崔錫) 준장, 군단 참모장 심언봉(沈彦俸) 준장도 이미 부대 통솔력을 잃고 무리를 지어 산을 넘어 철수하는 병력 가운데 포함되어 있었다. 5월 20일까지 하진부리에서 수습된 병력은 제3사단이 34퍼센트, 제9사단이 40퍼센트 정도였고 5월 27일에는 그나마 70퍼센트의 병력이 수습되었다. 만약 북한군이 중공군에 합세하여 완벽한 포위망이 만들어졌더라면 국군 제3군단은 완전히 섬멸 당했을 것이다. 그러나 북한군 3개 군단(제2·제3·제5군단)의 진출이 늦어지는 바람에 국군 제3군단은 가까스로 전멸을 면하였다.

병력은 그런대로 수습하였지만 중장비와 탄약·식량·유류 등의 보급품은 모두 현리 분지에 버려두었으므로, 미군은 이것들이 중공군 손에 들어가는 것을 막기 위해 며칠에 걸쳐 현리 지역을 항공기로 폭격하여 모두 파괴하였다. 또한 군단장 유재흥 소장 휘하의 국군 제3군단은 현리 전투의 패배로 말미암아 5월 26일 군단이 해체되기에 이르렀다. 국군 역사상 가장 불명예스러운 현리 전투는, 지휘관들이 조금만 침착하게 상황을 판단하여 대처하였다면 보급이 부족한 중공군(중공군은 당시 보급 부족으로 공세 능력이 길어야 1주일이었다)의 공격을 충분히 견뎌낼 수 있는 상황이었다.

제6차 공세에 나선 중공군은 현리의 국군 제3군단 지역만이 아니라 미군 방어 지역에도 밀어닥쳤다. 당시 미 제10군단은 홍천과 현리 사이 70km에 걸쳐, 중동부 전선의 산악 지형에 주저항선을 구축하고 그 왼쪽에 미 제2사단을 배치하였다. 미 제2사단은 미 제72전차대대를 기간으로 한 제브라 임무부대를 운용하고 있었다. 당시 벤플리트 장군은 한강 북쪽에서 청평을 거쳐 홍천 북방과 동해안 대포리에 이르는 새로운 방어선에 '무명 전선(No Name Line)'이라는 이름을 붙였다. 천연 장애물인 소양강을 따라 수많은 고지가 연결된 무명 전선의 능선에서 아군은 적군과 격렬한 전투를 벌였다. 그러나 공산군은 5월 16일 밤 미 제2사단 동쪽 측방에 있는 아군 방어선에 파도처럼 밀어닥쳐 아군은 후퇴를 시작하였다. 이렇게 무명 전선은 무너지고 원주 방면이 위험에 처하게 되었다. 5월 17일 아침까지 적은 미 제2사단 예하 제38연대의 제1대

대와 제2대대 진지를 공격하여, 사단 오른쪽에 배치된 제브라 임
무부대를 뚫고 들어왔다. 제브라 임무부대의 전차들은 포탄과 기
관총탄이 거의 소진되고 총열이 마비될 정도로 밀려드는 적에게
계속 사격을 가하여, 드디어 적은 공격을 포기하고 후퇴하였다. 제
72전차대대를 중심으로 편성된 제브라 임무부대는 보병 근접 지원
을 성공적으로 수행함으로써, 여러 군단으로 구성된 중공군과 북
한군의 대규모 공격을 저지하는 데 기여하였다. 중공군이 1950년
말의 제1, 제2차 대공세에서 보여준 기습 전술에 정신이 없을 정
도로 당했던 유엔군은, 이때쯤 중공군의 전술을 파악하고 그 뒤
계속된 중공군의 대공세에 침착하게 대응할 수 있었으므로, 중공
군은 대규모 병력을 투입하였으나 유엔군에 결정적 타격을 가하지
못하고 오히려 자신들이 큰 타격을 받는 양상으로 전선 상황은 변
하고 있었다.

　유엔군의 모든 부대가 전선에서 손을 맞잡은 상태로 일사분란하
게 움직이고 있었으므로, 중공군은 그동안 사용하던 측면 돌파에
따른 포위 전법을 사용할 수 없었다. 반대로 유엔군은 중공군의
약점인 취약한 보급과 기동 능력을 역이용하여 전선을 전진시키며
역습으로 나갈 수 있었다. 미군은 기동성이 보장되는 전차부대를
중공군의 공격이 집중되는 곳마다 융통성 있게 이동 투입해 항상
지상 화력이 적을 압도하였으므로, 중공군은 미군의 전차대와 포
병, 그리고 여기에 가세한 항공 폭격을 견딜 수 없었다.

　오늘날 춘천을 벗어나 양구로 가는 길에, 강원도 임업시험장을
지나 왼쪽에 있는 고개로 올라가보면 오음리 마을이 언덕 아래에
보인다. 이 지역은 1960년대 베트남으로 파병된 국군이 훈련을 받
던 곳이다. 언덕에서 보면 오음리 뒤편으로 무수한 작은 봉우리를
가진 능선이 눈에 들어온다. 조금 더 도로를 따라 북상하면 소양
호의 물길이 보였다가 사라지기를 되풀이 하는데, 그 주위에도 역

시 수많은 산봉우리가 겹겹이 쌓인 능선을 따라 연결되어 있다. 그러므로 벤플리트 장군은 이렇게 많은 봉우리를 동서로 연결하는 선에 붙일 적당한 이름이 떠오르지 않아 무명 전선이라 불렀으리라 짐작한다.

5월 16일, 춘천과 홍천 사이에 있는 전략 요충지인 모래고개를 중공군에게 빼앗기지 않기 위해 미 전차대가 급파되었다. 5월 17일 새벽 2시 45분, 모래고개 근처에서 도로에 장애물을 설치한 중공군 1개 대대와 미 전차대 사이에 전투가 벌어졌는데, 미 전차대의 첫 사격에 대대장이 전사하였음에도 중공군은 결사적으로 미 전차대를 육탄 공격하였다. 또한 중공군은 미군 복장을 하고 전차 앞에 나타나 미군을 혼란스럽게 만들며 파상공격을 하였으나, 포병의 지원을 받은 미 전차대는 중공군의 공격을 끝내 격퇴하였다. 일부 중공군 병사는 미 전차에 다가와 수류탄을 던져 전차 한 대의 엔진을 파괴하였다. 날이 밝아 미군 전투기가 나타나 중공군을 폭격하자 중공군은 600여 명의 시체와 82명의 포로를 남기고 물러갔다. 이 전투에서 미군은 76.2mm(3인치) 소련제 야포 여러 문을 노획하였다[이 소련제 야포는 사거리 13.3km에 포탄은 6.4kg을 사용한다. 이 포는 대전차용으로 사용할 때 4kg의 철갑탄으로 영거리사격(零距離射擊)하여 12cm 두께의 철판을 관통할 수 있다].

(14) 첨병 기갑부대의 활약

한편, 현리에서 국군 제3군단을 포위하여 격파한 중공군은 고질적인 보급 문제로 말미암아 5월 19일을 기해 공격 기세가 눈에 띄게 둔화되었다. 그 시점에 미 제3사단은 속사리 북방 10km 지점에 있는 윤두령고개를 공격하여, 중공군의 강력한 저항을 제압

윤두령에서 바라본 속사리 방향

하고 5월 22일 저녁에 윤두령 정상을 점령하였다. 바로 며칠 전에 오마치고개를 점령당해 국군 제3군단이 포위되어 전멸했지만, 이번에는 상황이 바뀌어 윤두령을 넘어 속사리로 진출한 중공군 2개 군단이 미군에 포위당하여 괴멸하였다. 윤두령 전투는 풍전등화에 놓였던 동부 전선의 국군 부대를 구하였고 아군이 적의 공세를 꺾고 반격으로 전환하는 계기가 되었다. 이렇게 중동부 전선에서 벌어진 중공군 제6차 공세에서, 밴플리트 장군은 아군 부대를 후퇴시키지 않고 오히려 전차부대와 포병을 활용하여 적에게 돌파된 부분을 메우고 보강함으로써 적의 공세를 실패로 끝나게 만들었다. 적의 예봉을 꺾은 밴플리트 장군은 전군에 즉시 반격 명령을 내렸다. 이것이 5월 22일부터 일제히 반격에 나선 유엔군의 제2차 공세이다. 이에 미 제10군단 예하 해병 제1사단은 양구로 진격하고 미 제2사단은 소양강을 건너 교두보를 확보한 뒤 전 전선에서 전차를 앞세우고 북진을 시작하였다.

한편 서부 전선에서도 북진을 시작, 미 제64전차대대는 의정부 시내에 돌입하여 다시 의정부 지역을 탈환하였다. 5월 20일, 미 제25사단에 배속된 돌빈 기동부대는 전차대의 M4 전차들을 앞세우고 의정부 북방에서 다시 38선을 돌파하는 선봉부대 구실을 하였다. 서울에서 의정부를 거쳐 38도선을 넘어 진격하는 과정에서 돌빈 중령의 제89전차대대는 M4 전차 2대만을 잃었다(대전차지뢰와 소련제 57mm 대전차포에 각각 한 대씩 잃음). 이때의 공격으로 유엔군은 중공군을 38도 이북으로 완전히 밀어붙여 킬러 작전과 리퍼 작전 때 얻었다가 도로 빼앗겼던 지역을 모두 회복하였다.

반격을 개시한 유엔군의 전술은 적의 빈약한 보급 능력이 한계에 다다르는 지점까지 유인하여 공세의 여력을 상실하게 되는 시기를 포착, 일제히 강력한 반격을 함으로써 단숨에 격멸하는 것이었다. 통신 능력이 빈약하여 급변하는 상황에 순발력 있게 대처하지 못하는 중공군에게 이 방법은 아주 효과적이었고, 특히 기동력과 화력을 구비한 아군 기갑부대가 다양한 쓰임새로 운용되었다. 당시 미 제10군단장 알몬드 소장은 전차대를 선봉으로 한 전면 반격의 일환으로 게르하르트(Gerhardt) 임무부대를 편성하였다. 이 부대는 미 제72전차대대의 2개 중대와 미 제187공수연대 예하 1개 대대를 주축으로 구성하였다. 5월 24일 오후 1시, 임무부대의 부대대장인 뉴먼(Newman) 소령이 지휘하는 1개 M4 전차 소대(4대)로 구성된 첨병부대는 한계 북방을 출발하여 도로와 인근 산악지대에 산개한 중공군을 공격하면서 전진하였다. 선두부대가 출발지에서 3km 북방에 도달하여 도로에 매설되었을지도 모르는 대전차지뢰 때문에 공병들이 지뢰를 탐지하는 동안 전차가 전진을 멈추고 대기하고 있자, 헬리콥터에서 이를 내려다본 알몬드 소장은 현장에 내려 뉴먼 소령에게 즉시 고속으로 전진하라고 호통을 쳤다. 강력하지만 시기에 늦은 반격보다는 약한 병력이지만 시기에 알맞은 반격이 훨씬 효과적이라는 것을 알몬드 소장은 알고 있었던 것이다.

이에 뉴먼 전차대는 전차 2대-지프차 1대-전차 2대-지프차 1대-트럭 2대-지프차 1대의 종대 행군대형으로 좁은 도로를 따라 고속 진격을 시작하였다. 그 뒤를 따라 본대도 전진하여 오후 5시 목표인 관대리(冠岱里)를 점령할 때까지, 뉴먼 전차대가 전진해오는 것을 모르고 도로를 따라서 이동하던 적 보병을 여러 차례 공격하여 수백 명을 포로로 잡았다. 특히 오후 4시 무렵, 청구리(靑丘里)의 적 후면에 도달하였을 때에는 중공군 4천 명이 도로를 따라 남하하고 있는 것을 발견하고 공군 지원을 요청하였다. 이에 미 공군 제트기 2개 편대가 상공에 나타나자, 선두의 적을 400m앞에 두고 아군 전차 4대가 일제 사격을 시작하였고 전투기 편대도 저공으로 날아와 네이팜탄을 투하하였다. 갑작스럽게 전차포 사격과 공중 폭격을 받은 중공군은 혼란에 빠져 붕괴되었다.

이렇게 3시간 만에 적진 20km 이상을 돌파한 전차대의 신속한 공격으로 미군은 소양강 도하 지점을 확보하고, 뉴먼 전차대의 뒤를 따라온 임무부대의 주력은 이날 저녁 6시 30분에 중공군을 추격하여 소양강을 건널 수 있었다. 윤두령에서 중공군 2개 군단이 미군의 포위에 걸려 괴멸하자, 중공군 1개 군단은 급히 후퇴하여 뉴먼 전차대가 소양강 도하 지점에 도착하기 바로 전에 소양강을 건너 탈출하였던 것이다. 뉴먼 소령은 소수의 전차를 운용하면서도, 전차의 뛰어난 기동력과 충격효과를 최대한 살려 기갑부대의 위력과 진가를 아군과 적 모두에게 유감없이 보여주었다.

유엔군의 제2차 공세의 일환으로 미 제10군단 지역에서 게르하르트 임무부대가 돌파구를 마련한 것처럼 미 제9군단에서도 하젤(Hazel) 임무부대를 운용하였다. 당시 반격을 하려던 미 제9군단이 가장 먼저 점령해야 할 중요한 지점은 춘천이었다. 하젤 임무부대는 미 제7사단 수색 중대와 미 제32연대 전차 중대의 1개 소대(전

차 5대 보유)로 편성되었다. 당시 미군 보병 사단의 수색 중대는 5
대의 전차를 보유하고 있었으므로 하젤 임무부대는 10대의 전차와
1대의 전차도저를 갖고 있었다. 적의 퇴로를 차단하는 임무를 받
은 부대는 5월 24일 오전 7시 부사원리를 출발하여 도로에 적이
만들어놓은 여러 개의 대전차호(폭1.5m, 깊이 0.6m)를 만났으나, 이
를 별 어려움 없이 통과하며 전진하였다. 적의 산발적인 저항을
제압하며 이날 오후 5시 15분, 하젤 임무부대는 춘천시 외곽에 도
착하였다.

   제6차 공세가 실패하여 춘천 시내에 머물러있던 중공군은 미군
전차대가 나타나자 당황하여 흩어져 도주하기 시작하였고, 전차대
는 이를 추격하며 전차포로 사격을 하다가 다시 춘천으로 돌아왔
다. 그러나 11대의 전차만 춘천에 도착하였으므로, 만약 전차대가
춘천에서 밤을 보낼 경우 공산군 특공대의 공격에 피해를 받을 것
을 염려하여 미 제7사단장은 모래고개를 넘어 홍천 방향으로 전차
대를 철수시켰다. 그 다음 날인 5월 25일 오전, 하젤 전차대는 다
른 3개 전차 소대의 지원과 미 제17연대의 보병을 태운 차량과
함께 다시 돌입하여 춘천을 점령하였다. 그러나 이미 중공군은 시
내에서 소양강 이북 방면으로 모두 탈출한 뒤였다. 만약 하젤 전
차대가 강력한 보병부대와 함께 전날 춘천을 공격하였더라면 춘천
에 있던 중공군을 섬멸할 수 있었을 것이다.

   화천호 지역으로 전차부대를 앞세운 유엔군 부대가 돌입하자 이
지역에 있던 공산군 6만 명은 주위를 둘러싼 산을 타고 탈출하는
바람에, 유엔군은 이를 포위 섬멸하지 못했다. 이렇게 5월 25일까
지 유엔군은 중공군의 춘계 대공세(중공군 제6차 공세)의 시발점이
며 보급 기지인 철의 삼각지대를 포함한 38도선 주위를 점령하였
다. 철의 삼각지대를 잃은 중공군은 그 지역에서 북방 20km에 있
는 금성으로 보급 기지를 이동하였다. 그러나 이것으로 만족하지

않고 밴플리트 장군은 휘하 부대에 계속 북진을 명령하였다. 따라서 미 제10군단장 알몬드 소장은 관대리로부터 동해안 간성까지 전차대를 주축으로 한 임무부대를 투입하여 적의 퇴로를 차단하고, 국군 제1군단과 미 제10군단이 그 선까지 북상한다는 작전을 구상하였다. 이를 위해 미 제72전차대대의 1개 중대와 제64전차대대의 1개 중대, 그리고 미 제187공수연대 병력이 베이커(Baker) 임무부대로 편성되었다. 그러나 갑자기 워싱턴의 미국 합동참모본부로부터 북진을 중지하라는 명령이 미 제8군 사령관 밴플리트 대장에게 하달되었으므로 이 작전도 중지되었다.

중공군은 중동부 전선의 국군 6개 사단을 모조리 전멸시킨 뒤 측면이 드러난 서부 전선의 유엔군을 포위함으로써 전쟁을 종결시키려는 야심을 가지고 제6차 공세를 시작하여, 초기에는 국군 제3군단을 와해시키고 70km나 남진하였으나 곧 미군에 포위되어 한국전에 참전한 이후 가장 큰 피해를 입고 처참한 패배를 맛보았다. 이와 달리 유엔군은 월등한 항공 지원, 포병 화력과 기갑력을 활용하여 위기일발의 순간을 넘기고 즉시 반격으로 전환하였다. 3월 말에 확보하였던 캔사스 선을 재탈환해 그곳을 확고부동하게 지킨다는 뜻으로 '파일 드라이브(Pile Drive)'라 이름 붙인 작전을 6월 초부터 잇달아 시작하였으며, 6월 15일에는 캔사스 선의 북쪽에 전초선으로 설정하였던 와이오밍 선(연천－철원－금화－화천 북방)까지 확보하였다(펀치볼만 제외하고).

당시 중공군은 큰 타격을 입어 보급 부족과 훈련된 병력의 손실에 큰 부담을 느꼈고, 북한군은 계속되는 유엔군 항공기의 공습으로 한계 상황에 처해 있었다. 이것이 6·25 남침 1년 뒤인 1951년 6월 25일 적과 우군의 상황이었다. 그러므로 이때, 아군이 패주하는 중공군과 북한군을 추격하여 계속 북진하였으면 다시 압록강까지 도달할 수 있는 분위기였으나, 소련의 개입으로 전쟁이 확대되

는 것을 바라지 않는 미국은 한국 국민과 정부의 간절한 북진 의
지를 고려하지 않았다. 미국은 38도선을 다시 확보하여 체면을 세
운 선에서 더 이상 북진을 하지 않고 전쟁을 명예롭게 종결하려고
한 것이다. 따라서 유엔군 사령관 릿지웨이 대장은 미 제8군 사령
관인 밴플리트 중장에게 캔사스 선과 와이오밍 선을 넘어가는 모
든 작전은 유엔군 사령관의 승인을 받도록 하였다. 따라서 1951년
후반기에 들어서면서 전선은 교착되기 시작하였다.

12. 교착되는 전선

(1) 캔사스선 이후 — 양구, 화천 전투

1951년 2월 중공군의 제4차 대공세가 지평리에서 막혀 실패하자, 중공군은 패배를 만회하고자 2개월에 걸쳐 전투력을 정비하여 4월 초에 문산과 화천 사이 110km에 이르는 전선에 중공군 36개 사단과 북한군 1개 군단을 투입하는 대공세를 펼쳤다. 중공군 제58군 예하 제59사단과 제118사단은 4월 10일부터 국군 제6사단이 방어하고 있는 사창리 지역을 공격하였다. 이 전투에서 장도영 장군이 지휘하는 제6사단은 중공군에 패하여 무질서하게 철수하였다. 그러나 전투에 패한 제6사단은 모든 장병이 삭발하고 심기일전하여, 주저항선인 용문산 일대로 후퇴해 사단을 재편성하고 정비한 뒤 5월에 홍천강과 용문산 계곡에서 벌어진 전투에서 사단 정면의 중공군을 섬멸하였다(앞서 나온 가평전투의 전차대 참조). 5월 20일까지 계속된 전투에서 미군의 화력지원에 힘입은 육군 제6사단과 해병 제1연대가 국군 제2사단, 미 제2·제7사단과 어깨를 나란히 하고 중공군을 몰아치자, 중공군은 유엔 공군기의 폭격을 받으며 무질서하게 철수하다가 3만여 명이 화천호 부근에서 몰살하였다. 이 승전보를 전해들은 이승만 대통령은 국군의 대승리에 감격하고 기뻐서 직접 전장을 시찰하고 장병들을 격려한 뒤, '파로

왼쪽부터 파로호 자유수호탑과 이승만 대통령의 친필 휘호가 새겨진 기념비, 사창리지구 전적비

호(破虜湖)'라는 휘호를 써서 화천호의 이름을 바꾸었다. 이는, '오 랑캐를 쳐부순 호수'라는 뜻이다. 오늘날 파로호에 세워진 파로호 자유수호탑에는 다음과 같은 글이 적혀 있다(이승만 대통령의 친필 휘호는 육군 제6사단장 이창정(李昌禎) 준장이 1955년 10월에 화천군 강 동면 구만리 산26 – 1번지에 세웠던 것을 그 뒤 가평군 설악면 천안리 98 번지로 옮겨 놓았다).

"길손이여 자유민에게 전해다오. 우리는 겨레의 명령에 복종하여 이곳에 누웠노라"

이 전투에서 국군은 화천호를 점령함으로써 전선을 38선 이북에 고정시키고 당시에 부족하던 전력(電力)을 확보하였다.

캔사스 선이 설정된 뒤 유엔군은 방어하기에 좋은 위치를 선점 하기 위하여 제한된 부대만으로 소규모의 공격을 하고, 나머지 부 대는 공산군의 공격에 대비해 방어선을 견고하게 구축하는 임무에 투입되었다. 1951년 5월 말 국군과 유엔군은 강원도 춘천 북쪽의 양구와 화천호를 공격하였다. 중공군은 고지에 은밀하게 숨어서,

오늘날의 사창리 전경

공격해오는 전차대에 82mm 박격포 사격으로 응전하였으나 이 박
격포탄들은 미 전차에 명중하고서도 손해를 입히지 못했다. 그러
나 중공군의 120mm 박격포탄은 전차의 뒷부분 엔진을 덮고 있는
격자판(格子板) 부위에 떨어지며 화염을 일으켜 전차 운행을 중지
시킬 정도로 타격을 주었다. 5월 31일 저녁에 미 해병 제1사단의
선두 부대가 양구읍을 점령하였다.

양구 이북은 전차 작전에 알맞지 않은 산악 지형으로서 U자 골
짜기가 많아 전차가 매복 공격을 당하기 쉬웠으므로, 미군 전차대
는 전차끼리만 작전할 때는 서로 엄호하기 위해 1개 소대(5대)가
항상 함께 행동하였고, 보병 중대를 지원할 때는 1개 중대에 한
대씩 나가서 지원해주었다. 이러한 소규모의 공격이긴 했지만 6월
이후, 미 제1기병사단은 전차부대의 지원을 받으며 공산군의 저항
을 돌파하여 철원을 점령하였다.

이어 미군과 터키군은 철원, 평강과 함께 철의 삼각지대에서 중
요한 요충지의 하나인 금화를 점령하였다. 철원과 금화를 점령한

펀치볼지구 전적비

미군은 무방비 상태의 평강을 향해 돌입하여 쉽게 점령하였으나, 평강 바로 뒤의 고지에 중공군 대부대가 매복하고 있는 것을 알고 퇴로가 차단될 것을 염려하여 후퇴하였다.

동부 전선에서는 미 해병 제1사단이 미 제2사단, 국군 제8사단과 교대하여 8월 31일부터 인제 부근 캔사스 선 바로 북쪽에 있는 펀치볼을 공격하였다. M26 전차의 90mm포는 근거리에서 아주 정확하였으므로 펀치볼을 둘러싸고 있는 능선에 굴을 파고 들어가 응전하는 북한군을 상대로 위력을 발휘하였다. 북한군의 벙커를 조준한 뒤 90mm 포탄이 일직선으로 발사될 때마다 육중한 M26 전차는 반동으로 움찔움찔 하였고, 그때마다 북한군의 벙커와 참호가 하나씩 붕괴되었다. M26 전차 1개 중대(15대)가 90mm 전차포탄 720발을 능선에 있는 북한군 참호에 쏘아 붙였을 정도였고 하루에 100발을 쏜 전차도 있었다. 9월 15일, 공산군은 마지막 발악이라도 하듯이 참호에서 뛰쳐나와 야포와 박격포의 지원을 받으며 미군을 공격하였으나, 이를 격퇴하고 9월 16일 미군은 812고지를 점령하였다.

그러나 북한군의 저항은 인근 지역에서 계속되어, 북한군 특공대 50명은 9월 20일 밤에 미군 진지 후방에 잠입하여 전차가 지나갈 도로에 대전차지뢰를 매설하였다. 이 지뢰를 밟고 적지 않은 미군 전차의 무한궤도가 벗겨지거나 무한궤도 안의 바퀴가 부서져 운행을 멈추었다. 9월 21일, 미군은 헬리콥터를 이용하여 병력

224명과 36톤의 보급품을 884고지 정상에 투입하였다. 헬리곱터를 사용해 병력과 보급품을 공수한 것은 한국전쟁이 시작되고 처음 있는 일이었다. 헬리콥터는 9월 27일 밤 야간 작전에도 투입되었다. 주위 능선을 타고 밤에 공격을 시작하는 공산군을 격퇴하고자 미 육군 제92탐조등중대가 이곳에 투입되어, 미군 전차의 야간 사격 때 목표물을 비추기 시작하였다.

　강원도 산골에 겨울은 빨리 찾아온다. 10월 말이 되자 진눈깨비가 뿌리기 시작하면서 경사진 좁은 도로에서 전차의 운행이 위험해졌다. 어떤 도로는 너무 경사지고 굴곡이 심해 전차가 절벽 아래로 추락할 염려가 있어, 전차 운전병만 전차에 탑승하고 나머지 승무원과 전차를 타고 이동하던 보병들은 전차에서 내려서 걸어가야만 했다. 한편 M26 전차의 성능을 개선한 M46 패튼 전차가 1951년 7월부터 11월 사이에 한국에 도착함으로써 동부 전선의 미군에게도 이 전차가 배치되었다. M46 전차는 M26보다 더욱 강한 12기통 엔진을 장착하고 자동변속장치와 제자리 선회 기능도 있었으나, 경사진 언덕을 내려갈 때는 전차의 중심을 제대로 잡을 수 없는 결점이 있었다.

철원에 있는 한국전 당시 북한군 사령부 막사

12월이 되자 도로가 얼어붙으면서 동부 전선에서 전차의 사용은 점점 어려워졌다. 특히 공산군은 미군으로부터 노획한 3.5인치 바주카포와 75mm 무반동포를 사용하여 미군 전차에 피해를 입혔다. 펀치볼 전투와 비슷한 시기인 1951년 8월부터, 양구 북방 15km에 있는 피의 능선과 그 북쪽에 있는 단장의 능선에서도 전선은 교착된 상태였지만 국부적으로 격전이 벌어졌다.

(2) 기갑작전과 단장의 능선

1951년 5월 22일 시작한 유엔군의 제3차 공세로 와이오밍 선까지 진출한 아군은, 6월 말에는 대체로 현재의 휴전선과 비슷한 선까지 진출하게 되었다. 결국 현재의 휴전선은 와이오밍 선과 비슷한 선에서 결정되었으며, 캔사스 선보다 10~20km 북방에 설치된 와이오밍 선은 방어선이라기보다는 캔사스 선을 방어하기 위한 전초선이었다. 이 선을 기준으로 휴전이 성립될 때까지 2년 동안 전선은 교착된 상태로 크게 변하지 않았다.

양측은 서로 대규모 공세를 억제하였고, 비록 공격하더라도 전체 전선에 변동을 주는 대규모 공세는 하지 않았다. 따라서 대부분의 전투는 주저항선 전방의 전초 진지를 사이에 둔 공방전이었다. 적이 진지를 탈취하면 아군의 주저항선 방어에 위협을 주기 때문에 탈환전이 전개되었고 그 다음에는 적이 다시 탈환전을 벌이는 식의 전투가 반복되었다. 중부 전선의 백마고지 전투, 저격능선 전투 등은 모두 전선 교착 뒤 이러한 상황에서 일어난 고지 탈환 전투이다.

1951년 7월 8일, 휴전회담이 시작되고 나서 한국전쟁의 정치적 성격과 제한전쟁의 양상은 더욱 뚜렷이 나타났다. 아군이나 적군 모두 적 주력의 격멸이나 한반도의 군사적 점령보다는, 판문점의 휴전회담에 유리한 영향을 미치기 위한 정치적 성격이 짙은 군사 작전을 전개하였던 것이다. 앞서 설명하였듯이, 미8군 사령관인 밴플리트 장군은 1개 사단 이상의 병력이 투입되는 공격 작전은 사전에 그의 상관인 극동군 사령관 릿지웨이 장군의 승인을 받아야 하는 형편이었다. 그러므로 밴플리트 장군이 대규모 공세로 평양과 원산을 잇는 선까지 북진하는 '오버휄름(Overwhelm; 압도) 작전'을 계획하였으나, 릿지웨이 장군은 이를 승인하지 않았다. 또한 밴플리트 장군이 계획한 철의 삼각지대 북방까지 진격하는 작전과 철의 삼각지대에서 동해안 고성까지 연결하는 작전도 병력 손실을 막는다는 이유로 모두 기각되었다. 당시 릿지웨이 장군이 밴플리트 장군에게 내린 작전 지침은 공격이 아닌 적극 방어로 현 전선에서 아군의 피해를 줄이며 적에게 최대한의 피해를 주는 제한된 작전만을 전개하는 것이었기에, 전선은 휴전될 때까지 교착 상황이 계속될 수밖에 없었던 것이다.

원래 공격이 목적인 기갑부대는 유동적 전투 상황에서 더욱 그 기능을 발휘할 수 있으므로 교착된 진지전에서는 전력을 발휘할 기회가 제한되었다. 따라서 1951년 7월 이후에 아군 기갑부대는 보병에 대한 화력지원에만 운용되었다. 하지만 이런 상황에서도, 기갑부대의 특징인 기동력과 화력을 활용하여 북한군의 후방을 교란함과 동시에, 각 연대가 중부 전선 '단장의 능선'으로 일제히 돌격하여 전선을 북상시킨다는 목표를 가진 '터치다운'(Touch Down) 작전'이 전개되었다.

강원도 양구 북방 15km에 있는 '피의 능선'에서 북쪽으로 5km에 위치한 '단장의 능선'은 현재 군사분계선 남쪽, 민통선 안에 자리하고 있다. 1951년 8월, 당시 공산군은 펀치볼 남쪽을 제외한 세 방향의 고지를 점령하고 국군과 유엔군의 방어 및 부대 이동을

피의 능선(저수지 왼쪽)과 피의 능선 전적비

감제하면서 아군 주저항선에 포격을 가하고 있었다. 그러므로 밴 플리트 장군은 이 지역에서 적을 밀어내어 아군에 대한 공격 위협을 제거하고, 양호한 방어진지를 점령함과 동시에 남쪽으로 돌출하여 쳐져 있는 전선을 직선으로 만들려는 작전을 구상하였다.

이 작전에 따라 8월 19일, 국군 제5사단 제36연대가 북한군이 점령하고 있던 983고지(피의 능선)를 탈취하자, 그 여세를 몰아 미 제2사단은 피의 능선 북방에 있는 단장의 능선을 공격하였다. 단장의 능선을 구성하는 894, 931, 851고지(남쪽으로부터)는 당시 북한군 제6사단이 방어하고 있었다. 그들은 이곳에 견고한 지하 진지를 구축해 미군이 준비 사격을 하는 동안에는 호 깊숙이 들어가 있다가, 보병부대가 8부 능선까지 공격해 올라와 미군의 지원 포격이 중지되면 즉시 호 속에서 뛰어나왔다. 북한군은 수류탄과 박격포, 소화기로 고지 정상을 향해 올라오는 미군에게 사격을 퍼부었으므로 9월 12일부터 2주 동안 계속된 미군의 공격은 성공하지 못하였다.

이 공격에서 미 제2사단은 예하 제23연대의 950명을 넘는 사상자를 포함하여 사상자 1,670명의 피해를 입었다. 그러므로 이 전

양구 전투 위령비에서 바라본 단장의 능선 남쪽 끝

투를 참관하였던 수많은 외국 종군기자들 가운데 연합통신사(UP)
의 카터(Stan Carter) 기자가 이 능선에 'Heartbreak Ridge'(심장이
터질 듯한 고통을 주는 능선)라는 이름을 붙였고, 우리 국군은 이를
'단장(斷腸)의 능선'이라고 불렀다[이야기가 잠시 빗나가지만, 월남전
당시 포로가 된 미군 조종사들을 수용하고 있던 하노이 시내의 호아로
(Hoa Lo) 수용소를 미군조종사들은 '단장의 호텔'(Heartbreak Hotel)이라고
불렀다. 이 수용소는 미군 조종사들 사이에 '하노이 힐튼 호텔'이라는 별
명도 갖고 있었다].

신임 미 제2사단장 영(Robert Young) 소장은 그동안의 실패를
분석한 뒤 그때까지의 국한된 목표(능선 위의 고지 점령) 대신 능선
의 배후를 포함한 정면의 넓은 지역을 목표로 삼았다. 영 소장은,
전차가 목표 후방에 돌진하여 적 예비대를 강타하여 교란시킴과
동시에 보병으로 목표 능선에 올라가게 한다는 '터치다운 작전'을
구상한 것이다. 이 작전 계획에 따라 M4 전차를 보유한 미 제72
전차대대를 능선 서쪽의 계곡을 통해 문등리(文登里) 부락까지 전
진시키고, 이보다 소규모인 전차대로 구성된 스톨만(Storman) 임무

피의 능선에서 적진을 향해 사격을 하고 있는 미군 M16 장갑차

부대를 능선 동쪽의 사례리 부락에 투입하기로 하였다. 미 제23연대 전차 중대를 중심으로 사단 수색 중대와 공병 1개 소대로 편성된 스톨만 임무부대는, 사례리 계곡에서 강습 공격을 반복하면서 76mm 전차포로 851고지 동쪽 뒷면의 북한군 참호와 벙커를 파괴하였다.

한편 능선에 대한 보병의 공격이 다시 시작되고 5일이 지난 10월 10일, 제72전차대대의 전차 68대는 '이목정'을 거쳐 10km 북방에 있는 문등리 부락에 돌입하였다. 이어서 전차대는 문등리 북방 4km에 있는 하심포까지 진격하였는데, 그곳에서 당시 단장의 능선을 방어하고 있던 북한군 제5군단 예하 제13사단과 교체하려고 중공군 1개 사단(제68군 예하 204사단)이 문등리를 향해 남하하고 있는 것을 발견하였다. 중공군 대부대가 접근하는 것을 발견한 미 전차대는 거의 무방비상태로 이동 중인 중공군을 전차포와 기관총으로 일제히 기습하였다. 갑자기 들이닥친 미군 전차대의 급습으로 중공군은 많은 시체를 버린 채 흩어져 도주하였다.

중공군을 전멸시킨 미 전차대가 문등리 후방에서 전차 사이 거

리 30m를 유지한 채 원형 방어진
지를 꾸려, 능선 뒤쪽 경사면에
있는 북한군 참호와 벙커를 일제
히 전차포로 공격하자 보급과 보
충병의 통로가 차단된 북한군은
더 이상 능선에서 저항을 못하고
도주하기 시작하였다.

양구 전투 위령비(단장의 능선)

이로써 미 제2사단은 10월 15
일 단장의 능선을 점령하였다. 9
월 12일부터 시작한 단장의 능선
전투는 미군 전차대의 활약으로
34일 만에 미군 수중에 들어왔다.
터치다운 작전이 성공한 것이다.

이 전투에서 미군 전차대가 사용한 76mm 전차포탄은 6만 발로
서 어느 특정 지역 작전에 사용된 포탄 사용량을 훨씬 능가하는
기록을 세웠다. 사살된 북한군과 중공군은 1,473명이 확인되었고
추정 사살은 1만여 명에 이를 것으로 짐작된다. 문등리 계곡처럼
전차의 기동이 불리한 지형에서도 기갑부대는 적의 약점을 파고들
어 기동력과 충격효과를 줄 수 있다는 것을 미 제72전차대대는 실
례로 보여 주었다.

단장의 능선처럼 견고하게 만든 방어진지도 기갑력과 포병 화력
을 앞세운 유엔군의 공격에 맥없이 넘어가고 전황이 위험에 처하
자 김일성은 충격을 받았다. 당시 북한군의 작전권을 중국군이 가
지고 있었음에도, 다급해진 김일성은 중국이나 소련과 아무런 상
의도 없이 1951년 11월, 유엔의 모든 요구를 수용하겠다는 제안을
하였다. 김일성은 정전 협상이 별다른 진전이 없는 상황에서 북한
군의 피해가 심각한 수준에 이르자, 전쟁에서 승산이 없음을 판단

하고 유엔군 측 주장을 모두 수용하겠다며 하루 빨리 정전 협정을 체결하자고 호소한 것이다. 그러나 이러한 김일성의 제안은 전쟁을 계속하기 원하는 소련의 스탈린에게 지지를 받지 못하였다.

(3) 휴전회담

1951년 6월 23일, 소련의 외무부 차관이며 유엔 대표인 말리크(Jacob Malik)는 유엔 라디오 방송을 통해 유엔군과 공산군 양측의 휴전을 제안하였다. 1년 동안의 전투로 이미 8만 명의 사상자를 낸 미국의 트루먼 대통령은 6월 25일, 소련의 제안을 수용한다는 방송을 하고 릿지웨이 장군에게 공산 측과 휴전회담을 하도록 지시하였다. 북한군은 전쟁을 일으킨 뒤 1년이 지난 시점에 전사자, 부상자, 포로를 합하여 60만 명이 넘는 인명 피해를 입어 실상 와해된 상태나 마찬가지였다. 중공군 역시 한국전쟁 참전 8개월 만에 50만 명 이상의 인명 손실을 입고 있었다. 세계 제일의 인구를 자랑하는 중국은 이런 인명 손실에 대해서는 대수롭지 않게 여기고 있었으며, 전선에는 여전히 공산군의 병력이 국군과 유엔군을 포함한 병력의 2배를 유지하고 있었다.

중공군은 1950년 10월에 30만 명의 병력으로 압록강을 넘어와 한국전에 개입한 뒤, 늘어나는 전사자에도 아랑곳없이 휴전이 될 때까지 아래와 같이 계속 병력을 증가시켰다.

1951년 11월 — 37만 명,
1951년 12월 — 57만 명,
1952년 초 — 64만 명(북한군 22만 명 포함하면 82개 사단 86만 명)
1953년 초 — 135만 명(북한군 45만 명 포함하면 180만 명)

1953년 8월 15일 국군의 광복절 기념 시가행진(사진 중앙에 이승만 대통령 부부, 오른쪽에 밴플리트 대장이 보인다).

여기에 견주어 미군은,

1951년 11월 — 26만 5천 명

1952년 4월 — 26만 명

1953년 7월 — 30만 명이었으며,

국군은 1951년 6월 27만 명, 1952년 6월에는 38만 명, 그리고 휴전 당시인 1953년 7월에는 59만 명(육군 18개 사단 보유)으로 성장하였다. 그러므로 250km에 걸친 전선을 사이에 두고 피아 200만 명이 넘는 대군이 대치하여 전투를 벌임으로써, 인류 역사에서 단위면적당 병사의 수가 가장 많은 전선이 한반도 중간 부분에 형성된 것이다. 그러나 공산군은 병력 수에서만 우세할 뿐, 미군의 전차부대·포병·항공 지원·해군 지원 등과는 비교할 수 없을 정도로 열악한 상태인 것을 중공군의 지휘관들도 잘 알고 있었다.

워싱턴으로부터 캔사스 선 북방으로 진격하지 말라는 지시에도 벤플리트 장군은 미 해병 제1사단을 중공군의 배후에 상륙시켜 적을 포위하는 작전을 상부에 제안하였다. 밴플리트 장군은 이 작전이 성공하면 인천상륙작전의 효과를 볼 수 있으며 전쟁은 유엔군의 완전한 승리로 끝날 것으로 굳게 믿고 있었다. 밴플리트 장군의 이런 계획은 바로 맥아더 장군이 원했던 것이었으나, 맥아더 장군은 이미 트루먼 대통령이 해임하였으며, 이런 밴플리트 장군의 적극적인 작전 구상은 제한된 전쟁이라는 애매모호한 전쟁 방식을 원하는 워싱턴의 당국자들이나 정치가들로부터 지지를 받지 못했다. 밴플리트 장군의 작전을 허락할 경우 북상하는 유엔군을 따라 평양과 원산 선에서 다시 전선이 넓어지게 될 것이며, 이렇게 갑자기 넓어진 진선을 공백 없이 방어하지 않으면 1950년 말 중공군에게 당한 실패를 되풀이할 염려가 있었다. 따라서 실패를 다시 반복하지 않고 압록강까지 북진하기 위해서는 대규모의 미군 부대의 투입과 아울러 이에 따른 전비(戰費) 역시 증가되어야 하며, 한편으로는 소련과 중국도 적극적으로 개입하게 되어 심각한 마찰이 염려되므로 미국 정치인들은 밴플리트 장군의 적극적인 북진 작전을 지지하지 않았다. 그 대신, 한반도 주변의 정치 상황을 고려하여 밴플리트 장군에게 제한된 작전 수행만을 요구하였던 것이다.

따라서 이승만 대통령은, 공산군을 완전히 제압함으로써 북진하여 한국을 통일시키겠다는 무인의 기개를 가진 밴플리트 장군을 미군 장군 가운데 가장 좋아하였다고 한다

1952년 10월 1일 국군의 날 행사로 대구 시내를 지나는 M8 장갑차

(밴플리트 장군의 동상은 현재 태릉 육군사관학교 안에 세워져 있음). 공산 측이 제안한 휴전안을 받아들인 뒤 전선은 교착되어, 휴전 조약이 체결될 때까지 2년 동안 제한된 범위 안에서 국지적으로 전투가 계속되었다. 이것은 공산 측으로서는 다행이었다. 유엔군이 미국 정치인들 때문에 북진하지 못하자, 공산군은 이 기회를 이용하여 와해되기 직전의 부대를 다시 편성하고 소련으로부터 무기를 원조 받아 부대를 재건하였다. 전선의 상황을 분석해 볼 때 ,북한군이 인천상륙작전 뒤 급작스럽게 와해된 것처럼 중공군 역시 빠르게 허물어지고 있었으므로, 소련은 급히 휴전회담을 적극적으로 제의하여 공산 동맹군의 와해를 막은 것으로 보인다.

이때쯤에 이르러서는 우리 국군도 한국전쟁 초기의 군대가 아니었다. 북한군의 6·25 남침 때 국군은 겨우 대대 규모의 작전 능력을 갖추고 있었으므로 무기도 병력도 부족하여 북한군에게 모욕적인 패배를 당했다. 하지만 곧 미군을 비롯한 자유 우방군이 도착하자 국군도 북진 대열에 앞장서서 압록강까지 북진하였으나, 갑자기 나타난 중공군에게 정신이 없을 정도로 유린당하는 치욕을 당했다. 중공군은 일본군과 싸운 경험과 장개석의 국민당 정부군과도 싸운 풍부한 경험이 있었으므로, 마치 유치원을 끝내고 초등학교에 갓 들어간 학생(국군)이 고등학생(중공군)과 맞서는 것처럼 국군은 중공군과의 전투 초기부터 계속 얻어맞아 중공군만 보면 공포에 질렸다. 그러나 계속 전투를 치르며 경험을 쌓아가는 한편, 미국은 국군의 젊은 장교들을 미군 보병학교와 포병학교에 데려가 교육을 시킨 뒤 다시 전선에 투입하였다. 또한 제1선 사단을 윤번제로 교대해 9주 동안 기본훈련을 다시 시켰으므로, 1952년에 들어서면서 국군은 이제 고양이 발톱이 아닌 호랑이 새끼의 발톱이 서서히 나오고 있었다.

1952년 10월 6일부터 15일까지 10일에 걸쳐 강옹휘가 지휘하는

백마고지에 전차포 사격을 끝내고 다시 사격 준비를 하는 육군 제53 전차중대의 M36 전차들. 땅에는 90㎜ 포탄 탄피가 수북이 쌓여 있다.

중공군 제38군(휘하 3개 사단)과 철원 서북쪽 6km에 있는 백마고지에서 국군 제9사단은 국군의 명예를 걸고 한판 전투를 벌였다. 이 고지는 10일 동안 12차례의 공방전을 치르며 피아간에 24번이나 주인이 바뀐 곳이다. 당시 전 세계의 이목은 이 전투에 쏠렸다. 공산 측은 그들 나름대로 이 전투에서 공산군이 고지를 점령할 때마다 승리를 선전물로 삼았고, 자유우방국들 역시 큰 관심을 가지고 전투의 진행 과정을 매일 뉴스로 전하고 있었다. 그러므로 이 전투는 국군과 중공군의 명예뿐만이 아니라 전 세계의 자유민주국가와 공산국가 사이의 우열을 가르는 의미까지 지닌 전투였다. 밴플리트 장군은 이 전투에서 국군이 패하면 곧바로 미군을 투입하려고 미 제2사단을 예비대로 준비하고 있었다.

10일에 걸친 건곤일척의 전투에서, 김종오 소장이 지휘하는 국군 제 9사단은 병력 수에서 국군의 3배가 넘는 중공군 제38군의 제112사단(사단장 양대이), 제113사단(사단장 당청산)과 제114사단(사단장 책중유)의 허리뼈를 꺾어버리고 최후의 승리를 얻었다. 중공군 제38군의 제112·제113·제114사단은 1950년 11월 말 중공군의 제2차 공세 당시, 청천강에서 국군 제2군단과 미 제2사단을 패주시킨

백마고지 전적비

중공군 가운데에서도 최정예 사단들이다. 백마고지 전투에 투입된 이 중공군 정예 3개 사단 모두를 괴멸시킴으로써 국군은 그동안 중공군에 당했던 모욕을 통쾌하게 설욕하는 한편, 전 세계 자유민들에게 대한민국 국군의 용감성을 유감없이 보여주었다. 특히 김종오 사단장 개인으로서는 1951년 5월 현리에서 중공군에게 휘하 제3사단이 괴멸된 뒤 통쾌한 설욕전을 펼친 셈이 되었다.

백마고지 전투에서 승리한 뒤 국군은 이전처럼 중공군에게 일방적으로 당하지 않고 오히려 적을 압도하였다. 그러자 중공군 역시 이제는 국군을 우습게 볼 수 없었다. 참고로 백마고지 전투에서 국군 제9사단은 미군 포병대의 화력지원을 받아 219,954발의 각종 포탄을 중공군 진지에 퍼부었고, 아군 진지에도 중공군 포탄 55,000발이 떨어졌다. 이 전투에서 아군이 500명의 전사자와 행방불명 398명의 인명 피해를 입은 것에 견주어 중공군은 확인된 사살자만 8,234명에 이르렀다.

(4) 설악산 공방전

속사리에서 연대 전투력의 절반을 잃고 간신히 탈출하여 강릉에 도착한 제1기갑연대는, 1951년 3월 6일 강릉농업고등학교에 집결하여 군복·군화·철모 등을 새 것으로 지급받고 재편성을 하였다. 새로운 연대장으로는 이용(李龍) 대령이 부임하였다. 그는 만주군에서 위관으로 복무하다 해방이 되자 월남하여 육군사관학교 5기로 임관하였다(뒷날 그는 육군보병학교장, 경기도 지사, 교통부 차관, 인천제철 사장을 지냈다).

원주 부근 중동부 전선에서 중공군이 펼친 '2월 공세'는 실패하였으며, 적은 3만 명의 손실을 입고 3월 18일부터 후퇴하기 시작해 3월 말에는 38선 이북으로 후퇴하였다. 서부 전선에서는 국군 제1사단과 미 제3사단이 3월 14일에 서울에 돌입하여 3월 17일에 서울을 완전 수복하였다.

이 상황에서 제1기갑연대는 재편성을 끝내고 3월 26일, 주문진에서 수도사단의 예비대가 되어 사단의 측방과 후방을 경계하고 있었다. 적은 4월 22일 이른바 '4월 공세'를 펼치면서 주공을 연천-의정부-서울 축선에 두고 아군을 공격하였다. 이때 장도영(張都暎) 준장이 지휘하는 제6사단이 사창리(史倉里)에서, 민기식(閔機植) 준장이 지휘하는 제5사단은 인제(麟蹄)에서 크게 패하였다. 당시 국군 제1사단을 제외한 다른 사단에는 전차 대대나 전차 중대가 없었다. 미 제1군단 예하 국군 제1사단에만 미 제73전차대대가 배속되어(1951년 4월 23일부터 6월 30일까지) 미군의 신형 전차인 M46 전차가 사단의 작전을 지원하였을 뿐이다.

아군은 5월 2일 총반격에 나서 6일에는 봉일천-가평-춘천-인제-속초 선에 진격하였다. 5월 7일, 연대는 수도사단의 우측을 맡아 설악산 서북쪽인 노동(路洞), 백담사(百潭寺), 대승령(大勝嶺)을 향해 공격하여 북한군 제6사단 제15연대를 괴멸시키고 노동을 점령하였다. 연대는 5월 13일까지 계속된 작전에서 600명이 넘는 적을 사살함으로써 속사리의 악몽에서 벗어나기 시작하였다. 그러나 5월 16일부터 중공군의 제6차 공세인 '5월 공세'(제2차 춘계 공세)가 시작되었다.

한편, 5월 16일 중공군의 제6차 공세가 시작하기 3일 전에 송요찬 사단장으로부터 적의 대

설악산지구 전적비

공세가 있을 것이라는 말을 들은 이용 대령은, 식량·탄약·의료품을 공중 지원받아 일전을 준비하고 있었다. 중공군의 6차 공세가 시작되었을 때 기갑연대는 적의 견제작전권 안에 있었으며, 이미 적은 승세를 잡고 있었기 때문에 치열하게 공격하였다. 당시 이 연대장은 설악산 맨 꼭대기에 연대 관측소(OP)를 정하고 상당히 멀리 떨어진 아래쪽 대대 OP에 독전 명령을 내리며 지휘하고 있었으므로, 대대는 후퇴할 생각을 할 수 없었다. 당시 식량과 탄약의 보급은 노무대대의 노무자들이 지게에 지고 운반하려 했으나 산이 높고 급경사여서 오르지 못해 수송기로 공중 보급을 받았다. 수송기 9대가 보급품을 낙하산에 매달아 떨어뜨렸으나 때마침 바람이 불어 많은 낙하산들이 적진에 떨어졌으므로, 험난한 지형과 깊은 계속에 떨어진 보급품을 목숨을 걸고 회수하였다. 또한 고산지대이므로 물이 없어 눈을 녹여 밥을 해야만 했다. 전투에서 부상한 장병은 헬기로 후송하여 동해에 떠있는 덴마크 병원선에서 치료하기도 하였다(이 병원선은 400명의 환자를 입원시킬 수 있었으며

의사와 간호원, 승무원들 모두 부상당한 국군 장병들을 극진하게 치료해 주었다). 설악산에서 기갑연대는 속사리 전투의 보복을 하는 심정으로 사단의 선봉에서 잘 싸웠으나 5월 17일, 철수 명령을 받고 철수를 시작하였다.

이때 적이 3면으로 압박하는 바람에 끝내는 설악산 최고봉에 있는 큰 바위를 사이에 놓고 적과 대치하였다. 적이 10m 앞에서 이리저리 뛰고 있는 모습이 보였으나, 이 연대장은 미동도 하지 않고 항공지원을 받아 끝내 격퇴하였다. 또한 연대가 능선을 타고 철수할 때 마지못하여 1열 종대가 될 수밖에 없었는데, 적은 이 호기를 이용해 바싹 따라 붙으려고 했으나 맨 후미에 선 이 연대장이 포병 관측장교로 하여금 포사격을 퍼붓게 하여, 손실 없이 연대 병력 모두를 설악산 남쪽 6km에 있는 마산리(馬山里)로 철수시킴으로써 기갑연대의 설악산 전투는 일단락을 지었다〔당시 이 연대장의 바로 옆에서 그의 지휘 모습을 지켜본 안용현 상사(예비역 중령)는 뒤에 민기식 육군참모총장을 만났을 때 "이 대령은 보병학교에서 A급 중의 A급 장교였다"는 말을 들었고, 송요찬 내각 수반은 "그 분(이 대령)은 우리나라에서 제일가는 작전통이자 지휘관이요. 그런데 작전 실패도 아니고 뜻하지 않은 사사로운 일로 말미암아 소장으로 끝난 것은 우리나라의 손실이라고 하겠지요"라는 말을 하였다고 회상한다. 전투 당시 안용현 상사 외에 많은 부하들 역시 이 대령의 탁월한 작전과 지휘에 존경심을 품게 되었다〕.

(5) 대관령 전투

5월 20일, '중공군 제27군 예하 2개 사단이 월정리(月精里)에서 대관령으로 동진 중'이라는 정보가 국군 제1군단에 날아들었다.

적은 계획대로 국군 제3군단을 완전히 괴멸시키고 대관령으로 우
회하여 강릉을 점령함으로써, 그 속에 든 국군 제1군단을 포함한
국군 주력을 섬멸하려고 하였다. 백선엽 제1군단장은 21일 오후 2
시, 예비대인 한신 대령의 제1연대를 대관령 너머 횡계리로 진출
시키고 제1기갑연대와 제26연대를 후속으로 보냈는데, 35분 뒤부
터 적과 교전이 시작되었다. 실로 간발의 차이였다. 공세로 나온
중공군은 만약 대관령을 탈취하지 못하는 날에는 평창까지 남하한
자기들 주력의 왼편이 노출되므로, 어떻게든 대관령을 점령하려고
북한군 제5군단과 협동하여 23일까지 계속 공격으로 나왔으나 끝
내 국군의 완강한 저항에 부딪혀 실패하고 말았다. 만약 제1연대
가 지체했거나 전투에 패했다면 중공군은 계획대로 국군 주력을
섬멸하고 대승을 거두었을 것이다.

　5월 22일, 제1기갑연대는 주문진 서쪽에 있는 철갑령(鐵甲嶺)에
서 나와, 대관령으로 올라가 횡계리 일대의 진지를 점령하였다. 기
갑연대가 수도사단의 예비대로서 횡계리에 배치된 것은 중공군이
5월 공세로 평창－정선(旌善) 선까지 침투하여 제1군단의 측면과
후방이 노출되었기 때문이며 기갑연대의 우측에는 제26연대가, 전
방인 차항리에는 제1연대가 진출해 있었다. 5월 25일, 군단이 총
반격을 개시하면서 다음 날 연대는 차항리 일대로 진출하여 제1연
대와 교대한 뒤, 예비연대에서 주전부대가 되어 제26연대와 함께
공격을 개시하였다. 공격이 순조롭게 진행되어 적이 패주를 계속
하게 되면서, 연대는 일거에 양양까지 추격전을 벌여 29일 오전 9
시 30분에는 간성(杆城)에 진출하고 연대 수색대는 고성(高城)을 수
색하였다. 이때 제1연대는 연대의 좌측 일선이 간성 부근에, 제26
연대는 예비가 되어 속초에 있었으나, 기갑연대는 최선봉에 섰던
것이다. 이후 군단 작전 계획에 따라 연대 진지를 제11사단의 제
13연대에 인계한 뒤 5월 31일 향로봉(香爐峰)으로 나아갔다. 대관

령 전투는 언뜻 무미건조한 전투처럼 보이기도하나 실제로는 적의 5월 공세를 좌초시킨 결정적인 전투였다.

(6) 향로봉 전투

향로봉을 가장 먼저 점령한 부대는 제1기갑연대였다. 적도 향로봉을 점령하려고 거의 동시에 올라갔으나 기갑연대가 2시간 먼저 점령하는 바람에 나중에 큰 희생을 피할 수 있었다. 기갑연대가 5월 31일 향로봉 주봉을 점령하였을 때 제1연대는 기갑연대의 남쪽인 칠철봉(七鐵峰)−매봉(梅峰) 사이에, 제26연대는 기갑연대의 북쪽인 소라지를 점령하여 수도사단의 주저항선을 이루고 있었다. 기갑연대가 향로봉을 점령한 뒤에 적은 여러 번 공격해 왔으나 향로봉이 워낙 방어에 유리한 지형이라 그때마다 적을 쉽게 격퇴할 수 있었다. 그러나 다소 안심하고 있다가 적의 기습을 받아 제2대대 제6중대장 주동섭(朱東燮) 중위를 포함한 장병들이 전사하였다.

기갑연대를 포함한 수도사단이 적극적인 공세로 나오자, 적은 5월 공세의 피해를 회복하지 못한 상태에서도 수도사단을 물리치기 위해 13사단 예하 1개 연대로 하여금 향로봉 서남쪽 5km에 있는 표고 1,019m의 산두곡산(山頭谷山)을 점령하여 반격의 발판을 마련하였다. 이에 송요친 사단장의 명령을 받은 제1기갑연대는 6월 4일 새벽부터 공격을 개시하였다. 안개가 끼어 어두침침한데다 삼림이 우거진 앞뒤를 분간할 수 없는 지형 속을 전진, 적과 수없이 많은 접근전을 치르면서 공격 시작 9일 만인 12일에 고지를 완전히 점령하였다.

6월 23일, 소련으로부터 휴전 제의가 나오면서 7월 8일부터는 쌍방 연락장교회의를 시작으로 본 회의가 열렸다. 그러나 공산 측은 휴전회담을 하는 동안 한편으로는 전력을 보강하고 진지를 동굴화하고 있었다.

당시 전투는 기존 38선에서 20km 북상한 지역인 캔사스 선을 끼고, 휴전이 성립되어 쌍방이 10km씩 물러날 경우를 고려하여 서로 유리한 지형을 점령하려는 목적 아래 치열하게 전개되었다. 그때, 수도사단의 공격 목표는 향로봉 서북쪽 6km에 있는 924고지와 751고지였다. 751고지는 924고지보다 2km 북쪽에 자리하고 있으며 당시 적의 주저항선이어서, 이를 탈취하면 그 바로 너머에 있는 적의 보급로를 차단할 수 있었다.

적은 고성 – 사천리(沙泉里) – 인제를 연결하는 453번 도로를 이용하고 있었다. 향로봉과 924고지 사이에는 깊은 골짜기가 있다. 당시 수도사단에는 105mm 곡사포밖에 없었는데, 최대사정(最大射程)을 연장시키려고 향로봉 밑에 바싹 붙였지만 향로봉이 너무 높아서 고각(高角)사격을 하면 오히려 거리가 짧아져 포탄이 중간에서 떨어지기가 일쑤였고, 산봉우리까지 못 올라가는 실정이었다.

그런 사정을 알고 있는 적은 산너머까지 침투하였다. 그래서 노무자와 지게꾼을 활용하여 75mm포를 산 정상으로 운반하였으나 이번에는 포탄이 문제였다. 힘겹게 포탄 약 1,000발을 올려놓고 사격을 하였으나 이도 오래지 않아 바닥났고, 8월 18일부터 4일 동안 서정철(徐廷哲) 대령이 지휘하는 제26연대는 육탄 공격을 할 수밖에 없어서 뺏고 빼앗기는 격전 끝에 많은 희생자를 내었다. 제26연대 전방 지휘소는 향로봉 남쪽 3km에 있는 원봉(圓峰)에 설치하였는데, 공격면이 70도 급경사인 924고지를 공격하러 올라간 부대가 적이 내려 던지는 수류탄에 극심한 타격을 받아 실패하고 내려올 때마다, 서 대령은 분통이 터져 막 울곤 하였다.

동해에 떠있는 미 함대도 924고지 전투를 지원하였다. 전함 미주리는 해안에 평행으로 서서 구경 16인치 포 9문(앞 6문, 뒤 3문)

향로봉지구 전적비

을 옆으로 배열하고 한꺼번에 발사하였다. 발사와 함께 1톤 무게
의 16인치 포탄은 마치 제트기 편대가 급강하하는 소리를 내며 날
아와 924고지를 강타하였다. 924고지에서 포로로 잡힌 북한군은
"비행기는 무섭지 않은데 함포는 정말 무섭다. 한 방 떨어지면
300~400m 이내에 배치되었던 소대나 중대가 날아가 버린다"며
공포에 떨었다. 8월22일, 드디어 제26연대는 924, 751고지 모두를
점령하여 다음 날 제1기갑연대에 인계하였다. 이때부터 제1기갑연
대는 924, 751고지를 점령하려고 공격해오는 적과 14일 동안 혈전
을 벌였다.

　아군 쪽에서 향로봉으로 올라가는 길은 험하지만, 막상 올라가
서 향로봉과 924고지 사이의 적이 점령하고 있는 무명고지까지는
밋밋한 지형이므로 그 무명고지에서 치열한 전투가 벌어졌다. 보
급이 안 되어 뱀을 잡아 부식으로 삼기도 하였고 연대 참모들도
실탄을 메고 고지에 올랐다. 무명고지는 적이 향로봉을 점령하려
고 하거나 우리가 924고지를 공격하려 할 때 서로에게 발판 구실

을 하게 되어있어 목숨을 걸고 빼앗아야만 하였다. 8월이라 시체 썩는 냄새가 지독하여 누구도 밥을 제대로 먹을 수가 없었다. 시체를 파묻어도 비만 오면 손가락, 발가락이 삐죽이 나와 구토를 일으켰다. 이런 상황에서 10번 이상 공방전을 치르면서 결국 제1기갑연대가 적을 완전 격퇴하고 무명고지를 점령하였다.

전투에서 부상당한 장병들은 후방으로 후송되어 큰 실망을 하게 된다. 그동안 수많은 전우들의 죽음을 목격했고 스스로도 죽음 일보 직전에 이를 때까지 싸우다가 후송된 장병의 눈앞에서, 돈 많은 사람들은 마치 별천지에서 사는 사람들처럼 오직 쾌락과 방종을 즐기고 국민들은 부상자를 외면했던 것이다. 이것을 본 장병들은 일선에서 죽음을 무릅쓰고 나라와 겨레를 위해 싸운 것이 후회스러워 분통이 터질 지경이었다.

어떻든, 기갑연대의 전과가 뚜렷이 나타나고 이름이 나기 시작한 것은 향로봉 전투부터였다. 기갑연대는 9월 7일, 제8사단에 924고지를 인계하였다. 그 뒤 간성 동남쪽 8km에 있는 황포(黃浦)에 집결하였다가, 13~15일 사이에 동해안의 월비산(月比山) 부근에 있는 제3사단 진지를 인수한다.

(7) 월비산 전투

이용 대령이 지휘하는 제1기갑연대는 1951년 9월 15일 동해안으로 이동하였다. 연대는 국군 제3사단 진지인 고성 남쪽 10km에 있는 명호리(明湖里)와, 그곳에서 3km 서남쪽에 있는 가경리(佳境里) 선을 인수하였다. 연대는 월비산 공격의 발판을 마련하고자 미제7함대의 화력지원을 받으며 10월 10일, 공격 출발지로 다시 이동 배치되었다.

강원도 고성의 통일전망대에서 바라본 월비산 아군관측소, 351고지

월비산은 높이 459m에 지나지 않으나 이 일대에서는 가장 높으며, 이를 점령하면 그곳에서 동북쪽 5km에 있는 고성(당시는 적이 점령)과 7번 도로(고성-장전-원산)를 감제할 수 있었다. 뿐만 아니라 월비산 서쪽에서 고성을 돌아 동해로 빠지는 남강은 걸어서 건너기가 곤란하고, 남강 서안의 적 보급로를 차단할 수 있는 요충으로서 월비산의 전략적 가치는 컸다. 그러므로 김일성은 "금강산은 빼앗기는 한이 있어도 월비산만은 사수해야 한다"면서 그의 친위대 감시 아래 철통같은 진지를 구축하고 있었다.

연대는 10월 12일 오전 6시, 제2대대를 주공으로 우측에 두고, 제1대대는 조공으로 삼아 중간 목표 261고지를 통해 월비산을 정면에서 공격하기 시작하였다. 이 연대장은 월비산 동쪽 2.5km에 있는 148고지에 연대 전방지휘소를 설치하였다. 이곳에서는 월비산이 한눈에 들어온다. 월비산 북쪽의 359고지에서는 월비산 후면이 관측됨을 알고, 먼저 359고지를 점령하여 여기에 월비산 공격의 주공을 두게 하려는 것이 송요찬 사단장의 의도였던 것이다. 따라서 박익균 소령이 지휘하는 제2대대기 중간 목표인 359고지를 점령하고 월비산을 공격하였으나, 122mm 야포의 지원을 받는 적 1개 대대의 완강한 저항으로 첫 공격에 실패하고 359고지로 물러났다. 박익균 소령의 제2대대는 기관총과 60mm 박격포를 포신이 벌겋게 달아오를 때까지 쏘았기 때문에, 나중에는 60mm 박격포의 경우 포탄이 바로 지척에 떨어지곤 했으며 포신에 담뱃불을 붙일 수 있을 정도였다. 이붕직(李鵬稙) 대위가 지휘하는 제1대대도 공격에 실패하였다. 이에 이용 대령은 제1대대를 적의 우측 능선으로 우회시켜 13일, 폭우를 뚫고 다시 공격하였으나 실패하였다. 14일에는 제1·제2대대가 백병전을 감행하면서 8부 능선까지 접근했으나, 또 실패하고 말았다.

　이 대령은 포로의 진술로 격전 끝에 적이 30퍼센트 이상 손실을 입었다고 판단하고, 적에게 전력 보강의 시간적 여유를 주지 않으려고 다음 날인 15일 다시 한 번 공격을 시도하였다. 이때는 피로에 지친 제2대대를 대신해 박명경(朴明景) 대위가 지휘하는 제3대대로 주공을 삼고 미 제7함대와 미 제196포병대대의 지원을 받았다. 공격에 앞서 이 연대장은 연대 전방지휘소를 359고지로 이동하여 진두지휘하였고, 오전 10시 각 대대는 함포 및 포병의 사격 지원을 받으며 일제히 공격에 나섰다. 공격 선봉으로 나선 제3대대는 탄우(彈雨)를 뚫고 목표 100m 지점까지 접근하다가 우군기의 오폭으로 사상자가 속출하여 잠시 멈칫했지만, 우측에 있는 제2대대와 협동으로 오후 5시 15분에 마침내 월비산을 점령하였다. 기갑연대는 10월 12일부터 15일까지 나흘 동안의 전투에서 적 사살 891명, 포로 37명, 기관총 43정을 노획하였다. 아군은 전사 70명, 부상 250명의 인명 피해를 냈다. 월비산을 빼앗긴 적은 매일 1개 대대로 역습했으나 번번이 실패하였고, 25일 밤에는 3개 대대로 공격해 왔으나 끝내 이를 물리쳤다.

　월비산 점령을 보고받은 백선엽 제1군단장은 이용 대령 이하 연대 장병들의 노고를 치하하였고 송요찬 사단장은 월비산에 올라와 유공 장병에게 무공훈장을 수여하였다.

11월 10일 밤 12시, 월비산 지역에 갑자기 적의 포탄이 비오듯 쏟아졌다. 특수훈련을 받은 적의 대부대가 월비산을 공격한 것이다. 적이 철조망 절단기와 파괴통으로 아군이 설치한 철조망을 끊고 있는 징후가 보이자, 제2대대의 제5중대 박창수(朴昌燧) 대위는 적이 유효사거리에 접근할 때까지 기다렸다가 사격 명령을 내렸다. 적은 아군의 탄막을 뚫고 몇 차례나 돌격해 들어왔으나 그때마다 격퇴되었다. 날이 밝으면서 그들 뒤를 따라오는 독전대가 보일 무렵에야 적은 도주하기 시작하였다. 아군 기관총 앞에는 쓰러진 적의 시체가 많았다. 어떤 기관총 앞에는 수십 명이 죽어 있었고 철조망 안에서 죽은 시체도 수십 구나 되었다. 월비산은 피아의 요충지이므로 이렇게 서로가 빼앗기지 않으려고 사력을 다해 싸웠던 것이다.

오늘날 동해안 고성의 통일 전망대에 올라가 보면 왼쪽에 월비산이 보인다. 월비산 꼭대기에는 아군의 최전방 초소가 설치되어 있다. 월비산 맞은편 북한군 지역에는 격전을 벌이던 351고지가 있고 이 고지 위에는 북한군 초소가 보인다.

11월 17일, 기갑연대가 포함된 수도사단은 군 계획에 따라 제11사단 제9연대에게 방어 구역을 인계하고 남해안 공비 토벌을 위해 11월 26일, 속초 부근 부월리(扶月里)에서 LST를 타고 여수와 미산 쪽으로 출항하였다. 송요찬 사단장은 제11사단에 진지를 인계하면서 장창국(張昌國) 군단장 대리와 오덕준(吳德俊) 사단장에게 "월비산을 너무 소홀하게 생각하지 마십시오. 거기서 적이 많이 녹았으니까 필시 다시 병력을 모아서 나올 것입니다. 주의를 기울여야 할 것입니다"라고 강조하였다. 그러나 제11사단은 기갑연대의 3개 대대가 방어하던 월비산에 1개 대대만 배치해 놓았다가 진지를 인수한 지 이틀 만인 11월 19일 적에게 다시 빼앗겨 버렸다.

(8) 공비 토벌 작전

이용 대령이 지휘하는 제1기갑연대는 수도사단 주력과 함께 11월 28일 오후 4시 무렵 마산에 상륙한 다음, 30일 진주군 단성면(丹城面)의 원지동(院旨洞)으로 진출하여 지리산(地異山) 일대에 준동하는 공비 토벌을 위한 제1기 작전(1951년 12월 2일~14일)을 준비하였다. 이 무렵 남한에서 준동하는 공비는 2만 명으로 추산되었다. 그 가운데 지리산 일대의 공비는 무장공비 4천3백 명을 포함하여 5천4백 명이었으며, 지리산 세석봉(細石峰)에 간부를 양성하는 사관학교와 병기를 수리하는 병기 공장까지 만들어 놓았다.

해방 이후 북한은 게릴라인 공비(그들은 유격대라고 불렀음)들을 계속 남한에 침투시켜 후방을 혼란하게 만들었다. 또한 월북자를

지리산 뱀사골

지리산지구 전적비(왼쪽)와 백선엽 장군 공적비

강동(江東)정치학원에 입교시켜 유격전을 중심으로 교육한 뒤, 1948년 11월부터 6·25 남침 때까지 10차에 걸쳐 2,400명을 남한에 침투시켰다. 이들의 남침 경로는 주로 오대산과 태백산 줄기였고 남파 거점은 강원도 인제 북쪽의 서화리(瑞和里)였다.

그러나 기갑연대가 지리산에 도착할 당시 이 지역에서 준동하고 있던 공비들은 80퍼센트가 북한군이 낙동강까지 내려갔을 때 협력했던 부역자들이었고, 나머지는 현지에서 자생한 공비와 패잔병들이었다. 공비들은 경상남북도, 전라남북도, 충청남북도에서 살인·방화·납치 등을 일삼으며 남한 후방을 교란하였다. 10월에는 공비 700명이 충북 옥천(沃川)을 습격하여 요인을 암살하고 주민 140명을 납치하는가 하면, 대낮에 부산 근교를 습격하기도 하였다. 11월에는 공비 300명이 경남 산청군 시천면(矢川面) 내대리(內大里)를 습격, 추수한 곡물을 약탈하였다. 이어서 하동군 악양면(岳陽面)에서 양민 1천여 명을 납치하고 열차를 습격하는 등 김일성의 말마따나 북한군에게는 공비가 공군의 역할을 하며 남한의 후방을 교란했던 것이다(저자가 고등학교 2학년이던 1969년, 당시 지리 선생님으로부터 "버스를 타고 지리산을 통과할 때 공비들이 나타나, 버스를 세우고 휴가 나온 군인 서너 명을 내리게 한 뒤 승객들 앞에서 사살하는 것을 본 뒤로는 항상 그 생각이 나서, 고향에 갈 때마다 버스를 타지 않고 배를 탄다"는 이야기를 들었던 기억이 난다).

1951년 하반기까지 국회나 국민들은 전선 지원에만 몰두하고 있었으나, 후방에서 공비들이 창궐하여 불안에 휩싸이자 마침내 국회는 '국군 1개 사단을 공비 토벌로 전환하라'는 건의안을 정부에 통고하였다. 이에 10월 25일부터 휴전회담이 속개되어 전 전선이 소강상태에 접어들자, 이종찬 육군참모총장은 정예 2개 사단을 차출하여 후방 지역의 공비를 완전히 소탕키로 하였다. 이 계획의 일환으로 송요찬 준장이 지휘하는 수도사단이 속초에서 수송선으로 마산에 도착하였고 최영희(崔榮喜) 준장이 지휘하는 제8사단도 토벌 작전에 합류하였다.

(9) 토끼몰이 작전

공비 토벌 작전의 지휘 체계를 살펴보면, 현지 총지휘관은 백선엽 소장이었으며 부대 명칭은 '백(白) 야전전투사령부'라고 하였다. 이때 '백'이란 백 소장의 성을 딴 것으로서 부대 이름을 간단히 '백야전사' 또는 '백 특수임무부대'라고도 하였다. 예하 부대로는 송요찬 준장의 수도사단, 최영희 준장의 제8사단, 김용배(金容培) 준장의 서남지구 전투사령부, 최치환(崔致煥) 경무관의 남원(南原) 치안국 전방사령부가 있었다. 한편, 공비는 '남반부 인민유격대' 총사령관 이현상(李鉉相)의 지휘 아래 김명곤(金明坤)이 이끄는 남부군단, 각 도당(道黨), 8개 사단(명색뿐인 사단임) 등이 있었다. 이때 '백

야전사'가 실시한 작전은 다음 단계로 이루어졌다.

■ 제1기 작전(1951년 12월 2일~14일)

제8사단은 북쪽으로부터, 수도사단은 남쪽에서 협동작전으로 공비의 총 본산인 지리산을 일거에 포위 섬멸.

■ 제2기 작전(1951년 12월 16일~1952년 1월 4일)

국군 포위망에서 벗어나 운장산(雲長山), 회문산(回文山), 백아산(白雅山) 일대로 도주한 잔적 소탕.

■ 제3기 작전(1952년 1월 15일~31일)

지리산에 재차 잠입한 공비와 회문산, 덕유산(德裕山) 일대의 잔적 소탕.

■ 제4기 작전(1952년 2월 4일~8일)

지리산, 백운산, 회문산, 백아산, 덕유산, 운장산에 대한 3차 수색으로 잔적 소탕.

수도사단에 배속되어 남쪽에서 작전에 들어간 기갑연대의 이용 연대장은 최일선에 나서게 될 선임하사관들을 대상으로 약 10일 동안 공비 토벌에 관하여 오후 1시간씩 직접 교육을 하였다. 교육 내용은 주로 일본군이 만주에서 주민들의 민심을 얻어 거둔 토벌 작전의 성공담이었다. 민심을 얻는 방법을 전례를 들어가며 구체적으로 교육하여 이것이 공비 토벌에 많은 도움을 주었다. 또한 이 연대장은 여태까지의 공비 토벌이 큰 성과를 거두지 못한 것은 하나에서 열까지 '민폐'를 끼쳤기 때문이라고 판단하고, 연대 모든 장병에게 서약서를 써서 연대장에게 제출토록 하였다. 서약서의 내용은 다음과 같다.

모든 부대 및 장병은 어떠한 작전상황 하에서도 부락에서 떨어진

고지에 주둔하고 허락 없이 주민과의 접촉을 일절 금한다. 나무 한 개라도 민폐를 끼쳤을 경우에는 군법에 회부하여 엄벌에 처해도 달게 받는다.

그러므로 기갑연대가 주둔하고 지나간 곳에서는 "이번에 토벌 부대가 우리 부락에 왔다 가긴 한 모양인데 언제 왔다 갔는지도 몰랐다"라는 말이 주민들 사이에 돌 정도였다. 이 연대장의 이러한 방침은 민폐 근절로 주민의 마음을 얻는 한편 비정규전에서 가장 강조되는 기도비닉(企圖秘匿; 들키지 않고 조용히 움직임)에 크게 기여하였다.

기갑연대는 LST 전차양륙함을 타고 마산에 상륙한 뒤 진주(晉州)로 이동하였는데, 이곳 지방 유지들이 이용 연대장을 초대하여서 가보니 진수성찬에 기생들을 잔뜩 불러다 놓고 있었다. 이 연대장은 "내가 술이나 먹으러 온 줄 아느냐?"며 일갈하고, 부하들을 데리고 그대로 발길을 돌려 하동(河東)지구로 이동한 뒤 공비 토벌을 개시하였다. 이곳에서는 초등학교 교장이 막걸리, 보리밥, 된장국을 내놓아 이 연대장은 식사가 끝나고서도 한참 동안이나 교장과 환담했다. 이 모습을 보고 "저 분은 장군감이다. 내 생명을 맡겨도 된다"며 존경하는 마음을 품은 부하들이 적지 않았다고 한다.

(10) 제1기갑연대의 공비 토벌 작전

1) 제1기 작전(지리산 포위)

11월 29일, 제1기갑연대는 사단으로부터 12월 1일까지 지리산 밑의 공격개시선에 진출하라는 명령을 받고 제1, 제2대대를 원지동에 집결시켜 부대를 정비하는 한편, 제3대대는 원지동 서쪽의 원리(院里) - 내공리(內公里) 사이를 점령토록 하였다. 이에 따라 12월 2일 제1대대와 제3대대는 내선리를 점령하였으며, 제2대대는 12월 4일 거림(巨林) - 세석봉을, 그리고 5일에는 법계사 - 1,398고지를 맹공하여 사살 34명, 포로 510명의 전과를 올렸다. 지리산 정상 부근의 적을 일망타진한 연대는 포위망에서 새어나간 적을 색출하기 위하여 6일부터 웅석봉(熊石峰) - 세석봉 - 거림 - 내대리 일대에서 수색전을 벌이다, 14일 화개장을 거쳐 15일 순천에 집결함으로써 제1기 작전을 성공리에 마쳤다.

2) 제2기 작전(운장산 포위)

이 무렵, 전주 동북쪽에 있는 운장산에 1,600명, 회문산에 1,050명, 백아산에 1,080명의 공비가 준동하고 있었다. 이들을 섬멸하기 위해 백선엽 소장은 수도사단을 운장산에, 제8사단을 회문산에 투입하였다. 제1기갑연대는 12월 15일, 순천 - 구례 - 남원 - 전주를 거쳐 운장산 동쪽에 있는 음대리(陰大里)에 전개하여 수도사단 예하의 제1·제26연대와 함께 운장산을 3면으로 포위하였다.

운장산에 가기 전 전주 지역에서 덕유산을 목표로 공격하였는데, 공비들은 함양(咸陽)으로 도주하였다. 그곳은 비교적 평야지대이므로 그들은 대기하고 있던 국군에게 대부분 사살되거나 포로가 되었다. 12월 19일 수도사단이 포위망을 압축해 들어가자 20일 밤, 공비들은 교묘히 기갑연대와 제1연대 사이를 뚫고 빠져나갔다. 수도사단은 진안(鎭安) 남쪽 장안산에서 이를 포착하여 28일까지 전 사단이 이중으로 포위한 채 공격하여 790명을 사살하고 478명을 생포하였다. 이것으로 끝내지 않고 연대는, 다음 해인 1952년 1월 2일 무주(茂朱)로 진출하여 포위망에서 빠져나간 공비를 소탕한 다음 지리산을 공격하기 위하여 지체 없이 거창(居昌)으로 급행하였다.

3) 제3기 작전(지리산 및 백운산 포위)

기갑 연대는 1월 6일 거창에서 출발하여 지리산 동쪽의 산청 지역을 수색한 뒤, 9일부터 11일 사이에 구곡산(九谷山) 남쪽에서부터 지리산 내대리 방면의 공비를 소탕하고 24일부터 전개할 예정인 백운산 전투에 대비하였다. 지리산 노고단(老姑壇)에서는 밤새도록 공격하여 많은 공비를 생포하였는데, 대부분이 구양면(丘陽面) 주민이었으므로 이들을 거의 귀가시켰다. 그 당시 구양면은 완전히 공비들의 세상이었으므로 주민들은 그들의 위협 때문에 할 수 없이 공비가 되었던 것이다. 추수 때에는 구양면민들이 1년 동안 농사지은 것을 모두 공비들에게 빼앗겼다. 이 식량으로 공비들은 겨울을 날 수 있었던 것이다. 이들 공비와의 전투에서 어린 여성 공비가 "높이 올려라 붉은 깃발을 그 아래서 일치단결해"라며 적기가(赤旗歌)를 악을 쓰고 부르는 것을 보고 소름이 돋았다고 말하는 장병도 있었다.

이후 기갑연대는 1월 23일에 화개장(花開場) - 하동 - 광양(光陽)으로 이동하여 사단의 일부로서 24일 백운산을 3면에서 공격하였고, 밀양 동북쪽 25km의 운문산(雲門山)을 공격하려고 31일 하동에 집결하였다가 이날 오후 밀양으로 이동하였다. 이 작전 기간에 수도 사단은 적 사살 1,867명, 포로 1,155명의 전과를 올렸고 사단은 전사 68명, 부상 96명의 인명 피해를 입었다.

4) 제4기 작전(제3차 수색작전)

수도사단과 서남지구 전투사령부가 주축이 되어 소탕 작전을 수행하는 동안 기갑연대는 3월 2일까지 단독으로 운문산 전투를 치렀다. 이때 언양(彦陽)에서는 공비 두목 추월(秋月) 부대장을 생포하기도 하였다. 3월 14일 수도사단은 작전 임무를 종료하고, 그 임무와 지휘권을 서남지구 전투사령부에 인계한 다음 전선으로 복귀하여 미 제9군단의 작전지휘를 받게 되었다. 지리산 일대에서 공비 토벌을 할 때 수도사단 장병들은 산속 전투에서 공비들을 완전히 제압하였다. 그것은 수도사단이 북진할 때부터 주로 산악 전투를 많이 한 까닭으로 산악 지형의 전투에 숙달되었기 때문이다.

공비 토벌 기간 사단 장병은 나무 밑에 개인 천막을 치거나 호를 파고 가랑잎을 덮을 정도의 야전 생활을 하였다. 당시 백선엽 중장(1952년 1월 12일 중장 승진) 휘하의 국군 부대는 1951년 12월 2일부터 1952년 2월 8일까지 지리산 일대에 있던 무장 공비 2만 명의 75퍼센트에 이르는 1만 5천 명을 소탕하였으므로, 잔존 공비는 5천 명만 남게 되었다. 이마저 북한군 제57사단장 이영회(李永會)를 포함한 대부분의 지휘관이 사살됨으로써, 공비 부대는 지휘 계통을 잃고 핵심 조직이 와해되어 산속을 헤매었다. 이렇게 대열에서 떨어져 산속을 헤매는 공비를 당시 '눈먼 공비' 또는 '망실공비'라고 불렀다. 약 2개월 동안의 소탕 작전 뒤 공비들의 조직과 힘이 붕괴되어 그들의 만행은 없어지게 되었다.

(11) 지하 만리장성과 수도고지 전투

지리산 일대에서 공비 토벌 작전을 끝낸 뒤 이용 대령이 지휘하는 제1기갑연대는, 수도사단의 선발대로 3월 10일 전라남도 순천에서 강원도 금성(金城) 동남쪽 13km에 있는 등대리(登大里)로 이동하였다. 잠시 기갑연대는 백남권(白南權) 준장이 지휘하는 제3사단에 배속되었다가 3월 23일 다시 수도사단에 복귀하였다. 기갑연대는 사단 계획에 따라 제1·제26연대와 함께 수도(首都)고지, 지형(指型)능선을 방어하다가 7월 7일 전투가 시작되어서는 예비연대가 되었다.

수도고지는 행정구역상 강
원도 철원군에 속하며, 금성
과 북한강 중류 사이에 있는
663고지에 작은 혹과 같은
모양으로 매달린 높이 610m
의 이름 없던 고지이다. 그
리고 지형능선은 수도고지에
서 서쪽 3km에 있으며 손가
락처럼 생겼다고 붙여진 이
름이다. 두 고지는 가까운
거리에 있고 동일한 사단(수
도사단)의 예하 연대가 바뀌
어가며 전투를 벌였기 때문

북경 군사박물관의 지하 만리장성 모형

에 이때의 전투를 흔히 '수도고지 전투'로 부르기도 한다.

공산군의 치밀한 계획은 국군과 유엔군을 앞질렀다. 공산군은
미국 정치가들이 확전을 원치 않으므로 더 이상 국군과 유엔군이
이북 지역으로 진격하지 않을 것이라 확신하고, 한편으로는 휴전
회담이란 명분을 내걸고 지지부진 시간을 끌면서, 다른 한편으로
는 전 전선에 걸쳐 영구 진지를 만들어 그동안 와해 직전에 있던
공산군의 전력을 회복시키는 작전을 세웠다.

이 작전계획의 일환으로 중공군은 1951년 10월부터 모든 전선
의 지하에 사통팔달한 방사선식 터널을 파서 영구 진지를 만들기
시작하였다. 여기에 유엔군이 원자폭탄을 투하할지도 모른다는 유
언비어를 퍼뜨리면서 적은 이에 대비한 진지를 구축하는 한편 방
독면과 방독복까지 지급하였다. 지하 진지 구축에 필요한 장비나
도구는 각 부대에서 대장간을 만들어 포탄 조각이나 고철로 호미·
곡괭이·끌 등을 자체 제작하였으며, 수도사단 전면에 있던 중공군

제12군단에만 대장간이 40개나 있었다.

이런 원시적인 도구와 병력을 이용하여 굴에서 파낸 흙은 덤프 트럭을 사용하지 않고 모두 들것에 담아 인근 지역으로 운반하였 다. 12월 어느 날 양구 북방 동부 전선에서는 중공군이 파던 능선 위의 동굴 입구에 미 해병대의 M46 전차가 발사한 포탄이 정통으 로 명중하였다. 지면에 명중한 것이 아니므로 포탄이 일으키는 흙 먼지나 화염도 보이지 않았다. 동굴은 90mm포탄에 맞아 큰 충격 으로 무너져 내렸고, 그 다음 날 아침 시체 냄새를 맡은 까마귀가 능선의 동굴 위를 날아다녔다. 유엔군도 동굴을 만들었으나 중공 군에 견주면 그 규모가 작았다.

중공군은 땅굴의 필수조건으로 '7방요건'(七防要件)을 만들어 땅 굴 파는 지침을 삼았는데, 그 내용은 다음과 같다.

1) 방공(防空) — 공습에 안전
2) 방포(防砲) — 포격을 견딤
3) 방독(防毒) — 독가스가 들어오는 것을 막아야 함
4) 방우(防雨) — 비에 피해가 없어야 함
5) 방습(防濕) — 습기가 없어야 함
6) 방화(防火) — 불을 견딜 수 있어야 함
7) 방한(防寒) — 추위에 견뎌야 함

1952년 5월까지, 아군의 포격과 폭격을 피해 야간작업으로 땅굴 을 완성하였는데, 참호의 길이는 1,250km, 교통호는 6,240km로서 이 영구 지하 진지를 중공군은 '지하 만리장성'이라고 불렀다. 이 지하 만리장성을 공중에서 보면, 서해안에서 동해안까지 220km에 이르는 폭 20~30km의 지역 안에 수없이 많은 개미집이 만들어져 있는 것처럼 보였다. 중공군은 동굴 진지 속에서 하루 종일 햇빛

을 볼 수 없어 등잔불을 켰는데 등불용 콩기름이 막대하게 소요되
었고, 식수 부족은 물론 혀가 갈라지고 코피가 터지는가 하면 야
맹증 환자가 급증하여 심각한 사태에 이르렀다. 야맹증은 북한 민
간인으로부터 민간요법을 배워, 솔잎을 1시간쯤 삶아 6~7일 마시
게 하거나 개구리 알을 물에 넣고 끓인 뒤 하루 2~3회씩 이틀 동
안 마시게 하여 고쳤다.

지하 동굴생활 때문에 병사들의 건강에 이상이 생길 정도였지
만, 중공군은 아군의 포격이나 공중 폭격에 견딜 수 있는 견고하
고 강력한 방어진지를 전 전선에 마치 거미줄처럼 완성한 것이다.
중공군이 지하 진지를 만드는 동안 동부 전선의 북한군도 갱도식
지하 진지를 완성하였다. 중공군과 마찬가지로 굴을 파는 장비나
화약이 부족했던 북한군은 부대마다 대장간을 설치해 곡괭이·망
치·끌 등을 만들어 사용하고, 겨울의 눈사태 속에서 수많은 원목
을 병사들이 산 정상까지 끌어 올려 갱도의 지주로 썼다. 이렇게
공산군이 만든 지하 진지는 너무 견고하여 유엔군의 항공기, 전차,
야포 공격을 쓸모없게 만들었다.

그러므로 릿지웨이 장군이나 밴플리트 장군은 이들 공산군의 지
하 진지를 공격하면서 북진하는 데는 큰 희생이 따를 것이라는 판
단을 하였다(2006년 11월 25일 새벽, 호주의 TV 방송에서는 캐나다의
히스토릭 TV에서 제작한 한국전쟁 관련 프로그램을 방영하였다. 거기에
는 한국전쟁 당시 중공군이 만든 선전영화도 있었는데, 중공군들이 곡괭
이와 각종 연장을 동원하여 굴을 파는 장면이 나온다. 물론 중공군이 선
전용으로 만든 기록영화이므로 굴을 파는 중공군 병사들은 모두 영웅으
로 묘사되고 있다).

한편, 송요찬 사단장이나 백선엽 군단장은 '눈 위의 혹'과 같이
사단 주저항선에 달라붙어 강도 높은 진지를 구축해 놓은 지형능
선을 두고 볼 수만은 없었다. 물론 중공군도 지형능선의 전술적

가치, 곧 공격할 때 발판 구실로 너무도 중요하기 때문에 양보할 수 없었다. 그러므로 백 군단장은 6월 10일, 송 사단장에게 지형능선을 탈취하라고 명령함으로써 한국전쟁에서 가장 치열했다고 평가되는 수도고지 및 지형능선 전투의 막이 올랐다.

(12) 비운의 수도고지

7월 8일 새벽 1시 사단예하 제1연대의 1개 대대가 목표인 지형능선을 공격했으나, 엄청난 손실만 입고 물러나고 말았다. 이날 송요찬 사단장은 소장으로 승진하여 남부지구 경비사령관으로 영전하고 후임에는 육군본부 작전국장이던 이용문 준장이 부임하였다. 이 준장은 제1기갑연대 초대 연대장을 지냈으며, 이때만 해도 연대에는 그의 지도를 받았던 장병들이 많이 남아 있었다. 이어서 7월 23일에는 백선엽 제2군단장이 이종찬 참모총장의 후임으로 참모총장이 되고, 군단장 후임으로는 유재흥 중장이 부임하는 등 지휘부의 인사이동 때문에 작전은 뒤로 밀려났다.

이에 예비대로 있던 제1기갑연대는 지형능선에서 혈전을 벌인 제1연대의 진지를 7월 25일 인수하였다. 그러나 7월 27일부터 닷새 동안이나 퍼부은 여름 호우로 말미암아 모든 참호와 교통호가 70퍼센트나 침수되어 이를 보수하느라고 정신이 없는 동안, 1개 소대가 전초로 나가 있던 수도고지가 8월 5일에 맥없이 적의 수중에 들어가고 말았다. 이에 이용문 사단장은 공격 부대를 제1, 제26연대로 바꾸어가며 역습을 감행해 8월 8일 수도고지를 힘겹게 탈환하였다. 그러나 이것은 도륙전의 시작에 지나지 않았고, 기갑연대는 수도사단의 왼쪽 진지를 담당하면서 연대의 주력은 주저항선에 배치되었다. 그러던 9월 3일, 지난 1년 6개월 동안 설악산·향

로봉·월비산·지리산 등에서 불패의 기록을 남긴 이용 연대장이 육
군 보병학교로 전출되고, 후임에 제2훈련소장을 지낸 최재홍(崔在
鴻) 대령이 부임하였다.

1개월 동안 조용하던 수도사단 관할 전선에서 9월 6일 저녁 6
시부터 적의 대공세가 시작되어, 이날 저녁 7시 20분 수도고지가
적의 손에 넘어갔다. 기갑연대의 제1대대는 다음 날 새벽 3시부터
역습에 나섰으나 실패하였고, 이어서 새벽 4시 30분 이번에는 4.2
인치 박격포와 81mm박격포의 지원을 받으며 공격을 재개했으나
적의 포격도 만만치 않았다. 7일 밤 11시 40분까지 계속된 기갑연
대의 공격은 적의 완강한 저항으로 모두 실패하여 기갑연대는 전
사 30명, 부상 163명, 행방불명 16명의 인명 피해를 입었다. 9월
8일 오전 11시 30분, 이붕직 제1대대장이 중대장 이기수(李基水)
대위의 제3중대를 진두지휘하여 F고지를 공격하다 이 대대장과 이
중대장이 모두 관통상을 입어 후송되며 공격은 역시 실패로 끝났
다. 이에 신임 박정서 대대장이 제1대대를 지휘하여 싸웠는데, 대
대는 감제된 지형에서 주간 공격을 같은 방향으로 여러 번 반복했
기 때문에 적의 조준된 포탄 공격으로 희생자가 많이 생겨 대대
병력 3분의 2의 손실을 입었다. 피아의 시체가 여기저기 널려 있
었으나 소총 사거리 이내여서 이를 미처 처리하지도 못하고 쟁탈
전을 벌였다.

8일 오후 4시, 미 공군의 F51 무스탕 전투기 4대가 날아와 제3
대대 지휘소(CP)가 있는 612고지를 오폭하여 박명경 대대장과 통
신병 3명이 폭사하였다. 지휘소의 위치를 알리는 대공포판은 적이
볼 수 없는 곳을 고르기 때문에 대개 지휘소의 후사면, 상공에서
식별이 쉬운 지점에 표시하는 것이 상례였다. 제3대대도 이런 요
령으로 대공포판을 설치하였다. 그러나 오후가 되면서 해가 서쪽
으로 기울자 근처 소나무 그늘이 이 대공포판을 덮어, 상공의 전

투기 조종사가 미처 식별하지 못하고 제3대대 지휘소를 적진으로 오인하여 이 같은 불행이 일어난 것이다. 박 대대장의 후임으로 한금창(韓錦昌) 대대장이 지휘를 맡았다. 이날 이용문 사단장은 기갑연대에 수도고지와 지형능선 공격을 중지시켰으나 다음 날, 이 사단장은 전날 내린 공격 중지 명령을 거두고 제1연대에 수도고지 점령을 명령하였다. 수도고지에만 공격을 집중키로 한 것이다. 이 사단장의 명령에 따라 제1연대의 김영길(金永吉) 중령이 지휘하는 제2대대가 밤 10시, 야간 공격을 개시하여 1시간 10분 만에 탈취에 성공하자, 그 뒤를 따라 올라간 공병대가 중공군이 파놓은 지하 동굴에 폭약을 넣어 폭파시켰다.

중공군의 지하 참호는 아군 것보다 훨씬 큰 규모였다. 국군 장병들은 교통호 밑에 땅굴이 있어 계속 따라 들어가면 적과 마주칠 것 같아 되돌아 나오기도 하였다. 중공군은 국군에게 밀리면 철수하는 것이 아니라 이런 땅굴 끝에 들어가 숨어 있다가, 어느 정도 잠잠해지면 국군의 뒤에서 기어 나와 역습하곤 했던 것이다. 그러므로 고지 공격 때 아군의 전상자는 거의 뒤에서 총탄을 맞았다. 그것을 알게 된 국군은 고지를 점령한 뒤 땅굴을 즉시 파괴해버렸으나 중공군은 다시 땅굴을 파곤 했다. 다음 날 9월 10일 아침 동녘이 밝아오면서 고지 주변에 피아의 시체 600여 구가 나뒹구는 것이 시야에 들어왔다. 마침내 수도사단은 고지를 탈환한 것이다.

이때부터 10월 8일까지 적은 계속 반격해 왔으나 모두 격퇴하였다. 수도고지를 손에 넣자 이 사단장은 제1연대에 지형능선을 점령하라는 명령을 내렸다. 이에 제1연대 제3대대는 대대장 박찬긍(朴贊兢) 중령 지휘 아래 9월 14일 새벽 4시에 지형능선을 공격하였으나 실패하고 말았다. 이에 박 대대장은 9월 15일 아침 8시 35분에 재공격을 감행하였으나 전사 60명, 부상 79명의 인명 피해를 입고 또다시 물러났다. 그러나 박 대대장은 낙심하지 않고 기갑연대에서 우상덕(禹相德) 대위의 제1중대를 배속 받아 지형능선과 비슷한 지형에서 3일 동안 공격 연습을 하고, 9월 18일 새벽 3시 30분 공격개시선을 출발하여 5시간 만에 지형능선을 탈취하였다. 적은 다시 지형능선을 탈취하고자 역습을 계속하였으나, 기갑연대에서 용감하기로 정평이 난 나창운(羅昌云) 대위의 수색중대는 고지를 사수하였다.

그러나 10월 6일, 지형능선과 근처의 575고지가 다시 적의 손에 넘어갔다. 이에 아군은 10월 7일, 제1연대 제3대대가 낮에 지형능선을 공격했으나 실패하고, 기갑연대는 575고지에 반격을 시도하였으나 이 역시 실패하였다. 그러자 제1연대의 제2대대가 이른 밤에 공격하여 자정에 고지를 점령하였으나 8일 아침 7시 30분 무렵 적에게 다시 빼앗겼다. 유재흥 군단장은 이용문 수도사단장과 최재홍 기갑연대장의 부하 장악력이 극히 부족하다고 판단, 10월 9일 전방 지역을 방문한 백선엽 참모총장에게 건의해 참모총장도 인사에 동의하였다. 따라서 10월 10일, 송요찬 소장이 3개월 만에 다시 수도사단장으로 돌아오고 최재홍 연대장의 후임으로는 수도사단 정보참모인 육근수 중령이 부임하였다. 공격을 재개하기로 작정한 송요찬 사단장은 예하 부대를 찾아 장교들을 집합시킨 뒤 "죽어도 사수해야한다. 거기서 죽을 각오를 해라. 만약에 후퇴하면 총살이다!'라고 강하게 훈시하였다.

(13) 지형능선 점령

10월 13일 새벽 3시 제1연대의 이종록(李鍾錄) 중령이 지휘하는 제1대대가 지형능선 공격을 개시하였다. 제1대대는 이날 아침 9시까지 4~5차례나 밀고 밀리는 혈전 끝에 지형능선을 완전 점령하였다. 당시 피아의 포탄이 수없이 떨어져 바위와 흙을 가루로 만드는 바람에, 먼지 때문에 소총 작동이 제대로 안되고 아군 항공기에 아군이라고 알리는 표식인 대공포판도 먼지에 덮여 조종사가 우군임을 식별하지 못할 정도였다. 능선 밑의 골짜기는 피아의 시체, 공산군의 다발총, 아군의 M1 소총, 철모로 메워졌다. 또한 호를 만들려고 마대에 넣을 흙을 파면 흙 반에 시체에서 나온 고기 덩어리 반이었는데, 시체 썩는 냄새가 코를 찔렀다. 기갑연대 제3대대 제10중대장인 이주학(李柱學) 대위는 이 공격에서 자신이 전사할 것이라고 생각하고, 하루 전날 연락병에게 "내일 나는 공격에 들어간다. 너를 휴가 보내줄 테니, 이 물건을 군산에 있는 우리 집에 전해 달라"며 전선에서 찍은 사진과 평소에 쓰던 물건을 손수건에 싸서 주었다. 그러나 연락병은 "저도 중대장님을 따라 나서겠습니다"며 휴가 제의를 거절하고 중대장을 뒤따라 공격에 나섰다가 전사하고 말았다.

지형능선을 점령한 박춘식(朴春植) 제1연대장은 '또다시 적에게 넘길 수 없다'고 결심한 뒤, 공격에 지친 제1대대를 빼고 제2대대 및 기갑연대의 제2대대를 투입하는 한편 공병대를 투입하여 진지를 강화하였다. 그러나 적의 반격은 예상 밖으로 미미하였다. 중공군 제12군도 막대한 손실을 보고 포탄 보급마저 유엔군 공군의 차단 폭격에 걸려 중단 상태에 빠졌으므로 큰 규모의 반격은 할 수 없었던 것으로 짐작된다. 지형능선과 수도고지 전투는 적 5,390명이 살상되고 수도사단도 전사 961명, 부상 3,120명, 행방불명 167명이라는 쌍방 모두에게 막대한 손실을 끼친 도륙전이었다. 지형능선 전투 때 동해안에 떠 있는 미 항모에서 발진한 항공기들이 네이팜탄으로 적 진지를 공격하여 다른 어떤 폭탄이나 포탄보다 큰 효과를 냈다. 또한 미군 제5포병단도 18개 포대로 지원 사격을 해 주었다.

이 전투 뒤 10월 25일 수도 사단은 두 진지를 제8사단에 인계하고 춘천에서 열차 편으로 청량리에 도착하였다. 그곳에서는 트럭으로 광릉(光陵) 팔야리(八夜里)로 이동, 2개월 동안 부대를 재편성하며 처음으로 예비사단으로서 교육 훈련에 들어갔다. 11월 28일에는 이승만 대통령과 백선엽 참모총장이 찾아와 장병들을 격려하였다. 수행한 밴플리트 미 제8군 사령관은 수도사단을 소개하기를 "수도사단은 한국전쟁 발발 이후 28개월 동안 한 번도 예비사단으로 전선에서 빠진 적이 없고 또한 한 번도 패한 적이 없는 한국군 제1의 영예로운 사단이다"라는 말을 잊지 않았다.

(14) 기갑부대의 제한된 기동

휴전회담은 2년 동안 계속되었다. 이 동안 전투는 모든 전선에서 벌어졌으나 유엔군은 확전을 원치 않는 미국 정치가들의 지시에 따라, 그리고 공산군은 더 이상 전쟁을 수행할 수 없을 정도의 전력 소진 때문에 피아 모두 대규모 공세를 벌이지 않고 고지를 사이에 둔 소강상태의 국지전만을 벌였다. 그러므로 이때 전선을 따라 '단장의 능선', '백마고지', '포크찹(Pork Chop)고지', 펀치볼(Punch Bowl), 피의 능선 등 수많은 고지와 능선에 이름이 붙었다. 이 고지를 서로 점령하려고 양측의 병사들이 수없이 죽고 다쳤는데 특히 중공군과 북한군의 인명 피해가 심하였다.

그러나 전선은 남북으로 크게 움직이지 않아 오늘날 휴전선의 모습은 1951년 6월부터 시작된 휴전회담 당시와 크게 다르지 않다. 휴전회담이 2년 동안 질질 끌자 수많은 고지는 주인이 수시로 바뀌고 양측은 전선에 영구 참호를 만들기 시작했다. 따라서 전선은 더욱 교착되고 참호전의 양상을 띠게 되어, 마치 제1차 세계대전 당시 서부전선에서 벌어졌던 독일군과 연합군(프랑스·영국·미국)의 참호전을 연상시켰다.

이렇게 전선이 참호전의 양상으로 바뀌자 전차부대는 기동성의 장점을 살리지 못하고 보병 지원이나 참호 파괴 등에만 주로 사용되었고, 가끔 소규모로 전개되는 기습 공세 작전에 투입되었다. 전 전선에 양측은 수없이 많은 참호를 파놓고(특히 고지에) 그 속에 소화기나 중화기를 설치하고 전투를 하였으므로, 전차는 아군이 점령한 고지 위에 올라가 직사 화기인 전차포로 적의 참호·관측소·지휘소·엄폐호를 가격하여 파괴하는 데 일조하였다. 그러나 고지의 경사가 심한 경우 M26 퍼싱·M46 패튼·센추리온 전차는 무거워서 거의 올라가지 못하고, 이들보다 가벼운 M24와 무게중심이 높은 M4 전차가 올라가 임무를 맡았다. M24 전차의 경우, 전차포의 구경이 작아 적의 참호를 파괴할 만큼 강한 충격을 주지 못했으므로 대신 많은 포탄을 사용하여야 했다. M4는 신형인 M26이나 M46에 견주어 화력이 떨어지지만 설계가 간단하고 기동성이 좋았다. 그러므로 미군은 M26이나 M46의 철갑과 화력에 M4의 간편한 조작과 기동성을 합친 이상적인 전차가 나타나 주기를 고대하였다.

한편 산등성이 고지에 전차가 올라가는 모습은 멀리서도 그 실루엣이 보이므로 공산군의 화기는 전차에 집중되었다. 그러나 공산군의 포와 소화기 사격은 전차에 직접적인 피해를 주지 못하고 안테나, 잠망경 등을 부수는 것이 고작이었다. 고지 위에서 공산군 진지의 특정 목표물을 사격하여 파괴한 다음, 전차는 고지 밑으로 다시 내려가거나 공산군의 다른 진지를 파괴하기 위해 이동하곤 하였다. 그러나 한 고지에 오래 머물며 적에게 사격을 계속하며 보병의 기습이나 정찰을 지원해야 할 경우에는, 전차가 들어가 앉을 진지를 만들고 그 주위에 모래주머니와 통나무 등으로 엄폐물을 만들고 위장망을 설치하여 전차를 보호하였다. 보병의 야간 기습을 지원하기 위해서는 낮에 미리 적 목표물에 포를 조준해 놓았다가, 보병이 포사격 지원 요청을 할 경우 즉시 지원 사격을 하였다(물론 이러한 야간 사격전에는 보병과 사전에 목표물을 상의한다). 이런 지원 사격으로 전차는 기습에 나선 보병이 적으로부터 사격을 받거나 아군의 정찰대가 적에게 포위되는 것을 막아주었다.

거의 대부분의 전차는 엔진이 있는 뒷부분에 적의 박격포탄이 떨어지는 것을 막으려고 엔진 윗부분에 모래주머니를 싣고 다녔다. 자주포와 M16 장갑차, M19 대공 자주포도 이렇게 보병을 지원하는 임무를 띠고 전 전선에 투입되었다. 전차포에 부서지지 않는 적의 벙커나 견고한 요새는 곡사포를 장착한 자주포가 정확하게 목표물을 때려 무력화시켰다. 특히 M16 장갑차의 0.5인치 4연장 중기관총은 중공군이나 북한군 보병이 아군 진지를 향해 돌진해 올 때 엄청난 양의 총알을 단시간에 날려 보내, 적의 접근을 봉쇄하고 공격해오는 적 보병을 빗자루로 청소하듯 깨끗하게 쓸어버렸다. 그러나 이들은 방호장갑이 빈약하므로 적이 응사하는 포사격에 노출되는 약점이 있었다.

전선이 교착되어 적 보병이 야간에 아군 고지를 공격하는 일이 빈번하였으므로 이때를 즈음하여 전차 포탑 위에 탐조등을 설치하기 시작하였다. 터키 여단 정면에서 야간 돌격을 감행한 중공군은 700여 명의 시체를 남기고 패주하였는데, 이때 미군 M46 전차에 설치한 탐조등이 밤새 중공군을 비추는 동안 전차포와 터키군의 사격으로 중공군의 인해전술을 좌절시킨 사례도 있다. 1952년 말부터 휴전이 될 때까지 영국군 센추리온 전차대는 '후크고지'에서 탐조등을 사용하여 중공군의 계속되는 인해전술을 전차포로 좌절시켰다. 롤스로이스사의 600마력 엔진을 장착한 센추리온 MK3 전차는 무한궤도 발톱이 미군 전차보다 깊어, 경사진 산악을 미군

사천 호국기념관에 전시되어 있는 영국군 센추리온 전차

M26 전차나 M46 전차보다 더 잘 올라갔다. 단장의 능선 전투에
서 북한군과 미 제2사단은 교착된 전선을 유지하였는데, 1951년
10월 미 제2사단은 북한군을 밀어 올리기 위해 제72전차대대의
M4 서먼 전차를 앞세우고 공격에 나섰다. 일주일 동안 벌어진 치
열한 전투에서 미군 전차대가 적의 보급로를 완전히 차단하자 북
한군은 단장의 능선에서 후퇴하였다.

　그러나 교착된 전선을 돌파하고자 투입한 전차부대가 실패한 사
례도 적지 않다. 1952년 6월, 영국군이 실시한 '제후(Jehu) 작전'에
서 영국군 제5영국 이니스클링(Inniskling) 드라곤가드(Dragon Guards)
부대는 제156고지를 대상으로 기습 작전을 벌였다. 이 작전에 투
입된 센추리온 전차 가운데 3대가 진흙 수렁에 빠져 나오지 못하
자 구조 전차(Armored Recovery Vehicle)를 급파하였으나, 이 전차
는 구조 작업을 위해 달려가다가 대전차지뢰 때문에 작동 불능이
되었고 다른 구조 전차도 적의 포탄을 정통으로 맞아 멈추어 섰
다. 이에 영국군은 부상자 구조용 터그(Tug) 전차(센추리온 전차에서
포탑을 제거하고 그 밑에 부상자를 싣게 되어 있음)를 보냈으나 이 또

한 진흙에 빠져 움직이지 못하게 되었다. 영국군은 며칠에 걸쳐 이 다섯 대의 전차를 끌어내 우군 진지로 가져오느라고 귀중한 인명과 시간을 많이 잃었으므로 기습 작전의 의미가 없어져 작전을 중지하게 되었다. 미군의 M4 전차 2대가 금화에서 대전차지뢰 때문에 캐터필러가 부서져 운행을 할 수 없게 되자, 이들 전차가 공산군의 수중에 들어갈까 염려하여 미군의 다른 전차들이 전차포 사격으로 이들 전차를 파괴한 적도 있다[저자의 지인 가운데 센추리온 전차 승무원이었던 사람도 있다. 뉴질랜드인 그리토렉스(Ron Greatorex) 씨는 1971년부터 1975년까지 센추리온 전차 승무원이었다. 그에 따르면 센추리온 전차는 52톤의 무게에도 조종이 쉽고 65발의 포탄과 구경 7.92mm 기관총을 갖고 있다고 한다].

(15) 국군(육군)의 기갑부대 운용

앞서 본 대로 북한군의 6·25 남침 당시 우리 국군은 한 대의 전차도 없었으나, 1950년 11월 경상남도 동래의 육군 종합학교에 전차과가 신설되어 전차병 양성에 착수하였다. 전차병들은 교육 기간 동안 분야별로 나누어 포수·조종수·통신·탄약·정비 교육을 받았다. 그 뒤 일 년이 지난 1951년 10월 15일, 미군으로부터 인수받은 미제 M36 전차파괴용 전차 22대로 제51전차중대가 경상남도 동래에서 창설되어 국군은 창군 이후 처음으로 전차를 보유하게 되었다. 당시 육군 제51전차중대가 받은 1944년제 M36 잭슨(Jackson) 전차는 90mm 대전차포를 장착한 포탑을 갖고 있었으므로 옆에서 보면 일반 전차와 모양이 같아 보였으나, 철갑은 얇았고 포탑의 윗부분은 덮개가 없었다. 따라서 적의 박격포탄이 포탑 위에 떨어지면 그대로 전차 안으로 들어가 승무원들이 살상되고

한국군이 처음으로 보유했던 전차인 M36 전차

전차는 쉽게 파괴되었다. 이런 사태를 막고자 포탑 위에 철판을 대고 용접하였으나, 철판이 약해 샌드백을 철판 위에 올려놓아 보강하였다. 또한 이 전차는 무한궤도의 폭이 좁아 진흙길이나 급경사 언덕을 만나면 난관에 봉착하기 일쑤였다.

창설된 제51전차중대는 10월 17일 LST를 타고 부산을 출발하여 이틀 뒤 강원도 속초에 도착, 국군 제1군단에 배속되어 휴전할 때까지 동부 전선에서 작전에 참가하였다. 제51전차중대가 전선에 투입되었을 때는 이미 휴전회담이 시작(같은 해 7월 10일)되어, 전선이 교착되어 참호전의 양상으로 변해있었으므로 주로 고지 탈환이나 방어 전투에서 보병부대를 근접 지원하는 임무를 맡았다. 그리하여 전선이 남북으로 오르내릴 때 북한군이나 미군 전차대가 장거리 기동 작전을 한 것과는 달리 특정 지역에서 제한된 작전만을 수행하였다.

제51전차중대에 이어 1952년 4월부터 1953년 2월까지 전라남도 광주에서 제52전차중대를 비롯하여 8개 전차중대(제53·제55·제56·제57·제58·제59·제60전차중대)가 잇따라 창설되었다. 이들 전차중대는 동해안 국군 제1군단 지역에는 제51·제56·제60전차중대가 배

베티고지(왼쪽)와 노리고지(오른쪽)

치되었고, 화천 북방 금성 지역의 국군 제2군단에는 제52·제55·제58중대가 배치되었다. 그리고 철의 삼각지대와 연천 지역에는 제53·제57·제59전차중대가 배치되었다. 이 가운데 중대장 조칠성 대위가 지휘하는 제53중대는 1952년 10월에 벌어진 395고지(10월 11일과 12일에 벌어진 제10차 공방전에서 395고지는 백마고지라는 이름이 붙었고 세계적인 관심을 끌게 되었음) 전투에서 국군 제9사단에 배속되어 아군 병력의 3배가 넘는 중공군 제38군과 12차례의 공방전 끝에 아군이 최후의 승리를 거두는 데 크게 기여하였다. 1953년 1월 25일부터 4월 25일까지 전남 광주에서 3개 대대가 연속 창설되어 제1전차대대는 중부 전선, 제2전차대대는 동부 전선, 제3전차대대는 철의 삼각지대에 배치되어 그 전에 이미 배치되었던 전차중대들을 3개씩 묶어 통합 지휘하기 시작하였다.

당시 제3전차대대 제2중대로 개편된 제57전차중대는 대부분이 소년 전차병들로 구성되어 1953년 6월과 7월에 벌어진 중서부 전선 연천 지역의 베티(Betty)고지, 노리(Nori)고지, 퀸(Queen)고지, 박(朴)고지 전투에서 큰 활약을 하였다. 새로 개편된 국군의 3개 전차대대는 휴전할 때까지 198대의 M36 전차(각 대대 66대)를 보유하고 작전에 운용하였으며, 이 전차들은 1959년까지 운용되다가 퇴역하였다. M36 전차의 90mm포는 적의 벙커를 파괴하는 데 아주 효과적이라 국군 전차중대들은 이 포를 사용하여 국군 보병부대의 공격을 지원하였다.

이렇게 국군이 보유한 3개의 독립 전차대대에 속한 9개의 전차중대는 동해안 지역(월비산·351고지), 중부 전선(화천 북방의 689고지·삼각봉고지·지형능선), 그리고 중서부 전선(철의 삼각지대 안 백마고지, 연천 지역의 베티고지와 노리고지 등)에서 벌어진 크고 작은 여러 전투에 참가하여 적에게 큰 타격을 입혔다.

(16) 육군 소년 전차병

전쟁이 계속되면서 기술병이 부족하자, 병무청 모병관들은 중고등학교를 찾아다니며 소년병들을 모집하였다. 1952년 4월에는 소년 전차중대를 창설하기 위해, 선발된 인원은 하사관(부사관) 신분으로 일본에 6개월 동안 기술 교육을 보내준다고 권유하여 많은 중고등학생들이 지원하였다. 학교 교실마다 방문하며 권유하는 모병관의 설명을 듣거나 붓으로 쓴 '소년 전차 하사관 후보생 모집' 공고문을 보고 전국 각지에서 많은 학생들이 지원하여, 이 가운데 120명을 뽑았다. 그러나 이들은 처음 약속과는 달리 일반 사병 신분으로 논산 제2훈련소에서 보병 기초훈련을 받은 뒤, 광주에 있는 육군보병학교 전차교육대에서 3개월 동안 전차운용과 관련된 교육을 받았다. 이들은 육군보병학교 전차교육대에서 교육을 받은 순서로는 제7기였으나, 동시에 소년전차병교육대로서는 제1기였다.

이들은 육군 보병학교(교장은 백남권 준장) 전차교육대에서 10월 25일까지 교육을 끝냈으나, 하사관 대우를 받지 못하고 일반 사병

으로 부대 배치를 받았다. 비록 약속했던 하사관 대우는 받지 못
했지만 당시 17~18세의 어린 청소년들로 구성된 소년 전차병들은
몇 달 동안의 군 생활로 군인의 본분을 배우고 자부심도 갖게 되
었으므로, 대우에 불만이 있었으나 누구도 이를 밖으로 드러내지
않았다.

　전차 교육을 끝낸 뒤 이들은 1주일 동안의 휴가를 얻어 집에
다녀온 뒤, 11월 초 다시 부대에 모여 M36 전차 22대와 구조용
전차 M32 한 대를 수령하여 장성 지역에 주둔하면서 실습 훈련을
하였다. 11월 15일 드디어 제57독립전차중대가 창설되어 소년 전
차병들은 이 중대에 소속되었다. 훈련을 계속하다가 12월에 선발
대 20명이 먼저 출발하고 이어서 본대도 기차로 광주 송정리역을
떠나 북상, 용산역과 청량리역을 거쳐 중부 전선 연천역에 도착하
자마자 곧 전장에 투입되었다. 당시 중대장 박우춘 대위를 포함하
여 7명의 장교(이 가운데 소대장 4명)와 사병 120명으로 구성된
제57전차중대는 이렇게 태어났다. 당시 소년 전차병들은 다음과
같은 군가를 불렀다.

　소년 전차대 군가

　1절
　백두영봉 슬기에 찬 정기를 받아
　공산군 무찌르는 우리의 포성
　우리는 강철같이 단결하여서
　전진하는 57중대 소년전차대

　2절
　장엄하다 궤도소리 승리의 함성

공산군 무찌르는 우리의 포성
화랑도 오계를 본을 받아서
이 나라 간성이 될 소년전차대

중대는 4개의 소대가 각각 흩어져 육군 제1사단의 보병 작전을
지원하였다. 앞서 본 노리고지와 베티고지 전투에서 조명탄 아래
적진으로 구경 0.5인치 중기관총과 구경 0.3인치 경기관총을 발사
할 때는, 이 광경이 나이 어린 소년 전차병들에게는 마치 불꽃놀
이를 하는 것 같은 느낌을 주었다고 한다. 낮에는 보병의 요청에
따라 90mm 직사포로 지원 사격을 하였는데, 포탄이 거의 명중되
었으므로 적에게 많은 피해를 주었다. 보병이 공격을 시작하여 고
지를 오르는 것을 보면서 90mm 전차포로 상단의 적 진지를 사격
한 것이다. 중공군도 아군 전차를 향해 야포와 박격포로 공격하였
으나 대부분이 빗나갔다. 그러나 M36 전차는 포탑 상판이 없어
중공군의 박격포탄이 포탑에 떨어지면 위험하므로 10mm 철판을
용접하여 붙이고 그 위에 마대자루에 모래를 담아 세 겹, 네 겹씩
올려놓고 싸웠다.

1952년 12월 한겨울부터 그 다음 해 여름까지 이런 진지전은
계속되었으나 삶과 죽음의 갈림길에서 항상 긴장한 채 싸우다보니
감수성이 예민한 소년들이지만 계절이 변하는 것도 느낄 수 없었
다고 한다. 고지 위에서 이들은 반합 대신 0.5인치 중기관총 탄통
에 쌀을 씻어 밥을 지어 먹으면서 일주일에 한 번씩 올라오는 보
급차를 기다리며 싸웠다. 야간에는 중공군이 아군 전차를 파괴하
려고 특공조를 침투시킬 수 있으므로, 이에 대한 경계를 하느라
잠을 제대로 잘 수 없었다. 이런 가운데서도 전쟁터에 핀 에피소
드가 있다. 전차포신은 10여 일마다 병기중대에서 교체해 주었는
데 하루는 포사격이 끝난 뒤 포구 속 청소를 마치자, 산새들이 날

해병 소년전차병 제1기 오산근 씨, 정영섭 씨, 필자(왼쪽부터).

아와 아직도 열이 식지 않아 따뜻한 포구 안에 알을 낳으려고 집을 짓기도 했던 것이다.

　사단장 김동빈(金東斌) 준장이 지휘하는 제1사단 예하 제11연대 제6중대의 김만술(金萬述) 상사(뒷날 소위로 승진)가 이끄는 1개 소대는, 1953년 3월에 벌어진 베티고지 전투에서 고지를 방어하고 있다가 중공군의 야간 인해전술 공격에 직면하였다. 중공군이 파상공격을 감행하자, 김만술 상사는 진내 사격을 요청하고 동굴 진지 속으로 들어갔다. 그때부터 아군의 전차와 야포는 일제히 아군 진지에 맹포격을 퍼부었다. 아군 전차들이 신들린 듯이 쉴 새 없이 90mm 직격탄을 퍼붓자, 전차포는 과열되어 포구에 달린 소염기가 떨어져 나갔고 방아쇠를 당기기 전에 자동 발사되는 일까지 일어났다. 다음 날 새벽에 적은 수많은 시체(964구)를 버리고 퇴각하였다. 아군 전차 2대가 적 포탄에 맞아 일부 파손되고 전차병 가운데 수 명의 사상자가 발생하였으며, 김상사의 소대는 34명 가운데 24명의 사상자(전사 6, 부상 18)가 나왔지만 성공적으로 진지를 방어하였다. 이 전투는 한국전쟁 이후 소부대 전투로서는 가장 많은 전과를 올린 전투로, 김 상사는 태극무공훈장을 받았고 베티 고지 전투의 영웅이 되었다.

제57전차중대는 이렇게 보병 작전을 지원하다가 제1소대 소대장 박승일 소위가 휴전을 두 달 앞둔 1953년 5월, 태풍고지(전쟁 당시 264고지로서 현재 태풍전망대)에서 적탄에 맞아 전사하였다. 박 소위의 추모식은 52년이 지난 2005년 5월, 생존한 소년 전차병들이 태풍전망대에서 행하였다(당시 추도사는 뒷부분 부록에 첨부하였음). 중대는 1953년 6월 25일부터 29일까지 박(朴)고지와 퀸고지 전투를 치른 뒤 7월 14일부터 15일까지 베티고지 전투에 참여하여 보병을 지원하였다. 휴전되던 날, 전차중대 소속의 모든 전차는 적진를 향해 탄약이 완전히 바닥날 때까지 사격하였다. 전차에 붙은 기관총은 총신이 벌겋게 달아서 방아쇠를 당기지 않아도 저절로 총알이 나갔고, 그나마 총알이 멀리 날아가지도 못하고 바로 앞에 떨어질 정도로 최후의 사격을 했던 것이다.

휴전 뒤, 소년 전차병 가운데 일부는 기갑장교가 되기도 하였으나 대부분 다른 부대로 전출되고 중대는 해체되었다. 그러나 학업

태풍전망대에 있는 육군 소년 전차병 기념비(왼쪽)와 학도의용군 6·25 참전 기념비

M47 전차

을 포기하고 전차병이 된 이들 가운데 다시 학교로 돌아간 사람은 거의 없었다. 전차를 타고 오랜 기간 싸우다보니, 전차포가 발사될 때마다 생기는 굉음 때문에 난청과 두통 등 휴유증이 심하여 다시 학업을 계속하는 걸 포기한 경우가 많았던 것이다.

　어린 나이에도 나라를 위하여 전차를 타고 최전방에서 싸우다가 산화한 육군 소년 전차병들을 기억하기 위하여, 현재 태풍전망대 정상에는 이들을 기리는 기념비가 세워져 있다.

(17) 휴전 이후의 육군 전차부대

　휴전 뒤 국군은 미군으로부터 M4A3 전차 380대를 받아 운용하였고, 1961년에는 M47 패튼 전차를 미군으로부터 넘겨받았다. 한국전쟁 기간에 생산된 M47 전차는 한국전쟁에는 등장하지 않다가 휴전이 되고나서 주한 미군에 배치되었으나, 주한 미군이 1961년부터 M48A2 전차를 운용함에 따라 국군에게 넘겨준 것이다. 제1기갑연대는 휴전 뒤 최전방 전선을 방어하다가 1965년 10월 22일,

M48 패튼 전차를 가지고 베트남으로 출동하여, 1973년 2월 6일 귀국할 때까지 8년 동안 번개부대라는 이름으로 명성을 떨쳤다.

국군은 1971년 3월, 미 제7사단이 한국에서 철수할 때 사단이 보유하고 있던 M48A2 전차 전량을 넘겨받았고 1973년과 1974년에 M48A2C 전차를 미국으로부터 추가로 공급받았다. 국군의 베트남파병 목적은 정치적으로는 우방을 공산 침략으로부터 수호하는 것이고 군사적으로는 실전 경험을 쌓는 것으로서, 국군 제1기갑연대는 베트남전에 파병되어 1965년 12월부터 '전진(前進) 1·2·3호 작전'을 비롯한 수많은 전투에 참여하여 전공을 세웠다. 제1기갑연대는 귀국한 뒤 1973년 3월 21일 맹호부대로 이름이 바뀌어, 지금은 우리 손으로 만든 K1 전차(120mm 활강포 장착)를 보유하고 전선을 지키고 있다.

(18) 귀신도 모르게 태어난 해병 전차부대

북한군의 남침이 시작된 지 1년이 지난 1951년 6월, 해군본부는 각 신문에 자동차 운전병 모집 공고를 실었다. 이 공고를 보고 각지에서 지원병들이 몰려들었다. 전형을 거쳐 뽑힌 189명은 9월 10일 무렵부터 진해 통제부 안에 있는 해군 신병훈련소에서 훈련을 빈은 뒤, 11월 1일 해군 자동차학교에 입학하였다. 그러나 1주일 뒤 이 가운데 20명을 별도로 차출하여, 1951년 8월 25일 무렵 전차 한 대도 없는 상태에서 이미 편성된 해병 전차중대에 보냈다(당시 중대장은 오상규(吳尙圭) 대위로 그는 제대한 뒤 1960년대 초에 영화 '돌아오지 않는 해병'을 만들었다가 큰 손해를 입었다).

이후 해군 자동차학교를 해병대에서 인수, '해병 기갑학교'로 개칭하게 되었다. 초기에 차출된 20명은 비공식적으로 기갑학교 1

도솔산에서 내려다본 펀치볼

기로 불렸고 12월 초에는 신병 12명을 보충 받아 전차중대로서의
면모를 갖추게 되었다. 이들은 12월 중순 부산의 부전역에서 미군
으로부터 76mm포를 가진 M4A3 전차 5대를 넘겨받음과 동시에,
50여 명의 해병 전차중대 요원은 중앙선 열차 편으로 원주를 거쳐
강원도 양구군 해안면(亥安面)에 있는 미 해병 제1사단 전차대대
근처에 배치되었다. 당시 이곳 펀치볼은 최전선으로서 해병 전차
중대원들은 아군과 적군이 전투를 치르는 것을 보면서 1952년 1
월 28일부터 실제 전차 교육을 받기 시작하였다.

　이 지역은 주변을 둘러싸고 있는 높이 1,200m 안팎의 고지 능
선에 오목하게 형성된 분지(남북 7.5km, 동서 5.5km)이므로, 공중에
서 내려다보면 마치 화채그릇처럼 보였다. 그래서 한 종군기자가
이 동부 전선의 전략적 요충지를 '펀치볼(Punch Bowl; 화채그릇)'이
라고 부르기 시작한 것이 지명의 유래가 되었다. 미군 전차 교관
(대위)은 이전에 장개석 군대의 전차병도 훈련시킨 경험이 있었으
므로, 펀치볼에서 해병 전차중대원을 교육시키기 전에는 국군보다
장개석부대의 전차병이 수준이 더 높다고 생각하였다. 그러나 막
상 교육을 시작하고 보니 국군 해병대 병사들이 교육을 더 잘 받

아들여 놀랐다고 한다. 50명은 전차 탑승 요원(30명)·전차 정비(10명)·전차 통신(10명)으로 나뉘어 실전 교육을 받은 뒤, 3월에는 경기도 파주군 월롱면 영태리로 이동하여 5월 3일 교육이 끝나는 날 영어로 된 수료증을 받았다.

1956년 일등해병(상병)으로 제대한 정영섭 씨는 당시 전차 정비 교육을 받았는데, 군 입대 전에 만주에서 포드트럭 엔진을 정비한 경험이 있었으므로 그는 M4A3 전차의 포드엔진 정비를 쉽게 배웠다고 떠올렸다. 교육을 끝낸 전차중대는 미군으로부터 M4 전차 15대를 추가로 받아 기존에 있던 5대와 합하여 20대의 전차로 1952년 5월 경기도 개풍군 장단면 수전포로 이동, 6월부터는 장단

지구 전투에 투입되었다. 그 당시 해병 전차중대는 전차 포탑 한쪽에는 한글로 '해병'이라고 쓰고 다른 쪽엔 영어로 한국 해병대(Korea Marine Corps)의 약자인 'KMC'라고 써 놓았다. 다음 해인 1953년에는, 복구용 전차 2대와 화염방사 전차 1대도 미군으로부터 넘겨받았다. 해병대는 화염방사 전차를 영어 그대로 '후레임(flame) 탱크'라고 불렀다. 포탄의 경우도 일반 포탄은 영어 그대로 '에이치이(HE)탄'이라고 부르고 철갑탄은 '에치브(HV)탄'이라고 불렀다.

위의 사진; 해병전차병 정영섭 당시 일등해병 (사천강 장단지구전투에서).
아래 사진; 펀치볼전투 때 한국 해병전차부대원 (왼쪽 안경을 쓴 사람이 한경용 당시 일등해병. M4 전차 포탑 오른쪽에 영어로 한국해병대를 뜻하는 KMC라고 쓴 것이 보인다).

제1기 해병 소년전차병 수료 기념 사진(1952년 11월 29일 진해).

　한편, 육군이 소년 전차병을 모집할 때와 비슷한 시기에 해병대
도 17~19세 사이의 소년 전차병 88명을 모집하여 1952년 8월,
경상남도 진해에서 소년 전차병 제1기 교육을 시작하였다. 교관은
모두 우리나라 해병대원이었으며 교육기간 동안 전차는 한 대도
없이 이론 교육만 하였다. 원래는 신문 모집 공고에 낸 대로, 미국
본토나 오키나와에 있는 미군 기지에서 교육을 한 뒤 이들을 교관
요원으로 양성하는 것이 목적이었다. 그러나 전선 상황이 긴박하
게 돌아감에 따라 이들 소년 전차병들은 신병 교육 3개월, 특수
교육(수송·통신) 4개월 훈련이 끝나면서 모두 자대 배치되었다. 해
병대의 소년 전차병 제도는 제1기만 배출하고 중단되었다. 휴전이
되자 각 부대에 배치되어 있던 소년 전차병 제1기 출신들을 다시
모아서, 해병 전차중대는 전차대대로 확장되어 창설되었던 것이다.

양구지구(펀치볼, 도솔산) 전적비와 경기도 파주군 조리면에 있는 한미 해병 참전 기념비(오른쪽 사진)

(19) 해병 전차중대의 활약

　6월부터 본격적으로 전투에 투입된 해병 전차중대는 전차 3개 소대와 정비반 정비 전차(복구 전차), 통신반, 근무소대, 중대본부, 중대장 전차, 선임 장교 전차로 편성되어 서부 전선 판문점 동남쪽 장단지구에 배치되었다. 당시 해병 제1연대의 주저항선(MLR)은 사천강 하류에서 판문점까지였으므로, 해병 전차중대는 지금의 임진강 자유의 다리 건너 155고지(도라산 전망대)를 중심으로 사천강 하류 전초 진지까지 넓은 지역을 맡아 보병부대를 기동과 화력으로 지원하였다.

　7월에는 사천강에서 중공군 보병 1개 대대가 도강하는 것을 3소대 소대장 김세환 소위와 명태호 선임하사가 발견하고, 전차포로 사격하여 큰 전과를 올렸다. 앞서 나온 정영섭 씨가 탄 전차는 1952년 여름, 155고지 북쪽 2km에 있는 67고지를 지나가다가, 중공군 시체 3구가 길가에 늘어져 있어 전차를 세우고 승무원들이 시체를 길가로 옮겨놓았다. 전투 상황에서 전차를 세우고 승무원이 전차에서 내리는 것은 극히 위험한 일이지만, 아무리 적이라도 인간적인 마음에서 도저히 시체를 짓뭉개며 달릴 수가 없었던 것이다(정영섭 씨는 155고지 전투에서 부상을 입었으나 후송을 거절하고 전투를 계속하였다. 그의 오른팔에는 아직도 상흔이 있고 조그만 파편이 들어있다).

중공군은 9월 추석날 보름달이 뜰 때 대공세(추계 대공세)로 나와 아군 주저항선을 돌파하려 했으나, 이때 해병 전차중대의 전차들이 사천강 방어선에 횡대로 늘어서서 돌진해오는 중공군에게 포사격을 퍼부어 그들을 격퇴하였다. 155고지는 사천강 남쪽에서 가장 높은 고지로서 해병대에는 죽음의 고지로 알려졌다. 꼭대기는 적의 포탄이 하도 많이 떨어져 포탄 때문에 흙먼지가 1m나 쌓였다. 중공군은 낮에는 미군 항공기를 겁내어 숨어 있다가 밤이 되면 피리를 불거나 꽹과리를 치면서 공격하였다. 여기에 대비해 해병 전차중대는 낮에 탄착점을 미리 외워두었다가 중공군이 야간에 공격해 올 때 그 지점을 사격하였다. 밤새 사격을 하다보면 포탄과 기관총알이 바닥났고, 이때는 트럭으로 탄약을 공급받거나 전차를 이동하여 중대본부로 내려가 탄약을 싣고 다시 고지에 올라와 사격하였다.

미군의 항공 지원이 필요할 때는 해병 전차중대에 파견된 미 고문관에게 요청하면 미군기가 곧 상공에 나타났다. 항공 지원은 미 공군 전투기나 해병 항공대 전투기의 지원을 받았다. 일반적으로 공군 전투기보다 해병대 소속 콜세어 전투기가 위험을 무릅쓰고 저공으로 날아와 적의 목표물을 완벽하게 타격하였다. 콜세어 전투기의 해병대 조종사들이 국군 해병 전차중대의 상공을 낮게 날아 동체를 옆으로 기울이면서 손을 흔들어 줄 때는, 우리 해병 전차병들의 사기도 더욱 충천하여 힘차게 손을 마주 흔들었다. 국적

을 떠나 같은 해병대라는 교감이 서로 오갔던 것은 아니었을까 하
는 생각도 든다.

이렇게 우리 해병대와 미군 해병대는 합동작전으로 중공군의 거
듭된 인해전술을 사천강에서 성공적으로 격퇴하였고, 여기에는 해
병 전차중대의 활약이 큰 몫을 했다. 만약 적에게 사천강을 빼앗
겼다면 서울은 적의 위협에 더욱 노출될 뻔 하였다. 해병전우회는
해마다 11월 5일이 되면 사천강 전투를 기념하는 합동추모제를
현지에서 열고 있다.

1953년 5월 무렵, 적이 임진강 상류 연천지구의 노리고지, 베티
고지를 점령하려고 하자 해병 전차중대는 이를 방어하는 육군 제1
사단 예하 제11·제12·제15연대에 화력지원을 하였다. 이때 함께
지원에 나선 육군 전차중대의 M36 전차의 경우 무한궤도의 폭이
좁아 급경사는 잘 오르지 못했으나, 해병대의 M4 전차는 급경사
도 잘 올라갔기 때문에 육군 제1사단에 화력지원을 효과적으로 할
수 있었다. 육군 전차중대 소속 M36 전차가 가파른 언덕길을 제
대로 오르지 못할 때는, 해병 전차중대의 M4 전차가 견인해 고지
정상에 오르기도 하였다. 해병 전차중대가 전진할 때는 앞서서 해
병 공병중대가 지뢰탐지기로 지뢰를 찾아냈으나, 미처 발견하지
못한 지뢰를 전차가 밟을 때도 있었다. 이 경우, 무한궤도가 부서
져 전차는 정지하게 되는데, 멈추자마자 이를 기다렸다는 듯이 중
공군의 박격포탄이 전차 주위에 맹렬하게 떨어졌다. 박격포탄은
전차에 명중하여도 포탑이나 차체에 손상을 주지는 못하였으나 전
차 뒤쪽 엔진 상부의 격자판(格子板)에 정확하게 떨어지면 화재를
일으켰다.

이런 경우, 견인 크레인이 달린 복구용 전차가 야간에 은밀하게
투입되어 부서진 전차를 후방으로 끌어내는 작업을 했다. 주간에
는 적의 사격이 심해 야간에 끌어냈는데, 새벽 2시에 끌어낸 전차

임진강 전투 때 M4 서먼 전차의 포신을 청소하는 한국 해병 전차부대원들(오른쪽부터 곽
성만, 정영섭, 최강훈, 유화열)

도 있고 5일 만에 간신히 끌어낸 경우도 있었다. 끌어낸 전차는
부서진 정도에 따라 간단한 것은 20분 만에 수리하고 심한 것은
며칠씩 걸렸다. 미군 고문관은 전차가 지뢰를 밟으면 그냥 버려두
고(또 보급될 테니) 몸만 빠져나오라고 했으나, 당시 전차 한 대가
3억환(당시 화폐)이나 된다는 것을 알고 있던 제2대 해병 전차중대
장 조의정(趙義定) 대위 휘하 전차중대원 모두는 불타는 애국심으
로, 어떻게 해서라도 전차를 끌어내어 수리하였던 것이다. 그리하
여 해병 전차중대는 미군으로부터 인수한 전차 20대를 휴전이 될
때까지 한 대도 잃지 않고 운용하였다.

　중공군의 T34 전차도 85mm 전차포탄을 아군 진지에 쏘아댔다.
한국전쟁 초기에 압록강을 넘어온 중공군은 은밀하게 참전하느라
고 야포나 전차를 가져오지 않았으나, 전선에 정체를 드러내고부
터는 야포와 전차도 들여왔다. 1952년 초에는 이미 중공군 2개 기

갑사단이 보유한 T34 전차 520대가 전선에 배치되었다. 이즈음 중공군은 전선에 8개의 포병사단을 운용했고, 만주에는 1,250대의 소련제 항공기(주로 전투기)도 배치하여 병력 증강과 함께 장비도 현대식으로 크게 개선하였다. 그러나 중공군 전차대는 제공권을 쥐고 있는 미군기가 겁나서 주간에는 나뭇가지를 전차 위에 덮어 위장하고 있다가, 해가 서쪽으로 넘어가기 전 해를 등지고 나타나 국군 진지에 포탄을 쏘아대고 신속하게 도망하곤 하였다. 서쪽에서 공격해오는 중공군은 석양을 등지고 있으므로 햇빛 때문에 아군이 관측하기 어렵다는 점을 이용하여 이런 공격 방법을 사용한 것이다. 그리하여 아군은 나뭇가지로 위장한 중공군 전차의 모습을 보기는 어려웠고, 적이 전차포를 사격할 때마다 번쩍이는 불빛만 보일 정도였다.

이런 중공군 전차대의 공격법에 맞서 동쪽에 위치한 해병 전차대는 반대로 아침(오전 9시 이전)에 태양이 솟아오를 때를 이용하여 중공군 진지에 전차포 사격을 하였다. 전쟁 초기에 북한군 전차에 아군 전선이 유린당한 것을 보복하기 위해서 해병 전차대는 공산군 전차와 반드시 전차전을 치르고 싶었으나, 미 공군기를 두려워하는 공산군 전차가 대낮에 모습을 드러내지 않아 해병 전차대는 T34 전차에 복수전을 펴지 못하고 휴전을 맞았다.

그러나 아군은 제공권을 이용하여, 낮에 항상 상공에 떠 있는 미군 L19 연락기가 적 진지의 목표물을 관측하고 연막탄을 쏘면 곧 미군 항공기가 나타나 목표물을 공격하였다. 아군과 적군을 구별하기 위해 사전에 약속을 하고 아군 진지에 설치해놓은 대공판 색깔로 미군기는 오폭을 방지하고 적군만 공격하게 되는데, 미군기가 나타나면 공산군도 즉각 대공판을 아군과 같은 색깔로 바꾸었다. 국군에 침투한 스파이나, 관측을 통해 공산군도 그때그때 아군의 대공판 색깔을 알아낸 것으로 보인다. 1953년 6월 28일, 해

T34 전차를 앞세우고 철의 삼각지대 가운데 한 곳인 금화지구를 공격하는 중공군(1952. 10. 14~1952. 11. 25)

병 제1연대는 작전 지역을 육군 제1사단에 인계하고 서부 전선으로 귀환하여 7월 27일 휴전을 맞았다.

13. 최후의 결전

(1) 제임스타운 선

중공군이 전 전선에 '지하 만리장성' 또는 '지하 장성'이라는 별명을 붙인 동굴을 파고 들어가 저항하면서 전선은 완전히 참호전 양상으로 굳어져 갔다. 이에 따라 1952년 초 우리나라에 있던 20만 명의 유엔군 전체 병력도 부대별로 이동하여 재배치되었고, 재배치 작전의 일환으로 동부 전선에 있던 미 해병 제1사단은 1952년 3월에 서울 서북쪽으로 이동하였다. 해병 제1사단은 인천상륙작전과 장진호 전투로 용맹을 날린 스미스 소장에 이어 셸든(John Selden) 소장이 새로운 사단장으로 부임하여, 3월 25일부터는 김포 지역과 서울의 서북쪽인 임진강 방면 방위를 맡았다. 미군은 임진강 북쪽에서 삼미천에 이르는 곳에 제임스타운 선을 설정해 놓고 서울을 방어하고 있었다.

휴전회담이 계속되면서 1951년 10월부터 유엔군과 공산 측은 개성과 판문점 지역에 휴전회담을 위한 중립 지역을 만들었다. 이 중립 지역은 유엔군이 공격할 수 없었으므로 공산군은 보란 듯이 이 지역에 군사 시설과 진지를 강화하였다. 휴전회담에 참석하는 유엔군 대표단이 이 지역에 들어갈 때는, 이들을 보호하는 임무를 띠고 미 해병 전차 1개 소대(5대)와 보병 1개 중대가 '자유의 다리'에서 판문점까지 대표단을 호송하였다.

당시 해병 제1사단과 대치하고 있던 중공군에는 40대의 T34 전차로 구성된 중공군의 전차 연대가 배속되어 지원하고 있었다. 이 전차 연대는 평양 북쪽 70km에 있는 시변리에 배치되었다가 전방으로 이동해온 것이다. 한국전쟁 초기 전차나 야포 등 중화기가 없었던 중공군은 전쟁이 계속되면서 압록강을 건너 중장비를 운반해 왔다. 이들이 갖고 온 신형 장비에는 16발의 132mm(5.2인치) 로켓탄을 동시에 발사하는 소련제 BM 13 카츄샤(Katyusha) 로켓 발사 트럭도 포함되어 있었다. 이 로켓탄은 무게가 42.5kg이나 되어 두 명의 병사가 양쪽 끝을 잡아 운반하였다.

한편 미군의 경우, 낙동강 전투부터 참여하여 산전수전을 겪은 고참병들은 귀국하고 새로운 병력이 우리나라에 도착하여 전방에 배치되었는데, 이들 가운데 포병과 전차병은 훈련이 제대로 되어 있지 않았다. 특히 전차병의 경우는 훈련 부족으로 M46 전차 운용 기술이 서툴렀다. 1952년 7월 9일, 제임스타운 선 북쪽으로 기습 공격에 나선 M46 전차 11대가 지반이 너무 약한 지역에 들어가 옴짝달싹 못하고 중공군의 82mm와 카츄샤 로켓포 공격을 집중적으로 받다가, 간신히 논을 통해 빠져나온 적이 있을 정도였다.

7월 말에는 장대비가 쏟아져 제임스타운 선에서 양측 모두 전투를 할 수 없었으나, 8월이 되어 비가 멎자 판문점 동쪽에 있는 '시베리아고지'와 '벙커힐(Bunker Hill)고지'를 두고 미군과 중공군 사이에 격돌이 벌어졌다. 벙커힐은 미국 동부 매사추세츠 주, 보스턴 시내 맞은편의 찰스타운 반도에 있는 언덕으로서 1775년 6월 미국이 영국을 상대로 독립전쟁을 할 때 영국군과 격렬한 전투를 벌인 곳이다. 이 전투를 상기하고자 미군은 항공모함의 이름을 비롯한 여러 곳에 벙커힐이라는 이름을 사용하고 있었으며, 한국전쟁에서도 홍천 북방 16km에 있는 800m의 고지(1951년 5월 전투)와 제임스타운 저항선에 있는 고지에 그 이름을 붙인 것이다(한국전쟁에서 벙커힐 전투라 하면 일반적으로 홍천 북방 벙커힐고지 전투를 말한다). 제임스타운 저항선의 벙커힐 전투에서 미군은 M39 장갑 차량(실제로 장갑차 구실을 하였음)을 이용하여 탄약과 식량을 고지 위로 운송하고 부상자를 태워 후송하였다[M39는 제2차 세계대전 때 사용된 M18 헬켓 전차파괴용 전차(대전차 자주포; Tank Destroyer)의 포탑을 떼어내고 인원과 탄약 등을 운반하도록 개조한 장갑차이다].

시베리아고지와 벙커힐고지 전투에서 미군 M46 전차대는, 야간에 탐조등을 교대로 사용해 적에게 사격을 하였다. 곧, 전차 한 대가 탐조등으로 적의 진지를 비추면 다른 한 대는 전차포로 사격을 한 것이다. 벙커힐 전투에서 보병을 지원하기 위해 미 전차대는 이틀 동안 당시 가격으로 한 발에 미화 100불인 90mm 전차포탄 817발과 0.5인치 기관총탄 32,000발을 사용하였다.

중공군의 포격도 만만치 않았다. 미군 전차대 주위에는 4천 발의 중공군 박격포탄(주로 82mm)이 떨어졌으나 전차에 피해를 주지는 못했다. 그러나 9월 20일 중공군이 보유한 사거리 11.8km의 소련제 122mm 야포 포탄(무게 21.8kg)이 미군 M4 전차 전면에 명중하여, 전차의 두꺼운 전면 장갑을 찢어버리고 그 폭발 충격은 전차포를 휘어지게 만들었다. 8월 중순, 벙커힐 동쪽 3km에 있는 시베리아고지는 중공군 손에 넘어갔으나 벙커힐고지는 미군 수중에 있었으므로, 미군은 사력을 다해 전차를 앞세운 중공군의 공격을 격퇴하였다. 9월 5일, 미 해병대는 이곳에서 처음으로 중공군이 그들의 기갑사단 소속 T34 전차를 앞세우고 고지를 공격하는 것을 볼 수 있었다.

미 해병대가 10월까지 벙커힐고지를 방어하는 동안 한국 해병대는 처음으로 전차 중대를 창설하여, 미 해병대로부터 76mm 전차포를 부착한 M4A3 전차 1개 중대 분량을 양도받았다. 당시 미 해병 전차부대 레인(Elliot Laine) 소위가 한국 해병대 전차중대 요원들에게 전차의 사격과 기계 수리법 등을 가르쳤다. 한편 중공군은 미군으로부터 노획한 3.5인치 바주카포나 75mm 무반동포로 구성한 전차 파괴팀(팀당 4명)을 활용하여 미군 전차 가까이 다가가서 정확하게 사격하곤 하였다. 이를 막으려고 미 전차 승무원들은 기관총을 쥐고 경계를 늦출 수가 없었다.

서부, 중부, 동부 전선에서 고지 쟁탈전이 계속되는 동안 한국전쟁의 세 번째 겨울이 찾아왔다. 공산 측은 전력이 소진되었고, 미국 또한 자기 나라 전쟁도 아닌 싸움터에 2년 이상 군대를 파견하는 상황이었으므로 미국 국민들은 한시라도 빨리 전쟁을 끝냈으면 하였다. 미국 국민의 의견을 따른 아이젠하워 대통령 당선자는 전쟁을 하루빨리 종결시키려는 의도로 우리나라를 방문하였다. 그는 12월 4일 경기도 광릉 근처 팔야리에 있는 수도사단에 도착하여, 의장대를 사열하고 송요찬 사단장의 브리핑을 들은 뒤 장병들이 펼치는 여러 시범을 보았다. 특히 그는 기갑연대 제1대대 병사들이 눈을 가린 채 소총, 기관총 등 공용화기를 분해 결합하는 것을 보고 깊은 감명을 받았다. 이날 기갑연대 제2대대는 사열·군장검사·기지거리사격을 검열 받았고, 제3대대는 적 전차에 대한 육탄공격 시범을 보였다. 아이젠하워는 추운 겨울에 병사들이 우의나 개인 천막을 호 위에 치고 그 속에 1개 분대씩 들어가 숯을 피우며 추위를 이기고 있는 것을 보고 "나는 지금까지 전투부대 시찰을 해봤어도 이런 훌륭한 부대는 처음 보았다"는 찬사를 남기고 부대를 떠났다.

1953년 3월 말부터 중공군은 다시 춘계 공세를 시작하였다. 이번 공세는 제임스타운 선에 있는 레노고지, 베가스고지, 칼슨고지에 집중되었다. 이 세 고지는 모두 미국 네바다 주에 있는 도시 이름에서 따왔다. 3월 26일 오후 7시, 날이 이미 어두워지자 중공

군 제120사단의 제358연대 병력 3,500명은 일제히 야간 공격으로
나왔다. 미군 전차대의 직사포 사격과 포병의 지원 사격에 큰 피
해를 입으면서도, 중공군은 이날 밤 12시 레노고지와 베가스고지
를 점령하였다. 그 뒤 고지를 잃은 미군이 베가스고지를 탈환하였
으나 3월 31일까지 중공군은 거대한 규모의 인해전술로 미군을
삼키려고 계속 공격하였다. 이 전투에서 미군 전차대는 중공군의
인해전술을 막기 위해 7,000발의 90mm포탄을 사격하였다.

4월 말에 미 해병 제1사단은 미 육군 제25사단과 임무를 교대
하였으나, 맥코이(Charles W. McCoy) 중령이 지휘하는 미 해병 전
차대대는 계속 남아서 1개 중대는 미 육군 제25사단을, 그리고 2
개 중대는 터키군 여단을 지원하였다. 미군과 함께 싸우는 터키
여단은 4개의 보병 대대와 자체 포병, 수송 중대를 보유하고 있었
다. 5월 15일 새벽 1시 중공군은 제임스타운 선에 있는 칼슨고지,
엘코고지, 베를린고지, 동베를린고지를 향해 동시에 총공격을 감행
하였다. 중공군의 대 공격을 맞아 미 해병대 M46 전차 33대가 지
원이 필요한 곳으로 이동하며 전차포로 중공군의 공세를 저지하였
다. 밤새 사격하는 바람에 M46 전차의 포탄이 바닥나면 곧 M39
장갑차가 포탄을 싣고 끊임없이 공급했으므로, 미 전차대의 포사
격은 밤낮으로 계속되었다.

이 전투에서 4명의 병사로 구성된 중공군의 전차 파괴팀은 소련
제 대전차 화기(RPG 43)로 미군 전차에 사격하기도 하고, 수류탄
을 가지고 전차에 기어오르기도 하였다. 그때마다 미 전차대는 서
로 서로 기관총으로 우군 전차에 기어오르는 중공군을 사살하였
다. 미 육군 제25사단에 배속된 M16 장갑차는 4연장 0.5인치 중
기관총으로 고지에 올라오는 중공군을 사격하여 그들의 예봉을 꺾
는 데 기여하였다.

(2) 국군 기갑연대의 마지막 전투

육근수 대령이 지휘하는 제1기갑연대는 지형능선 전투를 마치고 광릉 팔야리에서 40여 일 동안의 휴식과 재편성 뒤, 12월 10일 금화(金化) 북쪽 9km의 포막(浦幕)으로 이동하여 수도사단 예비대가 되었다. 중공군이 1953년 7월 13일 공세를 감행할 때까지 기갑연대 이준화(李俊和) 대대장이 지휘하는 제3대대가 3월과 5월에 샛별고지 전투에 참여한 것 말고는, 특별한 격전이 없이 전선은 소강 상태였다. 중공군 제199사단 제596연대의 제1대대는, 기갑연대의 제3대대(대대장 한금창)가 방어하고 있는 샛별고지를 5월 14일 새벽 1시 45분부터 포격과 함께 보병으로 공격해 왔다. 아군은 깊이 판 호 속에서 중공군에게 포사격을 하였으나 적의 포탄이 아군 진지에 계속 떨어졌다. 이에 제3대대 제10중대장 이주학 대위는 이용 연대장으로부터 전화를 받았을 때 적의 포진지를 강타해 달라는 요청을 하였다. 이에 연대장이 항공 지원을 요청해 미 공군의 F86 세이버 전투기 2개 편대(1개 편대는 4대)가 날아왔고, 중대는 60mm 박격포로 연막탄을 적의 진지에 발사하여 위치를 전투기에 알렸다. 곧 전투기 편대가 적의 포대를 향해 곤두박질치듯 내려오며 공격하였다. 15일 밤 12시 무렵, 적이 샛별고지에 완전히 올라왔으나 아군은 고지 위의 참호 속에서 끝까지 저항하였고, 이때 고지 위에 떨어진 아군 포탄 200여 발에 적의 공격이 좌절되었다. 그러나 이 고지 방어전에서 기갑연대 제10중대는 격전을 치르면서 45명이 전사하고 72명이 부상을 입었다.

이러는 가운데 4월 25일 송요찬 사단장이 미국 유학 때문에 육군본부로 전출되었다. 후임에는 도미 유학에서 귀국한 최창언(崔昌彦) 대령이 준장 진급과 동시에 사단장으로, 부사단장에는 임익순(林益淳) 대령이 부임하였다. 그 당시 이승만 대통령은 휴전을 저지하기 위해 6월 7일 전국에 임시비상경계령을 선포하였고, 사전에 미국 측과 아무런 타협도 없이 반공포로 2만 5천 명을 석방하여 휴전회담에 찬물을 끼얹었다. 그러나 적은 휴전회담의 체결을 기정사실로 보고 최후의 대공세를 펼쳐, 한국정부의 북진통일 주장과 휴전 반대 운동을 잠재우고 국군에 재기불능의 치명타를 가하는 동시에 화천 저수지를 탈취하려고 하였다. 이를 위해 중공군은 국군 제2군단(수도사단·제5사단)이 담당하고 있는 화천 북방 금성 돌출부 지역에 집중적인 공세를 감행하는 작전을 세웠다.

드디어 1953년 6월 10일 밤, 중공군의 제7차 1단계 공세가 시작되었다. 이는 1951년 5월 비참하게 끝난 제6차 공세 이후 2년 만에 시도하는 공세였다. 1개 군(국군의 군단에 해당)이 투입된 이 작전에서 중공군은 산악 전술과 야간 공격으로 8일 동안의 공세를 벌여 정면 13km, 폭 4km의 면적을 차지하였으나, 유엔 공군의 활약으로 6월 18일 더 이상의 전진은 저지되었다. 그리하여 7월에 접어들면서 휴전회담은 급격한 진전을 보였다. 이승만 대통령은 휴전을 극력 반대하다가 미국 측에 요구한 여러 가지 조건(한미 안전보장 조약, 경제 원조, 한국군 확장 등)에 미국이 합의하자 7월 12일, 휴전 이행에 동의하였다.

중공군은 7월 13일에 시작할 제7차 2단계 공세를 앞두고 금화에서 북한강 사이 23km에 무려 5개 군(15개 사단)을 집중 배치하였으며, 서쪽에서 동쪽으로 제24군 - 제67군 - 제68군 - 제60군 - 제54군 순으로 전개시켰다. 중공군은 공격개시일을 7월 13일로 정하고, 공격 5~6일 전에 각 부대의 돌격대원에게 나흘치의 비상식량(쌀 40%, 수수 50%, 보리 10%)을 주어 국군의 주진지 턱밑에 은밀하게 투입, 호를 파고 숨어 있게 하였다. 이들은 공격 개시 신호와 함께 일제히 전 전선에서 신속하게 주저항선에 돌입하도록 계획되어 있었다.

이에 대해 금화지구에 투입된 국군 주력은 서쪽에서 동쪽으로 제9사단-수도사단-제6사단-제8사단-제3사단-제5사단-제7사단 순으로 7개 사단이 전개되어 있었다. 한편 릿지웨이 장군 후임으로 제3대 유엔군 사령관이 된 클라크(Mark Clark) 대장은, 7월에 들어서면서 중공군이 금성으로 계속 집결하자 미 제24사단과 제187공수연대를 일본에서 한국으로 이동하였고, 미 제45사단과 제40사단을 화천 지역에 배치하여 한국군을 지원하였다. 중공군의 공세가 임박하였다는 정보에 미국 육군대학에 유학하려고 대기하고 있던 송요찬 소장은 유학을 연기하고 제8사단을 맡게 되었다.

7월 13일 밤 10시, 장대 같은 폭우와 함께 적의 제60, 제67, 제68군이 배치한 1,000여 문의 포에서 포탄이 우박처럼 쏟아졌다. 중공군의 제7차 2단계 공세가 시작된 것이다. 금성 돌출부를 점령하고자 중공군은 5개 군을 동원하여 공세를 개시하였다. 중공군의 포격이 끝나자 사방에서 나팔소리, 피리소리가 들리면서 동시에 T34 전차부대도 나타나 중공군 보병과 함께 공격을 시작하였다.

제1기갑연대 이준화 소령이 지휘하는 제3대대는 보병 제1연대에 배속되어 연대 주저항선 1km 뒤 522고지에 배치되어 있다가 10시 20분, 최세인(崔世寅) 제1연대장의 명령에 따라 주저항선으로 지원을 나갔다. 그러나 이때는 이미 적이 골짜기마다 들어와 아군은 원위치로 철수하기로 하였다. 예비대였던 제1기갑연대 육근수 연대장은 출동 명령에 윤여정(尹與禎) 중령의 세1대대를 세26언대에 지원 병력으로 보내고, 자신은 제1연대 지원 임무를 맡은 박기순(朴基淳) 중령의 제2대대와 함께 제1연대 지휘소가 있는 이천동(利川洞)으로 달려갔다(윤여정 중령은 미국 유학에서 돌아와 기갑연대 제1대대장이 되었다). 이날 수도사단 오른쪽에 있던 제6·제8·제3사단도 적에게 돌파되어 주저항선이 들쑥날쑥하게 되어버렸다. 중공군은 한국말로 "철수, 철수"라고 외쳐 아군 병사들이 동굴 진지에서 나

금성 전투에 참가한 중공군 제4사단 전차대원들과 T34 전차

오도록 유인했고, 나오지 않으면 파괴통(폭약을 채운 파이프)으로 폭파하여 생매장시켰다.

그러나 국군도 이즈음에는 조직적이고 기강이 서있는 부대로 성장하였으므로, 1950년 말에 중공군에게 일방적으로 당했던 것처럼 쉽게 중공군의 돌파를 허락하지는 않았다. 정일권 중장이 지휘하는 제2군단의 전선이 돌파되자 밴플리트 장군의 후임으로 미 제8군 사령관이 된 테일러(Maxwell Taylor) 중장은, 적의 주공 방향이 예측대로 금성지구임을 알고 적의 포위를 사전에 피하고자 국군 제2군단과 미 제9군단을 7월 13일 밤 12시를 기해 금성천(金城川) 남안으로 철수시켰다. 그리고 정일권 군단장은 제11사단을 주파리(注坡里)로 급파하여 제6, 제8사단이 돌파된 자리를 막도록 하였다.

이때 중공군 제607여단 정찰중대 양육재(楊育才) 부중대장이 지휘하는 일단의 특공대가 제1연대 지휘소 뒷산에 침투하여 국군 병사를 포로로 잡고 이날의 암구호를 알아낸 뒤, 미 고문관을 호송

하는 국군 병사인 것처럼 위장하여 삼엄한 경계망을 뚫고 이천동
에 있는 제1연대 지휘소까지 침투하였다. 그때(7월 14일 새벽 4시
무렵) 연대 지휘소에는 최세인 제1연대장과 육근수 기갑연대장, 부
사단장인 임익순 대령 등 지휘관들이 모여 막 작전회의를 마친 참
이었다.

바로 그 순간 양육재 부중대장이 지휘하는 중공군 특공대의 정
찰대가 들이닥쳐 기습을 하였다. 이 기습으로 임 부사단장은 포로
가 되었고 최 연대장은 간신히 탈출하였으나, 육 연대장은 적탄에
맞아 그 자리에서 숨졌다. 이때 그의 나이 31세였다. 중공군 정찰
대의 기습으로 이렇게 보병 제1연대는 연대장 이하 54명이 사살
되었고 임 부사단장을 비롯한 19명이 포로가 되어 지휘부가 와해
되었다. 한편 중공군은 이 전투에서의 공로를 높이 사 양육재 부
중대장에게 중공군 '일급 전투영웅'의 칭호를 수여하였다.

기갑연대 육 연대장이 전사한 무렵 그의 부하인 제3대대 이준화
소령도 참호 속에서 지휘를 하다가 전사하였다. 이 소령은 사단에
서 가장 우수하다는 평을 받고 있었으나 참호가 무너지면서 안타
깝게 전사하였다. 한편, 기갑연대 제2, 제3대대는 박기순 제2대대
장이 통합 지휘하여 북정령(北亭嶺) 북쪽 1km의 496고지를 지키다
가, 저녁 8시 무렵 북정령 남쪽으로 철수하여 그곳을 방어하였다.
이날 중공군에게 큰 타격을 받고 후퇴하여 전열을 수습한 수도사
난 병력은 기갑연대를 제외하고 1,400여 명 뿐이었다. 이즈음에는
국군에도 전차가 배치되어 수도사단엔 김옥배 대위가 지휘하는 제
59전차중대가 배속되고, 이 중대에는 미제 M36 전차가 일부 배치
되었으므로 보병을 지원하여 적진을 공격하기도 하였다.

7월 15일, 수도사단은 총반격에 나섰다. 이때 기갑연대는 제1연
대와 협동작전을 펴기로 하였고, 기갑연대의 수색중대는 제26연대
에 배속되었다. 윤여정 중령이 지휘하는 제1대대는 오후 1시 30분

제1연대의 우측에서 하진현을 확보하고, 박기순 중령이 지휘하는 제2대대도 같은 시간 제1연대의 중앙이 되어 북정령 북쪽 0.5km의 무명고지를 점령하였다. 윤여정 중령의 제1대대는 미군에 배속된 그리스 대대와 함께 싸웠다. 그리스 대대에서는 윤 중령 대대에 중위 한 명을 연락장교로 파견해 함께 협동하여 작전하였다. 이날 사단은 목표로 삼았던 교전리(橋田里) - 하진현을 점령한 뒤 미 제3사단에게 임무를 인계하였고, 기갑연대는 가래골 제궁동(齊宮洞)에 집결하여 부대를 정비하였다.

7월 22일에 육군본부 병기차감인 차갑준(車甲俊) 대령이 기갑연대장으로 부임하였다. 수도사단은 7월 13일부터 15일까지 3일 동안 사상자 2,023명(전사 906명, 부상 1,117명), 행방불명 1,414명의 인명 피해를 입어 사단 병력의 삼분의 일을 잃었다. 7월 16일 아침, 테일러 미 제8군 사령관은 휘하 부대에게 '금성 방어선을 회복하라'며 총반격을 명령하였다. 그러자 미 공군은 국군 제2군단이 방어하는 지역 전면에 7월 13일부터 14일 사이 200톤의 폭탄을 투하하였고, 7월 15일에는 B29 중(重)폭격기로 120톤, 7월 16일에는 1,000대 이상의 항공기가 출격하여 500톤의 각종 폭탄을 퍼부었다.

중공군은 미군의 거대한 B29 폭격기가 폭탄을 투하할 때는 동굴 속에 들어가 폭격을 피했다. 그러므로 미 공군의 끊임없는 폭격에도 중공군의 저항은 강력하였으나, 국군은 7월 19일에 금성 돌출부를 가로지르는 금성천을 중심으로 새로운 전선을 형성하고 7월 24일까지 격전을 벌인 끝에 금성천 남안을 회복하였다. 그러나 휴전을 불과 1주일 남기고 폭 31km의 금성 돌출부에서 최대 9km까지의 땅을 중공군에게 빼앗기고 말았다. 국군은 잃은 영토를 되찾고자 계속 반격하기를 원하였으나, 휴전협정 조인을 고려한 유엔군 사령부가 이를 허가하지 않아 국군이 계획한 반격 작전

중공군의 지하 동굴 모형(북경 군사박물관)

은 중지되었다. 중공군은 이 전투에서 사상자 약 6만 명의 인명 피해를 입었다.

휴전이 가까워오면서 유엔 공군기들은 하늘을 새까맣게 뒤덮으며 적진을 강타하였다. 미 제3사단에 배속된 터키 여단과 그리스 대대는 하루에도 수십 명씩 포로를 잡아 왔는데, 포로들은 너무 굶고 지쳐서 국군 옆을 지날 때 먹을 것을 달라고 몸짓으로 호소하였다. 휴전을 몇 시간 앞두고 피아는 남은 포탄을 없애기 위해 3시간 동안 정신없이 포사격을 하였다. 드디어 7월 27일 밤 10시를 기히여 3년 동안 울던 포성이 멎고 휴전을 맞게 되었다. 기갑 연대 제1대대의 민용기(閔龍基) 대위가 지휘하던 제2중대는 155mm 포진지를 중공군의 공격으로부터 지켜냈는데, 이것이 그들에게는 6·25 사변의 마지막 전투가 되었다.

휴전이 되던 날, 민 중대장 이하 전 중대원은 드럼통, 프라이팬 등을 두들기며 휴전과 전쟁의 승리를 자축하였다. 그리고 먼저 간 전우들의 명복을 빌며 하염없는 눈물을 쏟았다. 휴전 이틀 뒤 민

대위의 중대는 그리스 중대와 교대하였는데 눈에 보이는 것은 피아의 시체뿐이었다. 그날, 중공군은 달구지를 끌고 다니며 자기편 시체를 운반해 갔다고 한다.

서부 전선에서도 마찬가지였다. 휴전이 시작되고 그 다음 날 이른 아침부터 중공군이 미군 전차 옆에 흩어져 있는 중공군 시체를 거두려고 나타났으나 미군과 중공군 모두 서로 무시하는 태도를 취하였다. 주월 한국군 사령관을 지낸 채명신(蔡命新) 장군은 2001년 10월에 필자와 만난 자리에서 한국전쟁 당시 중공군이 자기들 시체를 모두 거두어 가는 모습을 보고 느낀 바 있어, 뒷날 베트남전에서 죽은 국군 장병의 시체를 어떤 상황에서도 한 구도 남기지 않고 회수하여 왔다고 한다.

휴전이 임박하자 양측은 한 치의 땅이라도 더 얻기 위해 끝까지 치열한 고지 쟁탈전을 벌였다. 그러나 전선은 큰 변동이 없었고 병사들만 피를 흘렸다. 중공군은 7월 19일과 20일 밤에 걸쳐 서부전선 제임스타운 선에 있는 베를린고지와 동베를린고지에 야간 공격을 감행하여 이 두 고지를 점령하였다. 7월 21일, 미군은 8인치(200mm)와 9.4인치(240mm) 곡사포로 이 두 고지를 포격하였고, 야간에는 전차 탐조등으로 고지를 비추며 전차의 직사포로 사격을 하였으나 끝내 이를 되찾지 못하였다.

오히려 중공군은 휴전을 3일 앞둔 7월 24일 밤 8시 30분, 베를린고지와 동베를린고지에서 3km 동남쪽에 있는 119고지에 총공격을 감행하였다. 119고지 또는 볼더시티(Boulder City)고지라고 부르는 이 고지는 유엔군의 주저항선인 제임스타운 선 바로 남쪽에 있어, 이곳을 빼앗기면 임진강 북쪽을 중공군이 완전히 장악할 수 있는 상황이었다. 중공군에 견주어 병력이 열세였던 미군은 30대의 M46 전차를 이곳에 투입하고 포병 지원으로 병력 부족을 메웠다. 중공군도 휴전을 앞두고 남은 포탄을 다 소비하려는 듯이 미군 전차대가 있는 곳에 2,200발의 야포탄과 박격포탄을 퍼부었다. 30대의 미군 전차대는 4,845발의 90mm 전차포탄과 55,000발의 0.5인치 기관총탄으로 중공군의 포격에 맞섰다.

이것이 휴전을 3일 앞둔 서부 전선의 상황이었다. 7월 25일 새벽, 미 제25사단 포병대와 영연방 포병대의 포사격 지원으로 중공군의 볼더시티고지 점령 시도는 무산되었고 그들은 일시 물러갔으나, 오전 8시가 지나자 그동안 야간 공격만 해오던 중공군이 대규모 주간 공격으로 나와 고지를 향해 돌진해 왔다. 휴전을 이틀 앞두고 대낮에 펼쳐진 중공군의 인해전술은 미군의 화력 앞에 무릎을 꿇었다. 7월 26일, 이미 전력이 소진된 중공군은 휴전을 하루 앞둔 날이지만 공격을 멈추어 하루 종일 제임스타운 선 북쪽 전선은 조용하였다. 저녁이 되자 중공군은 다시 마지막 공격을 펼쳤지만, 기어코 진지를 빼앗겠다는 전의가 보이지 않는 형식적인 것이었으므로 전차부대와 포병의 지원을 받은 유엔군이 쉽게 격퇴하였다. 미군은 다음 날 휴전협정이 체결되는 것을 알고 있었지만, 공산군이 휴전협정에 서명을 하고서도 곧 협정을 위반하고 공세를 취할 것으로 판단하여 가지고 있는 포탄을 모두 소진하지 않았다. 만약 볼더시티고지를 공산군에 빼앗겼다면 오늘날 임진강 동북부는 북한에 속하였을 것이며, 임진강 지역의 휴전선은 현재의 위치에서 2km를 더 남쪽으로 내려와서 설정될 뻔 하였다.

7월 27일 오진 10시, 판문점에서는 유엔군과 공산군 측 대표단이 휴전협정에 서명하였고 이날 밤 10시부터 155마일(250km) 전 전선에는 포성이 멎었다.

저자 후기

내가 초등학교에 다니던 1960년대 초, 당시 '자유의 벗'이라는 얇은 월간 잡지가 있었는데 몇 년 몇 월호인지는 기억나지 않으나 육군 기갑학교에 대해 쓴 기사가 있었다. 기사에 들어간 사진에는 국군 전차병이 올라탄 M4 서먼 탱크들이 열을 지어서, 캐터필러가 일으키는 먼지 속에 시골길을 달리고 있었다. 그 사진 옆에는 기갑학교의 상징으로서 직육면체 모양의 시멘트 탑 위에 서먼 탱크의 포탑을 올려놓은 사진이 있었던 것이 마치 어제 일처럼 아직도 생생하게 기억난다. 이후 한국전쟁에 관련된 여러 서적을 읽어 보았으나 국군 기갑부대의 창설과 활약, 그리고 기갑 전투에 관한 내용은 보이지 않아 궁금하게 생각하였다. 그리하여 언젠가 기회가 되면 우리 국군 기갑부대의 창설부터 현재에 이르기까지의 과정과, 한국전쟁 기간에 있었던 기갑 전투를 상세하게 조사하고 싶었다. 다행스럽게도 국군 기갑부대 창설 때부터 군문에 몸을 담았던 노병 여러 분이 생존해 있어, 이들(특히 안용현 예비역 중령)을 만나 당시의 이야기를 듣고 그 밖에 관련된 여러 가지 자료를 얻어 마침내 이 책을 쓰게 되었다.

한국전쟁 때 병력에서 공산군에 압도되었던 유엔군이, 휴전선을 전쟁 이전보다 더 북쪽으로 올려놓고 휴전을 하게 된 데에는 여러

안용현 예비역 중령

요인이 있다. 물론, 유엔군이 제공권과 제해권을 장악한 것도 큰 요인이나, 한반도의 지형을 고려할 때 이런 승리의 배경에는 역시 지상군의 역할이 가장 컸다고 보아야 한다. 특히 병력에서 공산군에 열세를 보인 유엔군이 전선을 지키고 38선 이북으로 북상하여 휴전을 한 뒷면에는 공산군을 능가하는 화력지원에 힘입은 바, 교착된 전선을 돌파하거나 기동하며 필요한 화력을 지원해준 기갑부대(전차, 장갑차)가 중요한 몫을 차지한 것으로 생각한다.

한국전쟁은 아직도 휴전상태일 뿐 완전히 끝난 전쟁이 아니다. 만 3년 1개월 동안 피아기 격렬히게 씨우다 휴전으로 잠시 전투를 중단한 상태이다. 유엔군과 국군은 공산군에게 KO승을 거두지는 못했지만 아래와 같은 세 가지 이유에서 확실한 판정승을 거두었다고 볼 수 있다.

첫째, 공산 측은 남한을 적화하려고 일으킨 전쟁 목표를 달성하지 못했다.

1942년 5월, 남태평양에서 벌어진 산호해 해전 결과 일본은 배수량 1만 1천 톤 크기의 항공모함 쇼호(祥鳳)와 구축함 1척, 소해정 4척을 잃었으나 미국은 당시 미 해군이 보유했던 항공모함 가운데 가장 큰 항공모함인 렉싱턴(3만 6천 톤)과 구축함 1척, 급유함 1척을 잃었다. 함정 피해를 보면 언뜻 일본이 이긴 것 같으나, 일본은 산호해 해전 때문에 포트모스비를 점령하지 못하였다. 그러므로 산호해 해전은 일본이 패한 전투라고 전사가들이 결론짓고 있다. 한국전쟁도 마찬가지이다. 누가 더 큰 영토를 얻었고 누가 많이 죽었느냐를 떠나, 전쟁을 일으킨 측이 목적을 달성하지 못하였으므로 공산군은 이 전쟁에서 패한 것이다.

둘째, 대한민국은 더 넓은 영토를 얻었다.

6·25 이전 38도 선을 따라 갈라진 남한의 면적(9만 3천 ㎢, 한반도의 42퍼센트)보다 휴전 이후 7천 ㎢가 더 늘어났다(6·25 이전보다 7퍼센트 증가). 서부 전선은 비록 공산군에 밀려 38도선 이남에 휴전선이 그어 졌지만, 동부 전선은 서부 전선에서 빼앗긴 면적보다 훨씬 큰 면적을 북상하여 차지하였기 때문이다.

셋째, 국군과 유엔군보다 공산군 측은 훨씬 많은 사상자(포로 포함)를 냈다.

아군(국군·유엔군) 피해는 77만 6천 명인 데 견주어, 적군인 공산군(북한군·중공군)의 피해는 161만 3천 명에 이르렀다. 또한 공산주의의 학정을 경험한 160만 명 이상의 북한 주민이 월남(6·25 이전에 100만 명, 전쟁 기간에 60만 명, 반공 포로 4만 명)해 북한은 인적 자원 면에서도 손해를 입었다.

그러므로 일부 사람들이 승자도 패자도 없다고 말하는 3년 동안의 한국전쟁은, 휴전까지의 군사적 결산으로 보았을 때 자유를 사랑하는 전 세계 자유민과 대한민국의 승리로 끝난 것이 분명하다.

2003년 어느 날 한인수 기갑여단장과 함께

한국전쟁은 휴전협정으로 잠시 전투를 멈추고 있는 상태일 뿐 전쟁이 아주 끝나 평화가 정착된 것이 아니다. 북한은 휴전협정 조인 53년이 지난 오늘날까지 휴전협정을 위반한 43만 건 이상의 크고 작은 도발을 끊임없이 일으켰다. 그 뿐 아니라 그들의 한반도 적화 계획은 6·25 이전과 비교해 전혀 달라진 것이 없다. 베트남전 당시 북베트남에 견주어 경제력과 군사력이 월등하게 강했던 남베트남은, '미군과 외국군 완전 철수', '민족'과 '자주'와 '평화'를 주장하던 북베트남의 기만 전략을 그대로 믿다가 결국 망하였다. 적화통일을 위해서 북한이 6·25 이전부터 오늘까지 계속 일관되게 주장하고 있는 주한 미군 철수 등의 구호는 같은 공산국인 북베트남이 베트남전 때 주장하던 것과 거의 같은 내용이다. 남베트남에서 민주를 외치던 많은 인사들은 자생적으로 태어난 공산분자들과 북베트남의 그럴싸한 주장에 보기 좋게 말려들었다. 그러다가 결정적인 순간에 공산군으로부터 전격적인 공격을 당하여 1975년 4월, 하루아침에 나라를 잃고 공산화된 것을 우리 국민은

2003년 11월, 미 제2사단 전차사격장에서 미 제8군 사령관 캠벨 중장과 함께
(120mm 주포를 장착한 미군 M1 에이브람즈 전차 앞에서).

오늘날의 한반도 상황과 비교하여 다시 한 번 상기하여야 한다.

휴전 이래 계속되어온 북한의 도발을 저지하고 장차 올지 모르
는 또 다른 대규모의 전면전을 막기 위해, 우리 국민은 북한의 속
셈을 꿰뚫어보고 북한에 대한 경계심을 조금이라도 풀어서는 안
된다. 오늘날의 북한 지도자들이 남한에서 보내주는 식량과 비료,
현금(관광사업에 따른) 등의 지원을 받고서 그들의 만고불변한 적화
통일 야욕을 수정하거나 포기할 사람들이 아니라는 것을 우리 국
민들은 알아야 한다. 1950년, 북한군은 200여 대의 전차를 앞세우
고 남침을 하였으나, 현재 북한군은 4,000여 대의 각종 전차를 보
유하고 있다. 당시 한 대의 전차도 보유하지 못했던 국군은 현재
0000대의 전차를 갖고 있으나 이는 북한군에 견주어 수적으로 상
당히 열세이다. 어떤 사람들은, 북한군의 전차가 오래된 구형이기
때문에 아무리 수적으로 우세하더라도 더 신형인 우리 전차와 기
갑 전력으로 저들의 공격을 저지할 수 있다고 말하기도 한다. 그
러나 제2차 세계대전 당시 동부 유럽 전선에서, 독일군 타이거 전

차나 팬더 전차보다 성능이 다소 뒤떨어진 소련의 T34 전차 부대
가 독일 전차부대를 압도한 이유는 바로, 성능이 아니고 숫자 때
문이었다는 것을 잊지 말아야 한다.

또한, 한국전쟁 당시에는 없었던 대전차 미사일이 이미 실전 배
치된 지 오래되었고, 대전차 공격용 항공기와 전차 공격용 무장
헬기도 발전했다. 1991년 걸프전에서 미국은 (노드롭 그루만사가 개
발한) 조기경보기와 정찰기에 탑재된 조인트 스타(Joint Stars) 레이
더 시스템의 첨단 기술을 이용하여, 이라크군의 정보를 파악하고
그 위치와 규모를 정확하게 미군 전투기와 포병대에 통보하였다.
이러한 첨단 기술에 의해 이라크군의 러시아제 전차들은 보이지
않는 곳에서 날아온 폭탄과 포탄에 거의 모두 파괴되었다. 그러므
로 전차는 이제 무용지물이라는 생각도 어리석은 판단이다. 항공
기와 대전차 미사일이 발전하는 동안 이에 대항하기 위해 전차 역
시 위성항법 장치, 컴퓨터 사격 통제장치를 이용한 전력과 기동성
이 발전하였으며, 복합장갑으로 방호성이 혁명적으로 개선되어 포
격이나 폭격, 화생방 공격에 대한 생존성이 뛰어나게 높아졌기 때
문이다. 특히 한반도는 산악을 이용하여 전차가 숨을 곳이 많은
곳이다(전장이 모두 광활한 사막인 중동과는 다르다).

현재 주한 미군은 대전차 공격용 A10 선더볼트 전투기를 포함
하여 대전차 공격용 헬기들을 보유하고 있고, 우리 국군 역시 토
우 미사일과 로켓탄을 장착한 대전차 공격용 코브라 헬기를 보유
하고 있으므로 북한군의 대규모 전차 공격에 대해 강력한 억제력
이 된다는 주장도 있다. 그러나 오늘날 어떤 최첨단 항공기라도
악천후에는 별도리가 없으므로 우리 군은 최악의 시나리오를 상정
하여 적의 공격에 대한 방어태세를 갖추어야한다.

우리는 전쟁이 다시 일어나는 것을 원치 않는다. 그러나 만일
언젠가 대규모의 전쟁이 한반도에서 일어난다면 전차는 다시 한

번 큰 구실을 할 것이고, 한반도뿐만 아니라 세계 어디서라도 지상전이 일어나는 곳이면 기동력·방호력·화력을 구비한 전차가 큰 역할을 할 것이다.

내가 쓴 이 어쭙잖은 책이 기갑전을 통해서 한국전쟁의 전 과정을 다른 각도에서 살펴보는 데 조금이라도 도움이 되고, 북한의 남침으로 시작된 6·25 동란을 제대로 알지 못하는 젊은 세대에게 '민족공조'니 '자주'니 '평화통일'이니 하는 듣기에 그럴싸한 말들의 진실을 바로 살피도록 만드는 데 작은 힘이나마 보탤 수 있기를 바란다. 아울러 우리 국민과 국군, 그리고 미국을 비롯한 우방 여러 나라 젊은이들이 흘린 고귀한 피가, 우리의 영토를 보전하고 이 땅에서 자유민주주의를 꽃피우며 세계 10위의 경제력을 보유한 나라로 성장하는 토대가 되었다는 사실을 우리 국민이 언제까지나 잊지 말고 기억하기를 바라마지 않는다.

참고문헌

안용현, 《육군 독립기갑연대사》, 한남전우회, 서울, 1997.

최용호, 《6·25전쟁의 실패사례와 교훈》, 육군본부, 2004.

최용호·김병륜 공저, 《그때 그날, 끝나지 않은 6·25 전쟁이야기》, 삼우사, 서울, 2003.

육군본부, 《육군 발전사》 상권, 팜프렛 70 - 22 - 1, 1970.

한용원 《창군(創軍)》, 박영사, 서울, 1984.

국방부 전사편찬위원회, 《한국전쟁사》 제1권, 보진제, 서울, 1968.

전쟁기념사업회, 《한국전쟁사》 제1권 요약통사, 행림출판, 1992.

합동참모본부, 《한국전사》, 교학사, 서울, 1984.

한국홍보협회, 《한국동란》, 서울, 1973.

수도기계화보병사단, 《맹호사(猛虎史)》, 1980.

육군본부, 《병과별 부대역사》, 팜프렛 70 - 14 - 1, 1959.

손장래, 《한국전쟁 중 피아 기갑운용》, 제1군 사령부, 1969.

안용현, 《한 보병의 잡화》, 한솜미디어, 서울, 2003.

백선엽, 《군과 나, 6·25 한국전쟁 회고록》, 대륙연구소, 서울, 1989.

선양사, 《백선엽 장군 6·25 전쟁 기록사진집》, 서울, 2000.

김행복, 《사진으로 본 6·25의 실상》, 병학사, 서울, 1995.

길광준, 《사진으로 읽는 한국전쟁》, 예영 커뮤니케이션, 서울, 2005.

이기석 옮김, 《맥아더 회상록》, 신태양사, 서울, 1964.

450

이선호, 주정연, 《이 사람, 김동석》, 아트컴, 서울, 2005.

이치업, 《번개장군》, 원민, 서울, 2001.

리차드 심프슨 저·도용조 역, 《전차전》, 연경문화사, 서울, 2000.

일본 육전사 연구보급회, 《한국전쟁, Vol 1~10》, 육군본부 군사실(軍史室), 서울, 1986.

페렌바크 저·안동림 역, 《실록 한국전쟁》, 문학사, 서울, 1965.

중앙일보사, 《민족의 증언, Vol 1~8》, 서울, 1985.

김순욱, 《6·25란 무엇인가?》, 영락교회 선교부, 서울, 2003.

국방부 군사편찬연구소, 《북한군 6·25전쟁 전투명령》, 2001.

장준익, 《북한 인민군대사(人民軍隊史)》, 서문당, 서울, 1991.

류형석, 《6·25 참전소년병 참전 수기 – 우리들의 아름다운 날을 위하여》, 6·25 참전소년병 전우회, 교육문화원, 2005.

노동환 역, 《그들이 본 한국전쟁 1 – 중국인민지원군》, 눈빛, 2005.

《中國軍事博物館》, 浙江少年兒童出版社, 杭州, 中國, 2002.

Oscar Gilbert, 《Marine Corps Tank Battles in Korea》, Casemate, USA, 2003.

Jim Mesko, 《Armor in Korea》, Squadron/Signal Publications, USA, 1984.

US Army Armored School, 《Employment of Armor in Korea, Volume 1 – First Year》, Fort Knox, Kentucky, 1952

US Army Armored School, 《Employment of Armor in Korea, Volume 2》, Fort Knox, Kentucky, 1952.

Eugene F Clark, 《The Secrets of Inchon》, G.P.Putnam's Sons, New York, NY, 2002.

Erik Durschmied, 《The Weather Factor》, Hodder & Stoughton, London, UK, 2000.

Philip Trewhitt & Chris McNab, 《Fighting Vehicles of the World》, Amber Books Ltd, London, UK, 2004.

William Manchester, 《American Caesar, Douglas MacArthur》, Arrow Books, London, UK, 1979.

Will Fowler, 《Eastern Front, the Unpublished Photographs 1941−1945》, Amber Books Ltd, London, UK, 2001.

Addison Terry, 《The Battle for Pusan》, Presidio Press Inc, Novato, CA, USA, 2000.

Hugh Higgins, 《The Cold War》, Heinemann Education Books, London, UK, 1985.

Martin McCauley, 《The Origins of the Cold War》, Longman, New York, USA, 1983.

Len Deighton, 《Blitzkrieg》, Triad Granada, London, UK, 1981.

Robert Leckie, 《The March to Glory》, Bantam Book, New York, NY, USA, 1968.

Simon Dunstan, 《Mechanized Warfare》, Chartwell Books, Edison, New Jersey, USA, 2005.

Bantam Books, 《Marine!−The Life of Chesty Puller》, New York, NY, USA, 1988.

Steven Zaloga, 《M26/ M46 Pershing Tank, 1943−1953》, Osprey Publishing, Oxford, UK, 2000.

Jonathan Sutherland, 《World War II Tanks & AFVs》, Airlife Publishing Co, Shrewsbury, UK, 2002.

Harry Yeide, 《Weapons of the Tankers, American Armor in World II》, Zenith Press, St. Paul, Min, USA, 2006

T. R. Fehrenbach, 《This Kind of War》, Potomac Books Inc, Washington,DC, USA, 2000.

Erik Durschmied, 《Unsung Heroes》, Coronet Books, London, UK, 2004.

부 록

1. T34 전차에 대하여

(1) 개 발

고속 기동용 전차 시리즈(fast tank series)로서 1930년 개발된 BT-7BT는 전차의 속도를 중시하다보니 철갑이 너무 얇았고, 또한 같은 시기에 개발된 T26과 T28은 BT-7BT보다 철갑은 두꺼웠으나 속도가 늦어 고속 기동에 적합하지 않았으므로, 이를 서로 보완하고 성능이 우수한 전차를 만들고자 1937년부터 개발 연구가 시작되었다. 당시 소련 육군으로부터 신형 전차 연구를 위촉받은 전차설계가 코시킨(Michael Koshkin)은 우크라이나에 있는 칼코프 기관차 공장(KhPZ; Kharkov Komintern Locomotive Plant)에서 연구를 시작하였다.

1939년 첫 T34가 제조되었는데 이 전차에 적용된 서스펜션(Suspension; 차체 지지 장치 또는 현수 장치 시스템)은 BT 전차에도 적용된 것으로서, 미국의 전차설계가 크리스티(J. Walter Christie)가 발명하여 미국 육군에 납품하려고 하였으나 미 육군이 이를 거절하자 소련에 판매한 것이다. 이 뛰어난 서스펜션은 발명자의 이름을 붙여 '크리스티 타입 코일(Coil) 스프링 서스펜션'이라고 부른다. 한국전쟁, 월남전쟁, 쿠바 내전 등에서 미군을 괴롭힌 T34의 서스펜션 시스템은 아이러니컬하게도 미국인이 그 기술을 제공했던 것이다.

이렇게 태어난 (후일) T34 전차 제1호기는 20mm의 철갑 두께에 45mm 주포를 탑재하고 A20으로 명명되었다. 코시킨은 이 전차를 스탈린에게 보였고, 잇달아 나올 A30으로 명명된 제2호 전차는 A20보다 더욱 강해 BT시리즈 전차와 T26, T28 전차의 성능을 훨씬 능가할 것이라고 스탈린에게 장담하였다. 30mm의 철갑과 76mm포를 장착한 A30은 우선 T32라고 이름 지었다. 1939년에 모스크바 서쪽 60km에 있는 쿠빈카(Kubinka)에서 첫 성능 시험을 한 T32는, A20보다 무게가 무거운데도 A20처럼 가볍게 기동하는 모습을 보여 스탈린과 소련 육군의 전차 관계자들을 만족시켰다.

이 T32를 보다 두꺼운 45mm 철갑으로 보강한 것이 T34이다. T34의 수석 설계가인 코시킨은, 칼코프 공장의 생산라인에서 첫 T34 전차가 제조된 것을 보고 1940년 9월 말에 폐렴에 걸려 42세의 나이로 세상을 떠났다. 코시킨이 사망한 그해 말부터 T34 전차는 공장 생산라인에서 대량으로 생산되어 나왔다.

그의 뒤를 이어 모로조프(Alexander Morozov)가 KhPZ의 수석설계사가 되어 연구 개발을 계속하면서 T34의 성능을 한층 더 높였다. 1940년부터 대량생산되기 시작한 T34는 76.2mm 포(일반적으로 76mm포라고 말함)를 장착하였는데, 그 뒤 실전에서 증명되었듯이 76mm포는 적 전차에 강력한 타격을 가하였고, 약한 표적에 대해서는 고폭탄포탄을 발사하여 효과적으로 파괴할 수 있었다. 1944년부터는 85mm포를 상착하였으므로 서로를 구별하기 위해 76mm포를 장착한 T34 전차는 T34/76, 그리고 85mm포를 가진 T34 전차는 T34/85라고 일반적으로 표시하게 되었다.

소련의 괴뢰정권이던 북한군이 1950년 6월 25일 새벽, 38선 전지역에서 전격적으로 남침할 때 선두에 세운 것이 바로 이 T34/85이다. 독소전쟁 초기에는 대구경포였던 76mm포 이외에도 T34는 뛰어난 기동성을 가졌고 단순한 설계 때문에 정비가 간단하였다.

또한 앞부분이 경사져 전방 각도가 양호하였고, 포탑 역시 경사진 형태여서 적의 포격으로부터 방호하는 데 유리한 점이 많았다.

(2) 생 산

칼코프(KhPZ) 공장에 이어서 스탈린그라드의 트랙터 공장, 고리키의 솔모포(Krasnoye Sormovo) 공장에서 T34가 대량생산되기 시작하였다. 스탈린그라드의 트랙터 공장은 당시 T34 전차 생산의 40%를 담당하였는데, 나중에 스탈린그라드 공방전에서 전투의 중심지가 되었다. 〈에너미 엣더 게이트(Enemy at the gate)〉라는 영화 속에서 이곳에서의 전투 장면을 볼 수 있다. 레닌그라드의 키로프(Kirov) 공장에서는 포, 모스크바의 디나모(Dinamo) 공장에서는 전자 장치 등을 만들어 이들 조립공장에 전차의 주요 부품을 공급하였다. 그러나 독소불가침 조약을 파기하고 독일군이 소련에 침공하자, 소련은 전차 공장을 동쪽에 있는 우랄 산맥으로 이동하였다. 우크라이나의 칼코프 공장은 니즈니 타길(Nizhny Tagil)의 젤진스키(Dzherzhinski)로 옮겨가 '스탈린 우랄 전차 공장'이라는 새로운 이름을 붙였고, 키로프 공장은 레닌그라드가 독일군에게 포위되기 몇 주 전에 철야빈스키(Chelyabinski)로 이동하였다. 소련은 철도를 이용하여 수많은 공장을 순식간에 우랄 산맥으로 옮겼는데, 그 규모와 이전 속도를 놓고 본다면 아마 이 방면에서는 세계기록일 것이다. 당시 철야빈스키는 '전차도시'(Tankograd)라는 별명을 얻었을 정도로 도시의 산업 전체가 전차 생산에 관련되어 있을 정도였다.

한편 수많은 공장을 단기간에 2천 km나 옮기는 과정에서 부품조달 문제가 심각하게 떠올랐다. 그러므로 소련 육군은 이 문제를 해결하고자 작업팀을 편성하고 파톤(Evgeny Paton) 교수가 그 책임을 맡았다. 파톤 교수를 중심으로 한 작업팀은 부속품을 단순화하는 작업을 연구한 결과 큰 성과를 거두었다. 곧, 76mm 주포의 경우 861개 부속품을 614개로 줄이고(1941년 모델부터 적용), 전차 생산원가도 대당 269,500루불(1941년)에서 2년 뒤에는 135,000루불로 낮추었다. 작업자들도 남자에서 여자, 어린이, 노인들로 바뀌었으나 오히려 전차의 품질은 더욱 향상되었다.

■ 생산통계

T34의 원형이라고 할 수 있는 초기 모델은 1939년에 나왔으나, 1940년부터 대량생산되기 시작하였다. 초기 4년 동안(1940~1943)은 76mm포를 장착한 T34/76 모델을 34,700대 생산하였고, 1944년부터 전쟁이 끝난 1945년까지는 85mm포를 장착한 T34/85 모델 22,559대를 생산하였다. 제2차 세계대전이 끝난 뒤인 1946년에도 소련은 2,701대의 T34/85 모델을 생산하였으나, 그 뒤 소련은 더 이상의 T34를 제조하지 않고 후속 모델인 T44와 T54를 생산하였다. 그러나 소련의 위성국가이던 폴란드와 체코슬로바키아에서는 1951년부터 1956년까지 각각 1,380대와 3,185대의 T34를 생산하였다(중국에서도 일부 생산되었다고 하나 생산 대수는 미지수임). 이렇게 T34 전차는 모두 64,525대가 생산되어 단일 모델로서 제2차 세계대전 동안 가장 많이 생산된 전차이며, 동시에 전 세계의 어느 전차보다도 많은 생산기록을 세워 이 기록은 앞으로도 유지될 것으로 보인다. 현대에 들어서 생산된 러시아 주요 전차의 생산 대수는 다음과 같다.

T34 — 64,525 대

T54 — 65,000 대(아종인 T55 모델 포함)

T62 — 12,000 대 이상

T72 — 8,000 대 이상

T80 — 20,000 대 이상

그러나 1945년까지 소련 내에서의 생산 대수가 T34/76 모델이 4만 대, T34/85 모델이 37,000대라는 통계도 있어 이것이 사실일 경우, T34의 전체 생산 대수(소련의 위성국 포함)는 84,000대를 넘게 되므로 T34의 위치는 생산 대수에서 요지부동이다. 또한 T34는 여러 기능을 가진 변종 모델도 가지고 있다. 85mm 전차포에 이어서 100mm포를 장착한 모델도 있으나, 더 커진 포탑 때문에 기동성이 떨어져 이 모델은 실용화되지 못했다. 그 밖에도 T34 전차의 차체를 이용하여 포탑 대신 여러 구경의 곡사포를 장착한 SU100 등의 자주포 전차로도 변형되었고, 전차 앞에 롤라를 붙인 지뢰제거용 PT34 전차, 화염방사 전차 OT34, 그리고 다리건설용, 견인용 등 여러 용도의 T34 변종이 있다. T34/76, T34/85, T44의 제원에 대한 비교표는 다음과 같다.

모델	T34/76	T34/76	T34/76	T34/76	T34/85	T44
제조연도	1940	1941	1942	1943	1944	1945
포구경 (mm)	76	76	76	76	85	85
포탄 수	76	77	77	100	55	58
연료 (L)	460	460	610	790	810	642
주행거리 (km)	300	400	400	465	360	300
장갑 (mm)	15~45	20~52	20~65	20~70	20~90	15~120
생산비 (1,000루블)	?	270	193	135	164	?

* 괄호 안은 단위임.

(3) 제2차 세계대전시 실전

T34/76은 1941년 여름, 독소 전선에 투입될 당시 독일의 중형 전차(Pzkw III)가 50mm의 주포를 장착한 것에 견주어 빠른 기동력과 더 두꺼운 장갑, 그리고 더 강한 화력을 가졌으므로 전차 기능의 3대 요소인 장갑·화력·기동성에서 독일군의 전차를 압도하였다. 독일 전차 모델 앞에 붙어있는 'PzKw'는 독일어로 전차를 뜻하는 'Panzerkampwagen'의 약자이다. 또한 'Pz'는 'Panzer'(기갑, 철갑의 뜻)의 약어로서 기갑부대를 말한다. 다시 말해 '5 Pz Div'라고 표기되어 있다면 이는 곧 '독일군 제5기갑사단'이란 뜻이다.

독일이 소련을 침공한 초기에 소련군은 T34/76B, T34/76D형을 주로 전선에 투입하였다. 독일 보병이 가진 Pak 36(37mm), Pak 38(50mm) 대전차포는 달려오는 T34를 명중시켰지만 정지시키진 못했다. 'Pak'는 'Panzerabwehrkanone'(대전차포)의 약자이다. 또한 독일군 전차가 통과하지 못하는 진흙탕 지역도 T34는 거뜬하게 통과하였다. 무한궤도의 트랙 폭이 넓어 러시아의 눈 덮인 땅에서도 속력을 내고 달릴 수 있었다. 특히 T34/76D형의 경우, 12실린더 500마력 디젤엔진을 장착하여 일반 평지에서는 최고 시속 40km에 주행거리 300km이나, 도로에서는 시속 54km에 주행거리 400km(한 번 주유하면 서울—부산 거리를 달릴 수 있다)였다. 그러므로 T34/76 전차를 처음 본 독일군은 그 성능에 쇼크를 받았던 것이다.

러시아 전차병들은 대개 농촌 출신으로서 교육을 제대로 받지 못하였다. 코시킨은 T34를 설계할 때 이 점을 고려, 단순한 설계를 함으로써 정비와 운전이 쉽도록 하였다. 만약 T34 승무원과 지휘관들의 훈련이 더 잘되었더라면 T34는 독일군과의 전투에서 더 큰 공적을 남겼을 것이다.

러시아 쿠르스크 전투 기념지에 전시된 T34/85

T34의 성능에 놀란 독일군은 노획한 T34를 분석하여 급히 Pzkw V 판더(Panther) 전차를 만들었다. 판더 전차는 T34의 설계에 기초하여 만들어졌기에 전체적인 성능은 T34보다 뛰어났지만, 큰 포(75mm)와 두꺼운 장갑이 기동성과 조화를 이루지 못하고 정비가 복잡하여 실전에서는 기대한 만큼의 효과를 얻지 못하였다. 영국의 센추리온 전차와 미국의 M26 퍼싱 전차는 판더 전차의 설계를 참고하였으므로, 한국전쟁 기갑전에서 T34 전차를 압도하였던 M26 전차도 사실은 T34의 설계로부터 영향을 받았다고 할 수 있는 것이다.

T34는 대구경포에 따른 화력, 탁월한 기동성, 단순한 설계, 간단한 정비, 쉬운 운전, 전면경사로 말미암은 넓은 시계(視界), 경사진 포탑에 따른 방호성 등 여러 장점을 조화롭게 배합하여, '제2차 세계대전에서 가장 뛰어난 전차'(Best Tank of WW2)라는 별명을 얻었고 사실상 현대 전차의 선구자적인 역할을 하였다.

쿠르스크 전차전 이후 T34는 76mm포보다 사거리가 길고 파괴력이 큰 85mm포를 장착하고 1943년 말 전선에 등장하였다. T34/76

에 이어 전선에 투입된 T34/85형 전차는 76mm보다 강력한 ZIS-S-53형의 85mm포를 장착하였고(포탄 적재 55발), 2문의 7.62mm 기관총(기관총알 2,394발 휴대)을 장착하였다.

T34/76과 T34/85의 기본 성능 비교는 다음 표와 같다.

모델	주포	기관총	시속 (들판)	시속 (도로)	주행거리 (들판)	주행거리 (도로)	무게
T34/76	76mm	7.62mm	40km	54km	300km	400km	26톤
T34/85	85	7.62	35	50	?	300	32톤

외형적으로도 T34/85는 T34/76보다 포탑이 크고 포신이 길어 쉽게 육안으로 구별할 수 있다. 제2차 세계대전 당시 T34/85형 전차와 전투를 벌였던 독일군은 이 전차를 '세계 최고의 전차'라고 격찬하였다. 북한군이 남침할 때 이용한 전차가 바로 이 T34/85 모델이다. T34에 밀리던 독일군은 1942년 말 88mm포를 장착한 타이거 전차를 등장시키고, 1943년에는 판더 전차와 Pak 40(75mm) 대전차포를 전선에 투입하여 T34와 대등한 전투를 벌였다. 제2차 세계대전 후반부에는 타이거나 판더 등 독일 전차의 성능이 T34 보다 더 뛰어나게 되었으나, 워낙 T34의 생산 대수가 많아 소련 측은 기술 차이와 성능에서 떨어지는 전력을 숫자로 극복하였다.

이 점은 미국도 마찬가지였다. 독일 전차보다 성능이 떨어지는 M4 전차대가 서부 유럽에서 독일군 타이거, 판더 전차대와 겨룰 때 미군도 M4 전차의 숫자로 독일군 전차의 뛰어난 성능을 극복 했던 것이다. 그러나 M4의 경우, T34와 비교하면 화력과 장갑은 물론 설계에서도 뒤진다. 제2차 세계대전을 치르며 독일은 가장 성능 좋은 전차를 만들었으나, 너무 많은 변종 모델을 만드는 바람에 대량생산을 못해 전차 생산 대수에서 미국이나 소련에 압도당하고 말았다. 제2차 세계대전 초기 소련이 보유하고 있던 전차 가운데 T34는 5퍼센트에 지나지 않았다. 그러나 그 점유율은 1943년 말에 50~60퍼센트가 되었고 전쟁 말기에는 60퍼센트가 넘었다.

소련군은 T34 말고도 T70 경전차(주포 45mm, 7.62mm 기관총 1문, 앞 철판 40mm)와 BT7 경전차(최고 속력 시속 74km, 주포 45mm−포탄 188발, 7.62mm 기관총 1문−총알 2,400발, 승무원 3명)도 운용하였다. 이밖에도 소련군은 T34보다 큰 'KV(Klimenti Voroshilov)−1' 전차도 운용하였다. KV−1은 76.2mm 포, 7.62mm 기관총 3문, 12 실린더 600마력 디젤엔진을 장착하였으나 1943년부터 생산을 중단하였다.

(4) 제2차 세계대전 이후

제2차 세계대전 이후 T34는 한국전에서 북한군과 중공군이 사용하였다. 그 뒤 1953년 동베를린에서 일어난 반공의거를 진압하는 데 투입되었고, 1956년에는 헝가리에서 일어난 반공의거를 진압하기 위해 T54 전차와 함께 투입되었다. 그 뒤 쿠바 내전, 중동전, 베트남전, 보스니아, 크로아티아, 아프가니스탄에서 벌어진 전투에 사용되었다.

쿠바 난민들로 구성된 자유쿠바군은 1961년 4월, 미국 CIA의 지원을 받아 M24 전차를 앞세우고 쿠바의 중남부 해안인 '피그 (Pigs) 만'에 상륙하여 T34 전차와 교전하였다. 이 전투에서 M24 는 매복 작전으로 T34에 승리를 거두었다.

중동에서는 이스라엘군이 아랍 측으로부터 노획한 T34를 1956 년과 1967년 중동전에서 사용하였고, 1973년 중동전에서는 이스라엘군이 이집트군로부터 T34 차체에 100mm 야포를 부착한 SU 100 자주포를 노획하기도 하였다.

베트남전에서는 공산군이 1975년 3월 초, 중부 고원 지역에서 총공세를 시작하면서 전략적 요충지 반마톳 시를 공격할 때 사용하여 이 도시를 함락하였다. 반마톳은 공산군이 총공세를 펼쳐 처음으로 함락한 도시로서 이 총공세의 성공으로 남베트남은 그 다음 달 말에 패망하였다.

사담 후세인의 이라크도 1990년대 초에 T34 전차를 보유하고 있었다. 보스니아 내전 당시 크로아티아는 유고연방에서 물려받은 25~30대의 T34 전차를 사용하였다.

이렇게 T34 전차는 생산된 지 60년이 지난 1996년까지 전 세계 39개국에서 사용되었으며, 그 나라들은 다음과 같다.

아시아·중동	유럽·아메리카	아프리카
남예멘	독일(동독)	기니아
라오스	루마니아	기니아 비사우
레바논	러시아(소련)	말리
리비아	불가리아	모잠비크
몽골	알바니아	소말리아
베트남	오스트리아	수단
북예멘	유고슬라비아	알제리아
북한	체코슬로바키아	앙골라
시리아	쿠바	에티오피아
아프가니스탄	키프로스	적도 기니아
이라크	폴란드	짐바브웨
이집트	핀란드	콩고
중국	헝가리	토고
(13개국)	(13개국)	(13개국)

(5) 저자와 T34 전차

T34 전차는 세계의 걸작 전차 가운데 하나로서 제2차 세계대전 당시 크리미아 반도, 우크라이나, 쿠르스크. 스탈린그라드, 베를린 등지에서 벌어진 독일군을 상대로 한 전투에서 소련 측에 대승리를 안겨주는 데 큰 역할을 하였다. 그 뒤 한반도를 적화시키려는 국제 공산주의자들의 음모로 시작된 한국전쟁 초기, 선두에 서서 국군과 유엔군을 낙동강까지 밀어붙인 이 전차를 나는 중학교 때부터 꼭 한번 보고 싶었다.

내가 처음으로 T34 전차를 본 것은 고등학교 2학년 때인 1969년이다. 그때 나는 서울 태릉의 육군사관학교로 고등학교 선배들을 찾아갔는데 연병장과 체육관 사이 넓은 공지에 T34 전차가 있었다. 물론 그 전차 앞에 T34라고 쓴 표식은 없었으나, 어릴 때부터 사진에서 많이 보았으므로 대번에 T34인 것을 알 수 있었다. 호기심이 발동하여 전차 위에 올라가보니 엔진은 없고 포탑과 차체만 남아 있을 뿐이었다. 그 뒤 국내의 박물관(용산 전쟁기념관, 사천 박물관), 외국의 박물관 또는 외국의 도로나 시내에 기념물로 설치해 둔 T34를 여러 번 보았다.

1981년 1월, 말레이시아의 사라와크 주에 있는 미리(Miri)라는 도시를 방문했을 때의 일이다. 나는 거래처 사무실을 방문하기 위해서 시내를 걸어가다가 극장 앞을 지나게 되었는데, 그때 극장에 붙은 상영 영화 제목이 〈베를린 전투(Battle for Berlin)〉였다. 눈길이 간 것은 그 영화의 광고 포스터에 나오는 T34 전차였다.

나는 이 영화가 헐리우드에서 만든 것인 줄 알고 순간적으로 '미국 영화사는 참 대단하다. 일반인들은 어차피 전차 모델을 잘 구분하지 못하는데, 미국제 전차모델을 사용하지 않고 미국에서는 구하기도 어려운 소련제 T34 전차를 저렇게 많이 구해서 사용하다니!'라고 감탄하였다. 그래서 그날 저녁 일이 끝나고 극장에 가서 그 영화를 보았는데, 영화가 시작되자마자 그 영화는 소련에서 만든 영화인 것을 알고 놀란 적이 있다. 그것이 저자가 본 첫 번째 소련 영화이다.

1945년 4월 벌어진 전투에서 소련군 T34 전차대는 큰 활약을 하여 결국 베를린을 점령한다. 베를린 시내 도로를 질주하는 T34 전차의 굉음과 베를린을 뒤덮은 포성이 점점 커지는 가운데 히틀러는 지하 참호에서 자살한다. 공산국가의 영화이므로 영화 전 편을 통해 은근히 정치성과 공산주의의 우월성을 선전하는 것이 여기저기서 드러났다. 예를 들면, 베를린 시내에 돌입한 T34 전차대 가운데 한 대가 독일군의 대전차 포격을 피해 후진하다가 민가의 벽을 들이박고 그 집에 들어가게 된다. 전차병들이 내리자 집안에 숨어 있던 여러 명의 젊은 독일 여인들은, 혹시 그들이 자기들을 겁탈하지 않을까 걱정하여 몸을 부들부들 떨었다. 이를 본 전차병들은 여자들의 마음을 읽고 "우리 소비에트 병사들은 여자를 겁탈하지 않으니 걱정마세요"라고 말하며 여자들을 안심시키고 다시 집을 나간다(소련군이 독일을 점령했을 때 물론 영화 속의 전차병과 같은 선량한 군인도 있었겠지만, 그 수는 적었고 실제로는 많은 소련군 병사들이 독일 여성을 강간하였다. 어쩌면 그들은 독일군이 소련을 점령하였을 때 많은 소련 여성을 강간한 것에 대한 보복이라고 주장할지도 모르겠다). 베를린 시내에 있는 동물원에서 선투가 벌어셨을 때, 농불들을 구하기 위해 독일군의 총에 맞아 죽는 소련군 병사의 모습을 보여주며 '공산주의 병사는 이렇게 싸운다'라는 것을 은근히 선전하기도 했다.

오늘날 베를린 시내 중심에 있는 동물원 입구에는 베를린을 점령한 T34 전차 2대가 놓여있다. 오래전에 전시해 놓은 것이지만 독일이 통일된 이후에도 그대로 남아 있는 것이다.

상트페테르부르그~모스크바 도로변에 설치된 T34 전차

　2003년 10월, 나는 상페트로부르그에서 모스크바까지 700km를 승용차로 달린 적이 있다. 그때 도로변에 가끔씩 T34 전차가 기념물로 설치되어 있는 것을 볼 수 있었다. T34는 이 도로에만 있는 것이 아니고 러시아 전국 여러 도시에 전시되어 있다.

　2004년 8월 13일, 서울의 집에서 우연히 SBS 저녁 8시 30분 뉴스 시간에 러시아에서 불법 CD를 수거하여 파괴하는 장면을 보았다. 산더미 같이 쌓인 CD를 땅바닥에 깔아놓은 뒤 T34 전차가 그 위에서 회전하며 전차의 무한궤도를 이용해 불법 CD를 깔아뭉개는 모습이었다. 이 뉴스를 보고 나는, 아직도 러시아 육군에서 T34를 운용하고 있다는 것을 알게 되었다. 나중에 러시아 지인들에게 물어보니, T34는 러시아 육군의 '주전투 전차'(MBT;Main Battle Tank) 역할에서는 이미 오래전에 물러났으나 단순한 설계로 운전이 간단하기에 러시아 기갑학교에서 초등교육용으로 아직도 사용하고 있다고 했다.

　2006년 2월 13일, 베트남 수도인 하노이의 호텔에서 밤에 베트남 TV를 보다가 나는 다시 T34와 만나게 되었다. TV에서는 베트남 육군 기갑부대의 훈련 모습을 방영하고 있었는데 T54와 T34가 함께 나왔다. 전차 위에 나뭇가지를 덮어 위장한 T54 전차대가 정

중국 산동성 전역기념관에 설치된 T34(위 사진)와 중국 청도 해군박물관에 전시된 T34, PT76, AN 2(아래 사진)

글을 뚫고 전진하는 모습과 함께, 비교적 평탄한 지역을 수많은 T34/85 전차들이 거의 횡대 대형을 이뤄 전속력으로 돌진하는 모습이었다. 이 TV를 보고 다음 날 베트남 지인들과 식사를 하면서 이야기하였더니 베트남군은 아직도 T34를 운용하고 있다고 자랑스럽게 확인해 주었다. T34가 처음 생산된 지 60년이 넘었는데 아직도 이렇게 사용되고 있다는 사실이 놀라울 뿐이다. 비록 우리민족의 역사에 가장 큰 인명 피해를 끼친 공산 침략군의 선봉에서서 남침한 전차이지만, 단지 군사기술적인 면에서만 본다면 여하튼 T34는 현대 전차의 걸작품임에 틀림이 없다. 또한 우리 민족과 자유민주주의를 지키고자 이 걸작 전차에 맨주먹으로 맞섰던 우리 국군 장병들의 애국애족의 충정과 용맹도 영원히 기억되어야할 것이다.

2. 한국전쟁에서 사용된
유엔군과 공산군의 기갑장비

(1) 주력 전차

제조국	종 류	무 게 (톤)	주 포 (mm)	승무원 (인)	생 산 (대)	비 고
미국	M24 사피	18	75	5	4,415	별명은 Cheffy 또는 Cheffee
미국	M4 서먼	32	75/76	5	49,234	미군의 주력 전차
미국	M26 퍼싱	42	90	5	2,428	
미국	M46 패튼	44	90	5	?	
미국	M10 울버린	28	76	5	6,706	대전차 자주포(M4 전차 차대 이용)
미국	M36 잭슨	28	90	5	2,324	대전차 자주포(별명 Slugger)
영국	MK3 센추리언	52	84	4	?	
영국	크롬웰	28	75	5	5,800 이상	
러시아	T34	32	85	4	64,525	

* 캐나다군이 사용한 아킬레스 전차는 미국제 M10 전차(대전차 자주포)임.

(2) 장갑차

제조국	모 델	비 고
미국	M3	반궤도(앞은 타이어, 뒤는 무한궤도), 병력수송 및 정찰, 무게 9톤, 승무원 3명, 생산 20,918대.
미국	M8	별명은 그레이하운드(양쪽 타이어 3개씩), 주포 37mm, 정찰용, 승무원 4명, 무게 8톤, 생산 8,500대.
미국	M15	M3 장갑차에 37mm 포와 0.5인치 기관총 2정 장착.
미국	M16	대공기관총 장갑차(M3 장갑차 위에 회전포탑 설치하고 0.5인치 기관총 4정 장착).
미국	M20	M8 장갑차의 37mm 포를 제거하고 0.5인치 기관총만 장착, 다용도 임무용으로 개조.
미국	M39	M18 헬캣 대전자 자주포의 포탑을 제거하고 병력 및 탄약 운반용으로 개조.
영국	Mk2 다이미어	병력 수송, 정찰용 소형 장갑차.
러시아	BA64	정찰용 소형(승무원 2명) 장갑차(양쪽 타이어 2개씩).

(3) 자주포

제조국	모 델	무게 (톤)	승무원 (인)	비 고
미국	M 7	23	7	M3 리(Lee) 중형 전차 차대에 105mm 곡사포 탑재(포탑 있음).
미국	M 37	23	7	105mm 곡사포 탑재(포탑 있음).
미국	M 40	36	8	155mm 곡사포 탑재(포탑 없음) M4 전차 차체.
미국	M 41	36	8	155mm 곡사포 탑재(포탑 없음) M24 전차 차체.
미국	M 43	?	13	8인치(203mm) 곡사포 탑재(포탑 없음).
미국	M 19	15	4	대공 자주포. M24 전차의 포탑을 제거하고 40mm 포 2문 장착(포탑 없음).
러시아	SU 76	11	4	76mm 곡사포 탑재(포탑 있음)

(4) 기타

제조국	모 델	비 고
미국	POA-CWS-H5	화염방사 전차(M4 전차에 화염방사기와 함께 75mm 직사포 또는 105mm 곡사포 장착).
미국	LVT3, LVT4, LVT5	수륙양용 전차
미국	DUKW	수륙양용 트럭
미국	M 29 위젤	인원(부상자) 후송 장갑차(소형 무한궤도)
미국	M 25	전차 운반차(대형 트레일러)
호주	Mk2 패턴캐리어	병력, 탄약 운반 소형 장갑차

■ 미군은 전차 모델을 호칭할 때 일반적으로 M4 Sherman을 엠훠, M26 Pershing을 엠트웨니식스 등으로 불렀는데, 영국군은 M4 Sherman을 서먼, M26 Pershing을 퍼싱 등으로 전차 모델의 이름을 불렀다. 미군은 M26부터 퍼싱이라고 부르는 등 영국군을 따라 전차 모델에 이름을 붙이기 시작하였다.

■ 제2차 세계대전이 일어나기 전인 1930년대 말, 미 육군은 M1 전차와 M2 전차를 생산하였다. 당시 M1 전차는 전차포가 없고, 구경 0.5인치 기관총 1정과 구경 0.3인치 기관총 2정만을 장착하였다. 무게 10톤에 전면 장갑두께 1.6cm인 이 전차는 제2차 세계대전이 발발한 뒤에도 실전에는 투입되지 않았다. 이어서 나온 M2 전차는 전면 장갑두께 2.2cm에 37mm포를 장착하였으나 이역시 실전에 투입하지 않았다(그러나 미 해병대는 이 전차를 남태평양 과달카날 전투에 소수 투입한 적이 있음). 간단히 정리하면, 제2차 세계대전 당시 미국이 보유한 전차는 M1·M2·M3·M4·M5·M24·M26이었으나, 이 가운데 전투에 주로 사용된 것은 M3·M4·M24·M26이었고, 유럽과 태평양 전선에서 가장 활약한 전차는 역시 M4였다.

3. 한국전쟁 교전국 인명 피해

■ 아군

구분	전사	부상	실종·포로	계
국군	137,899	450,742	32,838	621,479
미군	36,940	92,134	8,176	137,250
기타 유엔군	3,730	12,146	1,755	17,631
계	178,569	555,022	42,769	776,360

■ 적군

구분	전사	부상	실종·포로	계
북한군	520,000	?	120,000	640,000
인민군	148,600	798,400	25,600	972,600
계	668,600	798,400	145,600	1,612,600

4. 육군 독립기갑연대 창설지(創設址) 기념비문

― 현재, 용산구 한남동 한남 빌리지 미군 군속 숙소 앞

육군 독립기갑연대는 1948년 12월 10일, 이곳 한남동에서 창설되었다. 초대 연대장 이용문(李龍文) 중령, 한국전쟁 때는 김포 한강선 방어, 청송, 팔공산, 영천, 경주, 안강, 원산, 청진, 설악산, 향로봉, 수도고지, 지형능선 등 각 전선에서 혁혁한 전공을 세웠고 오늘날은 제1기갑 기계화 보병 여단으로서 자랑스러운 전통을 잇고 있다.

"여기 반만년 역사와 더불어 구비 구비 흐르는 한강변. 광복의 설레임 안고 나라를 지키고자 모여 추켜든 횃불. 천둥 울리고 번개처럼 빛나니 바로 독립 기갑연대. 금수강산과 더불어 영겁토록 빛나리, 그 충정."

서기 1993년 10월 5일, 오인택 쓰고 독립기갑연대 창설 노병들이 비를 세우다

5. 박승일 소대장 추모사
(육군 제57독립전차중대)
─삼가 박승일(朴承一) 소대장님의 영전에 올립니다.

　소대장님께서 유명을 달리하신 지가 1953년 5월 16일, 오늘이고 보니 어언 반백년이 넘었습니다. 그러나 우리 소년 전차병들로 구성된 제57 독립전차중대원들은 백발이 다 된 지금까지도 소대장님을 잊을 수가 없습니다. 소대장님께서는 평양 제2중학교를 졸업한 해에 6·25가 터지자 단신 월남하시어 동족상쟁(同族相爭)의 전쟁을 일으킨 공산주의자들을 격멸하기 위하여 21살의 나이에 국군에 자원입대, 간부후보생인 갑종간부 제24기생 중 수석으로 졸업하고 육군 소위로 임관하시어 우리 중대 제1소대장으로 부임해 오셨습니다. 소대장님께서는 항상 불굴의 전의(戰意)와 용기 그리고 추진력을 가지시고 저희들을 지휘하셨습니다.

　매일 같이 '내 생명 전차(戰車)와 함께'라는 구호를 외치면서 소대장님의 사격 명령으로 우리는 얼마나 많은 적의 벙커와 적의 병력과 장비를 파괴하는 전과를 올렸습니까? 또한 당시 16세～17세밖에 안 되는 우리들을 자기의 친동생과 같이 자상하게 가르쳐 주셨고, 돌보아 주시며, 사랑해 주신 소대장님을 우리는 우러러 보게 되었고 또 존경하게 되었습니다. 그런 소대장님이 부하를 살리려고 뛰쳐나가다가 적의 박격포의 집중포화에 장렬하게 전사하셨을 때 우리 모두는 너무나 당혹스러웠고 슬픔과 분노가 폭발하여 원통함을 억제하기가 힘들었습니다. 소대장님은 살아생전에 그리도 그리워하시던 고향에 돌아가서 부모 형제들을 만나, 나는 대한민국 국군의 전차 소대장으로 싸웠노라고 말해 보지도 못하고 산화하신 것이 얼마나 한이 되시겠습니까? 소대장 전차의 승무원 중 한사람인 통신병 전창호 군은 제대 후 남한에 소대장님의 가족이 없는 것을 알고 자기의 고향에서 매년 소대장님의 제사를 올렸으나 그 또한 병마로 일찍 세상을 떠나 이 자리에 같이하지 못하였습니다. 정말 소대장님은 군인의 표상이자 귀감이 아닐 수 없습니다. 그래서 우리는 소대장님을 더욱 잊을 수가 없습니다.

이제 이 폭풍의 언덕(우리가 생명을 걸고 싸운 이 자리에)에 우리 소년 전차병의 명예를 상징하는 6·25 참전 소년 전차병 전적비를 세우고 기념식을 거행하면서 소대장님의 추모식을 거행하고 있습니다. 소대장님 기뻐해 주십시오. 오늘 이 전적비 앞에서 제28사단장님을 비롯하여 예비역 장성, 내빈, 그리고 선후배 전우들이 참석한 가운데서 대한민국 유일의 소년 전차병으로 편성된 우리의 제57독립전차중대가 서부 전선으로 출동하여 보병 제1사단에 배속되어, 노리고지, 베티고지, 퀸고지 전투에 참전, 격전을 치르면서도 승전한 부대였던 자랑스러운, 그 부대 전통을 모체부대인 현 보병 제3사단 전차대대 제2중대에 물려주기 위하여 중대기에 수치를 달아주려고 합니다. 이와 같은 뜻은 소대장님의 넋을 기리고 6·25 참전 소년 전차병들의 명예를 고양하는 길이 아니겠습니까?

다시 회고하건데, 실로 당신께서는 티끌만한 사심(私心)도 없이 풍전등화에 놓인 우리의 조국과 민족을 구하기 위해 신명을 바치고 꽃다운 나이에 산화하신, 우리 군인들, 아니 우리 온 국민들의 사표(師表)가 아닐 수 없습니다. 비록 당신께서 이 세상을 떠나셨지만 우리들의 남은 여생도 당신의 가르치심을 몸과 마음속에 새기며 살아갈 것입니다. 우리 모두는 당신을 영원히! 영원히! 기억할 것입니다.

부디 저 좋은 세상에서 편히 쉬시옵소서!

2005년 5월 16일,

6·25 참전 제57독립전차중대 제3소대 35호차 조종수 소년 전차병 오명섭 대표

6. 한국전쟁 당시
미국 육군(보병부대)의 편성

■ 분대

12명(소총병 10명과 BAR 자동소총 사수, 부사수), 분대장은 하사.

분대원은 M1 소총, 칼빈 소총으로 무장. BAR(Browning Automatic Rifle)은 삼각대가 있는 자동소총으로서(20발 탄창 사용) M1 소총 탄환(7.62mm)이나 LMG 기관총의 탄환과 호환하여 사용한다. 북한군이 사용한 소련제 토카레프(Kokarev) 총은 모양이 미국제 BAR 자동소총과 비슷하고 탄환 구경도 7.62mm이나, 반자동이다.

■ 소대

50명(3개 소총 분대와 1개 화기 분대원 48명, 소대 선임하사, 소대장), 소대장은 소위 또는 중위.

화기 분대는 구경 0.3인치(7.62mm) LMG 경기관총(공냉식) 2정을 소대 방어 전면 550m를 감제할 수 있는 위치(주로 양끝)에 거치하고 상호 보완 사격한다. 1정마다 예비 총열 1개를 준비하여 과도한 사격으로 총열이 달아오르면 교체한다.

■ 중대

217명(3개 소총 소대, 1개 화기 소대, 중대 본부 인원 17명), 중대 본부는 중대장(대위), 부중대장(중위), 중대 선임하사(상사), 서무계, 취사반(반장 포함 4명),보급계(반장 포함 2명), 수송반(반장 포함 운전병, 정비병 등 7명).

화기 소대는 60mm 박격포(사거리 2.3km) 3문과 구경 0.3인치 경기관총(공냉식) 3정으로 무장.

* 한국전쟁 기간 미군 중대의 실상은, 부중대장도 없었고 인원도 조직 편성보다 20~30퍼센트 부족하였다. 그러므로 취사반원, 운전병, 서무계 등도 이름뿐 소총을 들고 일반 보병과 함께 전투에 임하였다.

■ 대대

약 1,000명(3개 소총 중대, 1개 화기 중대, 1개 본부 중대로 구성). 대대장(중령) 밑에 부대대장(소령), 4명의 대대 참모(소령 또는 대위; 인사, 정보, 작전, 군수).

화기 중대는 81mm 박격포(사거리 4.5km) 6문, 57mm 무반동총 2정, 구경 0.3인치(수냉식) 기관총 등으로 무장. 박격포는 각 중대당 2문으로 지원하기도 하고 6문을 한 곳에 배열한 포대(砲隊)를 구성하여 대대 전면의 적에게 사격하기도 함.

■ 연대

약 4,000명(3개 보병 대대와 지원 중대들로 구성). 연대장은 대령. 연대는 자체 중화기 중대, 수송 중대를 갖고 있음.

중화기 중대는 구경 4.2인치 박격포(사거리 5.4km) 6문을 보유하여 각 대대에 2문을 지원하기도 하고 6문을 한 포대로 묶어 연대 전면의 적 진지에 사격하기도 함. 미군 박격포 가운데 4.2인치 박격포가 가장 파괴력이 크고 정확하다.

▣ 사단

약 14,000명(3개 연대, 사단 포병대와 지원부대로 구성). 사단장은 소장이며 사단 포병대장은 준장. 사단 포병은 105mm 야포(사거리 11km, 현재 신형 M119는 14.3km) 대대(포대) 3개와 155mm 야포(사거리 15km, 현재 신형 M198은 22.4km) 대대(포대) 1개로 구성된다. 105mm 대대(포대)는 각 6문을 보유하며 155mm 대대 역시 6문을 보유한다. 일반적으로 105mm 포대의 경우는 사단 휘하 각 보병연대에 배속되어 연대를 직접 지원하며 155mm 포대는 사단 전면을 지원한다.

  * 한국전쟁 기간에 미군 사단은 실제 2개 연대 정도의 전력을 갖고 있었다.

▣ 군단

일반적으로 2개 이상의 사단(3~4개)으로 구성됨. 군단장은 중장.
인천 상륙작전, 그리고 원산상륙작전을 감행한 미 제10군단은 2개 사단(육군 제7사단·해병 제1사단)으로 구성되었음.

▣ 군

서너 개의 군단으로 구성됨.
낙동강 방어전에서 미 제8군은 휘하에 미군 군단이 없이 사단으로만 구성되어 있었다. 제2차 세계대전 당시 패튼 장군의 제3군은 병력 60만 명이었으나 한국전쟁이 일어났을 때 일본에 주둔하고 있던 미 제8군은 병력 4만 명으로서(전쟁 기간 중에 10만 명 이상으로 증강되었으나) 같은 이름의 군(軍)이지만 상황에 따라 군의 규모는 큰 차이가 난다.

찾아보기

484

ㅊ

494

獨立軍史 ── 鳳梧洞 靑山里의 獨立戰爭

윤병석 지음

신국판 / 반양장 / 값 6,000원

이 책은 30여 년 동안 독립운동사에 전력해 온 저자가 여러 지면과 그 밖의 국내외 관련 학술회의에서 독립항전사에 관해 발표한 글을 모은 것으로, 최근 연변대학 초청으로 봉오동 승첩의 서전(序戰)인 두만강변의 삼둔자 전투 전적지, 봉오동, 청산리 백운평 및 어랑촌, 천수평 봉밀구 등 청산리대첩 현장을 답사한 뒤 보완하여 간행한 이 방면 최초의 체계적인 단행본 연구서다. 독립군사의 현장 이해를 돕고자 18쪽 분량의 화보를 실었다.

義兵戰爭硏究(上)

한국민족운동사연구회 엮음

신국판 / 반양장 410쪽 / 값 8,000원

한국 근대사의 골간을 이루는 민족운동을 체계화하려면 의병항쟁의 올바른 이해와 해석이 전제되어야 한다. 그러므로 이 책은 의병을 비롯한 민족운동 전반 현 학계의 연구 성과를 결집하고, 민족운동사 연구 성과를 성찰하여 새로운 연구 과제와 방향 등을 모색하기 위해 기획하였다. 상권은 3부로 나뉘는데 제1부는 개관, 제2부는 의병사상, 제3부는 의병장에 관한 11편의 논문으로 엮여져 있다.

한국독립운동의 해외사적 탐방기

윤병석 지음

신국판 / 반양장 350쪽 / 값 10,000원

평생을 독립운동사 연구에 종사하고 있는 인하대 윤병석 교수가 20여 년 동안에 걸쳐 두만강·압록강 너머의 남북만주 및 이와 인접한 시베리아 연해주를 비롯, 중국·러시아·일본·구미 지역 등 해외 독립운동이 펼쳐졌던 세계 곳곳을 망라, 수십 차례의 현장답사와 자료조사로 이루어낸 탐방 조사보고서. 그 동안 단편적 사실로만 이해하고 있던 해외 독립운동의 좀 더 구체적인 실상을 풍부한 현장 사진들과 함께 싣고 있다.

독립군의 길따라 대륙을 가다

조동걸 지음

신국판 / 반양장 396쪽 / 값 7,000원

한국독립운동사 연구의 대가인 필자가 구한말 의병전쟁의 옛터, 남북만주, 연해주와 시베리아를 거쳐 모스크바에 이르기까지, 그리고 중앙아시아의 사막지대를 답사하면서 그곳 동포들과의 만남을 통해 우리의 잃어버린 현대사의 일부를 다시 정리한 이 책은, 전공자는 물론 일반인들에게도 큰 도움이 되도록 관련 화보를 실어 이해를 한층 높이고 있다.

헨더슨 비행장

권주혁 지음
신국판 / 반양장 520쪽 / 값 19,000원

솔로몬 군도의 작은 섬 과달카날의 조그만 비행장 '헨더슨'을 둘러싸고 벌어지는 태평양 전쟁의 역사를 박진감 넘치게 그린 보고서. 일본이 태평양 전쟁에서 패하게 되는 갈림길을 제공한 '과달카날' 전투의 옛 전장에서, 역사학자도 직업군인도 아닌 평범한 회사원이 쓴 독특한 전쟁사인 이 책은 이전의 산호해 해전, 미드웨이 해전, 뉴기니 전투들까지 연계해 생생하게 과달카날 전투를 복원하고 있다.

베시오 비행장

권주혁 지음
신국판 / 반양장 376쪽 / 값 17,000원

미 해병대 역사에서 가장 치열했고 사상자가 많았던 베시오 비행장(타라와) 전투. 타라와 상륙작전은 아직까지도 미 해병대 상륙작전의 교과서이다.
세기의 항공모함 결전을 벌인 필리핀 해 해전. 사상 최대의 함포 사격이 벌어진 괌 상륙작전과 전쟁의 비참함이 극에 달한 사이판 전투.
이 책은 중부 태평양 전투를 재조명함으로써 태평양 전쟁이 미·일 양국만의 전쟁이 아니라 전쟁의 뒷면에는 우리 민족도 결부되어 있다는 것을 보여주고 있다.

여기가 남태평양이다

권주혁 지음
4×6배 변형판 / 반양장 474쪽 / 값 18,000원

남태평양 지역 21개국의 문화와 근·현대사, 정치와 경제, 종교와 문화, 현지인들의 삶 등을 지도 및 사진과 함께 꼼꼼히 정리한 기행서. 저자는 남태평양의 여러 섬들을 다니면서, 그곳에서 겪은 경험과 느낌을 기록하여 남태평양의 문화·예술·사회 등을 두루 아우르는 책을 내놓았다.
비즈니스에 관한 정보도 수록하고 있어서 이 방면에 관심을 갖는 이들에게는 더욱 유용하게 읽힐 것이다.

탐험과 비즈니스

권주혁 지음
신국판 / 반양장 320쪽 / 값 7,700원

솔로몬 군도에서, 여의도의 약 90배에 달하는 8천만 평의 땅을 가지고 필요로 하는 나무를 그들의 땅에서 직접 키워서 쓰고 있는 이건산업이 있기까지, 맨 앞에서 그 프로젝트를 추진해 온 이건산업 부사장(현 이건태평양 조림 사장) 권주혁의 비즈니스 탐험 기록. 남태평양 솔로몬 군도 오지를 직접 발로 뛰며 현지인들과 부딪친 끝에 선진국의 많은 기업들을 제치고 성공한 해외투자 개척기이다.